SV

Uwe Wesel
Frühformen des Rechts
in vorstaatlichen Gesellschaften

Umrisse einer Frühgeschichte des Rechts
bei Sammlern und Jägern und akephalen
Ackerbauern und Hirten

Suhrkamp

CIP-Kurztitelaufnahme der Deutschen Bibliothek
Wesel, Uwe:
Frühformen des Rechts
in vorstaatlichen Gesellschaften :
Umrisse e. Frühgeschichte d. Rechts
bei Sammlern u. Jägern u. akephalen
Ackerbauern u. Hirten.
Frankfurt am Main :
Suhrkamp, 1985.
ISBN 3-518-57723-9 kart.
ISBN 3-518-57706-9 Ln.

Erste Auflage 1985
© Suhrkamp Verlag Frankfurt am Main 1985
Alle Rechte vorbehalten
Satz: Georg Appl, Wemding
Druck: Wagner GmbH, Nördlingen
Printed in Germany

Inhalt

Einleitung
Chronik und Programm

1. Kapitel
Das eigene und das fremde Recht   11

Wozu das Ganze? Evolutionismus   12   Ethnologische Jurisprudenz   14   Die Trennung von Rechtsethnologie und Geschichte   15   Das Problem der Interpretation   17   Naturzustand   18   Die automatische Unterwerfung unter den Gruppenkonsens   19   Bronislaw Malinowski   20   Herrschaft   22   Max Weber. Wo beginnt der Staat?   23   Universalität von Herrschaft? Pax Britannica   25   Krieg aller gegen alle   30

2. Kapitel
Ethnologie, Geschichte und Recht   34

Die drei Entwicklungsstufen früher Gesellschaften   35   Komparative Methode. Diffusionismus   36   Robert Adams   39   Die alten Argumente für die komparative Methode   41   Brautpreisleistungen in der Antike   42   Die komparative Methode und die drei Entwicklungsstufen   44   Historische Rechtsanthropologie   46   Die drei Produktionsweisen in der Entwicklung früher Gesellschaften   49   Was ist eigentlich Recht?   52   Bronislaw Malinowski und das Recht   53   Die Austinians   54   Hoebels Rechtsbegriff   55   Ein Ausweg aus dem Dilemma: Meyer Fortes und das Jurale   57   Die nichtjuristische Schule der Legal Anthropology   58   Alfred Kantorowicz' Weltformel des Rechts   59   Das neue Modell von Leopold Pospisil   61   Die drei Möglichkeiten   66   Die eigene Lösung: eine evolutionistische Rechtstheorie   67

ERSTER TEIL
SAMMLER UND JÄGER

3. Kapitel
Egalität und Reziprozität 71

Die erste Überflußgesellschaft 74   Die Horde und ihre Zusammensetzung 75   Der Ursprung der Familie 78   Egalität 81   Egalität von Frauen und Männern? 84   Reziprozität 86   Positive, negative und ausgeglichene Reziprozität 89   Ihre soziale und ökonomische Funktion 90

4. Kapitel
Eigentum 95

Was ist Eigentum? 95   Territorialität 99   Die bewegliche Habe 103   Vererbung 107

5. Kapitel
Die Eskimo 109

Der jahreszeitliche Wechsel 112   Familie und Verwandtschaft 115   Gleichheit und Ungleichheit 118   Eigentum 121   Religion und Magie 124   Verletzung und Ausgleich 128   Die Rolle des Rechts 136

6. Kapitel
Die Mbuti 139

Der jahreszeitliche Wechsel 142   Familie und Verwandtschaft 145   Gleichheit und Ungleichheit 149   Eigentum 154   Religion und Magie 156   Verletzung und Ausgleich 158   Die Rolle des Rechts 168

7. Kapitel
Religion und Recht 171

Naturreligionen 172   Normativer Charakter von Naturreligionen 173   Religion und Recht 181   Theorie der Entstehung des Rechts aus der Religion 183   Charakter des Rechts 184

Zweiter Teil
Segmentäre Gesellschaften

8. Kapitel
Verwandtschaft und gesellschaftliche Ordnung 189

Verwandtschaft als Produktionsverhältnis 191 Kognatische und agnatische Verwandschaft, Patrilinearität und Matrilinearität 192 Die lineage und der Klan, Exogamie und Endogamie, Inzestverbot 197 Heiratsnormen und Filiationsnormen 200 Matrilokalität und Patrilokalität 201 Das historische Verhältnis von Matrilinearität und Patrilinearität 205 Matrilinearität, Matriarchat, Matrifokalität 207 Doppelsysteme, Mischsysteme 210 Segmentäre Ordnung 211

9. Kapitel
Eigentum 215

Landeigentum 215 Herdenvieh 223 Andere bewegliche Sachen 227 Individualeigentum und Verwandtschaftseigentum 229 Vererbung 231 Bindungen des Eigentums, Reziprozität, Brautpreise 232 Die organische und die unorganische Natur 234

10. Kapitel
Die Nuer 239

Rinder als Leitmotiv 239 Der jahreszeitliche Wechsel 242 Die Familie 244 Verwandtschaft und gesellschaftliche Ordnung 246 Gleichheit und Ungleichheit 249 Der Mann mit dem Leopardenfell 250 Eigentum 252 Religion und Magie 253 Verletzung und Ausgleich 255 Die Rolle des Rechts 267

11. Kapitel
Die Lele 273

Ökonomische Rückständigkeit 275 Das Dorf und die Verwandtschaft 280 Mangel an Autorität 282 Raffia-Tücher, Verteilung von Frauen und Dominanz alter Männer 287 Die Familie 292 Eigentum 294 Religion, Magie und Zauberei 295 Verletzung und Ausgleich 301 Recht und Ordnung 313

12. Kapitel
Ordnung und Konflikt und Recht 317

Die Ordnung und ihr Funktionieren 319 Reziprozität 322 Hexerei und Zauberei 323 Konflikte und ihre Lösungen 324 Selbsthilfe und Rache, Blutrache und Fehde 328 Verhandlung, Vermittlung und Einigung 329 Die Rolle der Normen 331 Noch einmal: Was ist Recht? 334 Veränderung von Recht 337 Strukturale Relativität 340 The Reasonable Man 341 Recht, Religion und Magie 342 Vorstaatliches und staatliches Recht im Vergleich 343 Entwicklungstendenzen 350

Literaturhinweise 356

Literaturnachweise 361

Personen- und Sachregister 379

# Einleitung
Chronik und Programm

1. Kapitel

Das eigene und das fremde Recht

Es geht um frühes Recht, seine Formen und seine Geschichte, um die Anfänge menschlicher Gesellschaft vor der Ausbildung staatlicher Herrschaft in frühen Königreichen oder Protostaaten. In Deutschland ist es seit langem nicht mehr behandelt worden. Die Rechtsgeschichte beschreibt dort, wo sie einsetzt, ein voll entwickeltes Recht, regelmäßig das antike römische. Der Erkenntniswert solcher Beschreibungen ist begrenzt. Denn die Ähnlichkeiten mit unserem eigenen Recht sind größer als die Verschiedenheiten. Und manchem ist das auch sehr angenehm, denn so kann man zeigen, daß Recht eine zeitlose Konstante menschlichen Lebens ist, mindestens seit gut zweitausend Jahren. Wie die Idee des Schönen, Guten und Wahren.
Nur selten hat die Rechtsgeschichte in die Zeiten hineingeleuchtet, die vor der Antike liegen. Das hat viele Gründe. Unter anderem den, daß es schriftliche Überlieferungen für sie nicht gibt. Jäger und Sammler und frühe Ackerbauern und Hirten der Jungsteinzeit haben Schriftliches nicht hinterlassen. Manches kann man aus den schriftlichen Zeugnissen der Frühantike rekonstruieren. Aber meistens muß man sich stützen auf Berichte von Ethnologen über Zustände in frühen Gesellschaften, die sie in unserer Gegenwart oder jüngsten Vergangenheit beobachtet haben. Das wirft viele Probleme auf. Sie haben die Erforschung dieser äußersten Provinz des Rechts sehr erschwert. Viele Irrungen und Wirrungen hat es gegeben und manches ungeklärte Durcheinander von Erkenntnis und Interesse, von eigenem und fremdem Recht. Die Geschichte des frühen Rechts hat auch ihre eigene Geschichte. Man kann es besser verstehen, wenn man es zunächst in einigen seiner wissenschaftsgeschichtlichen Probleme verfolgt. Deshalb steht hier am Anfang ein Ausflug in die Geschichte der Geschichte. Vorweg aber noch eine Frage an ihre Gegenwart.

Wozu das Ganze?

Recht ist für unsere Gesellschaft immer wichtiger geworden. Es bestimmt unser Leben in einem früher nicht bekannten Maße, hat immer mehr Bereiche menschlicher Existenz erfaßt. Die Verrechtlichung ist in westlichen Gesellschaften bisher ein Prozeß ständiger Ausweitung gewesen. Was Henry Maine mit seinem berühmten Satz über die Entwicklung des Rechts gesagt hat, es sei eine ständige Bewegung from Status to Contract, ist letztlich nichts anderes als die Beschreibung dieses Prozesses zunehmender Verrechtlichung. Nachdenken über Recht bedeutet in besonderer Weise auch Nachdenken über unsere Gesellschaft. Aber es ist schwierig geworden. Die Provinzen des Rechts wurden immer größer. Sich in ihnen zurecht zu finden, ist schon rein technisch nicht mehr leicht. Kaum jemand kann von sich behaupten, das sei ihm ohne weiteres überall möglich. Das Haus des Rechts ist ein großes Gebäude geworden. Und wenn man einen Überblick gewinnen will, was liegt dann näher, als aus ihm herauszutreten und es sich von weitem anzusehen? Bedeutung und Struktur werden erst klar aus einiger Entfernung. Je größer sie ist, um so besser. Die Antike ist zu nah, zu ähnlich. Das eigene Recht erkennen aus der Kenntnis des fremden? Keines ist dafür besser geeignet als das frühe. Nun zur Geschichte seiner Geschichte.

Evolutionismus

Juristen haben sich mit frühem Recht bisher nur befaßt im Evolutionismus des 19. Jahrhunderts. Nehmen wir Henry Maines berühmten Satz, die Essenz seines Buches von 1861, Ancient Law, am Ende des fünften Kapitels,

»... we may say that the movement of the progressive societies has hitherto been a movement from Status to Contract.«

In frühester Zeit habe das Leben der Menschen stattgefunden im engen Rahmen ihrer Statusbeziehungen, ihrer Zugehörigkeit zu ihrer Familie, die ihnen Wohnung gab und Arbeit,

Nahrung und Kleidung. Immer stärker sei dann das Individuum aus diesen Bindungen herausgetreten und habe sein Leben selbst gestaltet, durch Verträge, die auf seinem freien Willen beruhten, Kauf und Miete, Pacht, Dienstvertrag und Werkvertrag, bis zur völligen Durchsetzung der Vertragsfreiheit im 19. Jahrhundert. Das war der Grundgedanke des Evolutionismus. Hinter der Entwicklung von Gesellschaft und Recht steht seit den frühesten Anfängen ein einziges Prinzip, das auch noch Gegenwart und Zukunft bestimmt: die Idee der Freiheit, die sich immer weiter entfaltet. Und daraus ergab sich für die Evolutionisten auch die Antwort auf die Frage nach dem Sinn ihrer Beschäftigung mit frühem Recht. Sie war Dienst an der Freiheit.

Gegen Ende des letzten Jahrhunderts, spätestens, wurde das fragwürdig. Die Vertragsfreiheit erwies sich als »furchtbare Waffe in der Hand des Starken« und ein »stumpfes Werkzeug in der Hand des Schwachen«, wie Otto von Gierke es formulierte. Sie wurde zur »Freiheit eines freien Fuchses in einem freien Hühnerstall« (Roger Garaudy). Man mußte sie bald wieder einschränken, durch sogenannte Fabrikgesetzgebung oder Arbeiterschutzgesetze schon im 19. Jahrhundert, durch Arbeitsrecht und soziales Mietrecht, Kartellrecht und viele andere Gesetze nach der Jahrhundertwende. Maine's evolutionistische historical jurisprudence sollte die Funktion haben, diese Wende gegen die Vertragsfreiheit aufzuhalten. Aber die soziale Frage war nicht mehr zu übersehen. Sie hatte den Bürgern den Appetit nach mehr Entwicklung ziemlich verdorben. Man mußte einlenken und die schlimmsten Auswüchse beseitigen. Evolution konnte leicht zur Revolution werden. »Somit hat es eine Geschichte gegeben, aber es gibt keine mehr«, schrieb Karl Marx schon in der Mitte des Jahrhunderts. Der politischen Entwicklung entsprach die wissenschaftliche. Der Evolutionismus der Liberalen war nämlich von den Marxisten übernommen worden. Morgans »Ancient Society« von 1877 wurde zu Engels' »Ursprung der Familie, des Privateigentums und des Staats« von 1884. Damit hatte sich der Evolutionismus für die konventionelle Wissenschaft im wesentlichen erledigt. Auch im Recht. Er hatte begonnen in England, mit den Lectures on

Jurisprudence von Adam Smith, schon in der Mitte des 18. Jahrhunderts, erreichte seinen Höhepunkt mit Henry Maine's Ancient Law, einhundert Jahre später, und endete dort 1920 in Paul Vinogradoffs erstem Band der Outlines of Historical Jurisprudence (Stein 1980). Vinogradoff, der sehr viel genauer gearbeitet hatte als sein genialer Vorgänger Maine, versuchte den Evolutionismus auch noch mit diesen Einschränkungen der Vertragsfreiheit in Einklang zu bringen, indem er in sein Entwicklungsschema eine letzte Stufe einfügte, die er als Beginn einer »sozialistischen Rechtswissenschaft« bezeichnete (1920.158, ähnlich Roscoe Pound 1921). Es half nichts. Der Evolutionismus war am Ende.

Ethnologische Jurisprudenz

In Deutschland begann er mit der historischen Rechtsschule Hugos und Savignys, ein halbes Jahrhundert später, und endete zur gleichen Zeit, am Ende des ersten Weltkrieges, mit dem Scheitern einer bemerkenswerten kleinen Gruppe von Juristen, der »ethnologischen Jurisprudenz« um Albert Hermann Post und Josef Kohler. Sie waren die einzigen, die sich intensiv mit frühem Recht beschäftigt hatten. Höhepunkt ihrer Arbeit, die in den siebziger Jahren begonnen hatte, war Posts »Grundriß der ethnologischen Jurisprudenz« (1894/95), ein voluminöses Werk mit einer Unmenge ziemlich disparater ethnologischer Details, die er in ein pandektistisches Schema gebracht hatte, auch äußerlich in starker Anlehnung an Windscheids berühmtes Lehrbuch des Pandektenrechts. Immerhin ist dem Buch die Ehre zuteil geworden, von Bonfante und Longo, zwei bedeutenden italienischen Rechtshistorikern, ins Italienische übersetzt zu werden (1906/08). Die historische Schule war immer ablehnend geblieben. Sie beschränkte sich auf den Bereich des antiken römischen Rechts und seiner Entwicklung über das Mittelalter bis zur Gegenwart und auf die Geschichte des eigenen nationalen Rechts. Anders in England. Dort hatten Henry Maine und Paul Vinogradoff in ihrer »historical jurisprudence« alles miteinander verbunden. In Deutschland blie-

ben Rechtsgeschichte und ethnologische Jurisprudenz getrennt, obwohl Albert Hermann Post seine Forschungen ausdrücklich als Ergänzung der Arbeiten der historischen Schule verstand und Josef Kohler auch gerade den Rechtshistorikern »kalifornische Ausbeute« versprochen hatte (Kohler 1881.176). Aber die Weigerung, sich darauf einzulassen, war gar nicht so unberechtigt. Denn neben dem Problem des Evolutionismus, der auch das Problem der historischen Schule war, gab es bei der Rekonstruktion eines »Urrechts« durch die ethnologische Jurisprudenz noch andere Schwierigkeiten, die mindestens ebenso bedenklich waren. Dazu gehörte der damalige Zustand des ethnologischen Materials.
Die Ethnologie ist die wichtigste Grundlage für die Kenntnis von frühem Recht. Rekonstruktionen aus schriftlichen Überlieferungen der Antike sind zwar möglich, reichen aber allein bei weitem nicht aus. Die Archäologie kann kaum etwas beitragen. Das wichtigste Material stammt aus der ethnologischen Forschung. Sie hatte zwar, besonders mit den Entdeckungen Lewis Morgans bei den Irokesen, schon erstaunliche Ergebnisse aufzuweisen, steckte aber am Ende des 19. Jahrhunderts doch noch in ihren Anfängen. Verläßliche und zusammenhängende Berichte, die auf genauer Feldforschung beruhen, gibt es erst seit dem Ende des ersten Weltkrieges. Das Material, auf das sich die ethnologische Jurisprudenz stützen mußte, war unzureichend.

Die Trennung von Rechtsethnologie und Rechtsgeschichte

Die Wissenschaft vom frühen Recht veränderte sich. Zunächst, bei ihrer Grundsteinlegung durch Henry Maine, waren Rechtsgeschichte und Rechtsethnologie eine Einheit. Sie wurde aufgelöst durch Bronislaw Malinowski. Sein Buch über Crime and Custom in Savage Society von 1926 war der Beginn der Legal Anthropology als selbständiger Wissenschaft, innerhalb der Ethnologie, mit der Methode des Funktionalismus. Die Verbindung mit der Rechtsgeschichte wurde endgültig abgebrochen, so wie die Beziehungen zwischen Ethnologie und

Entwicklungsgeschichte allgemein unterbrochen waren. Sie hatten ihren Höhepunkt im 19. Jahrhundert, bei der Begründung der Ethnologie als Wissenschaft durch Lewis Henry Morgan. Dann verschlechterten sie sich allmählich, weil Entwicklungsgeschichte nicht mehr so wichtig war. Etwas anderes trat in den Vordergrund des Interesses, nämlich die Erforschung des Funktionierens dieser Gesellschaften in der Gegenwart. Man hatte schließlich noch Kolonien zu verwalten. So entstand der Funktionalismus der Social Anthropology. Von Morgan blieb nur die Analyse ihrer Verwandtschaftsordnungen. Es hatte eine Geschichte gegeben. Aber es gab keine mehr. Die Forschungen über Recht in frühen Gesellschaften verlagerten sich weitgehend in den angelsächsischen Bereich. Dort entwickelte sich die Legal Anthropology zu einer lebendigen Wissenschaft mit einer Reihe vorzüglicher Untersuchungen, von Llewellyn und Hoebel in den vierziger Jahren, über Bohannan und Pospisil in den fünfzigern bis zu Gulliver, Young und Koch in den letzten zwanzig Jahren. Im deutschen Sprachbereich gab es zwar einige interessante Ansätze, wie etwa das Buch von Gutmann über die Chagga von 1926, aber allgemein blieb man einem historischen Programm verpflichtet, das nicht mehr einzulösen war, weil die auswärtige Forschung sich ihm verweigerte und die eigenen Kräfte nicht ausreichten. So war der Versuch einer Zusammenfassung durch Richard Thurnwald von 1934 vergeblich, trotz mancher klugen Beobachtung.
In den letzten Jahrzehnten hat sich das wissenschaftliche Klima erneut verändert. Man denkt wieder über Entwicklung nach, auch im ethnologischen Bereich. Es gibt einen Neoevolutionismus, mit zum Teil sehr bemerkenswerten Versuchen, Entwicklungslinien zu zeichnen innerhalb der Ethnographie, zur Abfolge der verschiedenen Ordnungsprinzipien, zur Entwicklung männlicher Dominanz, zur Entstehung von Herrschaft, und zwar auch in Zusammenarbeit mit Historikern (z. B. Service 1977, Friedman, Rowlands 1978, vgl. unten S. 38 f.). Die Legal Anthropology hat er allerdings noch nicht erreicht. Sie existiert immer noch als Wissenschaft in der Einheit von Zeit und Handlung. Von Veränderungen im Recht ist wenig die Rede, von Entwicklung fast gar nicht. Dabei ist das Material dafür in-

zwischen aufgehäuft, unvergleichlich viel reicher und besser als zu Zeiten der ethnologischen Jurisprudenz. Ob es wirklich stimmt, wenn Wilhelm Mühlmann meint, wir würden heute Eskimo, Feuerländer oder afrikanische Stämme besser kennen als uns selbst (Mühlmann 1964.36), das mag dahingestellt bleiben. Jedenfalls gibt es eine Fülle von Material, auch über frühes Recht, an dem die Rechtsgeschichte nicht mehr vorbeigehen darf. Deshalb wird hier der Versuch gemacht, beide wieder zusammenzubringen, in einer historischen Rechtsanthropologie, also einer Vereinigung von Ethnologie, Geschichte und Recht. Ihre methodischen Probleme sollen im nächsten Kapitel genauer beschrieben werden.

Das Problem der Interpretation

Zuvor noch einige allgemeine Bemerkungen über Erkenntnis und Interesse, über die Richtung beim Interpretieren. Das Problem stellt sich nicht nur beim Verstehen historischer schriftlicher Quellen, sondern auch bei der Beobachtung des Lebens schriftloser Gesellschaften. Und beim Verstehen der ethnologischen Berichte über diese Gesellschaften. Es ist sehr alt.
Erkenntnis und Interesse sind hier seit langem untrennbar miteinander verbunden. Schon bei Herodot, der als Historiker und Ethnograph den Kampf beschrieben hat zwischen West und Ost, Abendland und Morgenland, Griechen und Persern, Demokratie und Despotie, Freiheit und Unfreiheit, wie er sie sah. Die vielen Völker des Ostens, die er dabei streift, schildert er eher verächtlich als Barbaren. Das ist die eine Möglichkeit, die eigene und die fremde Welt zu sehen. Und die andere, das Beispiel ist ebenfalls zur Genüge bekannt, ist die des Tacitus und seiner »Germania«. Die einfache Lebensweise der Germanen, ihre Kraft und Moral, sollte den Römern Vorbild sein und sie wieder auf den richtigen Weg bringen.

Naturzustand

Beschreibungen früher Gesellschaften spielten dann besonders im Naturrecht des 17. und 18. Jahrhunderts eine große Rolle, noch nicht bei Grotius, wohl aber bei Hobbes, Pufendorf, Lokke und Rousseau. Das Anfangsstadium der Menschheit, the natural condition, wie Thomas Hobbes es nannte, der Naturzustand, war für die Naturrechtstheorien deshalb so wichtig, weil man meinte, in ihm lasse sich die wahre und unverfälschte Natur des Menschen ablesen. Seit der Entdeckung Amerikas hatte man neue Nachrichten. Und auf sie haben sich die Naturrechtler zum Teil auch berufen. Der Naturzustand, mit dem sie argumentierten, war aber trotzdem immer ein bewußt konstruierter. Es war ein fiktiver Naturzustand, ein philosophischer, nicht ernsthaft als historischer dargestellt. Seine Ergänzung waren dann jeweils verschiedene Verträge der Menschen untereinander, die zur Entstehung des Staates und zur Zweiteilung von Staat und Gesellschaft führten. Es beginnt bei Thomas Hobbes mit wölfischer Wildheit, dem Krieg aller gegen alle (Hobbes 1651, 1. Teil, 13. Kapitel), und für Rousseau mit größter Friedlichkeit und Milde. Vor der Zeit der damals bekannten »wilden Völker«, die auch ihm viel zu grausam sind, lebten die Menschen ohne Staat, frei und gesund, gut und glücklich (Rousseau 1978.206 f., 212 f.). Dazwischen stehen, zeitlich und ideologisch, Samuel Pufendorf und John Locke (Pufendorf 1672, 2. Buch, 2. Kapitel; Locke 1690, 2. und 9. Kapitel; vgl. Medick 1973).

Ernst Bloch hat in seinem Buch über »Naturrecht und menschliche Würde« (1961) zwei Arten von Naturrecht unterschieden, die man seit seiner Entstehung in der Antike bis heute beobachten kann, nämlich das fordernde und das bewahrende. Das bewahrende Naturrecht legitimiert gesellschaftliche Zustände, unter Berufung auf die Natur des Menschen. Das fordernde will Veränderung. Und argumentiert in gleicher Weise mit der Menschennatur. Nur eben mit einer anderen. So hat Aristoteles die Sklaverei gerechtfertigt mit dem Argument der natürlichen Ungleichheit der Menschen. Diese barbarischen Völker seien von minderwertiger Natur. Sie könnten noch nicht einmal le-

sen und schreiben. Also könne man sie auch zu Sklaven machen. Das ist bewahrendes Naturrecht gewesen. Anders die Stoa. Für sie waren alle Menschen von Natur aus gleich und die Sklaverei ein Verstoß gegen die Würde des Menschen. Sie hat zwar, stoisch wie sie war, keine praktischen Schlußfolgerungen daraus gezogen. Aber die Forderung nach Gleichheit war immerhin gestellt.
Wir können diese Unterscheidung übernehmen. Was für das Naturrecht gilt, hat auch Geltung für den Naturzustand. Und, bis heute, für alle ethnographische Interpretation. Ein wenig verallgemeinernd könnte man es das Problem des bewahrenden und fordernden Naturzustandes nennen. Die Behauptung von Wildheit und Grausamkeit der amerikanischen Indianer diente der Rechtfertigung eigener Wildheit und Grausamkeit. Man hat sich in der Ethnologie angewöhnt, solche egozentrischen Verfahren als Ethnozentrismus zu bezeichnen. Er findet sich übrigens, in empörender Weise, selbst noch bei Hegel, als »Vernunft in der Geschichte« (Kramer 1977.55-57). Seit dem 17. Jahrhundert gibt es eine Gegenbewegung, hin zum »edlen Wilden«, zuerst für die Karibik, dann, bei den Auseinandersetzungen zwischen Engländern und Franzosen, für Nordamerika. Später, in der Propaganda der englischen Gegner der Sklaverei, für die afrikanischen Schwarzen. Und schließlich, ästhetisierend, mit den Reisen Cooks, auch in der Südsee. So entstanden der glückliche Karibe, der edle Hurone, der friedliche und gutherzige Schwarze und die schönen Südseeinsulaner. (Bitterli 1970.79-96). Aus unterschiedlichen Gründen. Legitimation eigenen Verhaltens und Forderung nach Veränderung gehen dabei zum Teil ineinander über.

Die automatische Unterwerfung unter den Gruppenkonsens

Mit dem Anwachsen ethnologischen Materials wurde es noch komplizierter. Gewisse Negativbilder wurden auch einfach deswegen aufgegeben, weil man die Menschen in der Feldforschung sehr viel besser kennenlernte. In diesen Zusammenhang gehört etwa die Ablösung von Vorstellungen über die automatische Unterwerfung der »Wilden« unter den Gruppenkonsens, was Max Weber noch als »organisch bedingte Regelmäßigkeiten« bezeichnete (Weber 1967.82). Sydney Hartland hatte es so gesehen (Hartland 1924.138, übers. v. Verf.):

»Der Wilde ist weit davon entfernt, das freie und unbehinderte Geschöpf zu sein, wie Rousseau es sich vorgestellt hat. Im Gegenteil, er ist von allen Seiten eingeschlossen durch die Gebräuche seines Stammes, eingebunden in die Ketten einer uralten Überlieferung, nicht nur in seinen sozialen Beziehungen, sondern auch in seiner Religion, seiner Zauberei, seiner Wirtschaft und seiner Kunst, kurz: in jeder Beziehung seines Lebens. Diese Fesseln nimmt er als selbstverständlich hin. Niemals versucht er auszubrechen.«

Diese Meinung war damals allgemein verbreitet. Sie gehörte zu der von Morgan begründeten Vorstellung von Gruppenehe und Gruppeneigentum. Nicht nur Henry Maine hatte sie übernommen, sondern auch die deutsche ethnologische Jurisprudenz. Man hatte festgestellt, es gibt Regeln in diesen Gesellschaften. Konstatierte ihre Einhaltung. Sah gleichzeitig, daß es keine Gerichte gab und keinen Zwangsapparat zur Durchsetzung. Und kam damit zu der Schlußfolgerung, die »Wilden« stünden unter der Herrschaft von Gewohnheitsregeln, die spontan und automatisch befolgt würden. Custom is king, sagten die angelsächsischen Anthropologen. Noch in letzter Zeit finden sich solche Vorstellungen in der deutschsprachigen Jurisprudenz, etwa bei Theodor Geiger und seinen »spontanen Reizantworten« als Charakteristikum vorrechtlicher Gesellschaften (Geiger 1964.138-157; dazu Sigrist 1967.106-109).

Bronislaw Malinowski

In seiner kleinen, brilliant geschriebenen und sehr wirkungsvollen Schrift über »Crime and Custom in Savage Society« hat Bronislaw Malinowski 1926 dargestellt, wie das in Wirklichkeit alles ganz anders sei. Die Trobriander, bei denen er sich längere Zeit aufgehalten hatte, würden jedenfalls individuelles Eigentum und gegenseitige Verpflichtungen kennen, sehr ähn-

lich wie wir auch. Und sie seien Menschen mit allen normalen Fehlern eines normalen Mitteleuropäers. Sie seien eigennützig und eitel, ruhmsüchtig, triebhaft über das erlaubte Maß hinaus, liebevoll zu ihren Kindern und herrschsüchtig gegenüber anderen. Auch bei ihnen gäbe es Widersprüche und würden Vorschriften nicht immer befolgt. Das Dogma der automatischen Unterwerfung unter den Gruppenkonsens sei falsch. Es beruhe auf einem Mangel an Beobachtung und auf einem falschen Verständnis von Recht, dessen Einhaltung man sich nur durch Zwang erklären könne, nämlich entweder nur durch einen gerichtlich-juristischen Zwangsapparat oder eben in dieser anderen zwanghaften Weise, spontan und automatisch. Die Zwangstheorie sei falsch. In Wirklichkeit beruhe die Einhaltung bindender Vorschriften auf sehr komplexen und sozialen Motiven, die man bei den Trobriandern sehr gut erkennen könne. Sie würden aber nicht nur bei ihnen, sondern in allen Gesellschaften die Grundlage von Recht bilden, bei primitiven und zivilisierten Völkern. Entscheidend sei die Reziprozität, die Marcel Mauss wenige Jahre vorher ebenso eindrucksvoll beschrieben hatte. Gemeinsam mit anderen Motiven, wie Ehrgeiz und Eitelkeit, bilde sie die geistigen und sozialen Kräfte, welche bestimmte Regeln in bindende Gesetze verwandeln.
Gewiß, auch in dieser Interpretation einer frühen Gesellschaft ist vieles problematisch: der Rechtsbegriff, die Gleichsetzung von europäischem Recht mit den Normen der Trobriander, die Gleichsetzung ihrer Reziprozität mit der Gegenseitigkeit unseres Vertragsrechts, die Darstellung des Eigentums und die völlige Vernachlässigung des Problems der Herrschaft in Trobriand. Vieles ist dazu schon geschrieben worden (z.B. Seagle 1937, Hoebel 1954.177-210, Schapera 1957, Powell 1960). Und manches wäre noch zu sagen. Unbestritten aber bleibt, bei aller Kritik, Malinowskis großes Verdienst, gezeigt zu haben, daß die von den Rechtsethnologen seiner Zeit festgestellten Bräuche kein festes Regelwerk sind, das blind eingehalten wird, sondern, daß es auch umgangen werden kann und wie – etwa beim Inzest – Ausweichsysteme aufgebaut werden. Er hat die »Wilden« wieder zu Menschen gemacht und damit aus der Ethnologie eine wirkliche Anthropologie.

In der Ethnologie ist dieses Problem der Interpretation früher Gesellschaften seit langem gelöst, nämlich im Sinne Malinowskis. Wenn es in der juristischen Literatur hier und da noch andere Auffassungen gibt, dann liegt es daran, daß ein Austausch von Informationen zwischen den beiden Disziplinen fast gar nicht mehr stattfindet.

Herrschaft

Schon ein wenig schwieriger ist es mit einer anderen Frage, die für die Beurteilung des eigenen und des fremden Rechts ebenfalls von besonderer Bedeutung ist. Ich meine das Problem der Herrschaft. Die ethnologische Literatur beschreibt eine große Zahl früher Gesellschaften, Jäger, Ackerbauern und Hirten, mit verschiedenen Formen sozialer Organisation. Einige haben eine sehr geringe Dichte ihrer Sozialstruktur, die Eskimo etwa oder die Mbuti, Jäger und Sammler, die um den Polarkreis leben oder im Inneren Afrikas. Ackerbauern und Hirtenvölker sind regelmäßig fester organisiert, aber ebenfalls oft ohne staatliche Struktur. Die Nuer und Lele zum Beispiel, die ebenfalls im Hauptteil beschrieben sind. Auch sie werden in der Ethnologie als »anarchisch« bezeichnet, oder »herrschaftsfrei«, oder »akephal«, was im wesentlichen das gleiche bedeutet. Dann gibt es schließlich eine dritte Gruppe, frühe Königreiche, Protostaaten. Sie sind herrschaftlich organisiert, haben eine Zentralinstanz, sind »kephal« (vom griechischen kephalé, der Kopf). Meistens leben sie vom Ackerbau, wie die Aschanti in Ghana oder die Königreiche auf Hawaii und Tonga in Polynesien.

Die Übergänge in der Dichte der Organisation dieser vielen Gesellschaften sind fließend, auch von den akephalen zu den kephalen. Feste Grenzen lassen sich schwer bestimmen. Trotzdem werden sie meistens in drei Gruppen gesehen. Erste Gruppe: Jäger und Sammler, herrschaftsfrei. Zweite Gruppe: herrschaftsfreie Ackerbauern und Hirtengesellschaften. Dritte: frühe Königreiche. Die ersten beiden sind anarchisch, herrschaftsfrei, akephal. In der dritten gibt es Kephalität, Herrschaft von Häuptlingen oder Königen. Aber es bleibt die Frage, was heißt eigentlich Herrschaft? Und die andere: Sind die beiden ersten Gruppen wirklich »herrschaftsfrei«? Gibt es nicht überall und immer Starke und Schwache, solche, die herrschen, und andere, die beherrscht werden? Ergibt sich das nicht aus – ja, woraus eigentlich? Nun, ganz einfach: aus der Natur des Menschen? Hier sind wir schon wieder sehr tief im unwegsamen Gelände der anthropologischen Interpretation.

Max Weber

Was ist Herrschaft? Niemand, der eine Antwort sucht, kommt an Max Weber vorbei. Denn Herrschaft ist einer der wichtigsten seiner »soziologischen Grundbegriffe«, im ersten Kapitel von »Wirtschaft und Gesellschaft«. Er unterscheidet Macht und Herrschaft. Macht ist die eher allgemeine Möglichkeit, Einfluß zu nehmen auf das Verhalten von Menschen. Sie kann auf sehr persönlichen Umständen beruhen, auf physischer Kraft, Klugheit, persönlicher Autorität. Für Max Weber ist es im wesentlichen wirtschaftlicher Einfluß. Herrschaft ist mehr, ist institutionalisierte Macht. Herrschaft ist ein sozial normiertes Verhältnis, Macht ein bloß faktisches. Herrschaft ist für ihn politisch, Macht ökonomisch. Und dann interessiert ihn der Zusammenhang zwischen beiden (3. Teil, 1. Kapitel, § 1). Ohne es weiter zu diskutieren, geht er aus von der Universalität von Herrschaft. Sie gehört für ihn zur Natur des Menschen. Ethnologische Fragen haben ihn nicht sehr interessiert. Außerdem gab es damals, als er sein Buch schrieb, kaum verläßliche Nachrichten über herrschaftsfreie Gesellschaften. Er schreibt also im Grunde nur über Europa, über die europäische Abfolge von charismatischer, traditionaler und rationaler Herrschaft. Schon das macht es außerordentlich schwer, mit seinen Begriffen Gesellschaften, die herrschaftlich organisiert sind, von solchen zu unterscheiden, in denen es keine Herrschaft gibt. Denn an diese hat er überhaupt nicht gedacht. Seine Begriffe sind in erster Linie, und eigentlich fast allein, dazu bestimmt, in herrschaftlich organisierten – europäischen – Gesellschaften intern die Bereiche von politischer Herrschaft und ökonomischer Macht zu unterscheiden und ihre gegenseitige Abhängigkeit zu untersuchen, eben: Wirtschaft und Gesellschaft.

Wo beginnt der Staat?

Entscheidend bleibt, daß es bei den vielen von den Ethnologen beschriebenen Gesellschaften zahlreiche fließende Übergänge gibt. Die besten soziologischen Grundbegriffe müssen hier versagen, wenn man eine einzige Alternative vor Augen hat, nämlich Herrschaft oder nicht. Auch in den Gesellschaften, die man in der Ethnologie herkömmlicherweise als »Königreiche« bezeichnet, von denen man also allgemein der Auffassung ist, in ihnen gäbe es Herrschaft, auch in ihnen passen die Vorstellungen Max Webers nur schwer. Für die Existenz von Herrschaft ist nach seiner Auffassung entscheidend das Vorhandensein eines institutionalisierten Zwangsapparates, der die Möglichkeit gibt, staatliche Befehle mit physischem Zwang durchzusetzen, manu militari. Das ist »die Chance, auf einen Befehl bestimmten Inhalts bei angebbaren Personen Gehorsam zu finden«, wie er es einmal formuliert hat. Nehmen wir zum Beispiel den »König« der Aschanti in Ghana, den Asante Hene, im 19. Jahrhundert, vor der englischen Herrschaft. Es wird in vielen Fällen nicht leicht gewesen sein vorherzusagen, wie groß die Chance jeweils war. Denn es gab noch beträchtliche Überreste der alten herrschaftsfreien Strukturen, der segmentären Ordnung. Für den »König« von Tonga dagegen, den Tui Tonga, ließen sich entsprechende Vorhersagen viel eher machen. Dort war die alte Ordnung schon sehr viel weiter beseitigt. Und es kommt noch hinzu, daß in diesen Gesellschaften die Sanktionsmöglichkeiten sich nicht nur auf den physischen Zwang beschränken. Zum Teil sind sie ganz andere als in unseren europäischen Traditionen, auch im Bereich von Herrschaft (Sigrist 1967.99 f.).

Es ist eben außerordentlich schwierig, den frühen Staat nach unten abzugrenzen (Mühlmann 1964.249). Es gibt viele fließende Übergänge in einem Kontinuum verschiedener Dichte.

Sie machen es unmöglich, an einer bestimmten Stelle den Strich zu ziehen zwischen Gesellschaften mit und ohne Herrschaft (Service 1977.33). Man sollte feste Definitionen vermeiden. Wenn man Max Webers Begriff von Herrschaft »idealtypisch« versteht, nicht, wie er es selbst gewollt hat, sondern, wenn man es ein wenig abwandelt in dem Sinn, daß er eben eine ideale Vorstellung ist von typisch europäischen Erscheinungen, die in der Wirklichkeit der von den Ethnologen beschriebenen Gesellschaften niemals in dieser idealen Form erscheinen, und wenn man sich weiter bewußt bleibt, daß wir sie deshalb gebrauchen müssen, weil wir nun einmal auf unsere eigene Sprache und unsere eigenen Begriffe angewiesen sind, auch wenn wir eine fremde Welt verstehen wollen, dann wird es in Zukunft gerechtfertigt bleiben, sich weiter an ihm zu orientieren. Denn niemand hat unseren Begriff von Herrschaft besser formuliert als er. Herrschaft ist institutionalisierte Macht. Und Macht ist die Möglichkeit, Einfluß zu nehmen auf das Verhalten anderer.

Universalität von Herrschaft?

Das Problem der Universalität von Herrschaft ist 1964 in einer Kontroverse zwischen Ralf Dahrendorf und Christian Sigrist behandelt worden. Die politischen Hintergründe wurden von Dahrendorf offen ausgesprochen. Die These, daß in allen menschlichen Gesellschaften Strukturen von Macht und Herrschaft vorhanden wären, sei außerordentlich wichtig. Denn sie habe erhebliche politische Konsequenzen. Sie würde nämlich die Sinnlosigkeit utopischer Bemühungen beweisen. Besonders der Marxismus – und um den geht es fast immer in diesen Diskussionen – träume ja von der Herrschaftslosigkeit. Wenn man nun nachweisen könne, daß es so etwas nie gegeben habe, sei auch erwiesen, daß es das nie geben könne. Sozusagen aus der Natur des Menschen. Das müsse für marxistische Gesellschaftsträume verheerende Folgen haben. Auch »soziologisch« hätte es wichtige Konsequenzen. Ungleichheiten »sozialer Schichtung« ließen sich regelmäßig auf Herrschaft zurückfüh-

ren. Wenn es sie immer gegeben hätte, würde sich zeigen lassen, daß man sie letztlich nie beseitigen könne (Dahrendorf 1964.84).
Man kann die Frage ruhig offen lassen, ob solche Schlußfolgerungen logisch richtig sind. Mich selbst haben sie nie so recht überzeugt. Allerdings muß ich auch zugeben, daß das letztlich kein Einwand gegen ihre tatsächliche politische Wirksamkeit sein kann. Jedenfalls ist sicher, daß Dahrendorf Ängste oder Hoffnungen ausgesprochen hat, die sehr häufig bei der wissenschaftlichen Behandlung solcher Themen im Hintergrund stehen und die Interpretation des ethnologischen Materials im Sinne des bewahrenden oder fordernden Naturzustandes beeinflußt haben. Kontroversen über die Frage von Herrschaft oder Herrschaftslosigkeit hat es aber wohl nur in Deutschland gegeben. Die vielen Berichte der Ethnologen über anarchische Gesellschaften, die seit den vierziger Jahren in ziemlich großer Zahl erschienen sind, wurden sonst allgemein akzeptiert.
Dahrendorf vertritt einen bewahrenden Naturzustand. Er entwickelt die These der Universalität von Herrschaft am Beispiel eines ethnologischen Berichts über die Amba. Der Bericht, von Winter, war 1958 erschienen, in dem von Tait und Middleton herausgegebenen Sammelband »Tribes without Rulers«. Diese »Stämme ohne Herrscher« seien in Wirklichkeit doch herrschaftlich organisiert. Und zum Beweis kombiniert er Details des Berichts von Winter mit einer sehr weit gefaßten Definition des Herrschaftsbegriffes.
Die Amba sind Ackerbauern in Uganda, ein kleiner Stamm von etwa 30 000 Menschen. Selbstverständlich gibt es bei ihnen Regeln des gesellschaftlichen Zusammenlebens. Dahrendorf nennt sie Normen. Und es gibt Konflikte und Verstöße gegen diese Regeln. Sie werden meistens gelöst durch die Vermittlung von Dorfältesten. Die am Konflikt Beteiligten verhandeln über eine Lösung. Der Vermittler hat dabei nichts weiter einzusetzen als ein persönliches Geschick und die Autorität seiner Stellung. Im übrigen ist er auf den guten Willen der Beteiligten angewiesen, den Konflikt beizulegen. Die Autorität seiner Stellung beruht im wesentlichen auf seinem Alter und seiner Erfahrung. Er hat keine Möglichkeit, ein »Urteil« zu fäl-

len. Er kann nur Vorschläge machen, die von den Parteien angenommen werden müssen. Oft sind das lange Verhandlungen, an denen sich manchmal noch andere Dorfbewohner beteiligen. Der Vermittler kann natürlich auch nicht, wie ein europäischer Richter, die Durchsetzung einer Entscheidung erzwingen. Am Ende seiner Verhandlung steht eine Einigung, der Konsens der Beteiligten. In seiner Tätigkeit sieht Dahrendorf nun die Anwendung von Normen, nämlich der Normen, um deren Verletzung man sich stritt, und möglicherweise auch von Regeln über Ausgleichszahlungen, die es in diesen Gesellschaften häufiger gibt. Und da er Herrschaft definiert als Setzung, Anwendung und Erzwingung von Normen (S. 96), kommt er zu dem Ergebnis, bei den Amba gäbe es Herrschaft. Er sieht zwar, daß bei ihnen niemand Normen setzen könne, und auch, daß es niemanden gibt, der in der Lage wäre, ihre Erzwingung durchzusetzen. Aber immerhin gäbe es einige, die die Befugnis hätten, Normen anzuwenden, nämlich die Dorfältesten. Das sei zwar nur eine eingeschränkte Herrschaft. Aber auch sie sei schon Herrschaft (Dahrendorf 1964.98).
Sigrist hat dagegen eingewendet, »daß Dahrendorfs Begriff der Herrschaft nur die Implikationen des Begriffs der sozialen Norm expliziert« (Sigrist 1964.275). Mit anderen Worten, Dahrendorf fasse seinen Begriff von Herrschaft so weit, daß man dann überall Herrschaft annehmen müsse, wo es überhaupt nur Regeln menschlichen Zusammenlebens gäbe. Das sei dann ja schon »eingeschränkte Herrschaft«. Man könnte ergänzen: Es ist eben noch keine »Befugnis zur Anwendung von Normen«, wenn jemand zur Vermittlung eingeschaltet wird und einen Konsens erreichen muß. Im Gegenteil. Es ist der typische Prozeß der Selbstregulierung in Gesellschaften ohne Staat. Man kann das nicht als Herrschaft bezeichnen. Auch Max Weber würde es nicht getan haben.

Pax Britannica

Soviel zur Herrschaft. Mit ihr verbunden, im Vexierspiel von bewahrendem und forderndem Naturzustand, und von eigenem und fremdem Recht, ist eine andere Frage. Auch in letzter

Zeit ist wieder über den Frieden geschrieben worden, über Krieg und Frieden in frühen Gesellschaften. Es begann mit Beschreibungen kriegerischer Wilder nach der Entdeckung Amerikas, erreichte seinen Höhepunkt bei Thomas Hobbes und seinem Krieg aller gegen alle, und endete mit den Berichten der Ethnologen unseres Jahrhunderts, die davon nicht mehr viel bemerken konnten. Sie berichten vom friedlichen Gleichgewicht, das in vielen dieser Gesellschaften zu finden ist. Es beruht auf ihrer Verwandtschaftsstruktur. Schon McLennan hatte gesehen, es gibt Exogamie und Endogamie, also Regeln darüber, daß man in bestimmten Gruppen nicht heiraten darf, innerhalb anderer heiraten muß (1865). Er konnte es aber noch nicht richtig zusammenfügen. Die Lösung fand Lewis Morgan, bei den Irokesen (1870). Exogam sind einlinige Verwandtschaftsgruppen. Er nannte sie gentes. Heute spricht man meistens von lineages, oder von clans. Sie kommen dadurch zustande, daß die Kinder einer Ehe entweder nur zur Verwandtschaft ihrer Mutter oder ihres Vaters gerechnet werden. Je nachdem spricht man von Matrilinearität oder Patrilinearität. Die Patrilinearität gab es schon in der frühen Antike, bei Griechen und Römern. Agnatische Verwandtschaft nannte man das, im Gegensatz zur späteren kognatischen, die wir heute bei uns allein kennen. Sie ist nach beiden Seiten offen. Ein Kind gilt bei uns sowohl mit der Familie seiner Mutter als auch mit der seines Vaters verwandt. Unsere verläuft sich auf diese Weise nach beiden Seiten im Diffusen. Das einlinige agnatische System bildet feste Gruppen, von einigen Dutzend bis zu einigen hundert Menschen. Sie existieren nebeneinander, als autonome Segmente der Gesellschaft, verbunden durch vielfältige Heiratsbeziehungen. Verwandtschaftsordnung und soziale Ordnung sind identisch. Das gesellschaftliche Gleichgewicht wird hergestellt durch die Kombination von Exogamie der Segmente und Endogamie des Stammes. Das war Morgans Beschreibung der Irokesen. Und seit Durkheims Buch über die Teilung der sozialen Arbeit nennt man sie segmentäre Gesellschaften (1893). In Jägergesellschaften ist es anders. Sie haben diese agnatischen Gruppen selten, sondern existieren meist im lockeren Zusammenleben einiger Familien in der Horde. Auch bei ihnen erhält sich das Gleichgewicht zum Teil durch Heiratsbeziehungen. Auf der anderen Seite spielt bei ihnen die von Marcel Mauss beschriebene Reziprozität wohl noch eine größere Rolle, und das erst in der letzten Zeit – von Colin Turnbull – entdeckte Prinzip der Fluktuation. Jedenfalls, und das war das Entscheidende, man hatte in den letzten hundert Jahren Organisationsprinzipien kennengelernt, die eine ausreichende Erklärung dafür boten, warum diese Gesellschaften in friedlichem Gleichgewicht ohne Staat existieren konnten. Konflikte, die es auch bei ihnen gibt, werden gelöst in selbsregulierenden Prozessen, meistens über den Konsens, wie bei den Amba.

In den letzten Jahren sind daran wieder Zweifel geäußert worden. Im Grunde waren sie auch zu erwarten gewesen. Denn dieses Bild früher Gesellschaften paßte zu gut in den Rahmen des fordernden Naturzustandes. Allerdings, die Zweifel kamen von beiden Seiten, jedenfalls auch von Pierre Clastres, der noch 1974 den stark demokratischen Charakter der anarchischen Gesellschaften geschildert hatte. Kurz vor seinem Tode veröffentlichte er 1977 einen Aufsatz über die Archéologie de la violence, in dem er den Ethnologen vorwarf, sie hätten die Existenz des Krieges in frühen Gesellschaften vernachlässigt. Ohne es weiter zu beweisen, geht er davon aus, der Krieg sei eine universale Erscheinung gewesen und erst mit der Ausbreitung der Kolonialherrschaft beseitigt worden. Gerade die Aufrechterhaltung des äußeren Friedens durch die Kolonialmächte, die pax Britannica, ergänzt Rüdiger Schott, habe es ermöglicht, daß die geordnete Anarchie der segmentären Gesellschaften so reibungslos funktionieren konnte, wie es die englische Social Anthropology immer beschrieben habe (Schott 1979.28). Was nicht nur für das Funktionieren der gesamtgesellschaftlichen Ordnung gilt, meint Gerd Spittler, sondern gerade auch für die von den Rechtsethnologen geschilderten Konsensmodelle der Konfliktregelung in segmentären Gesellschaften (Spittler 1980). Es sei eben eine »Streitregelung im Schatten des Leviathan« gewesen. Denn der koloniale Staat habe die gewaltsame Selbsthilfe verboten, die Ahndung besonders schwerer Fälle an sich gezogen und die Schwierigkeiten einer Einigung in den leichteren Fällen seien schließlich auch dadurch beseitigt worden, daß jeder der Beteiligten damit drohen konnte, er würde die Sache vor das verhaßte staatliche Gericht der Kolonialverwaltung bringen. Ohne die Kolonialmacht im Hintergrund, im ursprünglichen Zustand segmentärer Gesellschaften, hätten solche Konsensmodelle gar nicht richtig funktionieren können. Der bewahrende Naturzustand forderte endlich wieder sein Recht, das Recht des Leviathan. Auffallend häufig kommen solche Forderungen aus dem deutschen Bereich.

Krieg aller gegen alle

Was davon zu halten ist? Nun ja. Schließlich ist die Menschheit am Leben geblieben. Auch ohne Kolonialverwaltung. Viele Jahrhunderte haben diese Gesellschaften gelebt, zum Teil noch länger, und sich gegenseitig nicht ausgelöscht, wie man es nach der Theorie vom Krieg aller gegen alle eigentlich hätte erwarten müssen. Allerdings, wenn man Thomas Hobbes etwas genauer liest, sieht man, daß er sich sehr viel vorsichtiger geäußert hat, als man häufig meint. Der Kriegszustand, den er beschreibt, müsse nicht darin bestehen, daß ständig gekämpft werde. Es genüge schon, daß dies jederzeit möglich sei. Vorsichtig schränkt er auch das noch ein. Immer hätte es diesen Zustand vor der Existenz des Staates wohl auch nicht gegeben. Und auch nicht überall. Nach diesen Einschränkungen beim Naturzustand klingt seine Beweisführung fast mehr als Argumentation mit seiner Gegenwart, nämlich mit dem Bürgerkrieg im England des 17. Jahrhunderts (Hobbes 1981.98,100):

»Solange es also keinen Staat gibt, leben die Menschen in dem Zustand, den ich beschrieben habe, im Krieg aller gegen alle. Krieg bedeutet ja nicht nur aktuellen Kampf. Er ist schon vorhanden, wenn eine gewisse Zeit lang nur die Bereitschaft besteht, jederzeit zu den Waffen zu greifen. Es ist wie beim Wetter, wo es auch gewisse Jahreszeiten gibt. Ein einzelner Regenguß macht noch nicht die feuchte Jahreszeit aus. Ebensowenig besteht der Krieg nur aus einem einzelnen Kampf. Und nur diejenige Zeit kann Frieden genannt werden, in der es in diesem Sinne keinen Krieg gibt ... Einen Krieg aller gegen alle könnte jemand meinen, den hat es doch nie gegeben. Ich glaube, es war niemals allgemein so, überall auf der Welt. Aber es gibt viele Gegenden, wo sie heute noch so leben. Die Wilden in vielen Gebieten Amerikas haben überhaupt keine Regierung, mit Ausnahme der Leitung in kleinen Familien, deren Eintracht nur durch die Gleichheit ihrer Begierden aufrechterhalten wird. Bis auf den heutigen Tag leben sie in der primitiven Weise, die ich beschrieben habe. Wie auch immer. Wie das Leben jedenfalls aussehen würde, wenn es keinen Staat zu fürchten gäbe, das kann man an dem Leben sehen, in das Menschen, die schon unter einer friedlichen Regierung gelebt haben, gewöhnlich durch einen Bürgerkrieg zurückfallen.«

Er hatte die Probleme seiner Theorie gesehen. Die Nachrichten aus Amerika waren ihr an sich günstig. Aber so genau wußte er auch nicht, wie die Indianer lebten. Außerdem mußte er ahnen, daß sie schon eine ganze Weile dort überlebt hatten, bis der erste Indianer Kolumbus entdeckte und damit »eine böse Entdeckung machte«, wie Lichtenberg einmal bemerkt hat (zitiert bei Kramer 1977.111). So vorsichtig er im Grunde argumentierte, so sicher können wir heute sagen, daß er an einer Stelle irrte, nämlich dort, wo er über das Leben ohne Staat geschrieben hatte (1981.98):

»In einem solchen Zustand arbeitet niemand, weil es sich nicht lohnt. Es gibt keinen Ackerbau ...«

Darauf bezieht er sich am Schluß des wiedergegebenen Textes, vielleicht ahnend, daß auch das nicht so ganz sicher sei. Denn er bricht ab mit whatsoever, wie auch immer. Und argumentiert zum Schluß lieber mit dem eigenen Bürgerkrieg.
Was er jedoch allgemein über den Krieg im Naturzustand gesagt hat, das dürfte der Wirklichkeit in vielen frühen Gesellschaften tatsächlich sehr nahe kommen. So ungefähr wird man es sich vorzustellen haben. Jedenfalls entspricht es der Beschreibung, die Evans-Pritchard 1940 von den Nuer gegeben hat, einem nilotischen Hirtenvolk. Es ist nämlich unzutreffend, wenn Clastres den Ethnologen vorwirft, sie hätten den Krieg ignoriert. Schon in dieser ersten klassischen Monographie der englischen Social Anthropology ist er im vollen Umfang beschrieben, sowohl die ständigen Feindseligkeiten mit den Nachbarn, besonders gegen die Dinka, als auch ihre internen Gewalttätigkeiten, für die es so viele Anlässe gab, die bis zur Blutrache führten (Evans-Pritchard 1940.125-135, 150-162). Der Krieg mit den Dinka sei für die Nuer genauso wichtig ge-

wesen wie die Viehzucht, und auch der interne Streit habe unendliche Zeit gekostet und in gleicher Weise zu ihrem Leben gehört (Evans-Pritchard 1940.126,150f.). Aber man habe auch gewußt, was er bedeute, und oft gezögert, mit dem Kampf zu beginnen. Und so sei die Furcht vor der Blutrache als solche eine wichtige Garantie für Leben und Eigentum und oft der Grund dafür gewesen, daß es zu einer Einigung kam, durch Vermittlung der Älteren oder eines Leopardenfellpriesters (Evans-Pritchard 1940.126,150-152).

Die Nuer waren gerade zwei Jahre vorher von den Engländern unterworfen worden, als Evans-Pritchard 1930 das erste Mal zu ihnen kam. Die Kolonialverwaltung war weit entfernt, und damals gab es auch keine staatlichen Gerichte (Evans-Pritchard 1940.7-12, 162f.). Die pax Britannica hatte zu dieser Zeit noch keinen Einfluß gehabt auf ihre soziale Ordnung und ihr Funktionieren. Streitregelungen fanden statt unter der heißen Sonne des südlichen Sudan. Es gab keinen Schatten des Leviathan. Trotzdem waren Konsens und Selbsthilfe die wichtigsten Mittel zur Lösung von Konflikten, wie es später von den Rechtsethnologen auch für andere Gesellschaften beschrieben wurde, und auch schon vorher in gleicher Weise beschrieben war. Die Nuer sind bis heute der klassische Fall einer geordneten Anarchie (Evans-Pritchard 1940.6) geblieben. Der Bericht über sie wurde mancher kritischen Kontrolle unterworfen. Aber selbst in seinem problematischsten Teil, in den Bemerkungen über die Machtlosigkeit der Leopardenfellpriester, ist er im wesentlichen bestätigt worden (Mair 1974.134-136). Schotts und Spittlers Einwände gehen also im Prinzip ins Leere. Sie mögen recht haben, was Nuancen späterer Berichte über ähnliche Gesellschaften betrifft. Aber die cause célèbre eines anarchischen Hirtenvolkes verweist ihre Interpretation dorthin, woher sie kommt: zurück in den Schatten des Leviathan.

Whatsoever, würde Thomas Hobbes sagen. Es bleiben noch manche anderen Probleme, in dieser Provinz des Rechts, die so schwer zu übersehen ist. Die wichtigsten sind genannt. Die automatische Unterwerfung unter den Gruppenkonsens, die Universalität von Herrschaft und Krieg und Frieden. Sie dürften ausreichen, um die Schwierigkeiten deutlich zu machen, vor denen Juristen stehen, wenn sie sich dem Berg des Materials nähern, das die Ethnologen inzwischen zusammengetragen haben. Kein Wunder, daß sie bisher davor zurückgeschreckt sind. Damals, als die ethnologische Jurisprudenz sich ans Werk machte, schien für manchen die Mühe geringer und die Ausbeute größer. Mit dem Wachsen des Materials schwinden gewisse Möglichkeiten der Verallgemeinerung, zu der die ethnologische Jurisprudenz ohnehin in einem höheren Maße neigte, als es selbst damals erlaubt war (Vinogradoff 1904.130). Kalifornische Ausbeute winkt nicht mehr. Aber vielleicht ab und zu ein fremder Stein, Beryll, nicht als Schmuck, sondern als frühes Augenglas. Brille, für den besseren Durchblick zum eigenen Recht.

2. KAPITEL

Ethnologie, Geschichte und Recht

Wer frühes Recht bedenken will, braucht einen Begriff und eine Methode. Der Begriff: Unter frühem Recht soll hier verstanden werden das Recht in schriftlosen Gesellschaften, und zwar in archaischen wie in rezenten. Dahinter stecken viele Probleme. Mit dem Begriff verbindet sich nämlich eine bestimmte Methode. Die erste Frage, die sich stellt, ist doch, ob man sie überhaupt noch miteinander vergleichen kann, die archaischen Gesellschaften, die in der Vorgeschichte gelebt haben, vor der Erfindung der Schrift in Asien und in Europa, und die rezenten schriftlosen Gesellschaften in Amerika und in den Ländern der dritten Welt, die in neuerer – rezenter – Zeit von den Ethnologen beschrieben worden sind.

Hinter dem Begriff steht die Vorstellung von drei einheitlichen Stufen menschlicher Entwicklung, die man auch heute noch manchmal als »Wildheit«, »Barbarei« und »Zivilisation« bezeichnet. Sie sind von Lewis Henry Morgan eingeführt worden, in seinem Buch »Ancient Society« (1877). Die Abgrenzungskriterien haben sich seitdem immer wieder etwas verschoben, aber im großen und ganzen hat sich die Dreiteilung bis heute bewährt. Auch das heutige archäologische Material läßt sie als sinnvoll erscheinen (Childe 1975. 29 ff., 34 f.). Morgan hatte »Wildheit« und »Barbarei« abgegrenzt durch die Erfindung der Töpferei und »Barbarei« und »Zivilisation« durch die Erfindung der Schrift. Die zweite Abgrenzung ist heute noch im wesentlichen anerkannt. Zum Teil vermeidet man den Ausdruck Zivilisation (z. B. Adams 1966. 12 f.) und spricht lieber von der »urbanen Revolution« wie Gordon Childe sie genannt hat. Man meint damit, daß die Erfindung der Schrift zusammenfällt mit einer anderen völlig neuen Entwicklung, der Ansammlung einer großen Bevölkerungszahl in der Stadt und der Ausbildung einer weitgehenden Arbeitsteilung mit einer ziemlich großen Zahl von Vollspezialisten, Handwerkern und

Künstlern, Beamten und Schreibern, Priestern und Herrschern, die ihre Nahrung nicht mehr selbst produzierten, sondern aus dem von den Bauern, Fischern und Jägern erzielten Überschuß unterhalten wurden. Damit verbunden war eine neue Form von Herrschaft. Es entstand der bürokratische Staat (Childe 1950).
Die erste Abgrenzung zwischen »Wildheit« und »Barbarei« wird heute allgemein anders vorgenommen, nicht mehr mit der Töpferei, sondern nach der Art und Weise der Lebensmittelgewinnung. In der englischen Literatur spricht man seit den zwanziger Jahren von food gathering und food producing, unterscheidet also danach, ob die Nahrung nur durch Sammeln, Jagen oder Fischen oder durch Kultivierung eßbarer Pflanzen, Aufzucht von Tieren oder durch Kombination beider in gemischter Landwirtschaft gewonnen wird (Childe 1925). In der Archäologie ist es die Grenze zwischen Altsteinzeit (Paläolithikum) und Jungsteinzeit (Neolithikum). Auch hier hat Childe einen neuen Begriff geprägt, die »neolithische Revolution«. Der Übergang zur Seßhaftigkeit und kontrollierter Produktion der Nahrung sei ein revolutionärer Fortschritt gewesen, der eine beträchtliche Zunahme der Bevölkerung und schließlich die Erzielung eines gesellschaftlichen Überschusses ermöglicht habe (Childe 1942).

Die drei Entwicklungsstufen früher Gesellschaften

Frühes Recht ist also Recht vor der urbanen Revolution. Es ist Recht in frühen Gesellschaften ohne Schrift. Es entwickelt sich auf ihren drei Stufen, nämlich auf der von Jägergesellschaften mit food gathering, von segmentären Ackerbauern und Hirten mit food producing und in kephalen Gesellschaften vor der urbanen Revolution. Denn auch in schriftlosen Gesellschaften gibt es institutionalisierte Macht, Herrschaft, in frühen Königreichen oder Protostaaten, als Vorstufen der »Zivilisation«. Gesellschaftliche Organisation und damit auch das Recht sind jeweils verschieden auf diesen drei Stufen:

Jägergesellschaften,
segmentäre Gesellschaften,
kephale Gesellschaften.

In diesem Band geht es um die beiden ersten Stufen. Später soll ein zweiter folgen, der die Entstehung von Herrschaft beschreibt und frühes Recht in kephalen Gesellschaften.
Frühes Recht auf allen drei Stufen ergibt sich einerseits aus der Ethnologie und andererseits aus Rückschlüssen aus der Rechtsgeschichte. Und hier liegt das nächste Problem. Die komparative Methode. Es liegt schon in der Bezeichnung als frühes Recht in »frühen« Gesellschaften, denn damit wird nicht nur die in der Ethnologie immer noch übliche Titulierung als »Wilde« oder »Primitive« vermieden, sondern auch angenommen, daß die von den Ethnologen beschriebenen Gesellschaften vergleichbar sind mit denen, die in der Geschichte vor der urbanen Revolution existiert haben, daß es also Ähnlichkeiten und Gemeinsamkeiten gibt zwischen rezenten Jägergesellschaften und Jägern der Altsteinzeit und zwischen segmentären oder kephalen Ackerbauern und Hirten in Afrika, Amerika oder in der Südsee und den Ackerbauern und Hirten in Mesopotamien, Griechenland oder Italien vor der Einführung der Schrift. Kann man, mit anderen Worten, Ethnologie und Geschichte zusammenbringen?

Komparative Methode

Die Methode ist alt. Ihr Meister war Lewis Henry Morgan. Ihre Ursprünge reichen zurück in die schottische Aufklärung des 18. Jahrhunderts, letztlich bis in die Theorien über den Naturzustand bei Hobbes und Locke im 17. Jahrhundert (Harris 1969.151-153). Morgan hat sie in folgender Weise beschrieben (1877,1908. 6 f.):

»Es ist ferner zu betonen, daß die Familienordnungen der barbarischen und selbst der wilden Vorfahren der Menschheit noch gegenwärtig in einzelnen Teilen des Menschengeschlechts so vollständig zu finden sind, daß mit Ausnahme der allerursprünglichsten Periode die verschiedenen Stadien dieses

Fortschritts ziemlich gut sich erhalten haben... Schließlich ist noch zu bemerken, daß die Kultur der Menschheit überall ziemlich den gleichen Weg durchlaufen hat, daß die menschlichen Bedürfnisse unter ähnlichen Bedingungen ziemlich dieselben gewesen sind und daß die Wirkungen der geistigen Tätigkeit kraft der Übereinstimmung des Gehirns aller Menschenrassen gleichförmig gewesen sind. Doch dies ist nur ein Teil der Erklärung jener Gleichförmigkeit in den Resultaten. Die Keime der hauptsächlichsten Institutionen und Künste des Lebens entwickelten sich zu einer Zeit, wo die Menschen noch Wilde waren. In sehr großem Umfang ist die Erfahrung der nachfolgenden Perioden der Barbarei und Zivilisation auf die Weiterentwicklung dieser ursprünglichen Auffassungen verwandt worden. Überall wo auf verschiedenen Kontinenten ein Zusammenhang zwischen einer gegenwärtigen Institution und einem gemeinsamen Keim sich auffinden läßt, kann man auf die Herkunft der betreffenden Völker selbst von einem gemeinsamen ursprünglichen Grundstamm schließen.«

Ziemlich bald ist die Methode dann, jedenfalls bei den Ethnologen, in Verruf gekommen, besonders durch die Angriffe von Franz Boas, einem der einflußreichsten amerikanischen Ethnologen, und seiner Schule. Es hing zusammen mit seinen Einwänden gegen den Evolutionismus, zu dem die komparative Methode gehörte. Franz Boas sah stärker die Verschiedenheiten in der Struktur früher Gesellschaften, zum Beispiel bei nordamerikanischen Indianern, weniger die Ähnlichkeiten oder Gleichheiten. Wo es Gleichheiten gab, führte er das auf gegenseitige Beeinflussung zurück, auf die Übernahme von Materialien, Techniken oder Gebräuchen, die von einem Landstrich in den anderen verbreitet werden, also auf Diffusion, wie das theoretische Stichwort lautete. Diffusion stand gegen Evolution.

Diffusionismus

Der Diffusionismus beruht auf Vorstellungen, die etwa Niebuhr aussprach, als er sagte, daß kein einziges Beispiel von einem wirklich wilden Volk aufzuweisen sei, welches frei zur Kultur übergegangen wäre. Zum Teil sind es elitäre und rassistische Überzeugungen, daß »Wilde« niemals etwas erfinden oder entdecken. Morgan ging davon aus, in allen Menschen würden die gleichen Entwicklungsmöglichkeiten ruhen, »kraft der Übereinstimmung des Gehirns aller Menschenrassen«. Der Diffusionismus meint, ein auserwähltes Volk habe die wichtigen Entdeckungen gemacht, die sich dann von dort bis zu den wildesten Wilden verbreitet haben. Gleichmäßige Gesetzmäßigkeiten in der Entwicklung aller Menschen gäbe es nicht. Und der größte Irrtum der komparativen Methode, sagte Robert Lowie, einer der Schüler von Franz Boas, sei die Gleichsetzung der rezenten »Wilden« mit steinzeitlichen Urmenschen (Lowie 1937.25, übers. v. Verf.):

»Die Ähnlichkeit heutiger Wilder mit urzeitlichen Affenmenschen ist ein so einflußreicher Lehrsatz, daß wir seinen Irrtum deutlich darlegen müssen. Er berücksichtigt nämlich nicht, daß selbst die einfachste rezente Horde eine längere Vergangenheit hat, während der sie sich tatsächlich sehr weit von dem hypothetischen Anfangsstadium entfernt hat.«

Hier liegt tatsächlich ein Problem der komparativen Methode. Für die früheste Zeit ist sie unsicher. Die Lebensbedingungen heutiger Jägergesellschaften sind mit denen der Altsteinzeit nur schwer zu vergleichen. Oft sind es Jäger, die in sehr ungünstige ökologische Nischen versprengt wurden, oder solche in ziemlich engem Kontakt mit umliegenden seßhaften Stämmen. Morgan war sich dieses Problems bewußt. Für die Unterstufe der »Wildheit« jedenfalls, vor dem Gebrauch des Feuers, hatte er ausdrücklich betont (Morgan 1877, 1908.9):

»Kein einziges Beispiel von Menschheitsstämmen dieses Urzustandes hat bis auf die geschichtliche Zeit sich erhalten.«

Im Gegensatz zu anderen, die mit der komparativen Methode sehr viel freizügiger umgingen, hatte er versucht, auf einer möglichst breiten Grundlage ethnologischen Materials zu arbeiten. Und er ist dabei sehr vorsichtig verfahren, auch wenn ihm manche Fehler unterlaufen sind. Das wird heute zunehmend anerkannt. Damals half es nichts. Unter dem Einfluß von Franz Boas und durch die wenig später einsetzende Enthistorisierung der englischen Ethnologie war die komparative Methode für viele Jahrzehnte erledigt. Sie blieb es bis nach dem letzten Weltkrieg. Dann machte Julian Steward einen neuen Anfang. 1949 veröffentlichte er einen Aufsatz über gemeinsame Gesetzmäßigkeiten im Vergleich der Entwicklung der beiden amerikanischen Hochkulturen in Peru und Mexiko mit Mesopotamien, Ägypten und China (Steward 1949). Das war der Auftakt der neoevolutionären Schule in den Vereinigten Staaten, die sich später auch in die englische und französische Ethnologie ausweitete. Vielleicht hängt das zusammen mit der Beendigung der Kolonialherrschaft um diese Zeit. Denn mit ihr verlor der Funktionalismus der englischen Social Anthropology jedenfalls seine Bedeutung als Verwaltungswissenschaft für die direkte Ausbeutung der Länder in der Dritten Welt. Schon Anfang der fünfziger Jahre begannen auch in England Diskussionen darüber, daß man die historische Dimension in der Ethnologie wieder stärker berücksichtigen müsse (Mair 1972.40-47).

Robert Adams

Stewards erster Versuch ist dann 1966 von Robert Adams sehr viel ausführlicher und genauer wiederholt worden. Adams konzentrierte sich auf zwei der fünf von Steward behandelten Hochkulturen, auf Mesopotamien und Zentralmexiko. Er verfolgte ihre Entwicklung von den frühesten Anfängen bis zur vollen Entfaltung der urbanen Revolution. Das Ergebnis: Es gibt Gemeinsamkeiten, allgemeine Gesetzmäßigkeiten im Ablauf der menschlichen Entwicklung, nicht nur im sozialen Verhalten von Jägern und segmentären Gesellschaften, sondern auch bei den kompliziertesten Gebilden menschlicher Ordnung, also auch bei Staaten, und in ihrer Entwicklungsgeschichte. Da es sich um Staaten handelt, die in ihrer Entwicklung zeitlich und geographisch weit voneinander getrennt waren, auf verschiedenen Kontinenten und zeitlich verschoben um etwa viertausend Jahre, war eine gegenseitige Beeinflussung, war »Diffusion« unmöglich und damit der Beweis geliefert für Evolution. Am Ende seiner Studie formulierte er das Ergebnis (Adams 1966.170,175, übers. v. Verf.),

»daß zwei räumlich weit ausgedehnte, komplizierte, langlebige, innovative und typisch »zivilisierte« Gesellschaften in fundamentaler Weise ähnlich gewesen sind, womit nicht gemeint ist, daß es eine minutiöse Übereinstimmung gibt in allen Einzelheiten, also weder im allgemeinen gesellschaftlichen Funktionieren noch in formalen Details. Aber die Ähnlichkeiten sind ausreichend dicht und zahlreich, um die Annahme zu rechtfertigen, daß es in diesem und in ähnlichen Fällen wirklich sinnvoll ist, das heißt: fruchtbar für neue Einsichten beim Verstehen der individuellen historischen Abfolge, jeweils eher eine verallgemeinernde, vergleichende Haltung einzunehmen als Unterschiede zu suchen und Abgrenzungen vorzunehmen ... Und so entdecken wir von neuem, daß soziales Verhalten nicht nur auf Gesetzmäßigkeiten beruht, sondern sogar auf einer begrenzten Anzahl solcher Gesetzmäßigkeiten, was man wohl schon immer allgemein angenommen hat bei kulturellen Subsystemen (z. B. Verwandtschaft) und für »Primitive« (z. B. Jägerhorden). Aber nicht nur als abstrakter Glaubenssatz, sondern als fester Ausgangspunkt für eine ins einzelne gehende empirische Analyse gilt das auch und genauso gut im Fall einiger der kompliziertesten und kreativsten menschlichen Gesellschaften.«

Die Übereinstimmungen, die er festgestellt hatte, gehen in der Tat erstaunlich weit. Sie finden sich in der Spezialisierung der Arbeitsteilung, in der zunehmenden Intensivierung der landwirtschaftlichen Nutzung des Bodens, der Entstehung einer Klassenstruktur, und sogar im Prozeß ihrer Entstehung, nämlich in der Vertikalisierung ehemals horizontal nebeneinander bestehender einliniger, segmentärer Abstammungsgruppen, in der Existenz unruhiger und gefährlicher Randgruppen, die ältere Führungsschichten von Zeit zu Zeit ablösen, und in der religiösen Ordnung der Herrschaftsstruktur. Auf der anderen Seite gibt es auch wieder wichtige Unterschiede. Die Spezialisierung der Arbeitsteilung war in Zentralmexiko geographisch verteilt, horizontal. In Mesopotamien lief sie durch die ganze Bevölkerung, vertikal. In Zentralmexiko gab es einen großen Markt, zu dem man von weither kam. Nichts davon in Mesopotamien. Stattdessen gab es dort eine große Zahl von Landverkäufen, während der Boden in Zentralmexiko in der Hand der »calpulli« blieb und unveräußerlich war. Obwohl die Bedingungen im einzelnen also sehr unterschiedlich gewesen sind – und man, wie Adams immer wieder betont, die Gemeinsamkeit in der Existenz von Bewässerungsanlagen nicht überschätzen und sie schon gar nicht als »hydraulische Theorie« (Wittfogel 1957) zur Grundlage einer kausalen Erklärung machen darf – bleiben die Übereinstimmungen erstaunlich genug. Gerade wegen der Verschiedenheit dieser Bedingungen sind sie ein eindrucksvoller Beweis für die Richtigkeit einer komparativen Methode, die vorsichtig und behutsam vorgeht. Was nicht bedeutet, daß die Möglichkeit von Diffusion geleugnet wird, (Harris 1969.173-176). Selbstverständlich hat es viele und bedeutsame solcher Prozesse gegeben. Es bedeutet nur, daß der angebliche Gegensatz von Evolution und Diffusion sich als Irrtum herausgestellt hat.

Die alten Argumente für die komparative Methode

Im übrigen bleibt heute wie vor hundert Jahren eines der stärksten Argumente für die komparative Methode die Existenz einliniger – agnatischer – Abstammungsgruppen, die sich als genos oder agnati nicht nur für die griechische und römische Frühantike nachweisen lassen, sondern auch für unsere unmittelbare eigene germanische Vergangenheit, in der exogamen patrilinearen Sippe. Und genauso ist es auch in einigen hundert von den Ethnologen beschriebenen Gesellschaften. In jedem Fall, also in den historischen wie in den rezenten Gesellschaften, wird man davon ausgehen können, daß es ursprünglich segmentäre Gruppen gewesen sind, die als vorstaatliche Verbände mit ihrer Verwandtschaftsstruktur auch gleichzeitig die soziale Ordnung als ganze darstellten. Das ist für die germanische Frühzeit anerkannt (Conrad 1962.32) und muß auch für die römische Frühantike angenommen werden, obwohl die entsprechende Theorie Bonfantes unter den Historikern des römischen Rechts umstritten ist (Kaser 1971.54-56). Archäologische Befunde deuten ebenfalls auf die Existenz entsprechender Gruppen, zum Beispiel in Großbritannien, in Nordeuropa und an der Donau (Childe 1975.119f.). Frühminoische Gemeinschaftsgräber müssen im gleichen Sinne gedeutet werden. Und weder Gräber noch Paläste aus dieser Zeit weisen auf die Existenz von Häuptlingen hin (Childe 1975.138f.). Die Gemeinsamkeiten mit den von den Ethnologen erhobenen Befunde gehen aber noch weiter. In der Antike findet sich, wie dort, nicht nur Patrilinearität, sondern auch Matrilinearität, zum Beispiel in Herodots berühmten Bericht über die Lykier (Hist. 1.173), gleichgültig, ob es sich dabei nun um ein Matriarchat handelte, wie Bachofen meinte, oder nicht. Und nicht nur das.

Brautpreisleistungen in der Antike

Mindestens in der griechischen Frühantike gibt es noch eine Institution, die in den rezenten segmentären Gesellschaften oft eine ganz entscheidende Rolle spielt. Von Homer werden häufiger hedna erwähnt, meistens in der Odyssee, Brautpreisleistungen in Form von Gold, Silber oder Vieh, wenn auch nur noch für die adligen lineages (Wolff 1952, Finley 1954/55, 1981). Bei den Römern sieht es auf den ersten Blick ähnlich aus. Bei ihnen gab es in der Frühzeit die coemptio, einen Kauf der Frau bei ihrer Verheiratung. Sie wird allerdings eine ganz andere Funktion gehabt haben als die griechischen hedna und die Brautpreisleistungen in rezenten frühen Gesellschaften. Sie war ein typisch römischer Akt, eine Manzipation, mit der die persönliche Gewalt über die Frau und damit auch ihre Zugehörigkeit zur gens vom Vater auf den Ehemann übertragen wurde (Jörs-Kunkel 1949.280 Anm. 10; Kaser 1949.317). Die Frau wechselte also von einer lineage in die andere. Das gibt es normalerweise in segmentären Gesellschaften nicht. Die Frau bleibt in ihrer eigenen lineage, auch wenn sie heiratet. Die homerischen hedna sind ohne Zweifel solche Brautpreisleistungen, Leistungen im Austausch gegen das Mädchen, wie Hans-Julius Wolff angenommen hat. Aber das muß noch lange nicht bedeuten, daß es sich um eine »Kaufehe« handelte, wie Finley meint. Das ist das übliche Mißverständnis, das auch am Ende des letzten Jahrhunderts passierte, als die ersten Nachrichten über Brautpreisleistungen gesammelt wurden. Sie sind regelmäßig Ausgleich dafür, daß die lineage des Mannes das Recht an den Kindern erhält. So wird es bei den patrilinearen Griechen gewesen sein. In matrilinearen Gesellschaften sind sie oft ein Ausgleich dafür, daß der lineage der Frau mit ihrer Übersiedlung an den Wohnsitz des Mannes eine Arbeitskraft verlorengeht. Den persönlichen Status der Frau berühren sie grundsätzlich nicht.

Für Athen werden die hedna übrigens noch von Plutarch bestätigt, auch wenn er sie nicht ausdrücklich nennt. Er berichtet, Solon habe den »Verkauf« von Töchtern verboten (Plut. Solon 23). Daß Plutarch einige hundert Jahre später auch wieder »Kaufehe« versteht, ist das übliche Mißverständnis in Gesellschaften, die die Institution des Brautpreises nicht kennen. Solche Leistungen sind für die Existenz agnatischer Gruppen oft von entscheidender Bedeutung. Und so wird Solons Maßnahme auch zu verstehen sein, nämlich in die lange Reihe gesetzgeberischer Neuerungen gehören, mit denen er die Macht der alten Geschlechter gebrochen hat, ebenso wie zum Beispiel die Einführung der Popularanklage (Plut. Solon 18; Latte 1931). Auch hier ging es wieder um die adligen Geschlechter. Brautpreiszahlungen lassen sich in Athen und bei Homer nicht für andere agnatische Gruppen nachweisen. Das mag viele Gründe haben. Homer schildert ohnehin im wesentlichen nur das Leben der oberen Zehntausend. Und in Athen wird sich zu Solons Zeiten die lineage-Struktur der übrigen schon weitgehend aufgelöst haben. Jedenfalls ist es sehr viel wahrscheinlicher, daß die hedna der adligen lineages auf einen allgemeinen Zustand in der Frühzeit zurückgehen, als daß sie eine Sonderentwicklung gewesen sein sollten, die von vornherein auf wenige Geschlechter beschränkt war.

Nicht nur bei den Griechen findet sich das. Auch bei den Germanen. Einen sicheren Hinweis darauf gibt Tacitus in seiner Germania (Tac. Germ. 18.2):

dotem non uxor marito, sed uxori maritus offert.

»Nicht die Frau bringt dem Mann eine Mitgift, sondern der Mann seiner Frau.« Tacitus berichtet auch noch, was da geleistet werden muß, nämlich in erster Linie Rinder, dann ein gezäumtes Pferd, ein Spieß und ein Speer. Das sind typische Brautpreisleistungen, wie sie sich in rezenten segmentären Gesellschaften finden. Für die Germanen gleichzeitig ein zusätzlicher Beweis dafür, daß auch sie in ihrer Frühzeit eine segmentäre Ordnung hatten. Denn Brautpreise sind immer ein Hinweis darauf, daß in einer Gesellschaft die Verwandtschaftsordnung eine wesentliche Rolle spielt, nämlich eine agnatische Verwandtschaft mit weitverzweigtem Verwandtschaftseigentum. Wie es in segmentären Gesellschaften der Fall ist. Während die Existenz des Gegenteils – von Mitgiftleistungen der Familie der Frau an ihren Ehemann – immer als Indiz für das Vorhandensein einer staatlichen Ordnung begriffen werden muß, in der das Privateigentum überwiegt. Die Mitgift ist nämlich regelmäßig die Vorwegnahme der Vererbung von Privateigentum an die Frau (Goody 1976).

Die komparative Methode und die drei Entwicklungsstufen

Wenn man nun auf verschiedenen Kontinenten Sozialstrukturen feststellen kann, die diesen frühantiken Verwandtschaftsverhältnissen ähnlich sind, nämlich einlinige Abstammungsgruppen als Grundlage segmentärer Ordnungen, Hunderte von ethnologischen Beispielen aus allen Teilen der Welt, die sich unmöglich alle in Diffusion verbreitet haben können zwischen Amerika, Afrika und Asien, dann muß es auch zulässig sein, das, was sich bei ihnen an allgemeinen Gesetzmäßigkeiten beobachten läßt, vorsichtig in die Vergangenheit zu übertragen. Zumal es dort noch die Bestärkung durch Brautpreisleistungen gibt, die in rezenten Gesellschaften eine so große Rolle spielen. Im Hinblick auf segmentäre Gesellschaften und die Anfänge staatlicher Ordnungen ist das heute wohl unbestritten. So schreibt Marwin Harris (1969.154, übers. v. Verf.):

»Die Frage ist also, ob die gesellschaftlichen Zustände in zeitgenössischen primitiven Gruppen dazu dienen können, unser Verständnis von zeitlich früheren soziokulturellen Ordnungen zu bestimmen. Gibt es so etwas wie überlebende Steinzeitgesellschaften? Die Antwort, heute so unbestritten wie sie es 1860 war, ist ja.«

Unterschiedliche Auffassungen gibt es allerdings bei Jägergesellschaften. Harris meint (1969.156, übers. v. Verf.):

»Es ist zum Beispiel ein gefährlicher Irrtum anzunehmen, daß zeitgenössische in Horden organisierte Jäger- und Sammlergesellschaften ein repräsentatives Bild geben können für die große Masse von Jägern und Sammlern der Altsteinzeit. Fast alle klassischen Fälle des ethnographischen Materials, in Horden organisierte Jäger und Sammler, bestehen aus Randgruppen oder Flüchtlingen, die von umliegenden und höher entwickelten Gesellschaften in ungünstige Umweltverhältnisse abgedrängt oder eingeschränkt worden sind. Viele Anomalien der Entwicklung ihrer gesellschaftlichen Organisation lassen sich auf Kontakte zurückführen zwischen Gruppen von geringer Organisationsdichte, in Horden oder Dörfern, und komplexen Staatsgesellschaften, die dann zu speziellen Abhängigkeitsverhältnissen oder Minderheitenstellungen geführt haben.«

Andere äußern sich optimistischer. Es wird zwar immer wieder betont, die ökologischen Bedingungen hätten sich im allgemeinen außerordentlich verschlechtert, rezente Jäger würden bis auf wenige Ausnahmen nicht annähernd so günstig leben, wie die Jäger und Sammler der Altsteinzeit gelebt haben (Lee, DeVore 1968.5, Sahlins 1972.38). Auf der anderen Seite hält man doch archäologisches und ethnologisches Material dann für vergleichbar, wenn man vorsichtig vorgeht und die Analogien minimalisiert (Freeman 1968.265, Isaac 1968, Binford 1968, Clark 1968). Man müsse sich eben zur Hauptsache auf die ökologisch günstigeren Fälle stützen (Lee, DeVore 1968.5). Im Grunde geht es immer um die ökologischen Bedingungen und besonders um Diskussionen über allgemeine Evolution, die bisher weitgehend von der Annahme bestimmt waren, die Lebensbedingungen der Menschen hätten sich von der Altsteinzeit über die Jungsteinzeit bis heute allgemein und zunehmend verbessert. Dagegen geht ein nicht unwesentlicher Teil besonders amerikanischer Ethnologen heute eher von der umgekehrten Vorstellung aus. Niemals wieder, so meinen sie, hätte man so leicht und mit so wenig Arbeit so viel ausreichende Lebensmittel zur Verfügung gehabt wie in der Altsteinzeit, vor dem Übergang zu Ackerbau und Viehzucht (Sahlins 1968,1972.1-41; Lee, DeVore 1968.6, Service 1979.11f.). Marshall Sahlins nennt deswegen Jäger die erste Überflußgesellschaft und bezeichnet die bisherigen Vorstellungen als neolithische Ideologie. Insofern werden die Unterschiede zwischen rezenten und paläolithischen Jägern noch zusätzlich betont. Das ganze stimme zwar schon für die rezenten, aber die Bedingungen der paläolithischen seien noch viel besser gewesen (Sahlins 1972.38).
Eines scheint Harris bei seiner stark einschränkenden Bemerkung nicht bedacht zu haben. Auch die rezenten Jägergesell-

schaften leben unter sehr verschiedenen ökologischen Bedingungen. Und trotzdem gibt es in ihrer sozialen Struktur erstaunlich viele Gemeinsamkeiten. Elman Service schreibt dazu (1979.2, übers. v. Verf.):

»Die Umweltbedingungen der hier behandelten Jäger- und Sammlergesellschaften gehen weit auseinander. Von Polargegenden bis zu tropischen Regenwäldern und von Seeküsten bis zu Binnenwüsten bewegen sich die Extreme, die wir erfassen. Es ist günstig, daß es diese Gegensätze gibt, denn mit das Interessanteste an diesen Jäger- und Sammler-Gesellschaften ist ihre sehr beträchtliche Ähnlichkeit in vielen Erscheinungen ihres gesellschaftlichen Lebens.«

Wenn also die außerordentlichen ökologischen Gegensätze in der Gegenwart, muß man doch ergänzen, keinen grundlegenden Unterschied in ihrer sozialen Organisation zur Folge haben, dann dürften auch die ökologischen Unterschiede in den Lebensbedingungen von rezenten und paläolithischen Jägern nicht so schwer ins Gewicht fallen. Sehr groß sind möglicherweise sogar die Ähnlichkeiten zwischen den Eskimo und den in ähnlicher Ökologie lebenden Yamana und Selknam auf Feuerland einerseits und eiszeitlichen Jägern und Sammlern in Mittel- und Nordeuropa andererseits. Und so erscheinen die optimistischen Äußerungen eher gerechtfertigt. Allerdings bleibt Morgans Einschränkung. Für die frühe Altsteinzeit gibt es keine vergleichbaren Gesellschaften im ethnographischen Material (Childe 1975.80).

Historische Rechtsanthropologie

Wer die komparative Methode akzeptiert, geht davon aus, daß es Gleichmäßigkeiten in der Entwicklung menschlicher Gesellschaften gibt, Gleichmäßigkeiten in der Organisation und Entwicklung von Jägern und Sammlern, segmentären Ackerbauern und Hirten und von Herrschaft und Staatlichkeit. Mit der Neubegründung der komparativen Methode ist also verbunden die Wiederbelebung des Evolutionismus. Er unterscheidet sich von dem des 19. Jahrhunderts im wesentlichen in zweierlei Weise. Einmal ist die Materialbasis sehr viel größer und damit auch die Bereitschaft zu betonen, daß es im einzelnen durchaus erhebliche Unterschiede gibt in der Entwicklung sozialer Ordnungen. Die Evolutionisten des 19. Jahrhunderts haben das im Grunde auch schon immer gesagt. Letztlich sind auch sie nicht davon ausgegangen, es habe immer und überall die gleiche Entwicklung gegeben, in Entfaltung eines einzigen Entwicklungsprinzips (Harris 1969.171-173). Aber im Überschwang ihrer Entdeckungen haben sie die Gleichmäßigkeiten zu stark betont. Das ist das eine. Es handelt sich eher um Nuancen. Das andere ist wichtiger. Der neue Evolutionismus ist nicht mehr so optimistisch, nicht mehr stolz darauf, wie wir es dann zum Schluß so herrlich weit gebracht. Er sieht die Entwicklung von Jägern und Sammlern bis zur Ausbildung von Großtechnologien in West und Ost nicht unbedingt als ständigen Fortschritt, ununterbrochene Verbesserung der Lebensbedingungen, materiell, kulturell, politisch. Er sieht nicht nur den Krieg aller gegen alle vor der Entstehung des Staates, sondern auch Auschwitz, Vietnam, Atomraketen und Harrisburg und Seveso. Mit anderen Worten, er sieht andere Gesellschaften als andere, nicht als unterentwickelte Formen der eigenen.

Was hier unternommen wird, ist also der Versuch, die Darstellung des Ordnungsgefüges rezenter früher Gesellschaften zu verbinden mit Überlegungen zur allgemeinen Entwicklung menschlicher Ordnung. Es ist, mit anderen Worten, der Versuch, die weitgehend außerhalb des deutschen Sprachbereichs schon seit langem existierende Rechtsanthropologie zu rezipieren und zu historisieren. Man könnte es auch eine historische Rechtsanthropologie nennen. Es ist sozusagen der zweite Anlauf. Denn an ihrem Anfang, seit ihrer Begründung durch Henry Maine 1861, war die Rechtsanthropologie zunächst ein Zweig der Rechtsgeschichte. Erst viele Jahrzehnte später entwickelte sie sich zu einem Teil der Ethnologie, im Grunde erst mit Malinowski, 1926. Es ist ein zweiter Anlauf, dem vorsichtige Vorbereitungen schon innerhalb dieser ethnologischen Rechtsanthropologie vorausgegangen sind. Ab und zu gab es nämlich auch dort Tendenzen, sich allmählich wieder der Rechtsgeschichte zu nähern. Hoebel zum Beispiel. An das Ende seines Buches von 1954 setzte er ein Kapitel mit der Über-

schrift »Entwicklungstendenzen des Rechts«. Im Anschluß an Henry Maine versuchte er hier eine Skizze der historischen Entwicklung innerhalb der drei Entwicklungsstufen früher Gesellschaften. Auch in der deutschen ethnologischen Rechtsforschung gibt es Stimmen, die in diese Richtung zielen. Es sei eine Aufgabe der Zukunft, Ethnologie und Rechtsgeschichte im Sinne einer Universalrechtsgeschichte wieder zusammenzubringen (Ertle 1971.318f.). Aus der Rechtsgeschichte hört man ähnliches (Erler 1971). Es scheint also an der Zeit zu sein.
In der angelsächsischen Rechtsanthropologie stehen sich zwei Schulen gegenüber. Auf der einen Seite steht die juristische Schule, die sich weitgehend an der Begrifflichkeit westlicher Jurisprudenz orientiert. Das lehnt die andere ab und versucht, der Andersartigkeit der Ordnung früher Gesellschaften dadurch gerecht zu werden, daß sie Begrifflichkeiten dieser Art vermeidet und ihr Ordnungsgefüge weitgehend soziologisch beschreibt (Roberts 1981.204-221). In beiden Schulen ist man sich einig, daß eine Darstellung frühen Rechts nicht möglich ist ohne die Beschreibung des gesellschaftlichen Kontexts. Das heißt für beide immer: auch die ökonomischen Bedingungen. So wird auch im folgenden verfahren. Am Anfang der allgemeinen Abschnitte werden die wichtigsten Prinzipien der gesellschaftlichen Ordnung beschrieben und ihr Zusammenhang mit der wirtschaftlichen Organisation. Ebenso bei der Schilderung einzelner Gesellschaften. Erst dann folgt die Darstellung rechtlicher Institutionen, soweit man das überhaupt trennen kann. Anders kann man sie gar nicht verstehen. Über den von mir vertretenen gemäßigten historischen Materialismus braucht deshalb hier nichts weiter ausgeführt zu werden, weil er im Ergebnis die gleiche Methode bedeutet, die von der angelsächsischen Anthropologie unausgesprochen praktiziert wird (Wesel 1984, S. 534-544). Jedenfalls ist davon auszugehen, daß den drei Entwicklungsstufen früher Gesellschaften auch drei verschiedene Produktionsweisen entsprechen.

Die drei Produktionsweisen in der Entwicklung früher Gesellschaften

Die drei Entwicklungsstufen sind: Jäger und Sammler, segmentäre Gesellschaften und kephale Gesellschaften. Dazu gehören die

> Produktionsweise der Jäger und Sammler,
> Produktionsweise der segmentären Hauswirtschaft
> und die asiatische Produktionsweise.

Jäger und Sammler leben in Horden. Die Horde beruht auf dem Prinzip der punktuellen Mitgliedschaft, deren Verbindlichkeit mit der Verteilung des täglichen Produkts beendet ist (Meillassoux 1976.25-31). Es wird zwar oft gemeinschaftlich gejagt oder gesammelt. Aber das Produkt wird nicht akkumuliert, sondern gleich verteilt. Deshalb gibt es auch eine nicht unwesentliche Mobilität. Aus verschiedenen Gründen wandern Einzelne zwischen den Horden hin und her. Dadurch regelt sich zum Teil die Reproduktion der Horde, nicht nur über die Geburt der Kinder, sondern durch Zu- oder Abwandern erwachsener Mitglieder. Die Produktion der Horde ist punktuell. Ihre Reproduktion ist ungeordnet und zufällig. Ihr Zusammenhalt beruht nur zu einem geringen Teil auf Bindungen der Verwandtschaft. Eine viel größere Rolle, wohl eine entscheidende, spielt das Prinzip der Gegenseitigkeit, die Reziprozität. Sie ist in Jägergesellschaften regelmäßig stärker und wichtiger als in anderen frühen Gesellschaften.

Anders ist es in der Produktionsweise der segmentären Hauswirtschaft. Es beginnt die planmäßige Produktion von Lebensmitteln, über längere Zeit hinweg. Sie werden auch akkumuliert. Die Produktion wird gestreckt, sie ist nicht mehr punktuell. Sie ist gestreckt über den jahreszeitlichen Zyklus von Anbau und Ernte und über den noch längeren von Aufzucht und Nutzung der Herden. Und sie ist gestreckt über die ineinandergreifenden Generationen der Produzenten. Erst produzieren die Eltern für die Kinder. Dann, wenn sie älter werden, produzieren die Kinder für sie. In Jägergesellschaften, die wandern, werden die Alten oft getötet oder dem Tode überlassen, wenn sie nicht mehr gehen können. In der segmentären Hauswirtschaft findet zwischen den Generationen eine zeitlich verschobene Zirkulation von Lebensmitteln statt (Meillassoux 1976.81). Im Gegensatz zu unserem Warentausch ist sie eine Zirkulation von identischen Gütern, nur eben zeitlich verschoben. Für diesen Produktionsprozeß ist das kontinuierliche Weiterbestehen der Produktionsgruppe existentiell notwendig. Die jeweils nächste Generation muß kontinuierlich nachrücken. Kinder werden wichtig, für die Versorgung im Alter. Im Gegensatz zur Horde, die eine bestimmte Größe von fünfzig bis sechzig Menschen aus ökologischen und technischen Gründen regelmäßig nicht übersteigen darf. Kinder sind nicht so wichtig, werden gelegentlich sogar getötet. Die notwendige Ergänzung der kontinuierlichen landwirtschaftlichen Produktion besteht also in der Organisation einer kontinuierlichen Reproduktion der Produzenten (Meillassoux 1976.52-64). Das gesellschaftliche Mittel dafür ist die Gliederung nach der Verwandtschaft. Mit der Organisation einer einlinigen Verwandtschaft erhalten die einzelnen Gruppen die Kinder fest zugewiesen. Damit wird ihre Existenz als Produktionseinheit gesichert. Verwandtschaftsverhältnisse sind in segmentären Gesellschaften Produktionsverhältnisse (ähnlich Godelier 1973.10,46-49,1976.94 f.). Dabei ist regelmäßig zu unterscheiden zwischen Produktions- und Reproduktionseinheiten. Produktionseinheit ist die einzelne Hausgemeinschaft in einem Hof, der Haushalt. Er besteht mindestens aus einem erwachsenen Mann und einer erwachsenen Frau. Meistens ist er größer. Es kommen ihre Kinder dazu, oder die Kinder ihrer Kinder, oder Schwestern oder Brüder der Frau oder des Mannes. Reproduktionseinheit ist die einlinige Verwandtschaftsgruppe, grob gesprochen: die lineage. Über ihre Exogamie regeln sich die Heiratsbeziehungen der segmentären Gruppen untereinander. Und, was wichtiger ist, über Matrilinearität oder Patrilinearität der lineage bestimmt sich, ob die Kinder zur Familie der Frau gehören oder zu der des Mannes. Lange Zeit hatte man diese Regeln nur als Heiratsnormen verstanden. Erst Claude Meillassoux hat deutlich gemacht, daß es in erster Linie

Filiationsnormen sind, Regeln über die Zuordnung der Kinder (Meillassoux 1976.32-35).
Über die Bezeichnung der dritten Stufe als asiatische Produktionsweise kann man sich streiten. Es ist viel darüber geschrieben worden. Sehr viel. Und es gibt verschiedene Meinungen dazu. Das Adjektiv »asiatisch« ist dazu noch irreführend, denn diese Art und Weise der Produktion findet sich überall. Trotzdem bleibe ich dabei. Mit einer leichten Verbeugung vor dem großen alten Mann, der diesen Begriff geprägt hat. Man hat sich an die Bezeichnung gewöhnt. Und es ist noch niemandem eine bessere eingefallen.
Bezeichnet wird damit die allmähliche Steigerung der Produktivität der alten segmentären Hauswirtschaft in kephalen Gesellschaften. Für ursprüngliche Hauswirtschaft gilt Tschajanows Regel: Je mehr Arbeitskapazität in einem Haushalt vorhanden ist, umso weniger arbeiten seine Mitglieder (Sahlins 1972.87-92, Tschajanow 1923.30-33). Mit anderen Worten, man arbeitet immer nur soviel, wie man unbedingt muß. Das ändert sich langsam mit der Entstehung von Herrschaft. Sie ist eine Art Motor der ökonomischen Entwicklung. Man könnte Tschajanows Regel auch noch anders formulieren: Je weniger politische Herrschaft, desto geringer die Produktivität (Sahlins 1972.130). Und umgekehrt. Wenn die Herrschaft stärker wird, übernimmt der Häuptling oder König das Eigentum am gesamten Land. Dann ist die Stufe erreicht, die Marx selbst als asiatische Produktionsweise bezeichnet hat (Grundrisse S. 376). Sie war für ihn eine besondere Form der naturwüchsigen Stammgemeinschaft, in der die zusammenfassende Einheit, also Häuptling oder König oder Despot, als der höhere Eigentümer oder als der einzige Eigentümer erscheint. Da die Übergänge fließen, sollte jede, grundsätzlich jede Gesellschaft dazu gezählt werden, in der institutionalisierte Macht existiert. Die Entstehung und das Wachsen von Herrschaft ist ein langer Prozeß. Regelmäßig besteht er in einer Radikalisierung der Verwandtschaftsstruktur (Sahlins 1972.132). Sie bleibt noch lange Zeit erhalten. Erst allmählich neigen stärkere Zentralinstanzen dazu, die alte segmentäre Verwandtschaftsstruktur aufzulösen, weil sie ihrer Herrschaft im Wege stehen. Ich nenne das den

Prozeß der Entsegmentarisierung. Mit seinem Abschluß ist dann die höchste Stufe der asiatischen Produktionsweise erreicht.

Und die Gründe für den Übergang von der einen zur anderen Produktionsweise? Am wenigsten weiß man bisher über den ersten Schritt, den Übergang vom Sammeln und Jagen zur segmentären Hauswirtschaft. Mehrere Gründe kommen in Betracht. Naturkatastrophen, insbesondere radikale Klimaveränderungen. In letzter Zeit ist oft der »demographische Druck« genannt worden. Aber Bevölkerungswachstum scheint, mindestens in Jägergesellschaften, nicht die normale Situation des Menschen zu sein (Harris 1978). Joan Oates meint abschließend (1978.459, übers. v. Verf.):

»Aber können wir wenigstens eine der Ursachen ausmachen, die einige, wenn auch sicher nicht alle Gesellschaften im Mittleren Osten dazu gebracht hat, seßhaft zu werden? Eine ehrliche Antwort müßte sein: Nein.«

Nicht ganz so schlecht ist es mit dem Übergang zur asiatischen Produktionsweise. Zunächst ist es die Frage nach der Entstehung von Herrschaft. Und dann ihre Wirkung auf die segmentäre Hauswirtschaft. Der Prozeß läßt sich am besten in Melanesien und Polynesien beobachten. Aber es gibt auch noch andere Felder, auf denen die Ethnologen mit einigem Erfolg gegraben haben (Service 1977).

Das Programm ist nun soweit umrissen, der zeitliche Rahmen des frühen Rechts, die komparative Methode und das neue Verständnis von Entwicklung, schließlich der enge Zusammenhang von ökonomischer, gesellschaftlicher und rechtlicher Ordnung. Es bleibt noch die Frage:

Was ist eigentlich Recht?

Eine Antwort ist ähnlich einfach wie der bekannte Versuch, einen Pudding an die Wand zu nageln. Viele haben sich daran versucht. Und jeder, der es ernst meint, wenn er über Recht in frühen Gesellschaften schreibt, muß es wieder tun. Nun, da es sich beim Recht um eine ziemlich abstrakte Angelegenheit handelt, sind viele Antworten möglich. Jeder gibt seine eigene. Und die vielen Versuche sagen regelmäßig auch mehr über die Person dessen, der eine Definition gibt, als über das Recht. Die sympathischste Lösung stammt von Evans-Pritchard. Im gleichen Jahr, 1940, hat er für die Nuer an zwei verschiedenen Stellen zwei ziemlich entgegengesetzte Antworten gegeben (übers. v. Verf.):

»Innerhalb eines Stammes gibt es Recht: Es gibt ein Instrumentarium für die Beilegung von Konflikten und eine moralische Verpflichtung, sie früher oder später zu beenden« (1940 a.278).

»In einem strikten Sinn haben die Nuer kein Recht. Es gibt auf alter Tradition beruhende Ausgleichszahlungen für Schädigungen, Ehebruch, Verlust eines Gliedes und so weiter. Aber es gibt keine Autorität, die die Macht hat, darüber ein Urteil zu sprechen oder eine Entscheidung zwangsweise durchzusetzen« (1940.162).

Seit dem Altertum versuchen Philosophen und Juristen, das Recht zu definieren. Geeinigt hat man sich bis heute nicht. Die Ethnologen diskutieren darüber seit den zwanziger Jahren. Sehr viel intensiver als die Juristen. Aber mit dem gleichen Erfolg. Ab und zu gibt es einen Stoßseufzer wie diesen (Bohannan 1968.78, übers. v. Verf.):

»Mehr Gelehrsamkeit ist wahrscheinlich für die Definition und Klärung des Begriffs Recht aufgewendet worden als für irgendeinen anderen Begriff, der heute noch für die Sozialwissenschaften von zentraler Bedeutung ist. Versuche, den Gegenstand des Rechts zu bestimmen – wie Versuche von Definitionen –, gehen regelmäßig in eine der verschiedenen Fallen, die man leichter sehen als vermeiden kann.«

Bronislaw Malinowski und das Recht

Es fing an mit Malinowskis Polemik gegen Hartland (Malinowski 1926.10, Hartland 1924.138, oben S. 20f.). Hartland meinte, in primitiven Gesellschaften gäbe es kein Recht, nur Gewohnheiten. Diese zeichnen sich, meinte er, im Gegensatz zum Recht dadurch aus, daß es keine freie Entscheidung gibt, ob man rechtmäßig handeln will oder nicht. Sondern eben nur die »spontanen Reizantworten«. Daraufhin stellte Malinowski bei den Trobriandern das Gegenteil fest. Es war, meinte er, alles so wie bei uns. Die Trobriander hätten eine Rechtsordnung, wie wir. Sie seien auch in ihrem rechtlichen Verhalten frei wie wir. Es gäbe allerdings gewisse Mechanismen, wie bei uns, die die Menschen dann doch dazu brächten, sich an die Regeln zu halten.

Malinowskis Kritik an Hartland war berechtigt. In der völligen Gleichsetzung der Ordnung der Trobriander mit einer europäischen Rechtsordnung hatte er allerdings ziemlich weit über das Ziel hinaus geschossen. Später hat er diese Meinung auch wieder geändert. (Malinowski 1951.144-163, Schapera 1957). Aber seitdem diskutiert man unter Ethnologen darüber, was denn Recht eigentlich sei, ob es in segmentären Gesellschaften Recht gäbe oder ob ihre Ordnungen eine andere Qualität hätten, eben doch nur Gewohnheiten seien, wenn auch ohne »spontane Reizantworten«. Die waren erledigt. Im wesentlichen wird die Diskussion in der angelsächsischen Literatur geführt. Es ist die Frage von Law oder Custom.

Die Austinians

Nichts lag nun näher, so schien es, als sich bei den Juristen Auskunft zu holen. Man hatte das Gefühl, daß man unser Recht mit dem der Trobriander nicht gleichsetzen könne. Also suchte man die Antwort bei den Juristen, die für unser Recht einen engen Begriff vertreten. Man konnte das umso leichter und mit umso besserem Gewissen, als sie in angelsächsischen Ländern ohnehin in der Mehrheit sind. Man holte sich Auskunft von den »Austinians«, die wie Thomas Hobbes und John Austin das Recht als Befehl des Souveräns ansehen, als Befehl des Staates. Und zum Befehl gehört, für den Fall der Verweigerung, die Sanktion manu militari, die Durchsetzung mit physischem Zwang, im Strafrecht also etwa das Gefängnis, im Zivilrecht der Gerichtsvollzieher. Zur command theory gehört die Zwangstheorie. Das entspricht bei uns weitgehend der Rechtstheorie Max Webers und ist auch bei unseren Rechtstheoretikern wohl überwiegende Meinung. Die Mehrheit der Juristen, hier wie dort, vertritt die Zwangstheorie. Darauf konnten sich die Ethnologen nun stützen. Da es in segmentären Gesellschaften weder Gefängnisse noch Gerichtsvollzieher oder ähnliches gibt, war das Ergebnis: Sie hatten kein Recht, nur Gewohnheiten. Malinowski war berichtigt. Hier die bekannteste Formulierung dieser Meinung von Radcliffe-Brown in seinem Artikel über »Primitive Law« (1933, 1952.212, übers. v. Verf.):

»Der Begriff ist jedoch üblicherweise beschränkt auf ›soziale Kontrolle durch die systematische Anwendung von Zwang durch eine politisch organisierte Gesellschaft‹ (Pound) ... In diesem Sinn haben einige frühe Gesellschaften kein Recht, obwohl sie alle Gebräuche haben, die durch Sanktionen gestützt werden.«

Diejenigen, die Recht haben, das sind die kephalen. In segmentären Gesellschaften gibt es grundsätzlich kein Recht.

Hoebels Rechtsbegriff

Nachdem das Pendel zunächst sehr weit in die eine – Malinowskis – und dann sehr weit in die andere – der Austinians – ausgeschlagen war, setzte wieder eine neue Bewegung ein. Sie kam aus den Vereinigten Staaten und brachte es mehr in die Mitte. E. Adamson Hoebel gehört zu den Ethnologen, die sich besonders intensiv mit juristischen Fragen beschäftigt haben. Er gehört zur juristischen Schule der Rechtsanthropologie und sah wieder stärker die Gemeinsamkeiten in der Ordnung früher Gesellschaften und unserer westlichen Rechtsordnungen. Weitgehend war er der Meinung, daß es auch bei ihnen Recht gäbe. Dabei blieb er in gewisser Weise von den Austinians abhängig. Er übernahm zwar nicht ihre command theory und forderte auch nicht die Existenz von staatlichen Zwangsorganen. Trotzdem meinte er, das entscheidende Kriterium sei, ob ein Verstoß gegen die Ordnung notfalls mit physischen Sanktionen geahndet werde. Solche gibt es in einigen segmentären und auch in einigen Fällen in Jägergesellschaften. Seine Formel, oft zitiert (Hoebel 1954.26):

»The really fundamental sine qua non of law in any society – primitive or civilized – is the legitimate use of physical coercion by a socially authorized agent«, auf deutsch: »Die wirklich entscheidende Bedingung im Sinne einer conditio sine qua non für die Existenz von Recht in irgendeiner Gesellschaft – primitiv oder zivilisiert – ist die legitime Anwendung physischen Zwangs durch einen dazu von der Gesellschaft Bevollmächtigten.«

Andere hatten nämlich noch die Existenz von Gerichten gefordert (Cardozo 1924.52) und Hoebel dagegen eingewendet, es gäbe in frühen Gesellschaften so viele verschiedene Arten formeller und informeller Gremien, in denen Konflikte beraten, verhandelt, beigelegt oder entschieden würden. Man könne unmöglich irgendwo eine Grenze ziehen. So kam er auf die physische Sanktion und mit ihr zum Beispiel zu dem Ergebnis, bei den Eskimo gäbe es Recht (Hoebel 1954.25 f.). Er stützte sich dabei auf einen Fall, der sich Anfang der achtziger Jahre des letzten Jahrhunderts in Baffinland abgespielt hat. Franz Boas berichtet über ihn (1888, 1964.260, übers. v. Verf.):

»Es gab einen Eingeborenen aus Padli. Sein Name war Padlu. Er hatte die Frau eines Eingeborenen vom Cumberland Sund überredet, ihren Mann zu verlassen und mit ihm zu gehen. Der verlassene Ehemann sann auf Rache. Er sägte den oberen Lauf seines Gewehrs ab, so daß er es unter seiner Jacke verbergen konnte. Er fuhr übers Land und besuchte Freunde in Padli. Aber bevor er seinen Plan ausführen konnte, Padlu zu töten, erschoß dieser ihn. Als die Nachricht davon nach Qeqerten kam, ging der Bruder des Erschossenen nach Padli, um seinen Bruder zu rächen. Aber auch er wurde von Padlu getötet. Wegen all dieser Ausschreitungen wollten die Eingeborenen Padlu los werden. Aber sie wagten es nicht, ihn anzugreifen. Als der Sprecher (pimain) der Akudnirmiut in Niaqonaujang davon hörte, ging er nach Süden und fragte jeden Mann in Padli, ob Padlu getötet werden solle. Alle waren der Meinung. Und so ging er mit Padlu auf Rentierjagd im oberen Teil von Pangnirtung, nordwestlich von Padli, und nahe dem oberen Ende des Fjordes erschoß er Padlu von hinten.«

Da alle zugestimmt hatten, meint Hoebel, war die Anwendung von Gewalt legitim. Und der pimain war von der gesamten Siedlung dazu bevollmächtigt. Also war es eine Rechtshandlung, und die Regel, daß derjenige getötet werden müsse, der die Ordnung einer Siedlung durch eine Reihe von Gewalttaten erheblich stört, war eine Rechtsnorm.

Von derartigen Fällen wird für die Eskimos noch öfter berichtet. Ein gefährlicher Unruhestifter darf getötet werden, wenn die Siedlungsgruppe es für richtig hält. Allerdings ist es aus zwei Gründen sehr problematisch, nur hier von einem Rechtsakt zu sprechen, in anderen dagegen nicht. Denn erstens ist Ziel gerade dieser Maßnahme nicht die Durchsetzung von Gerechtigkeit gegen jemanden, der das Recht gebrochen hat. Sie zielt allein auf Friedenssicherung, auf nichts anderes, auch nicht auf

Rache (Birket-Smith 1948.191 f.). Sie ist »polizeilicher« Natur, hat prophylaktischen Charakter, gehört in unserer Terminologie zur »Gefahrenabwehr«, nicht zur Rechtsverfolgung. Zweitens wäre sie dann die einzige Art von Rechtsnorm und Rechtshandlung, die es bei den Eskimo gäbe. Alle anderen Regeln und Vorschriften würden nicht mehr zum Recht gehören. Denn keine andere wird in dieser Form legitimiert. Es gibt sonst nur die Selbsthilfe. Mit anderen Worten: Hoebels Abgrenzung ist, für frühe Gesellschaften, sehr formal (vgl. Moore 1972.58 f.). Noch ein Beispiel dafür.

Die Nuer, über die Evans-Pritchard schrieb, waren ähnlich anarchisch wie die Eskimo. Auch bei ihnen gab es die Blutrache. Meistens wurden die Streitigkeiten durch Vermittlung des Leopardenfellpriesters beigelegt, indem ein Sühnegeld gezahlt wurde. Es gab ein gewisses Verfahren dafür. Wenn die Verhandlungen scheiterten, durfte man den Täter töten. Das war die Überzeugung der gesamten Gesellschaft. Hatten nun die Verwandten des Getöteten eine »Vollmacht« von der Gesellschaft? Oder nicht? Und wer entschied, daß hier ein Fall von legitimer Blutrache vorlag? Der Leopardenfellpriester übernahm nur die Vermittlung. Weiter nichts. Abstimmungen wie in Padli gab es nicht. Recht oder nicht Recht? Hoebel müßte sagen, kein Recht, weil die Legitimität der Gewaltanwendung nicht festgestellt und derjenige, der den physischen Zwang ausgeübt hat, nicht ordentlich bevollmächtigt worden ist. Also nur Gewohnheit. Und ich meine, daß auch insoweit ein grundsätzlicher Unterschied nicht besteht. Beide sind anarchische Gesellschaften mit sehr geringer Autoritätsdichte, selbstregulierend. Das werden auch etwa die Überlegungen von Evans-Pritchard gewesen sein, als er 1940 in beide Richtungen antwortete.

Ein Ausweg aus dem Dilemma: Meyer Fortes und das Jurale

Was macht man, wenn die herkömmlichen Begriffe mit ihren Definitionen immer schwieriger werden? Man erfindet einen neuen. Man nimmt ein neues Wort, das nicht beladen ist mit den Mühseligkeiten einer langen Diskussion. Fortes hatte zu Recht das Gefühl, daß diese begrifflichen Abgrenzungen vielleicht für europäische Verhältnisse angemessen seien, aber nicht für frühe Gesellschaften. Deshalb lehnte er es ab, die mit soviel europäischer Geschichte aufgeladenen Begriffe von law und custom für frühe Gesellschaften weiter zu gebrauchen. Und er erfand einen neuen Begriff, mit dem englischen Wort jural (Fortes 1945.177,226-229). Es liegt etwa in der Mitte zwischen beiden. Nachdem sein Lehrer Radcliffe-Brown diese Lösung übernommen hatte (Radcliffe-Brown 1950.11-13), verbreitete sie sich sehr schnell unter den Ethnologen, die von den bisherigen Schwierigkeiten ziemlich frustriert waren (Fortes 1969.87-92).

Die nichtjuristische Schule der Legal Anthropology

Einen ähnlichen Weg ist in letzter Zeit die nichtjuristische Schule der Rechtsanthropologen gegangen. Paul Bohannan war der erste, der ausführlich das Problem erörtert hat, wie gefährlich es sei, Begriffe der eigenen Rechtsordnung auf fremde Gesellschaften zu übertragen (Bohannan 1957.4-6,96f., 111f., 212f.). Es ist das gleiche Problem, vor dem die Rechtsgeschichte für die Vergangenheit steht und das dort unter dem Stichwort der Hermeneutik und der historischen Methode diskutiert wird (Wieacker 1963, Kroeschell 1968.48–61). Bohannan wies darauf hin, jede Gesellschaft habe ihre eigenen – einheimischen – Vorstellungen. Er nennt sie folk system. Man müsse also auf das achten, was die Menschen dort selbst sagen und denken. Um das zu verstehen, brauche man natürlich einen analytischen Rahmen aus unserer Sprache und Begriffswelt. Er nennt ihn analytical system. Der solle möglichst neutral sein. Vertreter beider Schulen konnten sich während einer gemeinsamen Tagung sogar auf ein solches Modell einigen (Nader 1969.4). Allerdings ohne zu sagen, wie denn dieser analytische Rahmen aussehen soll. Hier nämlich liegt das eigentliche Problem. Die Lösung der nichtjuristischen Schule besteht darin, daß man sich mit zwei Allgemeinbegriffen behilft, order and dispute, Ordnung und Konflikt. Wobei man den englischen Begriff conflict bisweilen bewußt meidet und auf dispute besteht (Gulliver 1969.14). Mit diesen beiden Allgemeinbegriffen will man nicht nur Regelungsbereiche von Recht unterscheiden, sondern auch Gemeinsamkeiten und Unterschiede bezeichnen. Man will damit sagen, daß es auch in frühen Gesellschaften Ordnung gibt und Konflikte. Insofern gäbe es Übereinstimmungen mit uns. Aber ihre Ordnung und die Mechanismen zur Lösung von Konflikten seien doch ganz anders als unser Rechtssystem mit Gesetzgebung und Justiz. Also order and dispute, nicht law (Roberts 1981.17-29).

Alfred Kantorowicz' Weltformel des Rechts

Auf der anderen Seite, so richtig befriedigt es eben doch nicht, wenn man einfach neue Worte oder eher unverbindliche Allgemeinbegriffe nimmt. Und wenn dann auch noch der Plan entsteht, eine Weltgeschichte des Rechts zu schreiben, die auch die frühen Gesellschaften mit umfassen soll, dann macht man sich eben wieder auf die Suche nach einer umfassenden Definition von Recht. Die Abgrenzungen der Austinians und auch von Hoebel waren schon deswegen unbefriedigend, weil es viele verschiedene Sanktionen in frühen Gesellschaften gibt, nicht nur physischen Zwang, sondern auch andere, psychische, religiöse, magische, materielle, gesellschaftliche. Sie wirken, besonders die sozialen Zwänge, in kleinen Gesellschaften oft genauso oder noch besser als der physische. Und als Alfred Kantorowicz, der Rechtshistoriker, der mit der Herausgabe der dann später gescheiterten Oxford History of Legal Science beauftragt war, sich an das Vorwort machte und einen neuen Anlauf für eine neue Definition von Recht, da ließ er nach vielen unbefriedigenden Erfahrungen dieses Kriterium fallen (Kantorowicz 1957, deutsch 1963).

Es hatte sich als schwierig erwiesen, ausreichende Unterscheidungsmerkmale zu finden. Also suchte er wieder die Gemeinsamkeit. Er wollte ja auch alle Ordnungen in einem Gesamtwerk zusammenfassen. Wenn man so schlecht unterscheiden konnte zwischen Recht und Gewohnheiten, dann sollte jetzt eben alles wieder Recht sein. Wie bei Malinowski. Nur war klar, daß eine einfache Gleichsetzung nicht in Frage kam. Man mußte in der Abstraktion mindestens eine Stufe höher gehen. Nun hätte man sagen können: Sanktionen allgemein, nicht nur die physischen, sind Kennzeichen von Recht. Aber die Sanktionen hatten in letzter Zeit so viele Schwierigkeiten gemacht. Und manchem Rechtstheoretiker erscheint der Zwang ohnehin als etwas, das die Würde des Rechts beeinträchtigen könnte. Worauf schon geantwortet wurde, daß die Würde des Rechts beim Fehlen der Erzwingbarkeit vielleicht noch mehr leiden könnte (Henkel 1977.117 ff.). Wie auch immer. Kantorowicz verließ die Zwangstheorie und ging einige vorsichtige Schritte in die Richtung der anderen Seite. Das war die von Cardozo, die Hoebel abgelehnt hatte: die Existenz von Gerichten. Nach Cardozo war sie wesentliches Kriterium für die Existenz von Recht. Nun wußte auch Kantorowicz, wie Hoebel, daß es schwer möglich ist, eine Grenze zu ziehen zwischen Gerichten und anderen Beratungsgremien. Und daß es oft gar keine Gerichte irgendeiner Art in frühen Gesellschaften gibt. Aber er mußte ja ohnehin in der Abstraktion mindestens eine Stufe höher. Und wie hatte Hobbes noch gesagt? Auctoritas non veritas facit legem. Die Autorität, nicht die Wahrheit bestimmt, was Gesetz wird.

Das ließ sich verallgemeinern. Es mußte nicht unbedingt ein Gericht sein, das mit seiner Autorität das Recht bestimmt. Deshalb lautete Kantorowicz' Stichwort für die Existenz von Recht auch nur »gerichtsfähig«. Das sei auch in frühen Gesellschaften regelmäßig die Eigenschaft von Recht, von Regeln und Konflikten, denn (Kantorowicz 1963.93):

»Selbst dort, wo – wie auf den Andaman-Inseln – Häuptlinge noch unbekannt sind, werden Streitigkeiten durch gewisse Älteste von besonderer persönlicher Autorität entschieden. Es ist äußerst zweifelhaft, ob überhaupt noch irgendwo auf der Erde Eingeborene gefunden werden können, die in einem vor-rechtlichen Zustande leben.«

Das entscheidende war also die Autorität. Menschen mit Autorität, die in Konfliktfällen den Weg weisen, gäbe es in allen Gesellschaften. Thomas Hobbes meinte zwar mit auctoritas den Souverän, den englischen König, der Gesetzgeber war und oberster Richter und einziger Inhaber legitimer physischer Gewalt. Und es ist schon ein ganz schön weiter Weg von den großen Stuarts zu den kleinen alten Männern bei den Pygmäen-Jägern auf den Andaman-Inseln. Immerhin. Es war eine Formel, mit der man, wenn man sich ein wenig Mühe gab, alle Ordnungen unter den Begriff des Rechts fassen konnte. Eine Weltformel des Rechts.

Das neue Modell von Leopold Pospisil

Ein anderer ist diesen Weg weitergegangen, vorsichtiger, weiter ausgreifend. Leopold Pospisil ist, neben Hoebel, der profilierteste amerikanische Rechtsethnologe. Ein typischer Vertreter der juristischen Schule. Er versucht, das Recht über mehrere Faktoren zu bestimmen, nicht nur mit einem einzigen (Pospisil 1958, 1982). Der wichtigste ist die Autorität. Aber nur im Zusammenspiel mit anderen ergibt sich Recht. Zunächst ist da noch die veritas, die Thomas Hobbes schon gesehen hat, aber nicht wahr haben wollte. Im Gegensatz zu ihm sagt Pospisil: auctoritas et veritas faciunt legem. Autorität und Wahrheit ergeben im Zusammenspiel das Recht. Es kommen noch zwei andere Faktoren hinzu. Einmal die Sanktionen. Und schließlich, was er obligatio nennt. Damit ist gemeint, rechtliche Konflikte würden sich von anderen, etwa religiösen, dadurch unterscheiden, daß es um die Verletzung von gegenseitigen Verpflichtungen lebender Individuen geht, nicht um die Verpflichtungen gegenüber Ahnen oder Göttern. Pospisil sieht das Ganze graphisch, flächenmäßig. Dort, wo sich alle diese verschiedenen Felder der einzelnen Faktoren überschneiden oder treffen, dort ist der Bereich des Rechts. In seine Zeichnung, die er davon gemacht hat, hat er den letzten Faktor, die obligatio, nicht mit aufgenommen. Es ist auch eher nur ein Problem in frühen Gesellschaften, nicht so sehr ein universales.
Die veritas ist für Pospisil nach der auctoritas der nächstwichtige Faktor. Er sagt nicht veritas. Er nennt es intention of universal application. Auf deutsch: Überzeugung allgemeiner An-

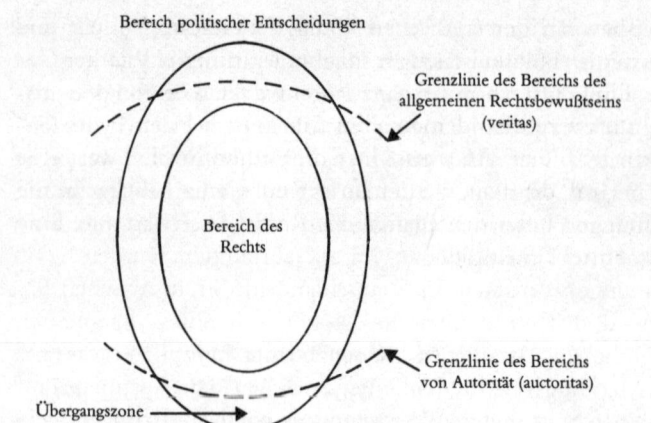

```
         Bereich politischer Entscheidungen

                               Grenzlinie des Bereichs des
                               allgemeinen Rechtsbewußtseins
                                       (veritas)


                Bereich des
                  Rechts



                               Grenzlinie des Bereichs
                               von Autorität (auctoritas)
   Übergangszone
         Bereich von Herkommen, Brauch
```

Nach: L., Pospisil, Anthropology of Law, 1974, S. 77. (deutsch: Anthropologie des Rechts, 1982, S. 249)

wendbarkeit oder allgemeiner Gültigkeit. Damit ist gemeint, daß eine Regel in einer Gesellschaft nur dann eine Rechtsnorm sei, wenn alle der Überzeugung sind, daß sie allgemein und immer angewendet werden müsse. Die allgemeine Überzeugung aller. Es ist die »Wahrheit«, die Thomas Hobbes als irrelevant ansah, weil er allein auf den staatlichen Befehl abstellte. Es ist aber auch die alte opinio necessitatis aus der Lehre vom Gewohnheitsrecht.

Nach dieser Lehre, die in der historischen Rechtsschule Savignys eine große Rolle spielte, ist eine Regel dann als Gewohnheitsrecht anzusehen, wenn sie über lange Zeit ohne Unterbrechung angewendet worden und – zweitens – in der Gesellschaft die allgemeine Überzeugung vorhanden ist, daß ihre Anwendung richtig und rechtlich notwendig sei. Man nannte das usus diuturnus et continuus und opinio necessitatis, also: längere und ununterbrochene Übung und die Überzeugung von ihrer Notwendigkeit. Es ist, in einem gewissen Sinn, die Gegenposition zu Hobbes. Für ihn ist alles Recht staatliches Recht. Recht kann nur vom Staate kommen, als sehr vernehmlicher Befehl des Souveräns. Ein schneller, harter, lauter Klang von oben. Savigny sieht das Recht als Produkt des stillen Wirkens eines Volksgeistes. Ein langsames, ruhiges Raunen, das sich allmählich zu einer Sprache entwickelt, mit der er das Recht oft verglichen hat. Recht ist für ihn ein Produkt der Gesellschaft, bildet sich von unten her, ohne Staat. Danach ist Recht eine Wahrheit, die der Jurist findet, wenn er die Spuren des Rechtslebens in Vergangenheit und Gegenwart sorgfältig sammelt und richtig deutet. Im 19. Jahrhundert wurden beide Meinungen vertreten. In Deutschland im Streit zwischen Savigny und Thibaut über die Möglichkeit eines allgemeinen bürgerlichen – staatlichen – Gesetzbuches. In England waren es die Meinungsverschiedenheiten zwischen den Austinians auf der einen Seite und den Vertretern der von Maine begründeten historical jurisprudence auf der anderen. Die konservativere Position war jeweils die antistaatliche. In England ging es um die soziale Gesetzgebung zum Schutz der Arbeiter. Wenn man der Meinung ist, Recht sei das Produkt eines stillen Wirkens des Volksgeistes, dann kann man begründen, warum man gegen die staatliche Gesetzgebung Stellung nimmt. Anders die Austinians. Ist Recht der Befehl des Souveräns, dann kann er eben befehlen. Und soziale Gesetzgebung ist möglich.

Der Lehre vom Gewohnheitsrecht ähneln Überlegungen des österreichischen Rechtssoziologen Eugen Ehrlich (1913). Sie haben Pospisil stark beeinflußt (Pospisil 1982.53). Ehrlich hatte beobachtet, daß den Bauern in Galizien das österreichische Allgemeine Bürgerliche Gesetzbuch fremd geblieben war. Es war dort zwar vor dem ersten Weltkrieg seit 1811 formal in Geltung, wie in allen Ländern der habsburgischen Monarchie. Aber die Bauern hatten es nicht angenommen. Sie lebten weiter nach ihrem eigenen alten Recht. Ehrlich zog daraus den Schluß, daß der Staat nicht einfach befehlen kann, wie er will. Auctoritas allein genüge nicht. Seine Gesetze müßten auch wahr sein, von der allgemeinen Überzeugung ihrer Notwendigkeit getragen werden. Es ist die Vorstellung von dem im Volke lebenden Recht, das unabhängig ist von staatlichen Gesetzen. Er meinte, nach seinen Beobachtungen in Galizien, es hätte sogar noch stärkere Kraft als das staatliche Gesetz.

Pospisil verbindet diese beiden Komponenten von Recht in

seiner Theorie. Dort, wo sie zusammenkommen, existiert Recht, mit der stärkeren Betonung der Bedeutung von auctoritas. Damit tut er im Grunde etwas sehr Vernünftiges. Denn in der europäischen Rechtsgeschichte haben meistens beide Faktoren das Recht bestimmt, der staatliche und der nichtstaatliche, gesellschaftliche. Zum Teil haben sie nebeneinander existiert, zum Teil haben sie sich in einzelnen Rechtsgebieten gegenseitig ergänzt. Auch Thomas Hobbes kannte das Problem des Gewohnheitsrechts. Seine Lösung war einfacher. Aber es steckte in ihr ein Korn Wahrheit. Die Existenz von Gewohnheitsrecht erklärte er damit, daß es gelte, weil der Souverän es in seinen Willen aufgenommen und nicht verboten hätte. Damit wurde die command theory aufrechterhalten. Und tatsächlich ist es oft ähnlich gewesen, indem nämlich staatliche Gerichte nach Gewohnheitsrecht entschieden und es damit in den staatlichen Bereich aufgenommen haben. Und umgekehrt hat staatliches Recht seine Geltung auch dadurch erhalten, daß in der Gesellschaft die Überzeugung von seiner Notwendigkeit bestand.

Da Pospisil in sein Modell auch noch das Feld der Sanktionen aufgenommen hat, ganz allgemein, nicht beschränkt auf physischen Zwang, erscheint mir seine von allen Theorien über Recht als die beste. Aber es gibt zwei Probleme. Deshalb muß man es abwandeln. Einmal das Problem der Universalität seines Modells. Und dann das der Universalität von Autorität. Beide hängen unmittelbar miteinander zusammen. Wenn man hier einige Einschränkungen macht und Veränderungen anbringt, dann, meine ich, kann man tatsächlich zu einer Gesamtschau von Recht kommen.

Zunächst das Problem der unbedingten Universalität des Modells. Pospisil erhebt den Anspruch, sein Modell sei gültig für alle Gesellschaften und alle Zeiten (1982.71). Das kann so nicht richtig sein. Es ist unhistorisch. Das nichtstaatliche Element, die opinio necessitatis, ist nicht immer und zu allen Zeiten wesentlich gewesen. Wenn der Staat sehr stark ist, kann er auch manches gegen den Willen der Allgemeinheit, mindestens der Mehrheit, durchsetzen. Ehrlichs Beobachtungen in Galizien kann man nicht unbedingt verallgemeinern. Die Habsburger

Monarchie um die Jahrhundertwende war ein schwacher Staat. Und dann ist die Frage, was man unter Autorität zu verstehen hat. Sie reicht in Pospisils Formel vom englischen König mit seiner Machtfülle im 17. Jahrhundert bis zu einem kleinen älteren Mann oder einer kleinen älteren Frau in einer Mbuti-Horde im Regenwald des Ituri. Da kann man Autorität noch so vorsichtig formulieren (Pospisil 1982.71-112). Es bleibt das Problem, ob diese Spanne nicht viel zu groß ist. Und es bleibt im übrigen die Frage, ob die Alten mit ihrer Autorität immer den Einfluß gehabt haben auf den Gang des Rechts, den Pospisil meint, wenn er sagt (1974.95):

»I conceive of law as principles of institutionalized social control, abstracted from decisions passed by a legal authority (judge, headman, father, tribunal, or council of elders)...«, auf deutsch: »Ich verstehe Recht als Regeln einer institutionalisierten sozialen Kontrolle, die sich ergeben aus den Entscheidungen einer rechtlichen Autorität (Richter, Häuptling, Vater, Gericht, oder Rat der Ältesten)...«

Turnbull berichtet über die Mbuti: kein einzelner ist Führer. Streitfälle werden in gemeinsamer Diskussion der Horde beigelegt. Die Diskussion ist nicht völlig wahllos und ungeordnet, aber eine Struktur ist schwer zu erkennen (Turnbull 1965.28f.) Kann man hier von institutionalisierter social control sprechen? Weiter: Die Älteren sind allgemein die Schiedsleute, arbitrators, weil ihr Alter ihnen unzweifelhaften Respekt verleiht (Turnbull 1965.115). Aber es sind mehrere, muß man ergänzen, mit auseinander laufenden Interessen. Sind sie eine legal authority, zumal verhandelt, beigelegt, und nicht entschieden wird? Und bei wichtigen Konflikten halten sie sich auffällig zurück. Wie noch zu zeigen sein wird (unten S.162-168). Schließlich: Jede Tendenz zu charismatischem Führertum verfällt der Lächerlichkeit. Es gibt keine institutionalisierte Autorität (Turnbull 1965.180f.). Kann man das wirklich noch unter die Formel »institutionalisierte soziale Kontrolle« und »Entscheidungen einer rechtlichen Autorität« bringen? Ich zweifle. Und frage welchen Sinn eine Formel hat, die sich auf die abstraktesten Höhen der Abstraktionen begeben muß, um alle unter einen Hut zu bringen, den englischen König und den alten Mbuti-Mann. Wird eine Formel, die für alle Gesellschaften gleich gültig ist, für das englische Königreich und die Horde von fünfzig Mbuti, wird sie nicht auch gleichgültig?

Die drei Möglichkeiten

Noch einige Worte zur grundsätzlichen Frage, wie man sich entscheiden will. Es gibt ohne Zweifel frühe Gesellschaften mit Recht. Der König der Aschanti hat ein Gericht an seinem Hof, einen Ankläger, der Todesurteile beantragt, die dann, wenn sie ausgesprochen sind, von amtlichen Exekutoren vollstreckt werden. Dann gibt es die Mbuti. In der Mitte stehen segmentäre Gesellschaften.
Es gibt nun drei Möglichkeiten. Entweder man sagt, es ist alles Recht und baut sich eine entsprechende Formel (Kantorowicz, Pospisil). Das ist übrigens die Entscheidung des einzigen deutschen Ethnologen, der sich intensiver mit Fragen des Rechts beschäftigt (Schott 1970). Oder man unterscheidet zwischen Recht und Gewohnheit und kommt in die Schwierigkeit, Kriterien zur Unterscheidung zu finden (Hoebel). Schließlich kann man sagen, es ist keins von beiden und einen neuen Begriff erfinden (Fortes, Simons).
Es geht letztlich nur um ein terminologisches Problem. Dahinter stehen auch oft »politische« Überlegungen. Wird die Würde des Rechts dadurch beeinträchtigt, daß es geordnete Gesellschaften gibt, die es nicht brauchen? Oder dadurch gehoben, daß keine ohne Recht existieren kann? Ich selbst habe mich einmal dafür entschieden, zwischen Gewohnheits- und Rechtsgesellschaften zu unterscheiden, wie Stanley Diamond es vorgeschlagen hat, nämlich nach der Existenz von Herrschaft (Diamond 1976; Kritische Justiz 1979.233-252). Das gebe ich nun auf. Aus zwei Gründen. Einmal läßt sich der qualitative Unterschied, den Stanley Diamond eindrucksvoll beschreibt, der Unterschied der Ordnungen in herrschaftsfreien und kephalen Gesellschaften, auch darstellen, wenn man alles Recht nennt. Man muß nur erklären, inwiefern es sich auf den verschiedenen Stufen seiner Entwicklung in seiner Qualität und

Struktur grundlegend wandelt. Dafür braucht man nicht zwei verschiedene Begriffe. Oder einen dritten. Und zweitens gibt Pospisils universales Modell von Recht mit seinen verschiedenen Faktoren die Möglichkeit für eine evolutionistische Rechtstheorie. Man kann es so lassen wie es ist, muß es nur historisch verstehen.

Die eigene Lösung: eine evolutionistische Rechtstheorie

Hinter ihr steht die Beobachtung, daß sich die Gewichtigkeit der beiden entscheidenden Faktoren – auctoritas und veritas – im Lauf der Zeit außerordentlich verschiebt. Am Anfang spielt die Autorität nur eine geringe Rolle. Manchmal fehlt sie überhaupt. Viel wichtiger ist hier der sich in der gemeinsamen Diskussion langsam einpendelnde Konsens der Gruppe. Ihn können die Älteren zwar mit beeinflussen. Und der Einfluß kann entscheidend sein. Trotzdem ist es keine Entscheidung, wie Pospisil meint. In segmentären Gesellschaften wird die Autorität regelmäßig stärker. Die Älteren spielen nun eine institutionalisierte Rolle, im Rahmen der agnatischen Verwandtschaftsstruktur. Am stärksten und einflußreichsten ist Autorität in kephalen Gesellschaften. Sie hat sich zur Herrschaft gewandelt. Und Herrschaft trifft Entscheidungen.

Umgekehrt ist es mit dem zweiten Faktor. Die allgemeine Überzeugung von der Richtigkeit und Notwendigkeit einer Regel oder der Lösung eines Konflikts ist besonders wichtig am Anfang. Bei den Mbuti ist sie praktisch die einzige Grundlage von Recht. Der Konsens der Gruppe. Dann schwindet allmählich ihr Einfluß. Oder anders ausgedrückt: Die wachsende Autorität nimmt ihr die Mühe allmählich ab. Und wandelt sich zur Entscheidung. Sie verschwindet aber nicht völlig, wie man in Galizien von Eugen Ehrlich lernen kann. Im Extremfall allerdings kann es am Anfang der Entwicklung Recht ohne Autorität geben, und am Ende ohne »Wahrheit«.

Im Normalfall werden beide Faktoren vorhanden sein, auch in frühen Gesellschaften. Nur eben in verschiedener Gewichtigkeit. Im Modell von Pospisil verschiebt sich das Schwergewicht der Provinz des Rechts langsam von der Wahrheit zur Autorität. Man hat es sich so vorzustellen, daß über das Bild von Pospisil eine bewegliche Fläche gelegt wird, die den Rechtsbereich darstellt. Eine Fläche, die sich verschieben läßt wie der bewegliche Teil eines Rechenschiebers. Sie läuft allmählich von einem zum anderen Ende. In Pospisils Bild von unten nach oben. Insofern ist das Bild auch politisch nicht ohne Sinn.

Wenn man sein Modell in dieser Weise historisch versteht, ist es zwar auch noch universal, aber nicht mehr völlig gleich gültig. Das Recht durchläuft in der Zeit verschiedene Phasen der Wertigkeit seiner Faktoren. Und so kommt es, daß Regeln, die am Anfang der Entwicklung einmal Recht gewesen waren, es in einer späteren Phase nicht mehr sein würden, wenn man nach der Gewichtigkeit der Faktoren urteilt. Die Weltformel des Rechts ist relativiert, historisiert. Universal bleiben die Sanktionen. Aber sie allein ergeben kein Recht, bedürfen vielmehr der Ergänzung durch die beiden anderen Faktoren.

Die evolutionistische Rechtstheorie ist also flexibel. Auf die Frage, was ist Recht, antwortet sie nicht mit einer allgemeinen Definition, wie Pospisil (1974.95, 1982.136), sondern auf der Grundlage seines Modells nach dem alten Motto, das Generationen von Juristen im Examen gerettet hat. Der kluge Student sagt immer, es kommt darauf an. Es kommt darauf an, auf welcher Entwicklungsstufe der Geschichte man es beschreiben will.

Soviel zur Begriffsbestimmung von Recht. Sie relativiert unsere eigenen Vorstellungen und nähert sich denen, die man auch in frühen Gesellschaften davon haben wird. Es ist ein allgemeiner Rahmen, der die Forderung nach einem analytical system historisch ausfüllt. Trotzdem ist es nur eine vorläufige Begriffsbestimmung. Sie bedarf noch der Abgrenzung zu anderen Normen, die es in jeder Gesellschaft in großer Zahl gibt. Eine solche Abgrenzung ist aber erst möglich, wenn das ethnographische Material ausgebreitet worden ist. Also wird die Frage nach dem Recht am Ende (unten S. 334-337) noch einmal zu stellen sein.

Erster Teil
Sammler und Jäger

3. KAPITEL

Egalität und Reziprozität

Die ursprüngliche Form menschlicher Existenz ist das Leben als Sammler und Jäger. In der Geschichte ist es die Periode der Altsteinzeit. Man schätzt, sie habe ungefähr vor zwei Millionen Jahren begonnen. Sie endete mit dem Übergang zum seßhaften Leben in der Jungsteinzeit. Ackerbau und Viehzucht reichen mit ihren Anfängen in das 9. Jahrtausend vor Christus. Von den zwei Millionen Jahren ihrer Existenz haben die Menschen also fast ausschließlich als Sammler und Jäger gelebt. Die zehntausend Jahre seit dem Beginn der Landwirtschaft sind nur ein halbes Prozent dieser Zeit. Und in ihnen haben sich Ackerbau und Viehzucht erst allmählich ausgebreitet. Im 15. Jahrhundert lebte noch der größere Teil der Indianer in Nord- und Südamerika vom Jagen und Sammeln. Seßhafte Landwirtschaft gab es in Mittelamerika und in den Gebieten von dort bis zur Mitte Nord- und Südamerikas. In Afrika waren weite Bereiche landwirtschaftlich noch nicht erschlossen, bevölkert von Jägergesellschaften. Ebenso ganz Australien und große Teile des nördlichen und östlichen Sibirien. Damals waren es einige Millionen Menschen. Heute sind Jäger abgedrängt in Gegenden, die sich für landwirtschaftliche Nutzung nicht oder nur wenig eignen. Immerhin sind es noch einige Hundertausend, überall auf der Welt außerhalb Europas. Läßt man die höher entwickelten Prärieindianer beiseite, die wegen

---

Allgemeine Literatur zu Jägergesellschaften: R.B.Lee, I.DeVore (Hg.), Man the Hunter, 1968 (Referate einer Tagung in Chicago, grundlegendes Werk über Sammler und Jäger); E.Service, The Hunters, 2.Aufl. 1979. Zur Egalität, sehr eindrucksvoll, P.Clastres, La société contre l'état, 1974, deutsch: Staatsfeinde, 1976. Zur Reziprozität: M.Mauss, Essai sur le don, 1923/24, deutsch: Die Gabe, 1968; H.Ritter, Gegenseitigkeit, in: J.Ritter (Hg.), Historisches Wörterbuch der Philosophie, Bd.3 (1974) Sp.119-129; M.Sahlins, Stone Age Economics, 1976, 4.-6.Kapitel, dort auch, im 1.Kapitel, zur ersten Überflußgesellschaft. Zum Ursprung der Familie: K.Gough, The Origin of the Family, in: R.Reiter (Hg.), Toward an Anthropology of Women, 1975, S.51-76.

des Gebrauchs von – europäischen – Pferden als eher untypisch anzusehen sind, und auch die nordwestlichen Athapasken und die nordöstlichen Algonkin, deren soziale Struktur durch Kontakte mit europäischen Pelzhandelskompanien schon im 18. Jahrhundert wohl sehr stark verändert wurde, dann sind die folgenden wohl diejenigen, die in der ethnologischen Literatur am ausführlichsten behandelt und am häufigsten genannt worden sind. Sie werden hier zur Grundlage der allgemeinen Darstellung gemacht:

Eskimo, verschiedene, oft sehr kleine Gruppen, die um den Polarkreis leben, von der Beringstraße bis Grönland, südlich bis Labrador. Sie werden unten im 5. Kapitel beschrieben. Dort auch die Literatur.

Schoschonen, genauer: Paiute und westliche Schoschonen, im großen Becken im Westen der Vereinigten Staaten, die im Gegensatz zu anderen Stämmen den Gebrauch von Pferden und Gewehren von den Europäern nicht übernommen haben, sondern einfache und friedliche Sammler und Jäger geblieben sind. Literatur: J.H.Steward, Basin-plateau aboriginal socio-political groups, 1938.

Feuerländer, und zwar die Yamana und Halakwulut, die vom Fischfang lebten, an der Küste, und die Selk'nam im Inneren des Landes. Literatur: M.Gusinde, Die Feuerland-Indianer, 3 Bände, 1931-1939.

Mbuti, Pygmäen im Regenwald des Ituri, eines Nebenflusses des Kongo. Beschrieben unten im 6. Kapitel. Dort auch die Literaturangaben.

!Kung, Buschmänner in der Kalahari in Südafrika, in deren Sprache es mehrere Schnalzlaute gibt, zu denen auch das !K gehört. Literatur: L.Marshall, The !Kung of Nyae-Nyae, 1976; R.B.Lee, J.DeVore (Hg.), Kalahari Hunter-Gatherers, 1976.

Hadza, eine kleine Gruppe von etwa vierhundert Jägern in einem ziemlich großen Gebiet von tausend Quadratmeilen östlich des Easi-Sees in Tansania. Literatur: eine nicht veröffentlichte Dissertation und eine Reihe von Aufsätzen von J.Woodburn, der erste: An Introduction to Hadza Ecology, in: R.B.Lee, J.DeVore (Hg.), Man the Hunter (1968) 49-55; der letzte: Minimal Politics, the Political Organization of the Hadza of Northern Tanzania, in: W.A.Shack, P.S.Cohen (Hg.), Politics in Leadership (1979) 244-266.

Andamaner, Negritos auf den Andamanen-Inseln im Golf von Bengalen. Literatur: E.H.Man, On the Aboriginal Inhabitants of the Andaman-Islands, 1883; A.R.Radcliffe-Brown, The Andaman Islanders, 1922.

Semang, Negritos im Bergland der Malaiischen Halbinsel. Literatur: P.Schebesta, Die Negrito Asiens, 2 Bände, 1952-1957.

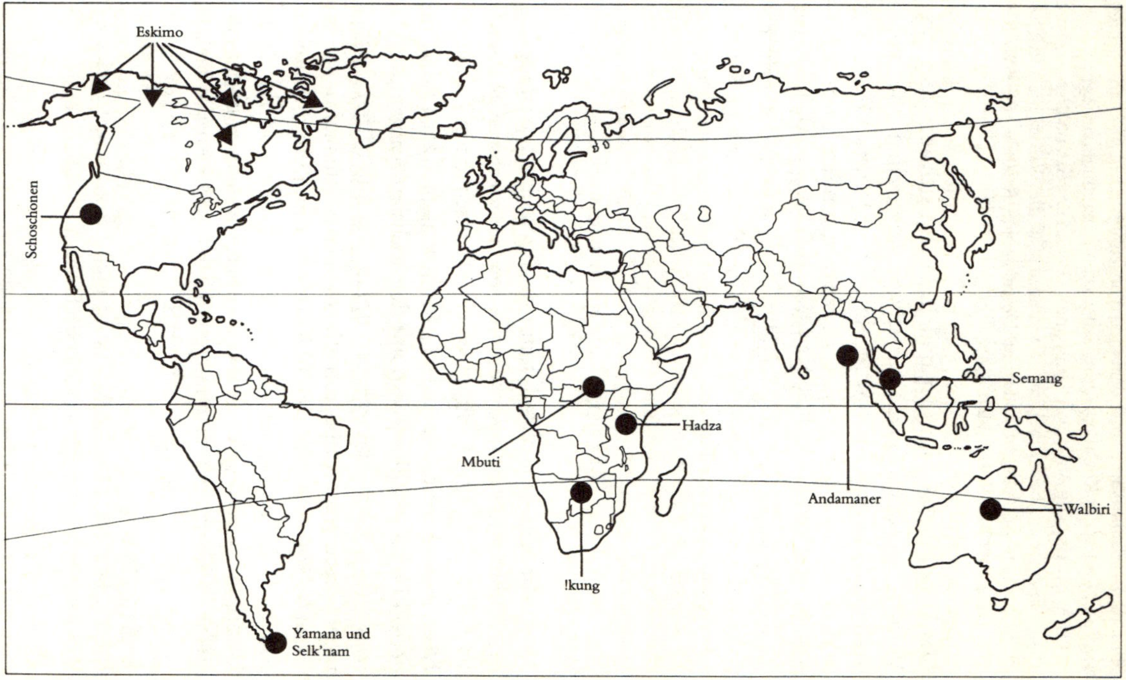
Eskimo
Schoschonen
Yamana und
Selk'nam
Mbuti
Hadza
!kung
Andamaner
Semang
Walbiri

Australische Ureinwohner, stark dezimiert von europäischen Siedlern, führen aber im Norden des Kontinents zum Teil noch ihr ursprüngliches Leben. Literatur: A. P. Elkin, The Australian Aborigines: How to understand them, 3. Aufl. 1954. Eine der am besten bekannten Gruppen sind die Walbiri im mittleren Norden des Kontinents: M. J. Meggitt, Desert People. A Study of the Walbiri Aborigines of Central Australia, 1962.

Das Leben dieser Sammler und Jäger läßt sich mit dem ihrer Vorgänger in der Steinzeit nur schwer vergleichen. Die ökologischen Bedingungen sind regelmäßig schlechter. Oft sind es sehr unwirtliche Gebiete, in die sie von umliegenden Ackerbauern abgedrängt werden. Nur wenige haben ähnlich günstige Bedingungen wie die Gesellschaften der Altsteinzeit, die Mbuti zum Beispiel und die Hadza in Afrika, oder die Semang und Andamaner in Asien.

Die erste Überflußgesellschaft

Noch vor wenigen Jahrzehnten war allgemeine Überzeugung, die Ökonomie der Jäger sei eine sogenannte Subsistenzwirtschaft. Man meinte damit, es sei eine Wirtschaft am Rande des Existenzminimums. Sie seien ständig von Hunger und Hungertod bedroht und müßten mit der höchsten Anspannung aller Kräfte um ihr Überleben kämpfen. Deshalb hätten sie auch nicht ausreichend Muße, um eine nennenswerte Kultur zu entwickeln. Erst mit der »neolithischen Revolution«, mit Ackerbau und Viehzucht, sei das besser geworden und der große Sprung nach vorn gelungen. Das Leben war schwer in der Altsteinzeit. Das sind Vorstellungen, die bis in die Antike zurückgehen und sich schon bei Lucretius finden (De rerum natura 5.925-1104).

Inzwischen hat sich die Meinung vieler Ethnologen geändert (Sahlins 1968, 1972.1-41; Lee, DeVore 1968.6; Lee 1968, 1972; Service 1979.11-13). Ausschlaggebend waren Untersuchungen über die Arbeitszeit in Jägergesellschaften. Für australische Ureinwohner wurde sie mit weniger als vier Stunden täglich errechnet. (Sahlins 1968.86 f.). Ein Mitteleuropäer kann sich kaum vorstellen, wieviel Zeit sie am Tage mit Müßiggang

oder schlafend zubringen. Bei den !Kung ist es ähnlich. Sie kommen im Durchschnitt mit zweieinhalb Arbeitstagen pro Woche aus (Lee 1968). Woodburn berichtet über die Hadza, sie würden jedenfalls weniger arbeiten als die umliegenden Akkerbauern (1968.54).
Die Bedürfnislosigkeit der Menschen ist groß. Reichtum an materiellen Gütern wäre für sie im wahrsten Sinne des Wortes eine Last, denn alles, was sie haben, müssen sie auf ihren Wanderungen von Lager zu Lager mit sich tragen. Insofern ist Sahlins Behauptung, sie seien die erste Überflußgesellschaft gewesen, mindestens zu einem Teil berechtigt (Sahlins 1968.85). Ein Überfluß ist nämlich dann vorhanden, wenn alle Bedürfnisse der Menschen leicht befriedigt werden können. Das ist bei den meisten der uns heute bekannten Sammler und Jäger der Fall, mit wenigen Ausnahmen. Deren bekannteste sind die Eskimo. Und da die ökologischen Verhältnisse von Jägern der Altsteinzeit allgemein noch besser gewesen sein müssen als die der heutigen, erscheint Sahlins' Formel historisch erst recht einleuchtend. Die Entwicklung ist eher umgekehrt verlaufen, als man bisher angenommen hat. Mit der Landwirtschaft scheint eine Zunahme der Arbeitszeit verbunden gewesen zu sein. Sie ist später noch größer geworden, als mit der Entstehung staatlicher Zentralinstanzen langsam der Druck auf die Bauern gewachsen ist. Der Druck zielte in die Richtung von Abgaben. Die konnten nur erwirtschaftet werden, wenn auch die Arbeitsleistung gesteigert wurde.

Die Horde und ihre Zusammensetzung

Jäger sind regelmäßig Nomaden. Meistens leben sie in Horden. Ihre Technologie ist einfach und ihre Habe gering. Sie kennen grundsätzlich keine Vorratshaltung. Die Gesellschaften sind klein. Die Bevölkerungsdichte ist minimal. Dementsprechend ist ihre soziale Organisation sehr locker. Ein Stamm läßt sich oft nur durch die gemeinsame Sprache oder einen gemeinsamen Dialekt definieren. Es gibt keine Häuptlinge, keine Schamanen.

Von alldem gibt es Ausnahmen. Manche leben in Siedlungen. Andere legen Vorräte an, besonders in nördlichen Ländern. Einige haben Schamanen. Bei den Prärieindianern gibt es Häuptlinge, ebenso bei den Jägern an der Nordwestküste Kanadas. Dort finden sich auch Schamanen, ebenso wie bei den Eskimo. Deswegen ist es schwierig, eine allgemein gültige Definition für Jägergesellschaften zu finden. Auch auf der Tagung von 1966 ist das nicht gelungen, die in Chicago stattfand und deren Ergebnis ein schon fast klassisches Handbuch über diese Gesellschaften war: R.B.Lee, I.DeVore (Hg.), Man the Hunter, 1968. Man einigte sich schließlich darauf, alle diejenigen als Jäger anzusehen, über die dort berichtet wurde (Lee, DeVore 1968.4).

Es gibt auch bis heute keine Einigkeit darüber, welches die Regeln für die Zusammensetzung von Jägerhorden sind. Anfang der dreißiger Jahre entwickelte Radcliffe-Brown die Theorie der patrilinearen Horde. Auf Grund von Untersuchungen über australische Ureinwohner kam er zu dem Ergebnis, die Horde sei territorial, exogam, patrilokal und patrilinear (Radcliffe-Brown 1931.35). Mit anderen Worten: Jede Horde lebe in einem bestimmten Gebiet, das ausschließlich ihr gehöre. Man heiratet nicht innerhalb, sondern nur außerhalb der Horde. Mit der Heirat zieht die Frau in die Horde ihres Mannes, und dadurch besteht jede Horde nur aus Verwandten, die in der männlichen Linie miteinander verbunden sind. Eine Erklärung dafür läßt sich finden. Die Horden schweifen in einem sehr großen Gebiet, und Ortskenntnisse sind bei der Jagd außerordentlich wichtig: Kenntnisse darüber, wo und wann das Wild zu finden ist. Sie können nur in langer Erfahrung erworben werden und würden verloren gehen, wenn der Mann, der bei den Australiern erst im Alter von dreißig Jahren heiratet, in das Gebiet seiner Frau ginge (Rose 1976.42).

Außerhalb Australiens gibt es auch andere Regeln. Das Modell muß also ergänzt werden. In vielen Fällen finden sich Verwandte nicht nur in der väterlichen, sondern auch in der mütterlichen Linie. Häufig zieht ein Mann in das Gebiet seiner Frau, wenn er heiratet. Manchmal wird darüber zwischen den Horden verhandelt. Man einigt sich dann darauf, wo er am

meisten gebraucht wird, wie bei den Mbuti (Turnbull 1965.207,219). Oder sein Umzug ergibt sich daraus, daß er verpflichtet ist, seine Schwiegermutter über längere Zeit mit Fleisch zu versorgen. So ist es bei den !Kung (Marshall 1976.163,169). In anderen Gesellschaften finden sich nicht größere Horden, die regelmäßig zwischen zwanzig und sechzig Mitglieder haben, sondern nur vereinzelte kleinere Gruppen, im wesentlichen Familiengruppen von wenigen Personen, zum Beispiel bei den Schoschonen und den Yamana auf Feuerland. Deshalb hat Steward drei Typen unterschieden, die sich jeweils aus verschiedenen ökologischen Bedingungen ergeben würden. Er nennt sie die patrilineare, die gemischte und die Familienhorde (Steward 1936).
Neuere Forschungen haben ergeben,daß die patrilineare Horde sehr selten ist. Stattdessen wird berichtet, die Struktur der Horden in den meisten Gesellschaften sei eher flexibel, mit stärkerer Fluktuation. Abwanderung und Zuwanderung sei bei ihnen sehr häufig, die gemischte Horde die Regel (Hiatt 1962; Helm 1965; Turnbull 1965.97-109; Woodburn 1968a, 1972; Marshall 1976.156-200). Die gemischte Horde hat große ökologische Vorteile. Mit ihrer Fluktuation kann sie sich besser den natürlichen Ressourcen anpassen. Außerdem ist die Fluktuation in Jägergesellschaften ein wichtiges Mittel der Konfliktlösung, bei schweren Konflikten wohl das wichtigste. Deshalb erscheint es sehr zweifelhaft, ob es richtig ist, wenn Service meint, die patrilineare Horde sei ursprünglich die Regel gewesen und die gemischte das Ergebnis von zerstörerischen Wirkungen des Kontaktes dieser Gesellschaften mit der modernen Zivilisation (Service 1979.36). Die großen Vorteile der gemischten Horde sprechen eher dafür, daß auch sie eine lange Geschichte hat (Lee 1972).
Zweierlei läßt sich allgemein sagen für alle Jägergesellschaften. Die Verwandtschaft spielt in ihnen eine sehr große Rolle. Regelmäßig sind es enge Verwandte, die zusammenleben (Service 1979.34). Ihre Verwandtschaftstruktur ist aber nicht so fest, unterscheidet sich grundsätzlich von der in seßhaften Gesellschaften. Dort finden sich einlinige Verwandtschaftsgruppen, lineages, patrilineare, matrilineare oder Mischformen. Das ist in

Jägergesellschaften anders. Ihre Verwandtschaftsstruktur ist nicht agnatisch in einer Linie geschlossen, sondern grundsätzlich kognatisch, nach beiden Seiten offen. Untypisch sind die Heiratsklassen der Australier. Es gibt keinen Ahnenkult. Kinder sind mit der Familie ihres Vaters und ihrer Mutter verwandt. Deshalb vermeidet man besser den Ausdruck »patrilinear« für Jägergesellschaften und spricht richtiger von der patrilokalen Horde (Service 1979.34–45). Das ist das eine, die große Bedeutung des verwandtschaftlichen Zusammenhalts in diesen kleinen Gesellschaften. Das andere ist die Exogamie. Auch sie ist allgemein und überall zu beobachten, regelmäßig ergänzt durch das Inzestverbot, allerdings in sehr verschiedenen und verschieden starken Formen (Schneider 1976). Da die Horde auf Verwandtschaft aufgebaut ist, ist es regelmäßig die Hordenexogamie. Ausnahmsweise gibt es auch Heiraten innerhalb der Horde, wenn es sich nicht um enge Verwandte handelt. Über die Gründe der Exogamie gibt es noch keine endgültige Gewißheit. Wahrscheinlich ist richtig, was die Menschen in diesen Gesellschaften selbst als Grund dafür anführen, daß sie nicht innerhalb ihrer eigenen Gruppe heiraten, sondern eine Heiratsbeziehung mit einer anderen Horde suchen. Man will Verbindungen knüpfen, Allianzen schaffen (Service 1979.36 f.). Heiratsbeziehungen geben regelmäßig das Recht, auch im Gebiet der benachbarten Horde zu jagen, mindestens in Notzeiten. Die Mbuti sagen, es sei gut, Verwandte in vielen Horden zu haben, denn dann würde man niemals »leer wandern« müssen, man würde dann auch in fremdem Gebiet freundlich aufgenommen und Nahrung und Schutz haben (Turnbull 1965.286). Exogamie hat also die Funktion, das Netzwerk der verwandtschaftlichen Beziehungen auszuweiten und damit das soziale und ökonomische Leben der Horde über das eigene Gebiet hinaus zu begründen, auszudehnen und abzusichern.

Der Ursprung der Familie

Wichtigste ökonomische Einheit ist die kleine Familie, die meistens aus einem Mann, einer Frau und ihren Kindern besteht. Manchmal gibt es mehrere Frauen für einen Mann,

manchmal, in einigen wenigen Gesellschaften, sind es einzelne Frauen, die mit mehreren Männern leben, meistens bei Männerüberschuß. Es gibt auch größere Familien, zu denen auch die Großeltern gehören, in einigen Fällen sind es Familienverbände mit mehreren verheirateten Brüdern oder Schwestern und ihren Frauen oder Männern und Kindern. Regelmäßig ist es eine normale kleine Familie: ein Mann, eine Frau, ihre Kinder. Diese Familie ist die wichtigste ökonomische Einheit, arbeitsteilig und mit gemeinsamem Konsum. Wegen der zum Teil sehr strikten Arbeitsteilung, kann weder ein Mann ohne Frau, noch eine Frau ohne Mann existieren. Nach Tod oder Trennung sucht man sich einen anderen.
Es gibt keine Hordenpromiskuität. Bachofen, Morgan und Engels haben geirrt. Die Familie ist sehr viel älter, als sie meinten. Sie geht zurück in die frühe Altsteinzeit, die Schätzungen liegen zwischen 50 000 und 500 000 Jahren (Gough 1975.62). Die höheren werden wohl die richtigen sein. Ursprung der Familie war wohl schon der aufrechte Gang (Gough 1975.60 f.). Er hatte zwei anatomische Folgen. Im Laufe von Jahrtausenden wurden die Köpfe größer und die Becken kleiner. Die Kinder konnten deshalb nicht mehr so lang im Mutterleib bleiben, mußten zunehmend früher geboren werden. Sie waren bei ihrer Geburt weniger entwickelt, länger hilflos und abhängig von der Pflege und Ernährung durch ihre Mütter. Man nennt das Neotenie. Je länger ein Kind abhängig ist, desto länger ist es beeinflußbar. Desto mehr kann es lernen. Die Neotenie, die längere Abhängigkeit von der Mutter, ist der Grund für die Zunahme menschlicher Intelligenz und kulturellen Verhaltens. Ursprung und Bedingung von Kultur und Zivilisation. Wohl der wichtigste Beitrag der Frauen zur Entwicklung von Humanität, denn sie waren es, die die Kinder ständig um sich hatten. Wahrscheinlich ist er größer gewesen als der der Männer. Jedenfalls wurde er bisher von der männlichen Forschung stark unterschätzt (Slocum 1975). Das zeigt sich schon in der herkömmlichen Terminologie. Jägergesellschaften werden sie genannt, obwohl sie im wesentlichen vom Sammeln lebten.
Weil die Frauen sich länger um die Kinder kümmern mußten, waren sie ausgeschlossen von der Jagd, die freie Beweglichkeit

erfordert, ungehindert durch kleine Kinder oder Schwangerschaft. Es entstand die Arbeitsteilung der Geschlechter. Die Männer gingen auf die Jagd. Die Frauen sammelten die pflanzliche Nahrung, was auch mit kleinen Kindern möglich ist. Sie übernahmen die Zubereitung der Nahrung, nicht nur für die Kinder, sondern auch für den Mann. Es entstand die Familie als Folge dieser Arbeitsteilung, als die kleinste Einheit, in der Arbeitsteilung stattfand, gemeinsame Verteilung und gemeinsamer Verzehr der Produkte. Sie war nicht die logische, sondern die historische Folge dieser Arbeitsteilung. Sicher wäre es auch möglich gewesen, im Kollektiv der Horde gemeinsam zu verteilen und zu verbrauchen. In vielen Jägergesellschaften wird die Jagdbeute gemeinsam verteilt, wenn die Männer gemeinsam auf die Jagd gehen. Aber sie wird getrennt konsumiert, in der historischen Einheit der Familie, die sich überall findet. Hier wird die pflanzliche Nahrung eingebracht, die die Frau gesammelt hat. Hier wird gekocht und gemeinsam verzehrt.
Auf dieser Familie ruht noch nicht der gesellschaftliche Druck, der sich später in Ackerbaugesellschaften findet. Ackerbauern brauchen für ihr Überleben eine ausreichende Zahl ansässiger Kinder. Jägerhorden ergänzen sich nicht nur durch die Geburt von Kindern, sondern auch durch den verhältnismäßig leicht möglichen Zugang von außen. Die Fluktuation ist groß. Ihr Problem ist selten der Mangel, sondern eher der Überfluß an Kindern, an überflüssigen Essern. Daher werden sie häufig getötet. Deshalb verlangt man von den Frauen oft sexuelle Abstinenz während der langen Zeit, in der sie stillen. Die Familie hat nicht den gesellschaftlichen Zweck der Erzeugung von Kindern, wie später. Ihre Entstehung ist nur die historische Folge der Erzeugung von Kindern, über Neotenie und Arbeitsteilung, nicht ihr Zweck. Sie ist eine ziemlich freie Verbindung von Frau und Mann, ihre ökonomische Grundlage nur individuell, nicht gesamtgesellschaftlich vermittelt. Dementsprechend gibt es regelmäßig keine Hochzeitsriten. Man zieht einfach zusammen, lebt in einer Hütte. Das ist alles. Ebenso leicht kann man wieder auseinandergehen, solange noch keine Kinder existieren. Im Laufe der Zeit wird die Verbindung fester, besonders wenn Kinder geboren sind. Oft bleiben die Paare bis

ins hohe Alter zusammen. Aber auch spätere Trennungen sind nicht ungewöhnlich. Die Ehe ist leicht lösbar, entspricht etwa dem, was Morgan als syndiasmisch bezeichnet hat (Morgan 1877, 3.Teil, 4.Kapitel).

Daher auch die geringe Zahl und Stärke von Sexualtabus. Es gibt das Inzestverbot, regelmäßig zwischen Mutter und Sohn, häufig zwischen Vater und Tochter und Vettern und Kusinen. Es hat nicht genetische Gründe der biologischen Zuchtwahl, wie Morgan und Engels meinten, sondern gesellschaftliche. Warum und wie es sich entwickelt hat, darüber gibt es noch viele Meinungsverschiedenheiten. Jedenfalls hatte es mehrere nützliche Funktionen (Gough 1975.61). Es diente der Erhaltung der Solidarität der Familie als kooperativer Einheit, weil der Wettbewerb um die Paarung beseitigt wurde. Und es ließ Bindungen entstehen zwischen den Familien, über die Verbindung der Kinder, wodurch eine weitere Grundlage für die Kooperation in der Horde und zwischen den Horden geschaffen wurde. Außerdem begrenzte es möglicherweise die Zahl der Paarungen in der Horde und trug so vielleicht dazu bei, sie nicht zu groß werden zu lassen (Washburn, Lancaster 1968.301). Im übrigen gibt es kaum Verbote. Die vorehelichen Beziehungen sind völlig frei. Aber auch der Ehebruch hat nicht die harten Folgen, die er in Ackerbaugesellschaften haben kann. Insofern, aber nur insofern, kann man doch von einer Hordenpromiskuität sprechen. Allerdings nicht, wie Bachofen, Morgan und Engels es taten, die damit die Nichtexistenz der Familie meinten.

Egalität

Jägergesellschaften sind egalitär. Selbstverständlich gibt es auch bei ihnen Unterschiede zwischen den Menschen, aber sie sind faktischer Natur, nicht institutionalisiert. Es gibt Alte und Junge, Starke und Schwache, Ansehnliche und Unansehnliche und solche, die besser reden können als andere. Der gute Jäger genießt hohes Ansehen. In der Mehrzahl der Gesellschaften gibt es auch einige Männer, die zwei Frauen haben. Polygynie ist durchaus möglich, aber letztlich selten. Regelmäßig gelingt es nur dem tüchtigen Jäger. Und ganz selten sind es mehr als zwei Frauen. Unterschiede im materiellen Besitz kennen sie fast gar nicht. Jeder hat das wenige, was er bei sich tragen kann. Es kommt häufig vor, daß der eine oder andere in der Horde das Wort führt. Und in manchen Fällen kann man ihn als Anführer bezeichnen. Es handelt sich aber immer um das, was Max Weber als charismatisches Führertum bezeichnet hat. Oft verteilt es sich für verschiedene Aufgaben auch auf verschiedene Personen. Derartige Einflußpositionen beruhen einzig und allein auf persönlichen Eigenschaften. Lassen die Fähigkeiten nach, verschwindet auch der Einfluß. Es gibt keine institutionalisierte Ungleichheit. Die Egalität ihrer Gesellschaft findet ihr Spiegelbild in den religiösen Vorstellungen, die weitgehend vom Geisterglauben bestimmt sind. Unter den verschiedenen Geistern, die da eine Rolle spielen, gibt es ebensowenig eine Hierarchie wie unter den Menschen (Service 1979.62). Die Egalität ist auch in ihrem Bewußtsein außerordentlich stark ausgeprägt. Für die Eskimo berichtet Birket-Smith (1948.186f.):

»Wenn es irgendwo eine Gemeinschaft gibt, die auf der freiwilligen Übereinstimmung eines freien Volkes fußt, wie Kropotkin sie erträumte, dann findet man sie bei diesen armen Stämmen am Tor zum Nordpol. Bei den Eskimos gibt es keine Ränge und Klassen, und sie müssen somit auf das Vergnügen, sich mit tiefergestellten Menschen zu umgeben, verzichten, das Thackeray als das allergrößte bezeichnet. Nur die Aleuten und Pazifik-Eskimos, die infolge der Berührung mit der höheren Indianerkultur der Nordwestküste Gelegenheit hatten, ihre kriegerischen Anlagen zu entwickeln und sich neue Begriffe anzueignen, kannten sowohl Sklaven (Kriegsgefangene), wie vererbbare Häuptlingswürde. Solche Anführer leiteten die gemeinsamen Jagden des Dorfes und besaßen im ganzen genommen eine ziemlich ausgedehnte Gewalt, obwohl sie ihres Amtes enthoben werden konnten, wenn sie sich als ungeeignet erwiesen ... Im übrigen haben alle Eskimos die gleiche soziale Stellung und niemand muß das tun, was die anderen manchen. Wir heben allerdings das Wort müssen hervor, denn die Praxis stimmt nicht immer mit der Theorie überein. Die Eskimos besitzen sehr weitgehend jenen primitiven Wankelmut, der einen selbständig gefaßten Entschluß nicht leicht ermöglicht; in Wirklichkeit gibt es gewöhnlich eine besonders hervorragende Persönlichkeit in der Siedlung, welche von den anderen stillschweigend, ja, man darf fast sagen, halb unbewußt als primus inter pares anerkannt wird. Sehr bezeichnenderweise nennt man solche Männer bei den Zentralstämmen isumatag, »der welcher denkt«, worin enthalten ist, »der, welcher für die anderen denkt.« Die Unterordnung – sofern man dieses Wort anwenden darf – ist aber ganz freiwillig, und wenn der isumatag aus irgendeinem Grunde seine Autorität verliert, dann nimmt er einfach wieder seine frühere Stellung ein.«

Derartige Berichte finden sich durchgängig für alle Jägergesellschaften. Bei den Schoschonen und Yamana gibt es noch nicht einmal solche charismatischen Anführer (Steward 1938.246 f., Gusinde 2. Band 1937.778,802). Über die Yamana schreibt ein französischer Ethnologe im 19. Jahrhundert (Hyades 1887.335, übers. v. Verf.):

»Sie haben keinen König, keinen Häuptling, keinen Adel, keine Kasten, keine soziale Hierarchie, keine Sklaven. Das ist die Ordnung der Gleichheit in ihrer völligen Reinheit.«

Die Mbuti haben zwar für den Umgang mit den sie umgebenden Bantustämmen sogenannte capita, aber sie haben keine Bedeutung für das Leben im Wald. Individuelle Autorität sei undenkbar, meint Turnbull (1965.45,51,181). Auch die gemeinsamen Unternehmungen der Treibjagd beschreibt er in dieser Weise (1965.178 f., übers. v. Verf.):

»Soweit im ökonomischen Bereich eine Organisation von Natur aus notwendig ist, ist Führerschaft minimal. Alle wichtigen Entscheidungen werden gemeinsam getroffen, wie auch sonst im Leben der Mbuti. Männer und Frauen haben mit ihrer Meinung das gleiche Gewicht, da Jagen und Sammeln für ihre Ökonomie gleich wichtig sind. Jung verheiratete Paare und alleinstehende Jüngere haben das meiste zu sagen, da sie die aktivsten Jäger und Sammler sind. Aber während die Fähigkeit als Jäger von einigem Gewicht ist, kann zuviel davon zu Lächerlichkeit führen. Das heißt, ein Mann der sich als großer Jäger aufspielt und sich zu laut seiner Erfolge rühmt, begegnet einigem Mißtrauen. Und jeder Versuch von seiner Seite, mit seinem Ansehen mehr Einfluß zu erringen als andere, wird sofort der Lächerlichkeit verfallen.«

Entsprechend lauten die Nachrichten über !Kung und Hadza (Marshall 1976.184-191; Woodburn 1968.105, 1979.261-264). In seinem Buch über die Andamaner berichtet Man, daß es Häuptlinge gibt. Aber ihre Autorität sei sehr begrenzt (Man 1883.40 f.). Radcliffe-Brown ergänzt das durch die Bemerkung, man solle besser überhaupt nicht von Autorität sprechen, sondern von Einfluß. Auch sei der Ausdruck Häuptlinge nicht angebracht. »Autorität« und »Häuptling« würde den Eindruck erwecken, es gäbe irgendeine Art von organisierter Macht und bestimmte Regeln dafür. Von beidem könne nicht die Rede sein (Radcliffe-Brown 1922.47). Schebesta berichtet über die Semang (1954.225):

»Häuptlinge gibt es bei den Semang nicht.«

Die Lokalgruppen würden allerdings »Vorsteher« kennen. Das sei regelmäßig der Älteste, sofern er nur irgendwelche Führungseignungen habe. Es könne jedoch – und das nicht so selten – auch ein Jüngerer sein, der sich besonders eigne. Sie würden keine materiellen Vorteile haben und (S. 226):

»Eine Exekutivgewalt ist ihnen nicht übertragen; sie wirken und regieren nur durch ihre Persönlichkeit.«

Auch die australischen Ureinwohner sind egalitär und anarchisch. Meggitt schreibt über die Walbiri (1962.249, übers. v. Verf.):

»Obwohl die Mitglieder der Gemeinschaft einigen ihrer Gefährten das Recht zugestanden, bestimmte Aktivitäten zu koordinieren, gründete sich die Anerkennung von Autorität einzelner Männer bei bestimmten Gelegenheiten weitgehend auf ihre Stellung innerhalb der Verwandtschaft und ihre Ausweitungen in Abstammung und Heiratsgruppen. So konnte ein Mann eine bestimmte Racheaktion leiten oder eine bestimmte Frau in die Ehe geben oder den Teilnehmern an einer Beschneidungszeremonie Anweisungen erteilen, eben wegen seiner verwandtschaftlichen Verbindung zu der Person, die das ganze im wesentlichen betraf – zum Getöteten, zur Braut, zum Initiierten. Aber bei der nächsten Gelegenheit dieser Art konnte er durchaus eine geringere Rolle spielen, weil er nun in einem anderen Verwandtschaftsverhältnis zur Hauptperson stand. Dieser häufige Wechsel im Ausmaß von Autorität, die ein einzelner in verschiedenen Situationen ausübte, war offensichtlich ein wirksames Mittel gegen die Entstehung einer Klasse von dauernden Anführern der gemeinschaftlichen Unternehmungen, von Männern, die regelmäßig und rechtmäßig das Gruppenverhalten in mehreren Aktionsbereichen lenken konnten.«

Egalität von Frauen und Männern?

Allgemein ungeklärt ist die Frage der Egalität von Frauen und Männern in Jägergesellschaften. Ist die von den – männlichen – Ethnologen immer wieder beschriebene Egalität nur eine Gleichheit der Männer? Und sind Frauen auch schon in Jä-

gergesellschaften benachteiligt? Manches deutet darauf hin. Grundsätzlich führt jede Arbeitsteilung zu sozialer Differenzierung. Und es gibt in Jägergesellschaften die erste große Arbeitsteilung zwischen Männern, die jagen, und Frauen, die sammeln. Verbunden mit der höheren Wertschätzung der Jagd und der größeren Körperkraft der Männer könnte das schon zu einer gewissen Dominanz der Männer auch in diesen an sich egalitären Gesellschaften führen. Jedenfalls ist das die Meinung von Lorna Marshall über die Stellung der Frauen bei den !Kung (Marshall 1976.175-179). Auf der anderen Seite gibt es gerade für die !Kung energischen Widerspruch von einer anderen Ethnologin, die ebenfalls längere Zeit bei ihnen verbracht hat. Patricia Draper ist der Auffassung, die soziale Stellung von Frauen und Männern sei völlig gleich (Draper 1975.77-109). Ähnlich ist es mit den australischen Ureinwohnern. Die Berichte der männlichen Ethnologen sind eindeutig. Danach sind die Frauen dort schon stark benachteiligt, werden im frühen Alter von neun oder zehn Jahren von ihren Eltern mit sehr viel älteren Männern verlobt, denen sie dann sogar vor ihrer sexuellen Reife übergeben werden. Frederick Rose spricht von einer gerontokratischen Polygynie (Rose 1976.45-50). Und, was wohl noch schwerer wiegt, die Frauen sind von den geheimen Männerkulten und Initiationsriten völlig ausgeschlossen (Elkin 1954.156-186). Dagegen sind in letzter Zeit in großer Zahl Untersuchungen von Ethnologinnen erschienen, die ein anderes Bild ergeben (z.B. Gale 1970; Rohrlich-Leavitt, Sykes, Weatherford 1975). Ihre Vorwürfe gegen die einseitig auf die Rolle von Männern fixierte ethnologische Forschung sind berechtigt. In dem sonst so hervorragenden Sammelband von Lee und DeVore, Man the Hunter, 1968, findet sich kein Wort über die Rolle der Frauen (Slocum 1975).
Die verhältnismäßig große sexuelle Freiheit bei Sammlern und Jägern kann als Gradmesser gelten für die Stellung der Frauen. Regelmäßig ist die Situation der Frau um so besser, je größer die sexuellen Freiheiten sind. Ihre Unterdrückung in Ackerbaugesellschaften ist immer verbunden mit einer größeren Zahl sehr starker Sexualtabus. Das Besitzstreben der Männer ist kaum ausgebildet. Nur ausnahmsweise gibt es gewalttätige Ri-

valitäten um Frauen, die ebenfalls immer ein sehr sicheres Indiz für ihre Unterdrückung sind. Häufig geht die Werbung von den jungen Frauen aus, nicht von den Männern. So ist es zum Beispiel bei der Initiation der Mädchen im elima-Fest der Mbuti (Turnbull 1965.132-140).

Es gibt sichere Hinweise darauf, daß mindestens in einigen Jägergesellschaften die Egalität auch zwischen Männern und Frauen bestanden hat. Für die Mbuti berichtet Turnbull ausdrücklich, es gäbe in keiner Weise irgendwelche sozialen Unterschiede (Turnbull 1965.270f.). Ähnliches sagen Man und Radcliffe-Brown über die Andamanen (Man 1883.107, Radcliffe-Brown 1922.47f.). Unbestreitbar scheint das soziale Übergewicht der Männer bei den Eskimo. Und Matriarchatsmythen bei den Yamana und Selk'nam scheinen mir ein Beweis dafür zu sein, daß die Frauen bei ihnen den Männern untergeordnet sind. Denn die Mythen haben legitimierenden Charakter. Sie sollen, unter Hinweis auf eine angebliche frühere Dominanz der Frauen, die Dominanz der Männer in der Gegenwart rechtfertigen (Bamberger 1974, Wesel 1980.62f.). Man wird die Frage für jede Gesellschaft gesondert beantworten müssen und allgemein nur sagen können, daß die Situation von Frauen in Waldgebieten besser ist als anderswo. Dort spielt das Sammeln pflanzlicher Nahrung die größere Rolle. Und das erklärt ihre Gleichstellung bei den Mbuti und Andamanen. Die Eskimo leben, mindestens im Winter, nur von der Jagd der Männer. Ähnlich ist es bei den Yamana und Selk'nam auf Feuerland. Deshalb ist die Stellung der Frauen bei ihnen schlechter. Kathleen Gough meint, schon in Jägergesellschaften seien Frauen allgemein immer das »zweite Geschlecht« (Gough 1975.69). Ich habe inzwischen manche Zweifel.

Reziprozität

Egalität ist das eine der grundlegenden Ordnungsprinzipien in Jägergesellschaften, genauer: Egalität und Verwandtschaft. Das andere ist die Reziprozität. Man kann davon ausgehen, daß die Egalität bei ihnen noch stärker ist als in segmentären Gesellschaften. Und man muß auch annehmen, daß die Reziprozität für sie eine ungleich wichtigere Rolle spielt als in der seßhaften Landwirtschaft.

Als Entdecker dieses Organisationsprinzips früher Gesellschaften gilt allgemein Marcel Mauss mit seinem »Essai sur le don« von 1924. Einige Jahre früher hatten Richard Thurnwald und Bronislaw Malinowski ähnliche Gedanken geäußert (Ritter 1974.126-128) und schon 1902 Fürst Kropotkin die gegenseitige Hilfe als grundlegendes Element anarchischer Ordnung erkannt (Kropotkin 1902). In der modernen sozialwissenschaftlichen Sprache (Sigrist 1967.115):

»Die Aufrechterhaltung einer gegebenen sozialen Ordnung wird durch Reziprozitätsmechanismen auch ohne Vermittlung einer Instanz ermöglicht: der Druck der Einzelinteressen führt zu einer Reduzierung des abweichenden Verhaltens auf die Linie des erwarteten Verhaltens. Solche Prozesse subsumiere ich unter den Begriff der Selbststeuerung.«

Was das bedeutet, hat Malinowski sehr anschaulich in seinem eindrucksvollen Gemälde der Gesellschaft von Trobriand beschrieben, in »Crime and Custom in Savage Society«, 1926. Die Bewohner der Küste tauschten ihren Fisch mit ihren Verwandten im Inneren der Insel gegen Yams. Das funktionierte ohne den schützenden Rahmen einer staatlichen Ordnung, ohne Gerichte, ohne Zwangsvollstreckungen. Denn wenn der eine seine Pflichten nicht erfüllte, würden einfach die lebensnotwendigen Gegenleistungen des Tauschpartners ausbleiben und sich so die Nachlässigkeit des Verpflichteten wie von selbst und sehr schnell gegen ihn selber wenden. Da jeder dies verhindern wollte, erfüllten alle ihre Pflichten von selbst, ohne Zwang.

Wie man sieht, die Gegenseitigkeit ist ein Prinzip, das sich beliebig universal ausmalen läßt. Malinowski jedenfalls ging von Vorstellungen über unsere eigene Gegenwart aus. Die liberale Marktwirtschaft funktioniert am besten ohne staatliche Eingriffe. Die unsichtbare Hand des Adam Smith regelt alles von selbst. Von Mauss war die Gegenseitigkeit eher als Charakteristikum archaischer Gesellschaften verstanden worden. Nur unterschwellig verband er sie mit unserer Gegenwart. Stärker ist das wieder bei seinem Schüler Lévi-Strauss. Anders Arnold Gehlen. Er sieht in der Gegenseitigkeit einen Ordnungsfaktor, der allein notwendig ist in verwandschaftlich organisierten Sozialordnungen ohne feste staatliche Herrschaftsstruktur. Staatlicher Zwang ist für ihn ein Gegensatz, nicht die Ergänzung dieses Prinzips (Ritter 1974.128 f.). Auf eine kurze Formel bringt das Richard Thurnwald, der erste Entdecker (Thurnwald 1957.100):

»Zwang bedeutet ja immer Mangel an Gegenseitigkeit im Rahmen des herrschenden Wertsystems.«

Es geht auch gar nicht nur um den Zwang. Schon bei einem flüchtigen Blick auf die Regeln der bürgerlichen Rechtsordnung sieht man den Unterschied. Unsere Wirtschaft beruht auf dem Recht des Vertrages. Sein Kern ist die Gegenseitigkeit. So wird sie auch hier genannt, geregelt in den §§ 320-327 des Bürgerlichen Gesetzbuches. Aber sie hat nichts gemeinsam mit der Gegenseitigkeit in frühen Gesellschaften. Dazwischen liegen Welten. Diese ist eine persönliche Bindung, aufgebaut auf dem engen Miteinander in einer kleinen Gemeinschaft. Die Gegenleistung ist oft unbestimmt, ergibt sich aus der individuellen Situation der beiden Personen in der nahen oder fernen Zukunft. Und nicht selten handelt es sich um den Austausch identischer Güter, denn die materielle Gleichheit von Leistung und Gegenleistung ist das Ziel. Es ist ein Tausch von Gebrauchswerten, würde Karl Marx sagen. Niemand sucht einen Vorteil. Jene dagegen bei uns ist formal und unpersönlich. Entscheidend für die Gegenseitigkeit des bürgerlichen Vertrages ist die Abrede bei Vertragsschluß. Die bloße Abrede, nichts weiter. Kein Gericht darf darauf sehen, ob Leistung und Gegenleistung im Gleichgewicht eines gerechten Preises stehen, denn Ziel ist der Gewinn. Hier findet ein Tausch von Tauschwerten statt. Und nicht nur das. Die schlaue Berechnung, die nicht die hohe Schwelle des Betruges oder des Wuchers übersteigt, wird geschützt. Und die Unerfahrenheit oder momentane Unachtsamkeit ist nicht wiedergutzumachen, wenn der andere auf Einhaltung des Vertrages besteht. Denn der Irrtum über den Wert einer Sache wird vom bürgerlichen Recht nicht geschützt. Man kann einen Vertrag deswegen nicht anfechten (Palandt 1984, § 119 BGB, Anm. 7 a). Das ist nicht ein Unterschied in Kleinigkeiten. Er betrifft die Substanz des Verhältnisses von Mensch zu Mensch. Deshalb sollte man auch sprachlich unterscheiden. Gegenseitigkeit ist die Terminologie des bürgerlichen Rechts. So bleibt für frühe Gesellschaften die Reziprozität.

Positive, negative und ausgeglichene Reziprozität

Der Unterschied ist in der ethnologischen Literatur nicht unbekannt. Auch in frühen Gesellschaften gibt es, was unserer Gegenseitigkeit nahe kommt. Und anderes, das mit einem gemeinsamen Ausdruck nur schlecht beschrieben werden kann. Man unterscheidet dort zum Beispiel zwischen Übereinkommen und Vertrag (covenant-contract, Colson 1974.10). Der Reziprozität entspricht das Übereinkommen, mit einer eher moralischen als rechtlichen Bindung. Während der Vertrag die rein juristischen Verpflichtungen bedeutet, die über unseren Justizapparat durchgesetzt werden können. Sahlins unterscheidet schon für die frühen Gesellschaften drei Arten der Reziprozität (1972.185-275). Die erste nennt er generalized reciprocity, was wörtlich schwer zu übersetzen ist. Ich nenne sie die positive. Sie ist das Extrem auf der einen Seite. Das auf der anderen ist die von ihm wörtlich so genannte negative Reziprozität. In der Mitte steht die ausgeglichene.
Die positive Reziprozität ist Ausdruck der Solidarität, der Freundschaft und der engen Verwandtschaft. Eine Gabe muß noch nicht einmal unbedingt erwidert werden, jedenfalls nicht gleich und auch nicht immer in gleicher Höhe. Auch wenn keine Gegengabe erfolgt, bleibt die persönliche Verbindung noch lange aufrechterhalten. Das extreme Beispiel dieses Extrems auf der positiven Seite ist das saugende Kind, das die Hilfe seiner Mutter erst spät oder gar nicht erwidern wird.
Der Gegensatz ist die negative Reziprozität. Sie ist völlig unpersönlich. Auch in frühen Gesellschaften gibt es Handel, Fernhandel mit Fremden. Mit ihnen darf man feilschen. Man darf sie auch täuschen. Beides wäre in der Solidarität der engen Gemeinschaft undenkbar. Fremde darf man auch bestehlen.

Und der Extremfall auf dieser Seite ist der Überfall. Auch er kann erwidert werden. Es sei ein weiter Weg vom saugenden Kind bis zum Raubzug berittener Prärieindianer, meint Sahlins (1972.196). So ist es.

In der Mitte steht die ausgeglichene Reziprozität. Sie ist weniger persönlich als die positive, aber nicht so unpersönlich wie die negative. Ökonomischer und persönlicher Charakter halten sich ungefähr die Waage. Gaben müssen hier in gleicher Weise und ohne zeitliche Verzögerung erwidert werden. Ihr Austausch ist mit sozialen Beziehungen verbunden, die abgebrochen werden, wenn die Gegengabe nicht geleistet wird. Transaktionen von Heiratsgütern gehören hierher, also Brautpreisleistungen, Freundschafts- und Friedensverträge.

Ihre soziale und ökonomische Funktion

In Jägergesellschaften gibt es selten negative und wenig ausgeglichene Reziprozität. Grundlage ihrer sozialen Ordnung ist, neben der Verwandtschaft und Egalität, die positive Reziprozität. Sie hat mehrere Funktionen. Zum einen die, die Marcel Mauss beschrieben hat. Indem die Menschen sich mit Gaben aufeinander beziehen, wird Gesellschaft hergestellt und Kultur ermöglicht. Es ist eine Art Gesellschaftsvertrag, der immer wieder neu geschlossen wird. Mit ihm werden, zweitens, hier und da auftretende Feindseligkeiten beseitigt. Ihr Gesellschaftsvertrag hat tatsächlich Friedensfunktion, wie in den Naturrechtstheorien des 17. und 18. Jahrhunderts. Mit den Worten eines !Kung (Marshall 1976.311, übers. v. Verf.):

»Das Schlimmste ist, wenn keine Gaben gegeben werden. Wenn Leute sich nicht leiden können, aber der eine etwas gibt und der andere muß die Gabe annehmen, das bringt Frieden zwischen ihnen. Wir geben einander immer. Wir geben, was wir haben. Das ist unsere Art und Weise zusammenzuleben.«

Reziprozität hat außer dieser sozialen auch noch eine ganz entscheidende ökonomische Funktion (Ingold 1980.144-162). Sie ist das ökonomische Grundgesetz der Jägergesellschaften. Ihre Produktion ist unregelmäßig. Es gibt Notzeiten, Mangel an Wild, manchmal auch an pflanzlicher Nahrung. Und das Jagdglück, besonders bei größerem Wild, ist individuell verschieden. Den Ausgleich schafft die positive Reziprozität. Es wird verteilt. In Beschreibungen von Jägergesellschaften finden sich meistens Bemerkungen über das Eigentum am erlegten Wild. Regelmäßig steht es dem zu, der es erlegt hat. Aber häufig wird übersehen, daß es ein sehr flüchtiges Eigentum ist. Seine Bedeutung liegt nicht im Recht des Verbrauchs, sondern im Vorrecht, darüber zu bestimmen, wie es verteilt wird. Dadurch erhält der Jäger Prestige und Einfluß, schafft er sich Allianzen. Formale Zuordnung der Beute und hohe Wertschätzung von Großzügigkeit gehören zusammen. Großzügigkeit ohne einen Begriff von Eigentum kann es nicht geben. Um etwas weggeben zu können, muß man vorher etwas haben, und andere nicht. Eigentum hat in bürgerlichen Gesellschaften im wesentlichen die Funktion, sich die Arbeit anderer anzueignen. In Jägergesellschaften ist es umgekehrt. Es ist ein Mittel, das Ergebnis der eigenen Arbeit anderen zukommen zu lassen. In diesem Sinn schreibt Lorna Marshall über die !Kung (1976.297, übers. v. Verf.):

»Die Gesellschaft scheint in jeder möglichen Weise bestrebt zu sein, die Vorstellung zu beseitigen, daß das Fleisch dem Jäger gehört.«

Die Berichte gleichen sich, von den Eskimos im hohen Norden (Birket-Smith 1948.188) bis zu den !Kung im heißen Süden Afrikas. Es gibt sie für die Schoschonen (Steward 1938.74,253) und für die Indianer auf Feuerland. Über die Yamana schreibt Gusinde (1937.980,971):

»Große Freigebigkeit und Selbstlosigkeit sind auffällige Grundzüge im Charakter der Yamana. Die Pflicht zur gegenseitigen Hilfeleistung fordert, daß jeder von seiner Beute an andere ohne Einschränkung verteilt.«

»Die Yamana sind unter sich zu gegenseitiger Hilfeleistung verpflichtet, demnach läßt jeder seine Nachbarn an dem, was er heimgebracht hat, reichlich teilnehmen. Das ändert aber nichts daran, daß zeitweilig eine Familie sich größere Stücke und schmackhaftere Bissen für den Eigenbedarf zurückbehält. Bereits bei der Ausgabe der Beute an andere macht sich das gemeinsame Vorgehen der beiden Gatten geltend; denn während der Mann beispielsweise einen Seelöwen zerstückelt, bestimmt sie das eine oder andere Stück für diese und jene Familie, seine stillschweigende Zustimmung gleichzeitig erwartend. Daß liebe Verwandte und vertraute Bekannte bevorzugt werden, ist eben ein allgemeinmenschlicher Zug, der auch unseren Feuerländern nicht abgeht.«

Die entsprechenden Berichte für die Mbuti, Hadza, Andamanen, Semang und australischen Ureinwohner sind nicht anders (Turnbull 1968.158,160; Woodburn 1968.53; Man 1883.120; Radcliffe-Brown 1922.41.43; Schebesta 1954.231f.; Elkin 1954.110f.; Meggitt 1962.52). Die ausführlichste und eindruckvollste Schilderung gibt es für die !Kung (Marshall 1976.287-312). Die Verteilung des Fleisches eines größeren Tieres geht in drei Wellen vor sich. Erst einmal wird es zwischen den beteiligten Jägern geteilt. Sie geben ihren Anteil in kleineren Stücken weiter an ihre eigene Verwandtschaft und die ihrer Frau. Die dritte Teilungswelle findet statt, wenn das Fleisch gebraten ist. Jeder, der etwas erhalten hat, gibt Portionen an seine Eltern, Schwiegereltern, Kinder, Geschwister und Freunde. Allein in den ersten beiden Wellen zählte Frau Marshall bei der Teilung einer Antilope dreiundsechzig Übergaben von rohem Fleisch. Das Ergebnis der vielen Transaktionen ist, daß jeder etwas bekommt.

Nicht nur Lebensmittel werden verteilt. Bei ihrem ersten Aufenthalt im Land hatten die Marshalls allen Frauen in einer Horde Kaurimuscheln geschenkt, die dort nicht bekannt waren. Jede Frau hatte eine große erhalten und zwanzig kleine, für ein Halsband. Ein Jahr später, beim nächsten Aufenthalt, gab es in dieser Horde kaum noch eine einzige. Einzeln oder zu zweit, jedenfalls nie als vollständige Halsbänder, erschienen sie im Schmuck der Leute des ganzen Gebiets. Radcliffe-Brown über die Andamaner (1922.43, übers. v. Verf.):

»Fast jeder Gegenstand, den die Andamaner besitzen, geht in dieser Weise ständig von Hand zu Hand.«

Falsch ist es, die Gaben als Geschenke zu verstehen. Geben und Nehmen beruhen auf selbstverständlichen Erwartungen und gegenseitigen Verpflichtungen. Man teilt, weil es sich so gehört. Deshalb gibt es dabei auch keine Dankbarkeit. Als Peter Freuchen von einem Eskimo-Jäger Fleisch erhielt, bedankte er sich. Der Jäger war niedergeschlagen. Und Freuchen wurde schnell von einem alten Mann belehrt (zitiert bei Service 1979.18, übers. f. Verf.):

»Du darfst dich nicht für das Fleisch bedanken. Es ist dein Recht, diese Stücke zu erhalten. In diesem Land möchte niemand von anderen abhängig sein.

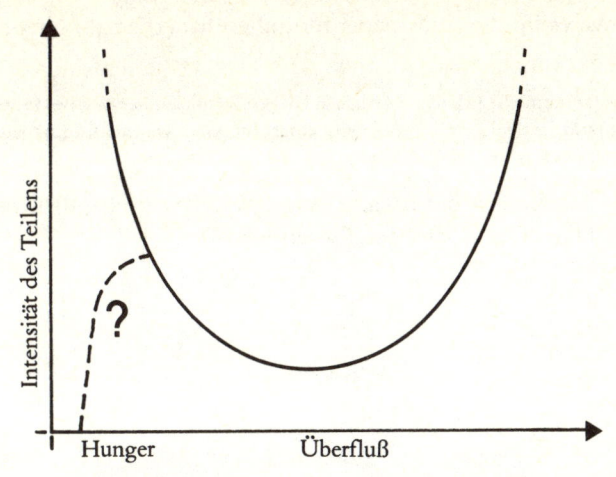

Die Intensität des Teilens im Verhältnis zum Vorrat an Nahrungsmitteln (nach Ingold 1980.147)

Deswegen gibt es hier niemanden, der Geschenke macht oder nimmt, denn dadurch wirst du abhängig. Mit Geschenken machst du Sklaven, so wie du mit Peitschen Hunde machst.«

Es gibt verschiedene Stufen der Intensität des Teilens (Ingold 1980.145-147). Bei Lebensmitteln ist sie besonders hoch in Zeiten des Überflusses. Je mehr Wild erlegt wird, desto mehr wird verteilt. Die Kurve nimmt langsam ab, wenn das Jagdglück nachläßt. Wird das Stadium einer normalen und ausreichenden Versorgung unterschritten, steigt sie aber wieder an. Und genauso stark wie in Zeiten des Überflusses ist die Intensität des Teilens dann in den Zeiten der Not. Nun wirkt sie als ökonomische Sicherung des einzelnen, dem auch jetzt wenigstens ein gleicher Anteil an der knappen Nahrung zusteht. In guten und schlechten Zeiten ist die Reziprozität Ausdruck der Egalität und Solidarität der kleinen Gemeinschaft, Ausdruck einer Egalität, die nicht nur politisch verstanden werden kann. Sie hat auch eine ökonomische Grundlage. Die ökonomische Egalität bedeutet, daß unabhängig von ihren individuellen Fähigkeiten im tatsächlichen Ergebnis alle den gleichen Zugang zu den Ressourcen ihres Gebietes haben, oder, wie Radcliffe-

Brown es für die Andamaner formuliert hat (1922.41, übers. v. Verf.).:

»Das ökonomische Leben der örtlichen Gruppe beruht auf der Idee des Privateigentums, obwohl es im Ergebnis einer Art von Kommunismus nahekommt.«

Damit stellt sich die nächste Frage. Wie ist es eigentlich mit dem Eigentum in Jägergesellschaften?

4. KAPITEL

Eigentum

Gibt es überhaupt Eigentum bei ihnen? Oder etwas ähnliches, anderes? Kann man diesen Gesellschaften unsere Begriffe so einfach überstülpen? Zumal bei uns das ökonomische Leben nun wirklich in einem extremen Ausmaß auf der »Idee des Privateigentums« beruht. Es ist das gleiche Problem wie beim Recht.

Was ist Eigentum?

In bürgerlichen Gesellschaften ist Eigentum das alles entscheidende Ordnungselement ihrer sozialen und ökonomischen Struktur. Die für sie charakteristische individuelle Freiheit ist ohne Eigentum undenkbar. »Das Eigentum«, sagt das Bundesverfassungsgericht, »ist ein elementares Grundrecht, das in einem inneren Zusammenhang mit der Garantie persönlicher Freiheit steht« (BVerfGE 24.389). Der gesellschaftliche Prozeß beruht auf dem freien Spiel der Kräfte, nämlich der Kräfte der einzelnen Individuen. Und die Kraft des einzelnen, das ist in erster Linien sein Eigentum, möglichst an Produktionsmitteln, mit denen andere arbeiten. Die Freiheit steht an der Spitze der Wertskala unserer Verfassung, in Artikel 2 des Grundgesetzes, noch vor der Gleichheit in Artikel 3. Dem entspricht unser Eigentumsbegriff. Eigentum ist die umfassende Zuordnung einer

---

Literatur: W. Schmidt, Das Eigentum auf den ältesten Stufen der Menschheit, Band 1: Das Eigentum in den Urkulturen, 1937; W. Nippold, Die Anfänge des Eigentums bei den Naturvölkern und die Entstehung des Privateigentums, 1954; K. Stanjek, Die Entwicklung des menschlichen Besitzverhaltens, 1980; U. Wesel, Die Entwicklung des Eigentums in frühen Gesellschaften, in: Zeitschrift für vergleichende Rechtswissenschaft 81 (1982) S. 17-38. Zur Territorialität: R. Dyson-Hudson, E. A. Smith, Human Territoriality – An Ecological Reassessment, in: American Anthropologist 80 (1978) S. 21-41.

Sache zu einer Person, die darüber völlig frei verfügen kann. In der Sprache der Juristen: »die Beziehung einer Person zu einer Sache im Sinne einer absoluten Beherrschung« (Baur 1983.222). Absolut bedeutet: unabhängig vom Willen oder den Interessen anderer. Entscheidend sind allein der Wille und die Interessen des Eigentümers, seine Freiheit. Das zeigt, daß es gar nicht »die Beziehung einer Person zu einer Sache« ist, um die es beim Eigentum geht. Es geht um die Beziehung dieser einen Person, des Eigentümers, zu allen anderen Menschen in seiner näheren und weiteren Umgebung, im Hinblick auf diesen Gegenstand. Diese Beziehung ist in ihren Grundzügen egoistisch und rücksichtslos. Das bedeutet absolut. Er kann darüber verfügen, wie er will. Niemand kann ihn daran hindern. Und niemand anders darf die Sache nehmen, gebrauchen, verändern, beschädigen. Zwar ist im Grundgesetz auch eine Berücksichtigung der Interessen der Allgemeinheit angestrebt, die Sozialbindung des Eigentums verfassungsrechtlich vorgesehen, in Art. 14 Abs. 2. Denn so selbstverständlich ist es auch in entwickelten Industriegesellschaften nicht, daß jeder mit seinem Eigentum tun und lassen kann, was er will, also Betriebe schließen, Häuser abreißen, Bäume fällen oder das Seeufer mit einem Zaun versperren. Aber davon ungerührt verkündet noch heute § 903 des Bürgerlichen Gesetzbuches:

»Der Eigentümer kann, soweit nicht das Gesetz oder Rechte Dritter entgegenstehen, mit der Sache nach Belieben verfahren und andere von jeder Einwirkung ausschließen.«

Unser Eigentumsbegriff ist absolut geblieben, auch wenn der Sozialstaat hier und da seine Spuren hinterlassen hat, und zuweilen mehr, als manchem Eigentümer lieb ist. Auch die Funktion des Eigentums blieb unverändert. Gemeinsam mit dem Vertrag ist es der Motor unseres ökonomischen und gesellschaftlichen Prozesses.
Ganz anders in frühen Gesellschaften. Man unterscheidet zwar Mein und Dein. Und manchmal werden darüber auch Verträge geschlossen. Aber für den ökonomischen und gesellschaftlichen Prozeß spielt es keine große Rolle, in Jägergesellschaften fast gar keine, und in segmentären Gesellschaften wird es in

seiner Bedeutung stark von der Verwandtschaftsordnung überlagert. Und in keinem Fall ist es absolut, immer relativiert durch die Möglichkeit der Einflußnahme anderer, zum Beispiel durch die Reziprozität. Deshalb muß man darüber nachdenken, ob es nicht angebracht ist, dafür einen anderen Begriff zu verwenden.

Schon 1917 hat Wilhelm Wundt vorgeschlagen, die einfachen Gegenstände der persönlichen Ausrüstung, wie Kleider, Waffen und Geräte, als »Habe« zu bezeichnen. Sie würden in frühen Gesellschaften so selbstverständlich zur Person gehören, daß sie in der Vorstellung dieser Menschen ebensowenig als Eigentum angesehen werden könnten wie der eigene Körper (Wundt 1917.67). Ganz allgemein hat Schott gezweifelt, ob noch von Eigentum die Rede sein könne, wenn an Land, Vieh und anderen Gegenständen nicht so sehr die individuelle Verfügungsmöglichkeit im Vordergrund stehe, sondern mystische und religiöse Bindungen (Schott 1960.127). Und lapidar erklären Paul und Laura Bohannan in ihrem Buch über die Tiv, dort gäbe es kein Eigentum am Land, weil es – wie in fast allen frühen Gesellschaften – nicht veräußert werden könne (Bohannan 1968.8). Das sind drei Beispiele für die eine Seite. Auf der anderen stehen diejenigen, die den Begriff des Eigentums sehr bewußt einsetzen und ihn gerade auch für die wenige Habe in Jägergesellschaften verwenden, um zu beweisen, daß Eigentum, und zwar Individualeigentum, sich von Anfang an in frühesten Gesellschaften findet (Schmidt 1937, Nippold 1954). Damit wäre, meinen sie, das Gespenst des Urkommunismus gebannt, der – als »Naturzustand« – seit Hugo Grotius durch die europäische Literatur geistert. Das Eigentum ist gerettet. Es ist etwas, das zur Natur des Menschen gehört, wie die Sprache, sich aus angeborenen Antriebsmechanismen ergibt, ein Instinkt oder Urtrieb oder, wie Arnold Gehlen es nennt, eine anthropologische Kategorie (Eibl-Eibesfeldt, Lorenz 1974.597, Gehlen 1977.51; zur Kritik: Stanjek 1980). Man sieht, auch hier werden Glaubenskämpfe ausgetragen.

Man kann sehr daran zweifeln, ob es richtig sei, den Eigentumsbegriff unterschiedslos zu verwenden. Vieles spricht dagegen. Trotzdem. Es scheint mir doch noch das beste zu sein. Es gibt nämlich gar nicht so viele Wörter in unserer Sprache, die man brauchte, um den verschiedenen Eigentumsformen früher Gesellschaften wirklich gerecht zu werden. Zu viele verschiedene Begriffe können die Erkenntnis der Unterschiede auch eher erschweren als erleichtern. Und letztlich ist es nur ein Streit um Worte, ein terminologisches Problem. Es läßt sich dadurch lösen, daß man zwar die gleichen Begriffe verwendet, aber darauf hinweist, daß es außerordentliche Unterschiede in Form, Inhalt und Funktion gibt. Damit dürfte dann die Gefahr gebannt sein, für anthropologische Kategorien in Anspruch genommen zu werden. Schließlich erscheint mir auch gar nicht so sicher, ob, wenn nur der Urkommunismus gebannt wird, damit der andere schon endgültig verhindert ist.

Eigentum wird hier also in einem weiten Sinn verstanden. Jede Zuordnung eines Gegenstandes zu einer Person oder Gruppe von Personen soll dazugehören, auch wenn sie nicht so absolut ist wie das bürgerliche Eigentum und gleichgültig, ob eine solche Berechtigung übertragbar ist oder nicht. Es kommt auch nicht darauf an, ob es darüber zu einem Konflikt kommen kann. Diese Einschränkung wird ab und zu gemacht, besonders in der soziologischen Literatur bei der Definition von Territorial- oder Besitzverhalten. Im ethnologisch-historischen Bereich erscheint sie überflüssig. Es muß hier genügen, wenn man bei der Beschreibung darauf hinweist, daß es um dieses Eigentum in dieser Gesellschaft selten oder nie zu Konflikten kommt. Wichtiger erscheint eine andere Unterscheidung, nicht in der Terminologie, aber im Verständnis von Inhalt und Funktion des Eigentums. Ich meine den Unterschied zwischen Eigentum am Land und den an anderen Gegenständen. Das Grundeigentum hat eine sehr viel größere Bedeutung als das Fahrniseigentum, besonders in frühen Gesellschaften. Hier geht es um den Zugang zum wichtigsten Produktionsmittel, Grund und Boden. Das ist allgemein anerkannt. Man weiß es seit langem. Rousseau gründete darauf seine Bemerkungen zum Eigentum, im Discours von 1755. Marx hat in den »Grundrissen« die frühen Formen von Eigentum und Gesellschaftsorganisation am Grundeigentum beschrieben. Und auch in den frühen Gesellschaften selbst weiß man um die Bedeutung von Grund und Boden. »Tumi nyina wo asase so«, sagen die Aschanti in Westafrika: Die ganze Macht steckt im Land (Rattray 1923.223). Deshalb wird in der folgenden Darstellung zwischen diesen beiden Bereichen unterschieden.

Territorialität

Eigentum am Land, das ist in Jägergesellschaften die Frage der Territorialität. Hat eine Horde ein festes Territorium, zu dem anderen der Zugang regelmäßig verwehrt wird? Exklusivität des Gebiets wird dabei sehr weit verstanden. Die allgemein akzeptierte Formel stammt aus der Soziobiologie (Wilson 1975.564). Ein Territorium ist danach jedes Gebiet, das mehr oder weniger exklusiv – von einem Tier oder einer Gruppe von Tieren – im Wege offener Verteidigung oder durch bloße Anzeige besetzt ist. Die verschiedenen Techniken der Zurückweisung reichen dabei bis zur subtilen Ablage einer Duftmarke an einem Grenzposten.
Über menschliches Territorialverhalten wird seit einigen Jahren ein besonders hartnäckiger Kampf in dem Glaubenskrieg um die Natur des Menschen geführt (Literatur bei Dyson-Hudson, Smith 1978.21). Es geht nicht darum, ob es sich dabei um Gruppen- oder Individualeigentum handelt. Ohne Einschränkung ist allgemein anerkannt, daß das Territorium in Jägergesellschaften, sofern es eines gibt, im gemeinsamen Eigentum der Horde steht. Die Frage ist vielmehr, ob es in allen Fällen immer ein Territorium der Horde, mit anderen Worten: ob es bei allen Jägern Eigentum am Land oder auch herrenlose Jagdgebiete gibt, in denen jeder, der will, sammeln und jagen kann. Die Annahme, alle Jäger seien territorial, ist dabei oft verbunden mit Vorstellungen von einer natürlichen Aggressivität des Menschen (z.B. Eibl-Eibesfeldt 1978). Das steht im Widerspruch zu Beobachtungen von Ethnologen, die in der letzten Zeit afrikanische Sammler und Jäger untersucht haben, die Mbuti, !Kung und Hadza (Turnbull 1965, Woodburn 1968, Marshall 1976).
Die Meinungsverschiedenheiten bestehen im wesentlichen zwischen Ethnologen auf der einen Seite, die überwiegend be-

zweifeln, daß Jäger sich immer territorial verhalten, und Soziobiologen und Verhaltensforschern auf der anderen. Allgemeine Äußerungen zur Territorialität gibt es in der Ethnologie ohnehin nur wenige. Wenn sie positiv sind, erscheinen sie eher beiläufig und kurz (z.B. Service 1979.23). Klarere Aussagen gibt es nur für einzelne Gesellschaften.
Die Eskimo sind nicht territorial. Jedermann kann jagen, wo es ihm gefällt (Birket-Smith 1948.187). Ebenso ist es bei den Schoschonen, jedenfalls bei den westlichen. Alle natürlichen Ressourcen standen jedermann frei (Steward 1938.253). Und Steward betont ausdrücklich, daß dies nicht Gemeineigentum bedeute. Es hätte überhaupt kein Eigentum am Land gegeben. Anders bei den Owens Valley Paiute. Es gab Hordeneigentum an festen Jagdgebieten (Steward 1938.255). Der Bericht über die Yamana ist nicht ganz eindeutig (Gusinde 1937.963-967). Innerhalb der fünf großen Bezirke jedenfalls stand jedem, der dort ansässig war, der Zugang offen. Da sie im wesentlichen vom Fischfang lebten und ohnehin meistens mit ihren Booten unterwegs waren, wird man davon ausgehen können, daß sie nicht territorial gewesen sind, wie die westlichen Schoschonen in kleinen Familiengruppen organisiert. Die Selk'nam, Jäger in größeren Horden im Inneren Feuerlands, sind wieder territorial (Gusinde 1931.399-402). Ebenso die Mbuti. Jede Horde lebt in einem eigenen Territorium, in das andere nicht eindringen dürfen. Das Gebiet wird für die Jagd grundsätzlich nicht überschritten, höchstens ausnahmsweise bei der Verfolgung großer Tiere, bei der Elefantenjagd. Dann erhält die Nachbarhorde einen Teil der Beute (Turnbull 1965.93-97).
Der Streit zwischen Lee und Heinz über die !Kung scheint jetzt geklärt zu sein. Untereinander in verwandtschaftlicher und freundschaftlicher Verbindung stehende Horden bewegen sich ziemlich frei auch im Territorium der anderen, während Fremde keinen Zugang haben. Es ist ein Territorialverhalten, das bei der Exogamie und den Heiratsverbindungen der Horden an sich nahe liegt. Man könnte es Gesamtterritorialität nennen (Lee 1968.31, Heinz 1972; Eibl-Eibesfeldt 1978.485 f., Godelier 1978.413 f.). Die !Kung haben dabei eine klare Vorstellung davon, daß ein bestimmtes Gebiet im Eigentum einer be-

stimmten Horde steht. Einzelne Personen, die verwandtschaftliche Kerngruppe der Horde, werden als Eigentümer des Landes bezeichnet. Und man unterscheidet, ob sie ihr Gebiet »stark« oder »schwach« besitzen, je nachdem, ob sie sich immer dort aufhalten oder in anderen Gebieten mit anderen Horden leben (Marshall 1976.184-195).

Die Hadza sind nicht territorial. Sie erheben keinerlei Ansprüche auf bestimmte Jagd- oder Sammelgebiete. Jeder kann leben, wo er will, und kann im ganzen Land ohne Einschränkung sammeln und jagen (Woodburn 1968.60,105). Territorial sind dagegen wieder die Andamaner und Semang. Die Berichte sind sehr ähnlich. Man darf im Gebiet anderer Horden nicht ohne deren Erlaubnis jagen, schreibt Radcliffe-Brown über die Andamaner (1922.29). Nun gibt es aber auch bei ihnen Hordenexogamie. Und bei Verschwägerung müßte die Erlaubnis regelmäßig gegeben sein. Das kommt jedenfalls bei Schebesta für die Semang sehr klar zum Ausdruck. Sie leben in Territorien, die man für das Sammeln und Jagen nicht überschreitet, es sei denn, daß verschwägerte Gruppen hüben und drüben der Grenze leben (Schebesta 1954.229). Das dürfte wegen der Hordenexogamie die Regel gewesen sein. Deshalb schreibt Schebesta auch wenige Sätze später, jeder Gruppe hätte es freigestanden, innerhalb des Stammgebietes umherzuschweifen und beliebig nach Nahrung zu suchen. Man kann also davon ausgehen, daß bei den Andamanen und den Semang ähnlich wie bei den !Kung eine Gesamtterritorialität existierte.

Bei den australischen Ureinwohnern gab es Verwandtschaftsgruppen, die stärker gegliedert waren als in anderen Jägergesellschaften. Es waren Lokalgruppen von dreißig bis sechzig Mitgliedern. Ihnen gehörte ein bestimmtes Jagdgebiet. Allerdings waren die gemeinsam umherziehenden Horden mit diesen Lokalgruppen nicht identisch. Ihre Zusammensetzung war starker Fluktuation unterworfen. Regelmäßig lebten in ihnen Mitglieder mehrerer Lokalgruppen. Diese waren nämlich untereinander durch Gesamtterritorialität verbunden, weil die einzelnen Gebiete zu verschiedenen Zeiten sehr unterschiedliche Jagd- und Sammelerträge brachten (Rose 1976.41-45, Godelier 1978.411 f.).

Es gibt also starke Unterschiede im Territorialverhalten von Jägern. Manche verhalten sich streng nur im Gebiet ihrer eigenen Horde. Einige kennen gar keine Begrenzungen. Andere haben zwar die Vorstellung der Zugehörigkeit zu einem bestimmten Gebiet, das sie als ihr Eigentum ansehen, aber sie bewegen sich auf der Grundlage von Allianzen mit benachbarten Horden auch frei und friedlich in deren Gebiet. Von einer natürlichen Neigung des Menschen zu Territorialität und Aggressivität wird man nicht sprechen können. Allerdings bedürfen diese verschiedenen Erscheinungen einer Erklärung. Der beste Ansatz findet sich in einer Untersuchung von Dyson-Hudson und Smith (1978, ähnlich Steward 1938.254-256, Wilmsen 1973). Ihre Methode besteht in einer Kosten-Nutzen-Rechnung, die sie aus der Soziobiologie übernommen haben. Danach ergibt sich Territorialverhalten immer dann, wenn die Vorteile der ausschließlichen Nutzung eines Gebiets die Nachteile der Kosten seiner Verteidigung überwiegen. Die Vorteile ergeben sich aus zwei Varianten, nämlich aus der Ergiebigkeit an Nahrungsmitteln in einem Gebiet und der Kalkulierbarkeit ihrer Ausbeute. Mit dieser Methode ist es ihnen gelungen, das unterschiedliche Verhalten schoschonischer Jäger zu erklären. Die westlichen Schoschonen leben in einem Gebiet des Großen Beckens, in dem es wenig Regen, wenig Vegetation und wenig Wild gibt. Das Auftreten des Wildes ist schlecht kalkulierbar. Also kein Territorialverhalten. Anders die Paiute im Owens Valley, südwestlich davon, am östlichen Rand der Sierra Nevada. Ihr Gebiet hat viel mehr Wasser, das aus den Bergen kommt, und eine bessere Vegetation. Das Auftreten von Wild ist in hohem Maße kalkulierbar. Sie leben in festen Siedlungen am Fluß und können sich von einem kleinen Gebiet im Umkreis von etwa dreißig Kilometern ernähren. Also Territorialverhalten. Wieder anders die Schoschonen im Norden des Großen Beckens. Sie leben von der Büffeljagd, zu Pferd, in sehr großen Gebieten. Die Herden sind räumlich nicht gut kalkulierbar. Deshalb haben die einzelnen Gruppen keine festen Territorien.

In der gleichen Weise läßt sich das unterschiedliche Verhalten der nördlichen Ojibwa im südlichen Kanada erklären. Es ist allgemein anerkannt, daß sie früher nicht territorial waren, wohl aber später. Die Erklärung dafür hat Bishop gegeben (berichtet bei Dyson-Hudson, Smith 1978.31-33). Um 1800 sind sie zu Territorialverhalten übergegangen, weil der Bestand an Großwild, an Rentieren und Elchen, erschöpft war und sie sich auf Kleintierjagd umstellen mußten. Großwild lebt sehr beweglich in großen Gebieten und ist schwer kalkulierbar. Kleinere Tiere wie Hasen oder Biber sind weniger auf Wanderschaft, leben in kleinem Umkreis und sind in ihrem Auftreten besser kalkulierbar. In den ersten Jahren dieses Jahrhunderts gab es wieder mehr Großwild und damit weniger Territorialverhalten.

Kann man mit dieser ökologischen Methode erklären, warum die einen sich territorial verhalten und die anderen nicht, so wird es nicht so leicht sein bei der nächsten Frage. Warum sind die einen streng territorial, die Mbuti zum Beispiel, und die wohl größere Zahl von Jägergesellschaften nicht? Möglicherweise sind die Mbuti eine Ausnahme. Möglicherweise ist Gesamtterritorialität die normale Folge der Hordenexogamie und der damit angestrebten Allianzen mit den Nachbarhorden. Man hat auch zu bedenken, daß Horden keine festen Gruppen sind. Die Fluktuation ist oft sehr groß. Ihre Zusammensetzung wechselt häufig. Das könnte die Neigung zu Gesamtterritorialität verstärken.

Die bewegliche Habe

Schon bei Sammlern und Jägern findet sich das für frühe Gesellschaften typische Nebeneinander von gemeinschaftlichem und persönlichem Eigentum, nämlich von gemeinschaftlichem Eigentum an den wichtigen Produktionsmitteln, besonders am Land, und von persönlichem Eigentum an den Gegenständen des individuellen Gebrauchs. Dazu gehören Arbeitsgeräte, Waffen, Kleidung, Schmuck. Bei den Eskimo gehören auch der Kajak und der Schlitten und die Hunde dazu (Birket-Smith 1948.188). Das persönliche Eigentum bleibt auch regelmäßig innerhalb der Familie getrennt zwischen Mann und Frau. Der

Frau gehört ihr Korb zum Sammeln, Haushaltungsgeräte, Schmuck. Dem Mann gehört das Jagdgerät. Das ist in allen Jägergesellschaften gleich. Eine typische Schilderung gibt Gusinde für die Yamana (1937.968 f.):

»So gehört dem Manne ausschließlich, was er an seinem Körper trägt und in der Hand mit sich führt. Gemeint ist damit seine Kleidung und sein noch bescheidenerer Körperschmuck, ferner die Gesamtheit seiner Waffen und seiner Gerätschaften, mit denen er jene herstellt. Auch Rohstoffe, die er sich besorgt hat und die er zu verarbeiten plant, gehören ihm; so die Stäbe zu Schäften, die Sehnenfasern zu Schnüren, die Rippenknochen vom Wal zu Speerspitzen. Endlich bilden solche Gegenstände sein Eigentum, die er im Hinblick auf den Tauschhandel verfertigt hat und bis zur geeigneten Gelegenheit aufbewahrt. Nicht zu vergessen sind seine Hunde und jene lebenden Vögel, die er eingefangen und bei sich behalten hat. Diese wenigen und sehr einfachen irdischen Güter genügen dem Yamana-Manne zu seiner Lebensführung und zu seinem Glück.

Merklich reicher ist die Frau nicht. Sie besitzt allerdings eine etwas höhere Zahl kleinerer Gegenstände, während der Mann einige ansehnliche Stücke sein eigen nennt. Ihr gehört, was zur Bedeckung und zum Schmuck des Körpers dient, ferner das eine und andere Körbchen, in dem sie kleine Gerätschaften aufbewahrt, nämlich Angeln, Feuerzeug, Farbstoffbeutel, Messer, Schaber, Riemen u. dgl. m., endlich der Muschelbrecher und die lange Krabbengabel, obwohl diese beiden Stücke von ihrem Manne angefertigt wurden. Heutigentags schleppt sie auch das Blechgeschirr, die Stoffkleidung und manchen Tand, den sie von Weißen erwirbt, mit sich von Ort zu Ort.«

Sie sollen einen gut ausgeprägten Eigentumsbegriff und eine klare Vorstellung von Mein und Dein haben (Gusinde 1937.962). Das gilt wohl bei allen Jägern auch für das Verhältnis von Frau und Mann. Der Mann kann nicht über die Gegenstände seine Frau verfügen, sie nicht über seine (Schebesta 1948.276 und 1954.233 f. für die Mbuti und Semang, Meggit 1962.93 über die Walbiri). Auf der anderen Seite bleibt das Eigentum nur so lange stark, wie man davon Gebrauch macht. Auch das scheint eine sehr weit verbreitete Regel zu sein, die eng mit der Reziprozität und dem Grundsatz des Teilens zusammenhängt. Sie findet sich bei den Eskimo (Birket-Smith 1948.188):

»Persönlicher Besitz bedingt, daß der Besitzer tatsächlich davon Gebrauch macht; ein Mann, der seine Fuchsfalle nicht benützt, muß einem anderen erlauben, sie zu stellen.«

Und das gleiche berichtet Man über die Andamanen (1883.120, übers. v. Verf.):

»... aber solche Gegenstände wie Kochtopf, Kanu oder Trommelbrett werden, wenn der Eigentümer sie nicht braucht, angesehen als eine Art öffentliches Eigentum für die Angehörigen der gleichen Gemeinschaft.«

Persönliches Eigentum gibt es nicht nur an beweglichen Gegenständen. Bei den Schoschonen wurden Adlernester demjenigen zur alleinigen Ausbeute überlassen, der sie entdeckt hatte (Steward 1938.253). Die Mbuti können sich Termitenhügel, Raupennester oder Honignester reservieren, indem man ein Zeichen anbringt (Schebesta 1941.275 f., Turnbull 1965.303 f.). Bei den Andamanern gibt es persönliches Eigentum an Bäumen, deren Holz sich für den Bau eines Kanus eignet (Radcliffe-Brown 1922.41) und bei den Semang am Ipoh-Baum, aus dem man Gift für die Pfeile gewinnt, und an den Durian-Fruchtbäumen (Schebesta 1954.233).

Lowie hat die Meinung vertreten, es gäbe sogar geistiges Eigentum (Lowie 1928). Er meint etwa Zaubergesänge bei den Eskimo, die sie für die Lachsjagd einsetzen. Nur der Jäger kennt den Wortlaut. Erst kurz vor seinem Tod gibt er ihn an seine Söhne weiter. Ähnliches findet sich bei den Korjak und Blackfoot, ebenfalls für die Jagd, aber auch gegen Krankheiten. Auch bei Nippold findet sich dementsprechend ein besonderes Kapitel, »Das geistige Individualeigentum.« Das Vergnügen dieser Jäger würde sicher nicht gering sein, könnten sie bemerken, daß sie plötzlich in unserem Urheberrecht und bei der GEMA gelandet sind. Der Begriff des – geistigen – Eigentums wird mit solchen Vergleichen sicher zu stark strapaziert. Es ist die alte pandektistische Methode, die eigene Begrifflichkeit völlig fremden Erscheinungen überzustülpen.

»Privateigentum ist also in aller Eindeutigkeit vorhanden. Es ist ein wesentlicher Bestandteil der wirtschaftlichen und gesellschaftlichen Organisation dieser niederen Jäger und Sammler und daher auf das stärkste in ihrer Vorstellungswelt verankert. Das Individualeigentum hat bei den Pygmäen, Buschmännern und Negritovölkern den in ihrer Wirtschaftsform größtmöglichen Umfang erreicht.«

Zu diesem Ergebnis kommt Nippold in seiner Untersuchung über die Anfänge des Eigentums (1954.86). Colin Turnbull, der ein Jahr lang mit einer Mbuti-Horde durch den Regenwald am Ituri gezogen ist, meint dazu, weitgehend sei das ein semantisches Problem. Ohne Zweifel hätten die Mbuti eine Vorstellung von Eigentum, was man auch daran sehen könnte, daß der Diebstahl von ihnen verurteilt werde. Aber während des ganzen Jahres hätte es nur einen einzigen ernsthafteren Fall gegeben, die Wegnahme von gebratenem Fleisch. Das führte in der Tat zu heftigen Reaktionen gegen den Täter, war aber am nächsten Tag vergessen (Turnbull 1965.198 f.).

Der Diebstahl ist wohl ein schlechter Maßstab für die Bedeutung des Eigentums bei Jägern. Zum einen wird er von ihnen eher als Angriff auf die persönliche Ehre des Betroffenen verstanden, nicht so sehr – wie bei uns – als Verletzung eines subjektiven Rechts. Denn wenn man fragt, würde der Eigentümer die Sache regelmäßig demjenigen geben, der sie haben will (Hoebel 1954.296 f.). Mit anderen Worten: Diebstahl ist eher eine Beleidigung als ein Eigentumsdelikt. Zum anderen kommt er auch deshalb selten vor, weil in der kleinen Gemeinschaft der Horde sehr selten etwas unbemerkt bleibt. Es gibt bessere Maßstäbe, nämlich den Tausch und das Erbrecht. Der Tausch ist dann ein sicheres Indiz für die große Bedeutung des Individualeigentums, wenn er im Rahmen einer Tauschwirtschaft stattfindet. Die gibt es bei Jägern nicht. Der Gabentausch der Reziprozität, der sich bei ihnen im hohen Maße findet, hat die entgegengesetzte Funktion. Reziprozität beruht auf Verpflichtungen, die man als immanente Bedingungen oder Schranken des Eigentums bezeichnen kann. Sie führt letztlich zu einer Art Kommunismus, wie Radcliffe-Brown es bezeichnet hat, in dem dann trotz Individualeigentum doch alles allen gehöre (1922.41 f.). Es gibt zwar auch einen anderen Tausch in Jägergesellschaften, nämlich den Handel, aber er spielt im Inneren der Gesellschaft keine große Rolle, weil er immer Fernhandel ist. So zum Beispiel bei den Eskimo, die über Hunderte von Kilometern zu großen Handelszusammenkünften in Alaska kamen, Festen mit Tänzen und Zeremonien, auf denen Speckstein, tellurisches Eisen und Jade getauscht wurde gegen Produkte der jagenden Stämme (Birket-Smith 1948.189-191).

Vererbung

Ein sehr klarer Maßstab für die Bedeutung des Eigentums in einer Gesellschaft ist das Erbrecht. Und hier ist der Befund eindeutig. Es spielt bei Jägern nur eine sehr geringe oder gar keine Rolle. Selten gibt es überhaupt detaillierte Regeln, zum Beispiel schon nicht bei den Central Eskimo (Boas 1888.172f., übers. v. Verf.).:

»Ein großer Teil des persönlichen Eigentums eines Mannes wird bei seinem Tode zerstört oder ins Grab gelegt, und es gibt nur wenige Gegenstände, die man durch Vererbung erwerben kann. Dies sind beim Mann das Gewehr, die Harpune, der Schlitten, die Hunde, das Kayak, das Boot und die Zeltpfosten und bei der Frau die Lampe und die Töpfe. Der erste Erbe dieser Sachen ist der älteste noch bei seinen Eltern lebende Sohn. Söhne und Töchter mit einem eigenen Haushalt nehmen an der Vererbung nicht teil. Ein älterer Adoptivsohn geht einem jüngeren ehelichen vor. Einzelheiten der Regeln für die Vererbung sind mir nicht bekannt.«

Über die Karibou-Eskimo berichtet Birket-Smith (1929.264, übers. v. Verf.):

»Wenn jemand stirbt, teilt sich die Familie dasjenige, was nicht ins Grab gelegt wurde, aber es scheint keine festen Regeln dafür zu geben. Man geht im Wege gegenseitiger Einigung vor.«

Über die Schoschonen schreibt Steward einen einzigen Satz (1938.74, übers. v. Verf.):

»Die Frage des Erbrechts stellte sich nicht, weil die geringe Zahl materieller Gegenstände beim Tode des Eigentümers verbrannt wurde.«

Ebenso war es bei den Yamana (Gusinde 1937.1109f.). Bei den Mbuti wird das wenige, was zu vererben ist, ohne feste Regeln in der Verwandtschaft geteilt. Die Sachen des Mannes gehen meistens an seine Söhne (Turnbull 1965.116). Über die !Kung und Hadza wird nichts berichtet. Über die Andamaner schreibt Man (1883.120, übers. v. Verf.):

»Da ihr ganzer Besitz aus Gegenständen besteht, die mehr oder weniger oft ersetzt werden müssen, ist es kaum notwendig zu erklären, daß es keine Akkumulation von Arbeit für spätere Generationen gibt. Und daher kommt es auch, daß sie nicht durch irgendwelche Gesetze des Erbrechts miteinander verbunden sind. Mehr aus Gründen des Gefühls als aus irgendwelchen anderen, nimmt die nächste Verwandtschaft die Sachen eines Gestorbenen in Besitz...«

Bei den Semang soll alles bewegliche und unbewegliche Gut von den Eltern auf die Kinder vererbt werden (Schebesta 1954.235). Und nur bei den Australiern gibt es abweichende und etwas kompliziertere Regeln, die auf ihrem stärker ausgebildeten Verwandtschaftssystem beruhen. Die Walbiri geben die Sachen von Verstorbenen in der Matrilinie weiter. Sie werden dem ältesten Bruder der Mutter der oder des Verstorbenen gegeben, damit er sie in dieser Verwandtschaft verteilt (Meggitt 1962.321).

Jäger sind Nomaden, wechseln ihr Lager regelmäßig. Alles was sie haben, müssen sie tragen. Eigentum ist, im alten Sinne des Wortes, eine Last. Es gibt wenig und spielt, das zeigt die Bedeutung der Vererbung ganz deutlich, weder ökonomisch noch gesellschaftlich eine Rolle. Sehr häufig sind Berichte über Äußerungen von Jägern, daß sie möglichst gar nichts haben wollen, weil sie es nur herumschleppen müßten. Jäger horten auch nur sehr selten. Das ist das eine. Das andere ist noch wichtiger. Die starke Relativierung des Individualeigentums durch die Reziprozität. Eigentum in Jägergesellschaften ist relativ gebrochen, nicht absolut. Und so ist heute noch richtig, was Morgan schon 1877 geschrieben hat (1976.455):

»Aber das Privateigentum war unbeträchtlich bei den Wilden. Ihre Ideen in bezug auf seinen Wert und seine Vererbung waren schwach. Rohe Waffen, Gewebe, Geräte, Gewänder, Werkzeuge aus Stein und Knochen sowie Schmuckgegenstände repräsentieren die hauptsächlichsten Objekte des Eigentums der Wilden. Ein Verlangen nach Eigentum hatte sich im Gemüt der Wilden kaum gebildet, weil das Eigentum selbst kaum bestand.«

5. KAPITEL

Die Eskimo

Sicherlich, es gibt viel Erstaunliches in der Geschichte der Menschen, im Guten und im Bösen. Eines der erstaunlichsten Kapitel ist aber ohne Zweifel das Leben der Eskimo, besser gesagt: ihr Überleben. Vor etwa zweitausend Jahren sind sie aus Sibirien über die enge Beringstraße nach Alaska gekommen. Bei gutem Wetter kann man dort die gegenüberliegende Küste sehen. Wahrscheinlich waren sie die letzten einer Wanderungsbewegung, die auch die Indianer nach Amerika brachte. Von Alaska haben sie sich langsam nach Osten verbreitet, in die arktischen Gebiete Kanadas, an der Nordwestpassage, und nach Südosten, in die öden Gebiete um die Hudson Bai und nach Labrador. Über Baffinland sind sie nach Grönland gekommen, bis in den äußersten Norden um Thule und nach Süden und Ostgrönland. Unter den härtesten klimatischen und ökologischen Bedingungen haben sie überlebt, als Jäger. In den mittleren Gebieten, zwischen Alaska und dem Osten Grönlands, die noch nicht so stark durch den Einfluß der Europäer verändert worden sind, leben sie noch heute in ähnlicher Weise, in langen Wintern mit langer Dunkelheit und Temperaturen von 50° bis 60° unter Null und kurzen Sommern, in denen es selten wärmer wird als 20°. Sie sind ein Küstenvolk, das von der Jagd lebte, im Winter von Jagd auf Seehunde, im Sommer von Rentierjagd und vom Fischen. Das Sammeln pflanzlicher Nahrung spielte bei ihnen keine Rolle. Die Natur war zu arm. Nur der Schnee, mit dem sie im Winter ihre Hütten bauten, war im Überfluß vorhanden. Alles, was sie zum Leben brauchten, ge-

---

Allgemeine Literatur: K. Rasmussen, Across Arctic America, 1927; E. Weyer, The Eskimos, 1932; K. Birket-Smith, Die Eskimos, 1948. Einzelne Gruppen: F. Boas, The Central Eskimo, 1888, Ndr. 1964 (die erste wissenschaftliche Beschreibung von Eskimo, im wesentlichen der von Baffinland); D. Jenness, The life of the Copper Eskimos, 1922, Ndr. 1970; K. Birket-Smith, The Caribou Eskimos, 1929; K. Rasmussen, The Netsilik Eskimos, 1931.

wannen sie aus der Verwertung der von ihnen erlegten Tiere: Nahrung und Kleidung, Waffen und Geräte. Selbst Licht und Heizung im Winter waren tierischen Ursprungs, gewonnen aus dem Tran der Seehunde. Ab und zu kamen sie zu Holz, im Fernhandel. Sie brauchten es für ihre Schlitten. Wenn sie Glück hatten, fand sich in ihrem Gebiet der begehrte Speckstein. Aus ihm machten sie Lampen und Töpfe. Sonst mußten sie sich auch das von weit her holen.
Bevor sie mit den Europäern in Berührung kamen, waren sie etwa einhunderttausend Menschen. Diese ohnehin geringe Bevölkerungsdichte ging dann noch weiter zurück, als sie durch europäische Krankheiten dezimiert wurden. In den zwanziger Jahren unseres Jahrhunderts gab es weniger als 40 000 Eskimo, die meisten in Alaska und in Grönland. Heute wird ihre Zahl wieder auf 70 000 geschätzt. Sie leben in verschiedenen Gruppen, die manchmal als Stämme bezeichnet wurden. Mit diesem Begriff verbindet sich jedoch regelmäßig die Vorstellung einer politischen Einheit, die es bei ihnen nicht gibt. Die verschiedenen Gruppen, die man heute unterscheidet – Ostgrönländer, Westgrönländer, Polareskimo, Baffinland-Eskimo, Iglulik, Netsilik, Caribu, Labrador-Eskimo, Kupfer-Eskimo usw. – sind letztlich nur geographische Einheiten, mit gewissen lokalen Besonderheiten.
Erstaunlich ist nämlich auch die große Einheitlichkeit ihrer Kultur. Über Tausende von Kilometern hinweg haben sie die gleiche Sprache, Gesellschaftsstruktur, gleiche Jagdtechniken, Geräte und religiöse Vorstellungen. Vom Osten Grönlands bis zur Beringstraße sind es ungefähr neuntausend Kilometer. Knud Rasmussen, der den grönländischen Dialekt ihrer Sprache beherrschte, konnte sich auf seiner Reise überall mühelos verständigen. Von fünfzig Legenden, die man ihm bei den Karibu westlich der Hudson Bai erzählte, kannte er dreißig aus Grönland. Dabei spielen jene unter den Eskimo eine gewisse Sonderrolle, denn sie leben im wesentlichen nur von der Rentierjagd, den Karibus und sind die einzige Gruppe mit einer reinen Inlandkultur. Eine andere Ausnahme ist Alaska. Dort geht man seit alten Zeiten auf Walfang, mit großen Erträgen. Das bedeutet größere Siedlungen und, anders als in allen ande-

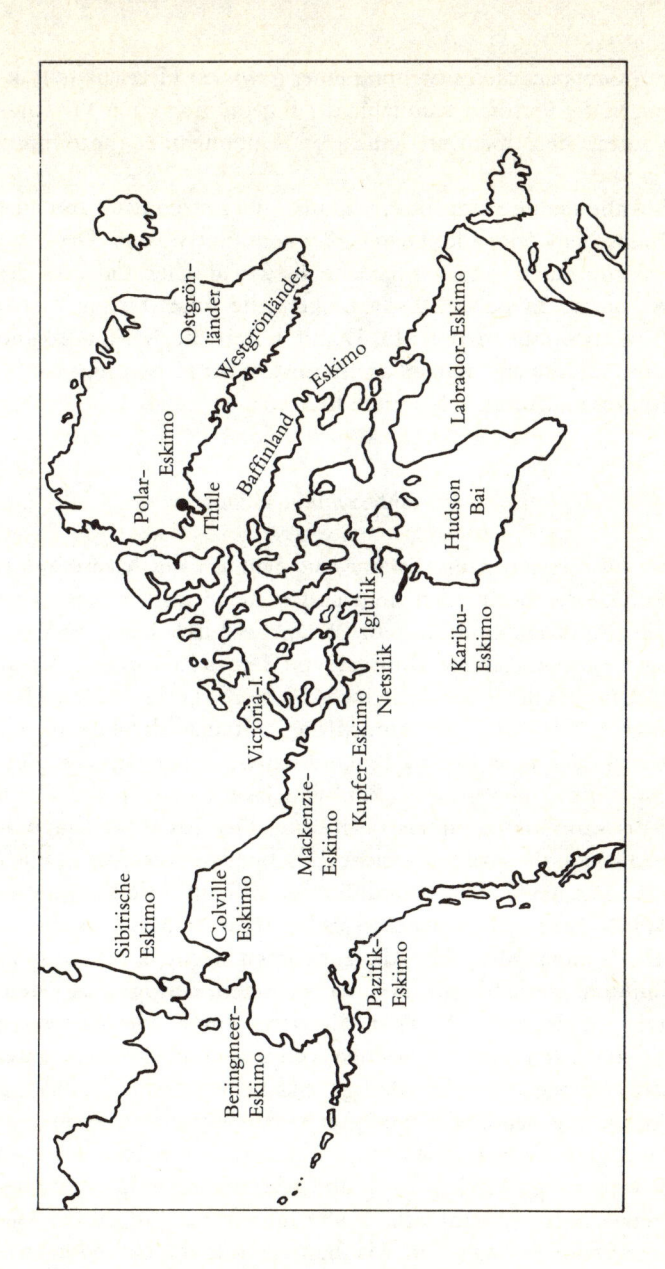

Die wichtigsten Gruppen der Eskimo

ren Gruppen, die Entstehung einer gewissen Herrschaftsstruktur, in der Person des umialik, des Eigentümers eines Walfangbootes, den man als eine Art Unternehmer bezeichnen konnte.
Sie alle nennen sich inuit, was man übersetzen kann mit »die Menschen« oder »die Leute« oder »die Einwohner«. Das Wort Eskimo stammt aus der Sprache der kanadischen Indianer, der Algonkin. Es bedeutet »diejenigen, die rohes Fleisch essen« (Birket-Smith 1929. 58f.). Damit waren die Karibu-Eskimo gemeint, die aus Mangel an Brennstoff ihr Fleisch sehr häufig roh essen, häufiger als andere Eskimo.

Der jahreszeitliche Wechsel

Im Winter leben die Eskimo auf dem Eis des Meeres. Dort sind sie den Seehunden am nächsten, deren Jagd in dieser Zeit die Grundlage ihrer Existenz ist. Die Seehunde leben im Winter unter dem Eis und kommen von Zeit zu Zeit an ihre Atemlöcher, von denen sie sich eine größere Zahl offen halten. Hier wartet der Jäger, oft stundenlang, mit der Harpune in der Hand. Weil jeder Seehund mehrere Atemlöcher hat, ist es günstiger, mit einer größeren Zahl von Jägern auszuziehen. Denn jeder kann immer nur ein Loch kontrollieren. Große Jagdgruppen haben die größte Aussicht auf schnelle Beute. Das ist einer der entscheidenden Gründe dafür, daß ihre Siedlungen im Winter sehr viel größer sind als im Sommer. Meistens sind es über fünfzig Menschen, die zusammen wohnen, oft mehr als hundert. Sie leben in ihren Schneehütten, den Iglu, in jedem Iglu eine Familie, eine Frau, ein Mann, ihre Kinder. Oft bauen sie mehrere Hütten zusammen, verbunden durch Gänge unter dem Schnee. Beleuchtet und geheizt wird mit einer Tranlampe. In den meisten Siedlungen gibt es einen größeren Raum, der zum gemeinschaftlichen Singen und Tanzen gebaut wird, als Erweiterung zwischen zwei, drei oder mehreren Iglu, von denen er seine Wärme erhält. Die Iglu werden in großer Geschwindigkeit von den Männern gebaut, in ein oder zwei Stunden. Wenn die Jagd unergiebig wird, wechseln sie von

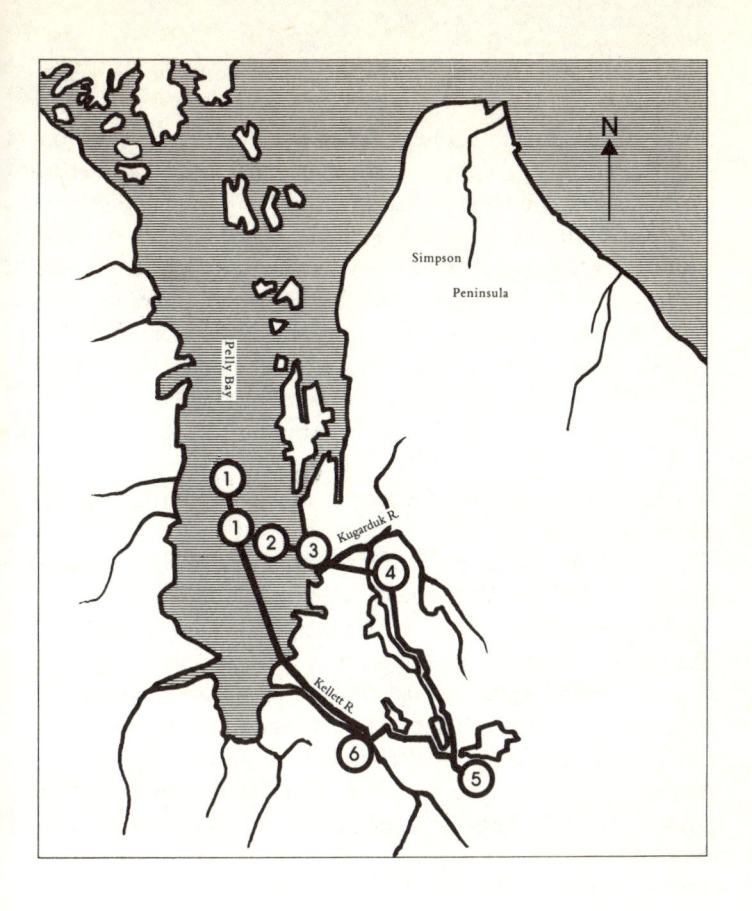

Lager Nr.	Jahreszeit	Aktivitäten
1 und 2	Mitte des Winters	Seehundjagd an Atemlöchern
3	Frühling	Seehundjagd an großen Atemlöchern
4	Mitte des Sommers	Fischen am steinernen Stauwehr
5	früher Herbst	Rentierjagd im Land
6	später Herbst	Fischen durch das dünne Eis des Flusses

Der jahreszeitliche Wechsel einer Netsilik-Gruppe an der Pelly Bay 1919 (nach Balikci 1968.79)

Ort zu Ort, ihre Habe auf den Schlitten, die von Hunden gezogen werden.
Am Ende des langen Winters, der an der Nordwestpassage von September bis Juni dauert, wechseln sie ihre Zelte. Das Leben wird leichter. Die Flüsse brechen auf, und sie gehen wieder an die Küste, um den Lachs zu fangen, der zum Meer wandert. Im Juli ist der Schnee auf dem Land geschmolzen. Sie ziehen mit ihren Zelten in die Tundra, auf der Jagd nach Rentieren, die nun langsam erscheinen. Früher erlegten sie die Tiere mit Pfeil und Bogen, seit dem 19. Jahrhundert zunehmend mit dem Gewehr. Die Gruppen teilen sich auf, werden kleiner, zerstreuen sich über das weite baumlose Land. Am Ende des kurzen Sommers ziehen sie zurück an die Küste. Die Frauen nähen die Winterkleidung. Sobald das Eis auf dem Meer fest genug ist, ziehen sie wieder hinaus.
Das soziale Leben ist im Winter sehr viel intensiver. Die Siedlungen sind größer. Während das Zelt im Sommer nur eine Familie aufnimmt, leben in den Winterwohnungen oft mehrere Familien zusammen, indem sie ihre Iglu aneinander bauen. Abends versammelt man sich im Gemeinschaftsraum zu zeremoniellem Singen, Tanzen oder schamanistischen Sitzungen. Im Sommer werden große Reisen unternommen, während die Immobilität der Gruppe im Winter ziemlich groß ist. Trotzdem gibt es auch hier noch eine gewisse Fluktuation zwischen den Siedlungen.
Dieser jahreszeitliche Wandel der Eskimogesellschaft, die extreme Konzentration der Gruppe im Winter und die Vereinzelung der Familien im Sommer, ist zuerst und eindrucksvoll von Marcel Mauss beschrieben worden (Mauss, Beuchat 1904/1905). Er war der Meinung, dieser Wandel sei grundsätzlicher Natur und würde eine totale Veränderung nicht nur ihres ökonomischen Lebens bedeuten, sondern auch ihrer sozialen und kulturellen Existenz. So würde es eine Sommerreligion und eine Winterreligion geben und ein Sommerrecht und ein Winterrecht, oder besser: im Sommer gar keine Religion und mehr oder weniger gar kein Recht, während sie in den Wintersiedlungen sozusagen in einem Zustand fortwährender religiöser Überspanntheit lebten. Dem ist schon des öfteren – und

wohl zu Recht – widersprochen worden (Jenness 1922.143, Birket-Smith 1929.259). Die Unterschiede sind tatsächlich vorhanden, aber nicht grundsätzlicher Natur. Die Teilung der Gruppe ist nicht so radikal, daß eine völlig Vereinzelung der Familien stattfindet. Ihre soziale Organisation, die auf der Familie aufgebaut ist, und ihr religiöses Leben, das auf dem Geisterglauben beruht, mit Schamanen, die im Sommer in gleicher Weise tätig sind, bleiben letztlich unverändert.

Familie und Verwandtschaft

Die einzige einigermaßen feste soziale Einheit der Eskimo ist die Familie, äußerlich abgegrenzt durch das eigene Zelt und den eigenen Iglu. Es gibt keine agnatischen Verwandtschaftsgruppen, keine lineages, keine Klans. Die Kinder sind sowohl mit der Familie ihres Vaters als auch mit der ihrer Mutter verwandt, kognatisch, nicht agnatisch. Die Familie ist gegründet auf die Arbeitsteilung von Frau und Mann. Der Mann allein beschafft als Jäger die Nahrung. Das Sammeln von Pflanzen spielt keine Rolle. Die Frau kocht, näht die Kleidung und versorgt die Kinder. Keiner kann ohne den anderen leben. Die Ehe wird als selbstverständlich angesehen, als Lebensform, die für jeden notwendig ist. Die Familie ist die Grundlage ihrer sozialen Ordnung.

Aber auch die Verwandtschaft spielt eine große Rolle. Verwandtschaft und Schwägerschaft sind das Bindeglied der in einer Siedlungsgruppe zusammenlebenden Familien, das ihre Solidarität begründet. Die Einwohner einer Eskimosiedlung sind alle Verwandte, kognatische Verwandte oder verbunden durch Schwägerschaft. Und diese verwandtschaftliche Beziehung ist die Grundlage ihres Zusammenlebens. Kommt ein Fremder zu ihnen, der bei ihnen bleiben will, dann wird seine Aufnahme in die Gruppe regelmäßig vollzogen in der einen oder anderen Form von Adoption, die bei ihnen sehr wichtig ist. Es gibt dafür keine festen Riten. Normalerweise, bei der Adoption von Kindern, erhalten die Eltern eine Gabe als Ausgleich, ein Messer oder etwas ähnliches, und dafür verzichten sie formlos auf alle Rechte (Jenness 1922.91). Unter erwachsenen Männern wird eine Adoptivbrüderschaft begründet, indem sie für einige Zeit ihre Frauen tauschen (Jenness 1922.85-87). Eine solche Siedlungsgruppe ist verhältnismäßig offen, ein Wechsel ihrer Mitglieder findet öfter statt. Sie ist nicht so stark auf genealogische Abstammung gegründet wie die lineage in segmentären Gesellschaften. Das zeigt sich schon daran, daß sie immer nur mit einer geographischen Bezeichnung als lokale Gruppe benannt wird. Es geschieht in der Weise, daß an einen Ortsnamen das Suffix -miut angefügt wird. Es bedeutet »die Leute von«. Aber trotzdem verstehen sich die Mitglieder dieser Gruppe als Verwandte, die einander zu gegenseitiger Solidarität verpflichtet sind.

Die Kinder werden früh verlobt, Mädchen oft schon bei ihrer Geburt. Diese frühen Verlobungen erklären sich aus dem Zahlenverhältnis der Geschlechter. Regelmäßig gibt es weniger Frauen als Männer. 1923 waren die Netsilik-Eskimo 259 Menschen, 150 Männer und 109 Frauen (Rasmussen 1931.84). Grund ist der Infantizid. Mädchen werden bei der Geburt oft getötet. Von 96 Kindern, deren Geburt verfolgt werden konnte, waren es bei den Netsilik 38, alles Mädchen (Rasmussen 1931.141). Sie werden von ihren Eltern als Belastung angesehen. Sie müssen ernährt werden, solange sie bei ihnen sind. Werden sie älter, heiraten sie und ziehen zu ihrem Mann. Der muß zwar oft ihre Eltern mit Fleisch versorgen, aber nur für eine gewisse Zeit. Ein Sohn ist günstiger. Er wird seine Eltern versorgen, wenn sein Vater nicht mehr jagen kann. Jeder Jäger muß sehen, daß er Söhne hat, die ihn im Alter versorgen. Mädchen sind auch deswegen hinderlich, weil die Geburt von Söhnen nicht möglich ist, solange sie gesäugt werden. Also tötet man sie, es sei denn, sie werden verlobt. Denn die Eltern von Söhnen sind immer auf der Suche, wollen ihnen möglichst früh eine der knappen Frauen sichern (Rasmussen 1931.139-142, 199). Allerdings sind solche Verlobungen nicht bindend. Die Kinder können sich später auch anders entscheiden.

Es gibt keine Exogamie der Siedlungsgruppe, nur die allgemeine Regel, daß nahe Verwandte nicht heiraten dürfen. Wo die

genaue Grenze ist, wissen sie nicht zu sagen. Sie dürfen nur
»nicht zu nahe« verwandt sein (Birket-Smith 1948.180f.). Insofern
gibt es auch das Verbot von Inzest. Man verurteilt ihn
heftig. Aber er scheint selten zu sein. Berichte über einzelne
Fälle gibt es nicht. Die Eskimo erzählen sich die Legende von
einem Schamanen und seiner Schwester, die sich liebten und
heirateten. Als ein Kind geboren werden sollte, hat die junge
Frau es sich mit einem Rentierknochen aus dem Leib geschnitten,
weil sie sich schämte (Rasmussen 1931.198f.).
Es gibt keine Hochzeitsriten. Man zieht zusammen, in einen
Iglu, in ein Zelt. Männer können nicht heiraten, bevor sie alt
genug sind, um auf die Jagd zu gehen und eine Schneehütte zu
bauen. Mädchen heiraten schon oft vor der Pubertät. Normalerweise
muß der junge Mann für seine Braut einen Preis zahlen,
ein Gewehr, einen Schlitten, ein Kajak, manchmal genügt
auch ein Stück Blei oder Eisen. Es gibt keine festen Regeln für
die Residenz. Man bleibt entweder in der Nähe der Familie der
Frau oder zieht zu der des Mannes. Trennungen sind in der ersten
Zeit einer Ehe sehr häufig. Es gibt Berichte über junge
Frauen, die in einem Jahr drei oder vier verschiedene Männer
hatten. Sie nehmen ihre Töpfe und ihre Lampe und verlassen
den Mann. Der muß zu seiner Familie zurück, wenn er nicht
eine neue Frau findet, denn ohne Lampe kann er nicht leben.
Sind erst einmal Kinder da, werden Trennungen seltener.
Polygynie kommt vor, aber Monogamie ist die Regel. Nur gute
Jäger können sich zwei Frauen leisten. Männer mit mehr als
zwei Frauen sind außerordentlich selten. Der Eskimo-Polygamist
muß ein Mann von großer Energie und großem Geschick
bei der Jagd sein, außerdem jederzeit bereit, seine Position mit
Gewalt zu verteidigen. Sehr häufig gibt es nämlich gewaltsame
Entführungen von Frauen, und oft richtet sich das gegen Männer,
die mehr als eine Frau haben (Jenness 1922.159-161). Bei
den Netsilik, die besonders wenig Frauen haben, gibt es auch
Polyandrie. Sie geht jedoch nie von der Frau, sondern immer
von ihrem ersten Mann aus, der sich mit einem anderen zusammenfindet.
Oft entstehen dann aber Rivalitäten, die für einen
der beiden mit dem Tod enden (Rasmussen 1931.195).
Die Eskimo sind bekannt für ihre große sexuelle Freiheit. Es ist

allerdings nur eine Freiheit der Männer. Ein verheirateter Mann nimmt sich leicht das Recht des Vergnügens mit einer anderen Frau, während seine Frau, die das gleiche mit einem anderen wagt, durchaus Gefahr läuft, verprügelt zu werden. Ähnlich ist es mit dem Frauentausch, den sie alle praktizieren. Es ist ein Tausch der Frauen, nicht der Männer. Die Frauen werden dabei nicht gefragt und müssen folgen. Sie werden als Eigentum des Mannes angesehen, über das er verfügen kann. Es ist eine Angelegenheit zwischen Männern, die ihre Freundschaft vertieft (Birket-Smith 1929.295, Rasmussen 1931.196). Ihr Familiensinn ist sehr groß. Sie sorgen liebevoll für ihre Kinder und die Alten. Aber oft geht es um das Überleben. Deshalb gelten Infantizid und Senelizid als erlaubt. Man sieht das sehr realistisch. Wer nicht stark genug ist, gleichzeitig für seine Frau, die Kinder und für seine gebrechlichen Eltern zu sorgen, der muß sich zunächst um Frau und Kinder kümmern. Von den Alten erwarten viele, daß sie dann ihrem Leben selbst ein Ende setzen oder sich töten lassen (Boas 1888.207, Birket-Smith 1929.258, Rasmussen 1931.143 f.).

Gleichheit und Ungleichheit

Die Eskimo sind eine egalitäre Gesellschaft. Es gibt keinen Staat, keine anderen gesellschaftlichen Institutionen oberhalb der kleinen Familie. Und sie sind es bewußt (Jenness 1922.94, übers. v. Verf.):

»Der Eskimo ist unduldsam gegenüber jeder Art von Einschränkung. In seinen Augen hat jeder Mann die gleichen Rechte und die gleichen Vorrechte wie jeder andere Mann in der Gemeinschaft. Jemand mag ein besserer Jäger sein oder geschickter beim Tanz oder mehr Kontrolle haben über die Welt der Geister, aber deshalb ist er doch nur das eine Mitglied einer Gruppe, in der alle frei und theoretisch gleich sind.«

Trotzdem. All animals are equal, but some are more. Es gibt Männer, die mehr Einfluß haben als andere. Die Kombination von intellektueller und körperlicher Kraft, Erfolg bei der Jagd und magischen Fähigkeiten als Schamane scheint besonders günstig, aber wohl nicht so häufig gewesen zu sein. Mancher konnte nur das eine oder andere bieten und trotzdem in seiner Gruppe der erste sein. Eine der außerordentlichen Figuren, der Schamane Ilatsiak bei den Kupfer-Eskimo wird von Jenness sehr anschaulich geschildert (1922.93, übers. v. Verf.):

»Weiter nach Osten jedoch, in der Bathurst Bucht, gab es einen anderen Mann, Ilatsiak, der zu Recht die Titulierung als Häuptling beanspruchen konnte. Sein Ruhm als Schamane war weit und breit bekannt, und es gab keinen Rivalen für ihn auf diesem Feld. Die außerordentlichsten Kräfte schrieb man ihm zu – er konnte die Vergangenheit aufdecken und die Zukunft vorhersagen und besser als jeder andere Schamane das Auftreten des Wildes und die Naturgewalten beeinflussen. In allen Dingen des täglichen Lebens war seine Redlichkeit unangezweifelt. Niemals, das wußte man, hatte er seinen Einfluß mißbraucht oder zu eigennützigen Zwecken auf Kosten seiner Gefährten eingesetzt. Von Gestalt war er unter dem Durchschnitt und in den Jahren schon fortgeschritten – sein Bart war in der Tat schon ganz weiß – aber er war noch kraftvoll und voller Energie, und seine Bewegungen waren schnell und entschlossen. Sein angenehmes und offenes Gesicht hatte gewöhnlich einen gewissen Ernst und sein Verhalten war ruhig und würdevoll, aber ohne Zeichen von Hochmut. Die Eingeborenen konnten in seiner Gegenwart die erstaunlichsten Geschichten zu seinen Heldentaten als Magier erzählen, und er hörte ruhig zu, ohne es zu bestätigen oder zu leugnen. Seine kleinen schwarzen Augen waren klug und funkelnd, Zeichen einer Persönlichkeit weit über dem Durchschnitt der Eskimo. Die Eingeborenen von der Bathurst Bucht schienen ihm ohne Zweifel zu folgen. Oft führte er sie auf ihren Wanderungen. Er brachte bei seinem Besuch auf unserer Station etwa vierzig mit sich, und ohne Zweifel waren sie in ihrem Benehmen die angenehmsten und besten, mit denen wir je zu tun hatten.«

Männer wie Ilatsiak waren eine seltene Erscheinung. Aber in jeder Siedlungsgruppe gab es den einen oder anderen, auf den man hörte. Oft war es ein Schamane. Manchmal gab es mehr als einen. In sehr kleinen Gruppen ab und zu niemanden. Man nannte sie isumataq, »der welcher denkt«, oder pimain, »der alles am besten weiß«. Ihr Einfluß war zum Teil groß, wie der des Ilatsiak. Andere waren weniger bestimmend. Immer war er informell, nicht institutionalisiert, »charismatisch«, wie man im Anschluß an Max Webers Unterscheidung von Formen der Herrschaft sagt. Wenn sie alt und gebrechlich wurden, verschwand ihr Einfluß, ohne daß jemand anders an ihre Stelle treten mußte.

Vieles, wohl das meiste im Leben der Eskimo geht vor sich, ohne daß ein einzelner das Wort führt. Zum Beispiel auch der

Aufbruch eines Lagers am Ende des Winters, vom Eis an die Küste (Jenness 1922.116, übers. v. Verf.):

»Für die Wanderung ist eine bestimmte Stunde nicht angesetzt, noch nicht einmal ein bestimmter Tag, denn in einem Land, in dem die Jahreszeiten die einzigen Kalender sind, ist der eine Tag nicht besser als der nächste. Die Eingeborenen sind deshalb nicht gewohnt, alle ihre Bewegungen im voraus zu planen und sie mit der Genauigkeit eines Uhrwerks auszuführen. Die Unterhaltung dreht sich gewöhnlich um dieses Thema über mehrere Tage, bevor eine Wanderung stattfindet, und nichts ist entschieden. Dann wird plötzlich eines Abends ein Mann seiner Frau ankündigen, er beabsichtige am nächsten Tag loszuziehen. Die Nachricht verbreitet sich von Hütte zu Hütte und andere verkünden ihre Absicht, ihn zu begleiten. Am nächsten Morgen ist jeder in Alarmbereitschaft. Irgend jemand kommt in die Hütte und verkündet, daß Soundso beim Packen ist. Jeder beginnt nun ebenso und bald ist die Siedlung wie ein fleißiger Bienenkorb.«

Es ist sicher kein Zufall, daß die ersten entscheidenden Worte von einem Mann gesprochen worden sind, zu seiner Frau. Denn hier endet die Gleichheit der Eskimo. Es ist eine Gleichheit der Männer. Und das ist kein Wunder. Denn sie sind es, die allein die lebenswichtige Nahrung beschaffen, anders als in anderen Jägergesellschaften, in denen die Frauen mit ihrem Sammeln sogar mehr als zur Hälfte daran beteiligt sind. Die Eskimo sind eine Gesellschaft, die vollständig abhängig ist von der Jagd der Männer, einer schwierigen, gefährlichen und oft tödlichen Unternehmung. Eine Frau, deren Mann gestorben oder getötet ist, kann in verzweifelte Situationen kommen, denn allein ist sie nicht in der Lage, für sich und ihre Kinder Nahrung zu besorgen. Sie muß sich so schnell wie möglich einen neuen Mann suchen. Es gibt manche Schilderungen, wie Frauen, die etwas älter waren, sich mehreren Männern anzubieten hatten. Ihre Lebensgeschichte besteht dann nur noch aus der Aufzählung der Männer, mit denen sie für längere oder kürzere Zeit zusammengelebt haben (Jenness 1922.163, Rasmussen 1927.140-146).

Die Berichte der Anthropologen sind zwiespältig. Einerseits meinen sie, Frauen seien in keiner Weise unterdrückt und den Männern durchaus gleichberechtigt (Jenness 1922.162f. Rasmussen 1931.190f.). Andererseits schildern sie einzelne Lebensbedingungen, aus denen man das Gegenteil schließen

muß. Deshalb ist anzunehmen, daß sie mit einer gewissen Blindheit für dieses Problem die Gesellschaft der Eskimo betrachtet haben und von einem eher oberflächlichen Eindruck im äußeren Umgang von Mann und Frau ausgegangen sind.
Die Einzelheiten, die ich meine, sind folgende:
Die frühe Verlobung der ganz jungen Mädchen. Ihre Heirat mit einem älteren Mann vor der Pubertät. Die große Zahl von Meidungsgeboten während ihrer Menstruation, deren Beginn sie in der Siedlung öffentlich kundgeben müssen, damit sich jeder danach richten kann. Die starken und oft sehr gewalttätigen Rivalitäten der Männer um die Frauen, bis hin zur Tötung des Rivalen und zum Frauenraub. Das Gebot, daß Frauen nie gemeinsam mit den Männern essen dürfen, sondern erst später, mit den Kindern. Die Tatsache, daß sie beim »Frauentausch« nicht gefragt werden, sondern folgen müssen, weil sie eben als Eigentum des Mannes gelten.
Der Befund ist, meine ich, eindeutig. Natürlich gibt es harmonische Ehen, von denen des öfteren berichtet wird. Sicher haben die Frauen bei öffentlichen Beratungen die gleiche Möglichkeit, ihre Meinung zu sagen. Es gibt auch viele weibliche Schamanen, sogar sehr einflußreiche. Deshalb kann man wohl nicht von einer Unterdrückung der Frauen sprechen. Aber daß Frauen stark benachteiligt sind, scheint mir außer Frage zu stehen. Von einer Gleichheit kann jedenfalls nicht die Rede sein.

Eigentum

Das Land ist res nullius. Auch die Gebiete auf dem Eis gehören ja niemandem, dort, wo sie sich für die Seehundjagd die längste Zeit des Jahres aufhalten. Jeder kann jagen und fischen, wo es ihm gefällt. Es ist gleichgültig, ob er zu der Gruppe gehört, die dort lebt, und ob er ein Weißer oder ein Indianer ist. Selbst das dauernde und endgültige Eindringen in fremde Jagdgebiete bleibt ohne Folgen. In den zwanziger Jahren ist eine Anzahl Netsilik-Eskimo nach und nach an die Repulse Bay gezogen, wo bisher eine Gruppe der Iglulik allein gelebt hatte. Aber obwohl sich deren Jagdergebnisse dadurch verminderten, haben sie nie Einspruch erhoben. Nur in Alaska werden die Stellen, an denen man Robben oder Fischnetze auslegt, als Eigentum einzelner Familien angesehen. Für die Kupfer-Eskimo vertritt Jenness die Meinung, es gäbe Eigentum am Land, das der Siedlungsgruppe gehöre. Niemand anders dürfe dort jagen, es sei denn, er werde als Mitglied in die Gruppe aufgenommen. Aber das kann nicht stimmen, denn er bringt selbst ausschließlich Beispiele, die das Gegenteil beweisen (Jenness 1922.91 f.; Birket-Smith 1929.261, 1948.187).

Die Jagdbeute gehört grundsätzlich nicht allein dem Jäger, der das Tier getötet hat. Bei der Seehundjagd im Winter, wenn die Männer an verschiedenen Atemlöchern sitzen, wird die Beute gleichmäßig auf alle verteilt. Größere Tiere, wie Bartrobbe, Walroß oder Weißwal, werden ebenfalls unter den beteiligten Jägern aufgeteilt, nach bestimmten Regeln. Sehr große Tiere, wie der Grönlandwal, werden als gemeinsames Eigentum der Siedlungsgruppe angesehen. Jeder nimmt sich, was er braucht. Auch bei der Rentierjagd wird die Beute geteilt, zunächst unter den Männern, die gemeinsam unterwegs waren. Außerdem sind sie verpflichtet, die anderen im Lager mit Fleisch zu versorgen. Es gibt zwar auch Regeln, wem das erlegte Tier gehört. Sie sagen aber letztlich nur etwas darüber aus, wer die Verteilung vornehmen darf und – das ist allerdings nicht unwichtig – wer sich Vorräte anlegen kann, wenn ein Überschuß bleibt (Boas 1888.174; Birket-Smith 1929.264, 1948.201). Anders als die meisten Jägergesellschaften kennen die Eskimo nämlich die Vorratshaltung. Sie legen Fleisch zurück oder Tran, in der Tundra mit Steinen gegen Tiere gesichert, auf dem Eis meistens im Iglu oder in seiner Nähe in einer Schneehüllung. Damit sichern sie sich für schlechte Zeiten. Die Vorräte gehören dem einzelnen Jäger und seiner Familie. In Zeiten allgemeiner Hungersnot werden sie unter alle in der Siedlung verteilt (Jenness 1922.96,236; Birket-Smith 1929.263).

Sie haben individuelles Eigentum. Es besteht an den Dingen des persönlichen Gebrauchs. Davon gibt es bei ihnen sehr viel mehr als in anderen Jägergesellschaften, denn nirgendwo sonst braucht man soviel Kleidung wie bei ihnen und Kajak und Schlitten und Hunde, um zu überleben. Die Gegenstände ge-

hören dem, der sie braucht, also Jagdgerät und Kajak und Schlitten dem Mann, Haushaltsgeräte, Specksteinlampe, Zeltstange und Töpfe der Frau. Die Hunde gehören meistens dem Mann, einige manchmal auch seiner Frau, denn ab und zu werden neugeborene Hunde den Kindern zur Aufzucht überlassen. Sie bleiben ihnen, wenn sie erwachsen sind, und eine Frau nimmt sie mit zu ihrem Mann, wenn sie heiratet.
Diebstahl war selten, bevor europäische Güter kamen. Vorratslager anderer wurden von ihnen nicht angerührt. Wenn ein Diebstahl geschah, war das für sie nie eine Sache von großer Wichtigkeit. Der Dieb wurde als unangenehm angesehen, wie ein Lügner. Hatte man genügend Autorität, verlangte man die Sache zurück. Mehr geschah nicht. Überhaupt war ihr Verhältnis zum Eigentum eher distanziert. Ein Sprichwort der Kupfer-Eskimo lautete: »Ein Mann braucht nichts als das feste Fell einer Bartrobbe für die Schuhsohle und das einer jungen Robbe für die Strümpfe« (Jenness 1922.89). Eigentum ist begrenzt durch die Notwendigkeit des Gebrauchs. Wer eine Sache nicht braucht, muß der Bitte eines anderen entsprechen, sie ihm zu leihen. Damit verliert er nach der Vorstellung der Eskimo auch schon einiges von seinem Eigentum. Denn wenn der andere die Sache beschädigt oder verliert, gibt es keinen Anspruch auf Ersatz (Jenness 1922.89; Birket-Smith 1929.264 f.).
Beim Tode wird die persönliche Habe zu einem großen Teil ins Grab gegeben. Die Geräte eines Mannes werden bei den Kupfer-Eskimo zerbrochen und neben ihn gelegt. Der Mann ist tot, sagen sie, und will, daß auch seine Sachen tot sind. Oft behalten die Angehörigen die wertvolleren Dinge, zum Beispiel die wasserdichten Stiefel, manchmal auch Pfeil und Bogen. Sie fertigen dann davon Miniaturen an, die an Stelle der Originale zerbrochen und neben die Leiche gelegt werden (Jenness 1922.174-1976). Die Frau erhält Lampe und Töpfe ins Grab. Was übrig bleibt, wird unter den Verwandten geteilt, einvernehmlich, ohne feste Regeln.

Religion und Magie

Am Black River, im Gebiet zwischen den Netsilik und Kupfer-Eskimo bat Knud Rasmussen einen älteren Mann, ihm von ihrer Religion zu erzählen. Er sollte ihm beschreiben, woran sie glauben. Die Antwort war eine treffende Formel für ihre Vorstellungen von Irdischem und Überirdischem: »Wir glauben nicht, wir fürchten uns nur. Und am meisten fürchten wir uns vor Nuliajuk«. Bei den Netsilik fragte er einen anderen, was er sich vom Leben erhoffe. Genug zu essen, meinte der, genügend warme Kleidung, ohne Traurigkeit zu sein, ohne Schmerzen und Krankheit, und den anderen Männern überlegen, besonders bei der Jagd. Und was er dafür tun wolle? Die Antwort war eine Art Glaubensbekenntnis dieser Menschen (Rasmussen 1931.225, übers. v. Verf.):

»Ich darf niemals Nuliajuk oder Nârssuk beleidigen. Ich darf niemals die Seele von Tieren oder einen Geist beleidigen, damit sie mich nicht mit Krankheit strafen. Wenn ich auf der Jagd bin oder über das Land fahre, muß ich Opfer bringen, so oft wie möglich, für die Tiere, die ich jage, oder den Toten, die mir helfen sollen, oder den leblosen Dingen, besonders Steinen und Felsen, die auch aus verschiedenen Gründen Opfer brauchen. Ich muß meine Seele so stark wie möglich machen und Stärke und Hilfe in der Macht suchen, die im Namen liegt. Ich muß die Regeln meiner Vorväter für die Jagd und die Tabus einhalten, denn sie richten sich fast alle an die Seelen von toten Menschen oder Tieren. Durch Amulette muß ich zu besonderer Kraft kommen oder bestimmte Eigenschaften entwickeln. Ich muß versuchen, magische Worte oder magische Gesänge zu finden und zu behalten, die das Jagdglück bringen und schützen. Wenn ich trotz aller Vorsichtsmaßregeln nicht zurecht komme und Not leide oder krank werde, muß ich Hilfe beim Schamanen suchen, denn seine Aufgabe ist es, die Menschen vor den verborgenen Mächten und den Gefahren des Lebens zu schützen.«

Ihre Welt ist voller Geister, guter und böser, großer und kleiner, meistens böser. Natürliches und Übernatürliches, Irdisches und Überirdisches sind ungetrennt. Es gibt nur eine Welt, in der der Mensch sehr vorsichtig sein und Tabus und Vorsichtsmaßregeln einhalten muß. Von denen gibt es bei ihnen wohl mehr als in jeder anderen Gesellschaft. Die Menschen sind klein und machtlos, »den Mächten« ausgeliefert, die man nicht verletzen und nicht beleidigen darf und vor denen man sich in acht nehmen muß, weil sie sich sonst rächen. Tabus gibt es in allen Lebenslagen. Zu bestimmten Zeiten darf man bestimmte Dinge nicht tun. Bei allen möglichen Gelegenheiten muß man bestimmte Handlungen vornehmen. Manchmal darf man sich nicht kämmen, manchmal nicht waschen. Die Kleidung für den Winter darf nur zu bestimmten Zeiten und an gewissen Orten genäht werden, Seehundfell nicht bei den Fischbächen, wenn der Lachs wandert, Rentierfelle nicht auf dem Eis und während der dunklen Wintertage, und, das allerwichtigste, Meerestiere und Landtiere müssen streng getrennt bleiben. Man darf sie nie zusammen aufbewahren oder kochen oder essen. Wenn man ein Tier erlegt hat, muß man erst einmal seinen Geist besänftigen, der dann frei wird. Vom Rentier legt man ein kleines Stück Fleisch unter einen Stein. Seehunde bekommen etwas Wasser auf das Maul, wenn sie in den Iglu gebracht werden. »Die größte Gefahr des Lebens«, sagte ein alter Schamane der Iglulik, »liegt darin, daß die Nahrung des Menschen vollständig aus Seelen besteht«. Damit meinte er die Seelen der getöteten Tiere. Die Luft ist voller Geister, sagen sie, weil so viele böse Handlungen begangen und so viele Tabus gebrochen werden.

Wird jemand krank, liegt es meistens daran, daß er ein Tabu nicht eingehalten hat. Aufgabe des Schamanen ist es, herauszufinden, was es war, und Gegenmittel zu finden, meistens über einen guten Geist, dessen Inhaber er ist, über den er verkehrt mit der Welt der Geister und mit Nuliajuk. Viele Mächte gibt es, die die Menschen beherrschen, aber nur drei wirklich große. Nuliajuk oder Sedna, Nârssuk oder Sila, und Tatqeq. Die mächtigste ist Nuliajuk »die liebe Frau« oder Sedna, »die da unten«, die Frau unten im Meer, die Mutter der Tiere, Herrscherin über die Schamanen (Boas 1888.175-183). Sie achtet auf alles, was die Menschen tun, und straft sie, wenn sie die Regeln verletzen. Von Grönland bis Alaska ist die Geschichte ungefähr immer die gleiche, die sie sich erzählen, von einem Mädchen, das in Schwierigkeiten kam, in den Legenden der meisten Gegenden deshalb, weil sie zu stolz und ihr kein Mann gut genug war. So heiratete sie einen Vogel und nach manchen Widrigkeiten holte sie ihr Vater schließlich zurück in einem Boot. Ein Sturm kam auf und schließlich opferte der Vater seine Tochter, die sich noch am Rand des Bootes festhalten will. Aber er hackt ihr die Finger ab. Sie versinkt im Wasser, wo sie jetzt noch lebt, in einer großen Wohnung auf dem Meeresgrund. Und auch die Finger leben weiter. Sie verwandelten sich in Seehunde und werden von ihr zurückgehalten, wenn oben wieder zuviel Böses geschieht. Das Meer wird von ihr bewegt, sie kann das Eis zerbrechen und die Menschen versenken, und sie kann Sturm und Schnee schicken und die Jagd unmöglich machen. Hier überschneiden sich ihre Möglichkeiten mit denen von Sila oder Nârssuk, einer Himmelsmacht, die männlich ist und das Wetter bringt, die mit Sturm die Menschen bestrafen kann, am Himmel spazierengeht und damit die Sonne zum Verschwinden bringt.

Die Macht, die im Namen liegt, die der Netsilik gegenüber Rasmussen erwähnt hat, liegt im Bereich der magischen Worte und Gesänge, von denen ihr Leben ebenso beherrscht wird. Sie meinen, nicht überall, aber in weiten Bereichen des nördlichen Kanada, daß im Namen ein Teil der Seele des Verstorbenen liegt, der ihn vorher getragen hat. Jeder Name darf nur einmal vergeben werden. Und so erhält ein neugeborenes Kind oft den Namen eines Verwandten, der vorher gestorben ist, ohne daß sie zwischen männlichen und weiblichen Namen unterscheiden. Magische Worte und Gesänge richten sich an die Geister, können Krankheiten heilen, den Schneesturm beenden und das Wild betören, daß es sich töten läßt (Rasmussen 1931.278-293). Man kann mit ihnen auch Menschen töten. Bei den Netsilik war Orpingalik, ein Schamane von der Pelly Bay, mit seinem Sohn auf Treibeis in Lebensgefahr gekommen. Er selbst konnte sich retten, aber sein Sohn kam um. Die Eskimo wußten, warum. Denn vorher war noch etwas anderes passiert. Der Sohn war von einem Captain der Hudson Bay Company beleidigt worden, weil er – angeblich – ein Meßinstrument beschädigt hatte. Orpingalik soll ihm böse magische Worte nachgeschickt haben, um ihn zu töten. Aber der Captain überlebte, weil er ein größerer Schamane war als Orpingalik. So kamen die Worte auf diesen zurück. Aber er war auch ein starker Schamane. Sie konnten ihn nur gefährden, nicht umbringen. Also töteten sie seinen Sohn (Rasmussen 1931. 200f.).

Der Schamane, angékok, hat größere magische Fähigkeiten als die normalen Menschen, nämlich deshalb, weil er Hilfsgeister hat, einen oder zwei und manchmal drei, die in ihn gefahren sind wie ein leuchtendes Feuer, das ihm ermöglicht, im wörtlichen und im übertragenen Sinn in die Dunkelheit zu sehen (Birket-Smith 1948.215 f.). Es sind die Geister von toten Tieren oder die Seelen toter Menschen. Mit ihnen kann er böse Geister bekämpfen und herausfinden, wer welche Tabus verletzt hat. Nicht nur Krankheiten werden damit geheilt, sondern auch andere Nöte, zum Beispiel kann das Jagdglück wiederhergestellt werden. Wundersame Geschichten erzählen sich die Eskimo von ihren Schamanen. Der Glaube an ihre Fähigkeiten ist unbegrenzt. Aber auch die Anthropologen erleben manchmal Eindrucksvolles. Jenness schildert die Séance eines Schamanen bei den Kupfer-Eskimo in einem Lager an einem Fluß in der Nähe von Bernard Harbour. Seit Tagen hatte man keinen Fisch mehr gefangen. Er begann am Abend mit dem üblichen monotonen Singsang, bewegte sich hin und her, sprach mit geschlossenen Augen unverständliche Worte, geriet in Ekstase, wurde schneller, sprach dann verständlicher, aber immer noch so schnell, daß man ihn kaum verstehen konnte. Nach drei Stunden wurde er sehr aufgeregt und deutete nach draußen. Die Menschen stürzten an den Fluß und fanden große Mengen von Fisch (Jenness 1922.201 f.).

Das war ihre Art und Weise, die Welt zu verstehen. Ein Weltverständnis, das auch ihre Vorstellungen von der Ordnung menschlicher Gesellschaft mit einschloß. Denn es gab für sie keine Trennung von Natur und Kultur. Die Mächte, die das Naturgeschehen beherrschen, bestimmen auch das Leben der Menschen. Und umgekehrt, wie man an dem erfolgreichen Fischzug bei Bernard Harbour sieht. Die Regeln, die ihr individuelles und gesellschaftliches Leben bestimmen, sind Vorschriften für den Umgang mit diesen Mächten, denen sie ausgeliefert sind, vor denen sie sich schützen müssen und die sie beeinflussen wollen. Jenness hat gemeint, ihre Religion hätte ihnen ihr Leben nicht erleichtert (1922.190). Sie hätten es sich zusätzlich erschwert, mit einem Wust widersinniger Vorschriften. Aber, muß man erwidern, sie waren doch tatsächlich den

Naturgewalten ausgeliefert. Und es erscheint sehr fraglich, ob sie in anderer Weise besser hätten überleben können, zum Beispiel mit unserer Rationalität, deren Fehlen – besonders im numerisch-mathematischen Bereich – immer mit einem gewissen Stirnrunzeln beschrieben wird (Jenness 1922.230, Birket-Smith 1948.72).

Verletzung und Ausgleich

Nun wissen auch Eskimo, daß die Gefahr nicht nur von den Mächten ausgeht. Menschen können ebenfalls gefährlich sein. Nach Überzeugung der Eskimo sind sie es allerdings in geringerem Maße. Dementsprechend spielen Regeln dafür eine geringere Rolle. Sie sind bei weitem nicht so zahlreich und sie sind weniger präzise.

Es geht im Grunde nur um Gewalttätigkeiten. Der Diebstahl spielt praktisch keine Rolle. Und Beleidigungen werden nur akut, wenn sie in Gewalt übergehen. Häufigste Ursache von Gewalttaten ist Streit um Frauen. In einer kleinen Siedlung der Netsilik am Ellice River fragte Rasmussen jeden der dort lebenden zwölf Männer, ob sie schon einmal an Gewalttätigkeiten beteiligt gewesen wären. Jeder war es. Und der Grund war immer Streit um Frauen, ohne Ausnahme. Die Liste (Rasmussen 1927.235, 1931.205):

Angulalik hatte an einem Kampf teilgenommen, bei dem jemand getötet wurde, aber selbst niemanden getötet.
Uakuaq hatte Kutdlaq getötet, aus Rache, weil dieser Qvaitsaq getötet hatte.
Angnernaq hatte zwei Frauen. Eine wurde gewaltsam weggenommen, aber er hatte sich noch nicht gerächt.
Portoq hatte die Frau eines Mannes weggenommen, der sich noch nicht gerächt hatte.
Kivgaluk hatte Vater und Bruder verloren, durch gewaltsame Tötung, so daß er zur Rache verpflichtet war.
Ingoreq hatte versucht, zwei Männer zu töten, aber vergeblich.
Erfana hatte Kununassuaq getötet und an der Tötung von Kutdlaq teilgenommen.
Kingmerut hatte Maggararaq getötet und an einem mörderischen Überfall auf einen anderen Mann teilgenommen.

Erqulik berichtete, man hätte zweimal versucht, seine Frau zu entführen, beide Male vergeblich.
Pangnaq, ein Junge von zwölf Jahren, hatte seinen Vater erschossen, weil er seine Mutter schlecht behandelt hatte.
Maneraitsiaq hatte einen Mann in einem Zweikampf mit Pfeil und Bogen angeschossen, aber nicht getötet.
Tumaujoq hatte Ailanaluk getötet, aus Rache für die Tötung von Mahik.

Nâlungiaq, eine Netsilik in einer anderen Siedlung, war 45 Jahre alt, als Rasmussen ein halbes Jahr bei ihr und ihrem Mann lebte. Als junge Frau war sie sehr schön. Ihr erster Mann wurde von ihrem zweiten getötet. Der zweite von ihrem dritten, mit dem sie nun zusammen war (Rasmussen 1931.206). Zu einiger Berühmtheit in der ethnologischen Literatur hat es Igjugarjuk gebracht, ein geachteter und weithin bekannter Schamane der Karibu-Eskimo, mit großer Autorität unter seinen Gefährten. Die Eltern von Kivgarjuk hatten sich geweigert, sie ihm als Frau zu geben. Und so ging er morgens früh mit seinem Bruder zu ihrem Iglu. Er kroch in den Eingang und erschoß ihren Vater, ihre Mutter und die Brüder und Schwestern, insgesamt sieben oder acht Personen. Nur die Angebetete blieb übrig. Sie wurde seine Frau. Auch für die Gefühle der Eskimo, die in dieser Beziehung einiges gewohnt waren, soll das ein starkes Stück gewesen sein. Die schöne Kivgarjuk wurde später durch eine Jüngere entthront. Als Birket-Smith sie später sah, lebten alle drei in bester Harmonie (Rasmussen 1927.61-66; Birket-Smith 1929.293 f.).
Solche und ähnliche Geschichten werden aus allen Gegenden berichtet, in denen Eskimo leben. Und die Regel lautet: Die Blutrache ist heilige Pflicht. Ausgleichszahlungen, Blutgeld, Wergeld, in segmentären Gesellschaften häufig, gibt es nicht. Tötung muß mit Tötung erwidert werden, und wenn man den Mörder nicht treffen kann, kommt es auch vor, daß man sich an einem seiner engen Verwandten rächt. Aber, muß man ergänzen, das Ganze läuft nicht nach festen Regeln ab. Häufig wird die Rache aufgeschoben. Manchmal findet sie dann doch noch statt, und in vielen Fällen gar nicht. Es kommt darauf an, ob die dazu Verpflichteten sich stark genug fühlen und wie die Allianzen beschaffen sind, innerhalb ihrer Siedlungsgruppe.

Denn trotz dieser vielen Geschichten ist ihr Bedürfnis nach Ruhe und Frieden groß. Die allgemeine Meinung beruhigt sich ziemlich schnell.

Birket-Smith berichtet von einem Vorfall, der sich in der Nähe von Eskimo Point an der Hudson Bai abgespielt hat. Jemand, der schon einen Mord auf dem Gewissen gehabt haben soll, schoß auf einen anderen, der sich gerade kriechend einer Robbe näherte. Der Schuß ging daneben. Obwohl die Eskimo sich einig waren, daß der Versuch ernst gemeint war, passierte nichts. Man ließ die Sache auf sich beruhen (Birket-Smith 1929.265). Das bedeutet durchaus nicht, daß der Versuch einer Tötung immer ohne Folgen bleibt. Rasmussen beobachtete selbst einen anderen Fall, der für den Täter fast tödlich ausgegangen wäre. Eine alte Netsilik-Frau, die als kluger Schamane angesehen wurde, hatte Streit mit einem Mann. Deshalb versteckte sie eine Forelle, die sein Sohn gefangen hatte, in einem alten Grab. Das sollte zur Folge haben, daß der Sohn krank werde und sterbe. Die Eskimo sind überzeugt, daß die Seele eines Mannes so etwas nicht ertragen kann. Eine ihrer unzähligen Regeln ist das Verbot, die Jagdbeute eines Mannes in Berührung zu bringen mit Gräbern oder irgendwelchen Dingen, die mit dem Tod verbunden sind. Der Vater entdeckte den Plan jedoch rechtzeitig und vertrieb die alte Frau aus der Siedlung ins freie Land. Dort mußte sie den ganzen Sommer allein leben. Sie wagte es nicht, sich der Siedlung zu nähern, und wäre fast an Hunger gestorben (Rasmussen 1931.299).

Es gibt keinen Druck auf die Verwandten eines Getöteten, der sie zur Blutrache drängt. Oft ist man froh, wenn alles ruhig bleibt. Und so sind viele Streitigkeiten dieser Art einfach begraben worden (Jenness 1922.94 f.). Denn sie weiten sich leicht aus. Bisweilen, in Alaska und auf den Aleuten, können aus der Blutrache Kämpfe zwischen ganzen Siedlungen entstehen (Birket-Smith 1948.192 f.). Unfrieden in der Siedlung, Unsicherheit, das fürchten die Eskimos außerordentlich. Die Tötung eines einzelnen ist für sie an sich eine Angelegenheit zwischen dem Täter und der Familie seines Opfers. Die Gemeinschaft ist nicht betroffen. Denn es gibt kein öffentliches Strafrecht und sie haben nicht wie wir die Vorstellung vom Verbrechen, das eine Verletzung der Rechtsordnung ist, die den Gesamtwillen der Gesellschaft repräsentiert. Die Tötung ist eine Verletzung des Opfers und seiner Familie, mehr nicht. Aber sie kann, wenn sie zu weiterer Unruhe führt, zu einer Störung des Friedens in der Siedlung werden. Und dann kommen Reaktionen in Betracht. Sie zielen aber nicht auf Rache oder auf die Wiederherstellung von Recht, sondern einzig und allein auf die Sicherung von Ruhe und Ordnung, auf Friedenssicherung (Birket-Smith 1948.191 f.). Um es in unserer Sprache zu sagen: Sie sind nur polizeilicher Natur, keine Angelegenheit der Justiz. Meistens bestehen sie darin, den Unruhestifter zu töten, wenn er es nicht vorzieht, noch schnell das Weite zu suchen.

Rasmussen traf bei den Netsilik einen Mann, Uvdloriasugsuk, der bei ihnen allgemein sehr geachtet war, isumataq einer kleinen Gruppe an der Pelly Bay. Im Winter 1921/22 hatte er seinen Bruder erschossen. Der Bruder war ein gewalttätiger Unruhegeist, der von Zeit zu Zeit außer Fassung geriet. Er hatte einen Mann getötet und einige andere bei seinen Anfällen verwundet. Die Leute fühlten sich bedroht. Deshalb beschlossen sie, daß er getötet werden müsse. Uvdloriasugsuk erhielt den Auftrag, sehr gegen seinen Willen, denn er liebte seinen Bruder. Er stimmte trotzdem zu, weil er es als seine Pflicht ansah. Er ging zu ihm und erklärte ihm das ganze. Dann fragte er ihn, wie er sterben wolle, mit dem Messer, dem Riemen oder durch die Kugel. Ohne Protest oder Zeichen der Furcht wählte der Bruder die Kugel. Uvdloriasugsuk erschoß ihn auf der Stelle. Er habe, meint Rasmussen, den Auftrag erhalten, weil er der isumataq der Gruppe war, ihr Sprecher und primus inter pares (Rasmussen 1927.174 f.). Das ist wohl richtig, wird aber nicht allein ausschlaggebend gewesen sein. Ein wichtiger Grund war sicher auch, daß er zur Familie gehörte. Bei ähnlichen Gelegenheiten ist man diesen Weg öfter gegangen. Er hat den Vorteil, daß die Angelegenheit damit endgültig erledigt ist. Denn unter engen Verwandten gibt es keine Blutrache.

Bei den Labrador-Eskimo ereignete sich ein anderer Fall, am Ende des 19. Jahrhunderts. Ein älterer Mann war nicht nur ein guter Jäger, sondern auch sehr jähzornig. Ständig drohte er mit Schlägereien. Sein anmaßendes Verhalten und die kleinen

Quälereien wurden schließlich unerträglich. Man versammelte sich in der Siedlung und kam zu dem Ergebnis, er sei ein allgemeines Sicherheitsrisiko, das beseitigt werden müsse. Sie beschlossen, er solle getötet werden. Einer von ihnen erhielt den Auftrag. Er erschoß ihn eines nachmittags von hinten, als er seinen Iglu reparierte, der vom Sturm beschädigt war, nahm seine Frau und seine Kinder und sorgte für sie (Boas 1888.259 f.).

Auf Baffinland, ebenfalls am Ende des letzten Jahrhunderts, war Padlu zu einem Risiko für die Leute von Padli geworden, nachdem es seinetwegen mehrere Schießereien mit Leuten vom Cuberland Sund gegeben hatte. Die Angst vor ihm war allerdings so groß, daß man nicht einmal wagte, gemeinsam über ihn zu beraten. Ihre Rettung war ein beherzter Mann aus der Nachbarschaft, der isumataq oder pimain der nächsten Siedlung, der ihnen zu Hilfe kam und sich den Auftrag geben ließ, indem er von Hütte zu Hütte ging. Als er sah, daß alle der Meinung waren, Padlu solle getötet werden, ging er mit ihm auf die Jagd und erschoß ihn von hinten (Boas 1888.260, oben S. 56).

Hierher gehören auch Reaktionen auf den Vorwurf der Tötung durch Zauberei. Ein Schamane, von dem das angenommen wird, gilt als außerordentlich gefährlich. Wenn die Angst sehr groß und der Friede in der Siedlung dadurch gestört wird, und wenn man sich stark genug fühlt, tut man sich zusammen, um ihn zu beseitigen. Boas berichtet von einem Fall in Baffinland. Jemand wurde beschuldigt, er würde versuchen, mehrere Leute durch Zauberei zu töten. Man versammelte sich in der Siedlung, war der Überzeugung, der Vorwurf sei berechtigt, und beschloß, daß er sterben müsse. Ein alter Mann erhielt den Auftrag. Der stieß ihm ein Messer in den Rücken, und die Siedlung war von dieser Gefahr befreit (Boas 1901.117 f.). Solche Maßnahmen zielen nicht auf Gerechtigkeit. Sie haben polizeiliche Funktion. Ihr Zweck ist die Sicherung von Ruhe und Ordnung, die Beseitigung von Gefahren, die Friedenssicherung. Die Verantwortlichkeit der Person ist dabei von untergeordneter Bedeutung. Es geht um das Überleben der Gruppe. Deshalb kann sich ihre Gesellschaft auch der Kranken und Alten entledigen, wenn sie zu einer unerträglichen Last werden.

Für die Eskimo ist es kein großer Unterschied, ob man einen gefährlichen Unruhestifter oder eine arme alte Frau tötet (Birket-Smith 1929.265). Menschliches Leben ist nicht viel wert in diesen Breiten. Je unsicherer das Leben allgemein ist, je größer die Bedrohung von außen, desto weniger wichtig und schwächer sind die Regeln zu seiner Erhaltung.

Ähnlich ist es mit verschiedenen Formen ritualisierter Zweikämpfe, von denen die bekannteste der Singstreit ist, von den Eskimo nith genannt. Jedenfalls beim nith ist die Siedlung an der Entscheidung beteiligt. Hier wie bei den tödlichen Maßnahmen zur Friedenssicherung ist nicht die Durchsetzung von Gerechtigkeit das Ziel der Aktion, sondern die Herstellung von Frieden in der Siedlung. Hier wie dort geht es nicht um Vergeltung für Verletzungen, sondern um ihre Verhütung. Funktion der Zweikämpfe ist nicht die Klärung von Vorwürfen, sondern die Verhütung möglicher Folgen. Sie werden entweder körperlich ausgetragen, als Faust oder Ringkampf, oder mit geistigen Waffen, als Singstreit. In manchen Gegenden findet sich nur die eine oder andere Form (König 1925.276-287). Das herausragende Gebiet des Singstreits ist Grönland. Dort ist er besonders häufig, und von dort gibt es die meisten Berichte. Er findet sich aber auch anderswo, zum Beispiel in Labrador, bei den Karibu- und Netsilik-Eskimo und in Alaska. Im Grunde bewegt man sich hier im vorrechtlichen Bereich, selbst wenn man den Begriff des Rechts sehr weit zu fassen bereit ist. Denn die Anlässe sind oft nur, was man als Verstimmung oder Ärger bezeichnen könnte, ohne daß der anderen Partei eine Normverletzung vorzuwerfen ist. Meistens sind es Rivalitäten um Frauen, aus denen leicht Gewalttätigkeiten entstehen können, die es zu verhindern gilt. Der Hergang des nith ist schon 1765 von Cranz in seiner Historie von Grönland beschrieben worden (zitiert bei König 1925.283 f.):

»Wenn ein Grönländer von dem anderen beleidigt zu sein glaubt, so läßt er darüber keinen Verdruß, noch Zorn, noch weniger Rache spüren, sondern verfertigt einen satyrischen Gesang, den er in Gegenwart seiner Hausleute und sonderlich des Frauenvolkes so lange singend und tanzend wiederholt, bis sie alle ihn auswendig können. Alsdann läßt er in der ganzen Gegend bekanntmachen, daß er auf seinen Gegenpart singen will. Dieser findet sich an dem bestimmten Ort ein, stellt sich in den Kreis und der Kläger singt ihm tanzend nach der Trommel unter oft wiederholtem Amnaajah seiner Beysteher, die auch einen jeden Satz mitsingen, so viel spöttische Wahrheiten vor, daß die Zuschauer was zu lachen haben. Wenn er ausgesungen hat, tritt der Beklagte hervor und beantwortet unter Beystimmung seiner Leute die Beschuldigungen auf ebendieselbe lächerliche Weise. Der Kläger sucht ihn wieder einzutreiben, und wer das letzte Wort behält, der hat den Prozeß gewonnen und wird hernach für etwas recht Ansehnliches gehalten. Sie können einander dabei die Wahrheit recht derbe und spöttisch sagen, es muß aber keine Grobheit und Passion mit unterlaufen. Die Menge der Zuschauer dezidiert, wer gewonnen hat, und die Parteien sind hernach die besten Freunde ...«

Ein Beispiel aus Grönland: Eqerqo hatte Marratses geschiedene Frau geheiratet und dadurch war dessen alte Liebe wieder wach und seine Eifersucht groß geworden. Marratse forderte Eqerqo zum Duell und sang etwa eine Stunde. Er begann mit den Worten (König 1925.315):

> »Worte will ich spalten,
> kleine scharfe Worte,
> wie Holzsplitter, die ich
> mit meiner Axt zerhacke.
> Ein Lied aus alten Zeiten,
> ein Atemhauch der Ahnen,
> meiner Frau ein Sehnsuchtslied,
> ein Lied das Vergessen bringt.
> Ein frecher Schwätzer hat sie geraubt,
> hat sie zu erniedrigen versucht,
> ein Elender, der Menschenfleisch liebt,
> ein Kannibale aus Hungerszeiten.«

Darauf antwortete Eqerqo:

> »Frechheit, die Erstaunen setzt!
> Wut und Mut zum Lachen:
> Ein Spottlied, das die Schuld mir geben will.
> Schreck willst du mir einjagen,
> mir, der ich gleichmütig dem Tode trotze.
> Hei! Du besingst meine Frau,
> die einst war die deine.
> Damals warst du nicht so liebevoll.
> Während sie allein war,
> vergaßest du, durch Gesang sie zu preisen,
> durch herausfordernden Kampfgesang.
> Jetzt ist sie mein
> und nimmer sollen sie besuchen
> singende, falsche Liebhaber,
> Frauenverführer im fremden Zelt.«

Die Gesänge dienen nicht nur der Kanalisierung von Konflikten, die direkt zwischen den beiden Kontrahenten stattgefunden haben. Sie können auch eine allgemein beruhigende Funktion haben für Vorgänge, die den Frieden in der Gruppe bedrohen können. Ein Beispiel von den Karibu-Eskimo: Kanaijuaq hatte Streit mit seiner Frau und versuchte, sie in der Wildnis auszusetzen, hatte sie dort allein gelassen in der Hoffnung, sie würde umkommen. Die Frau schaffte es, sich durchzuschlagen. Dann nahm sie ihren Sohn, verließ ihren Mann und ging in eine andere Gruppe. Utahania, ein Freund des Mannes, forderte ihn auf zum nith und stellte ihn vor der Siedlung bloß (Rasmussen 1927.95, übers. v. Verf.):

> »Es ist einiges geflüstert worden
> von einem Mann und einer Frau,
> die sich nicht einigen konnten.
> Und worum ging das Ganze?
> Eine Frau, die in gerechtem Zorn
> die Felle ihres Mannes zerriß
> nahm das Kanu
> und ruderte weg mit ihrem Sohn.
> Ei, ei, ihr alle, die ihr zuhört,
> was denkt ihr von ihm,
> ist er nicht ein armer Kerl?
> Ist er zu beneiden,
> der groß ist in seinem Zorn,
> aber klein in seiner Kraft,
> und nun hilflos heult,
> getroffen von gerechter Strafe?
> War er es doch, der in blödem Stolz
> den Streit mit dummen Worten begann.«

Kanaijnaq antwortete mit einem Gesang, in dem er Utahanias eigenes schlechtes Benehmen zu Hause anklagte. Ihrer beider harte Worte schienen aber ihrer Freundschaft nicht geschadet zu haben.

Der Stil der Gesänge und ihre Komposition ist stark durch Tradition bestimmt, ritualisiert. Sie ziehen sich nicht nur über Stunden hin, sondern werden in Grönland oft über Jahre fortgesetzt, offensichtlich wegen ihres hohen Unterhaltungswerts. Die Anschuldigungen werden von beiden Beteiligten mit erstaunlicher Ruhe angenommen, weil »böse oder zornige Worte«, wie sie meinen, im Gegensatz zu diesen kleinen, scharfen viel schlimmere Folgen haben können. Die Eskimo haben eine große Hochachtung vor solchen Fähigkeiten, besonders vor derjenigen, diese kleinen scharfen Worte so zu setzen, daß sie sich amüsieren können. Das rangiert im Sozialprestige wohl noch vor physischer Stärke. Der Beifall der Zuhörer entscheidet über den Ausgang. Mit ihm steigt das soziale Ansehen des Gewinners und fällt das des Verlierers. Der Anlaß des Konflikts scheint dabei häufig vergessen zu werden, die Artistik der Darbietung steht für sie im Vordergrund. Und das ist ja auch der Zweck der Übung, die Kanalisierung von Konflikten, die Sublimierung von Ärger.

Die Rolle des Rechts

Das ist alles, was vom Recht bei den Eskimo zu berichten ist. Wenige Regeln sind es, die man fassen kann, wenige im Bereich von Familie und Verwandtschaft und über das Eigentum, nichts zur Vererbung. Konflikte, die über diese Regeln gelöst werden müßten, treten nicht auf. Bleiben die Delikte, Regeln über Verletzung und Ausgleich. Aber auch da ist wenig. Du sollst nicht töten, ist der einzig greifbare Satz, mit manchen Ausnahmen für Infantizid und Senelizid. Folge seiner Verletzung ist die Blutrache, wenn alles mit rechten Dingen zugeht. Das ist jedoch durchaus nicht immer der Fall. Einer der bemerkenswerten Charakterzüge der Eskimo ist nämlich ihre extreme Nachsicht gegenüber Fehlern und Verletzungen. Die zweite Regel, kaum noch dem Recht zugehörig, eher faktischer und prophylaktischer Natur, ist die Zulässigkeit der Tötung von gefährlichen Unruhestiftern, wenn die Gesamtheit der Siedlungsgruppe sie für richtig hält. Ihre Funktion ist nicht Herstellung von Recht, Durchsetzung von Gerechtigkeit, sondern die Friedenssicherung. Mit dem Singstreit, nith, ist es ebenso. Er soll Gewalttätigkeiten verhindern, Zorn und Ärger in die Bahnen eines geordneten – und unterhaltsamen – Rituals lenken. Diesem mageren Befund auf dem Felde des Rechts steht gegenüber eine Legion von Vorschriften im Bereich der Magie und in der Welt der Geister. Hier gibt es auch Agenten, die auf Einhaltung achten und Konflikte lösen, die Schamanen. Hier gibt es feste inhaltliche Regeln und ein formelles Verfahren im Ablauf schamanistischer Séancen. Die Magie hat eine Form, nicht das Recht. Dessen Vermittlung ist die Sache jedes einzelnen, weder angékok noch pimain oder isumataq spielen da eine Rolle. Wer verletzt wird, muß selbst für Ausgleich sorgen. Das Recht ist ohne Form und verfehlt jeder Versuch, ihm das Netz unserer Begriffe und Institutionen überzuwerfen, wie es Herbert König getan hat (1923/24, 1925, 1927; vgl. die Kritik bei Birket-Smith 1929.264). Noch nicht einmal von Beratungen in der Gemeinschaft der Siedlung wird berichtet, Beratungen über die Lösung von Konflikten zwischen Verletzten und Verletzer, wie es sie sonst in frühen Gesellschaften gibt. Das geht nur die beiden an. Die Siedlung bleibt gleichgültig und regt sich erst, wenn Gefahr für alle im Verzuge ist und ein Unruhestifter beseitigt werden muß. Im übrigen genügt die Scheu vor der öffentlichen Meinung der kleinen Gemeinschaft, den einzelnen in den Bahnen der Eintracht zu halten. Religion und Magie bestimmen sein Leben, nicht das Recht. Das Recht spielt kaum eine soziale Rolle, seine Provinz ist sehr klein. Die Gefahr geht von den Mächten aus, nicht von den Menschen. Je mehr man von Naturgewalten abhängig ist und sich Mächten ausgeliefert fühlt, umso mehr spielen diejenigen Regeln des sozialen Lebens eine Rolle, die darauf Einfluß nehmen wollen. Und es treten die Vorschriften zurück, die nur auf das Verhalten von Menschen abzielen.

Aber wohlgemerkt, das ist nur eine Analyse von außen, aus der europäischen Welt unserer eigenen Begriffe, in der man gewohnt ist, Religion und Recht zu trennen, Irdisches und Überirdisches. Für die Eskimo gibt es keinen Unterschied. Für sie gibt es Vorschriften, Gebote und Verbote, die man einhalten soll. Schwach wie die Menschen sind, sind es Vorschriften, die oft nicht eingehalten werden. Das ist alles. Und in gewisser Weise haben sie damit selbst für unsere Begriffe recht. Denn ihre religiös-magischen Gebote und Verbote sind auch, sicherlich nicht nur, aber auch Regeln für das Leben der Menschen untereinander. Sie haben auch den Charakter sozialer Normen, in unserem Sinn, von außen betrachtet. Mag man einen funktionalen Zweck im Einzelfall nicht erkennen und mag es ihn in vielen Fällen gar nicht geben – weil sie eben nicht in unserer Rationalität leben – so schaffen sie doch ein Klima der Vorsicht und Rücksicht untereinander. Das ist wahrscheinlich eine der Bedingungen gewesen, daß sie überleben konnten, jahrhundertelang, unter den harten Bedingungen einer feindlichen arktischen Umwelt.

6. Kapitel

Die Mbuti

Mbuti leben leichter als Eskimo. In der ökologisch günstigen Umgebung des tropischen Regenwaldes im nordöstlichen Kongo gibt es genügend Wild und pflanzliche Nahrung, keinen Kampf ums Überleben. Deshalb ist ihre Bevölkerungsdichte sehr viel größer. Der Wald am Ituri, ihre Heimat, erstreckt sich von West nach Ost in etwa dreihundert Kilometer Länge, von Norden nach Süden zweihundert Kilometer. Das ist noch nicht einmal ein Prozent des Gebiets der Eskimo. Trotzdem sind sie ungefähr genauso viele. Schebesta schätzte ihre Zahl in den dreißiger Jahren auf 35 000, Turnbull in den sechziger Jahren auf 40 000. Das ergibt pro Kopf immer noch zwei bis drei Quadratkilometer, die normale Dichte von Jägergesellschaften. Schon in der Antike gab es Nachrichten von Pygmäen, »Fäustlingen«, Menschen, die so klein seien wie eine Faust, bei griechischen und römischen Schriftstellern, zuerst bei Homer (Ilias 3.6). Das Zwergenvolk sollte in Äthiopien leben. Von Kämpfen mit Kranichen war die Rede. Strabon erklärte das alles für Unsinn, und auch der erste Bericht in der Neuzeit klang so abenteuerlich, daß man ihm nicht glaubte (duChaillu 1863). Die Wende kam mit dem deutschen Botaniker Georg Schweinfurth. 1869 sah er bei den Mangbetu einen Mbuti. Seitdem weiß man in Europa, daß es kleinwüchsige Jäger im Kongo gibt. Sie sind allerdings nicht so klein, wie man es sich in der Antike vorgestellt hat. Die Durchschnittsgröße der Frauen liegt bei 1,35 m, die der Männer bei 1,43 m.

Literatur: P. Schebesta, Die Bambuti-Pygmäen vom Ituri, 2 Bände, 1938-1950; C. M. Turnbull, Wayward Servants. The Two Worlds of the African Pygmies, 1965; R. Harako, The Mbuti as Hunters, in: Kyoto University African Studies 10 (1967) 37-99; T. Tanno, The Mbuti Net-hunters in the Ituri Forest, Eastern Zaire – their hunting activities and band composition, in: Kyoto University African Studies 10 (1976) 101-135.

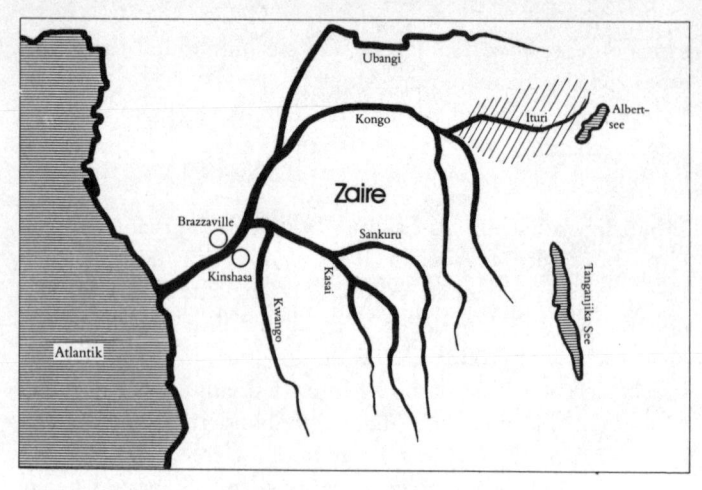

Das Gebiet der Mbuti am Ituri

Vor einigen hundert Jahren sind sudanische und Bantustämme in ihr Gebiet eingedrungen, Ackerbauern, die sich dort in Dörfern niedergelassen haben. Die Mbuti sind mit ihnen eine friedliche Symbiose eingegangen, haben ihre Sprachen übernommen. Wegen dieses engen Zusammenlebens war man zunächst der Meinung, sie seien von den Dorfbewohnern unterworfen worden, von ihnen politisch abhängig. Man hatte sie weitgehend nur in den Dörfern beobachtet, nicht im Wald, wo sie die größte Zeit des Jahres verbringen. Erst seit Colin Turnbull mehrere Monate mit einer Horde am Epulu durch den Wald gezogen ist, weiß man es besser. Tatsächlich sind sie in mancherlei Beziehung auf die Dörfer angewiesen, von denen sie im Tausch gegen Wild andere Lebensmittel beziehen, Bananen und Maniok, Metall- und Tonwaren. Letztlich sind sie jedoch von den Dörfern nicht abhängig. Sie können im Wald auch ohne deren Produkte existieren und sich jederzeit dorthin zurückziehen. Die Dorfbewohner versuchen immer wieder, Kontrolle über sie auszuüben. Und die Symbiose ist nicht nur ökonomischer Natur geblieben. Es gibt soziale und kultische Verflechtungen. Die Dorfbewohner sehen sich in einer Art Pa-

tronage gegenüber den Jägern, die sie individuell ihren lineages zurechnen, als »unsere Mbuti«.
Jede lineage steht mit bestimmten einzelnen Jägern im Austauschverhältnis, bezieht von ihnen Wild und liefert ihnen Produkte des Dorfes. Mit ihnen gibt es kultische Feierlichkeiten im Dorf, die Initiation junger Männer oder die Hochzeiten der Mbuti untereinander. In manchen Fällen haben solche Verbindungen über mehrere Generationen hinweg Bestand. Aber das System wird von den Mbuti nur äußerlich übernommen (Turnbull 1965.33-80). Sie heiraten zwar nach dem Ritus der Dorfbewohner, um ein Fest zu genießen, aber trennen sich dann sofort wieder. Wenn ihnen die Verbindung mit dem Patron zu lästig wird, verschwinden sie im Wald oder suchen in einem anderen Dorf einen neuen. Die patrilineare Abstammung der Ackerbauern spielt für sie keine Rolle. Ihre Mobilität ist stärker. Sie wollen die Vorteile des Dorfes ohne zu große Bindungen. Politischem Druck weichen sie durch neue Allianzen und ökonomischem Druck dadurch aus, daß sie sich erst einmal wieder in den Wald zurückziehen.
Ursprünglich sind sie mit Pfeil und Bogen auf die Jagd gegangen. Das Gift für ihre Pfeile stammt aus dem Saft von Lianen und Wurzeln. Elefanten erlegen sie mit dem Speer. Später ist ein großer Teil von ihnen dazu übergegangen, mit Netzen zu jagen. Diese Methode ist günstiger als die Bogenjagd. Die Erträge sind sicherer und höher. Allerdings muß man länger arbeiten. Bogenjäger sind etwas weniger als sieben Stunden auf der Jagd, Netzjäger gut acht Stunden täglich. Frauen und ältere Kinder arbeiten als Treiber. Es werden auch mehr männliche Jäger gebraucht als bei der Bogenjagd. Deshalb sind Netzjägerhorden größer. Sie haben im Durchschnitt 60 Mitglieder, Bogenjäger etwa vierzig. Da Netzjäger mehr Fleisch gewinnen, tauschen sie größere Mengen mit den Dorfbewohnern und erhalten mehr Bananen und Maniok aus dem Dorf. Das Sammeln pflanzlicher Nahrung, von Knollengewächsen, Wurzeln, Pilzen, Blättern, Nüssen, spielt bei ihnen nicht eine so große Rolle wie bei den Bogenjägern. Die Frauen sind ja auch weitgehend als Treiber beschäftigt. Wichtigstes Wild sind Antilopen, für Netzjäger und für Bogenjäger. Außerdem jagen sie

noch Affen, Wildschweine, Stachelschweine und – selten – Elefanten. Außerordentlich gern essen sie Honig, den sie von April bis Juli sammeln.

Viele Namen haben die Mbuti, die zwischen verschiedenen sprachlichen Gruppen leben. Solche, die sie sich selber geben, und andere, mit denen sie von den Dorfbewohnern bezeichnet werden. Wenn sie sich selbst von ihnen unterscheiden, hört man wohl am häufigsten das Wort Mbuti (Schebesta 1938.10-26). Früher schrieb man auch BaMbuti oder Bambuti im Plural, Mbuti nur als Singular. Neuerdings ist man dazu übergegangen, dieses eine Wort zu gebrauchen, für Singular und Plural.

Der jahreszeitliche Wechsel

Wie bei den Eskimos gibt es einen starken Einfluß der Jahreszeiten auf das soziale Leben der Mbuti-Jäger (Harako 1976.91-99). In der Regenzeit, von August bis November, leben sie in Lagern in der Nähe der Dörfer. Um diese Zeit steht der Wald unter Wasser und die Jagd ist schwierig. Nur manchmal gehen sie hinaus, um etwas zu fangen. Weitgehend existieren sie von den Lebensmitteln des Dorfes, arbeiten dafür sogar ab und zu auf den Feldern. Hier wird der Grund liegen für die Entstehung der engen und friedlichen Symbiose von Ackerbauern und Jägern, in den Unbilden der Regenzeit, die im Dorf sehr viel leichter zu überstehen sind als im Wald. Insofern bedeutete die Einwanderung seßhafter Stämme für die Mbuti eine Verbesserung ihrer Situation. Sie erhielten dadurch ein Refugium, in das sie sich begeben konnten, wenn das Leben im Wald beschwerlich wurde.

Im Dezember beginnt die Trockenzeit, in der das Leben im Wald leicht und angenehm ist. Dann gehen sie auf Wanderschaft, für etwa acht Monate, und kommen gegen Ende Juli zurück, wenn die Regenzeit beginnt. Ein Einschnitt in dieser langen Zeit ist die Honigsaison, je nach der Art der von den Bienen gesuchten Blüten irgendwann zwischen April und Juli. Auf ihrem Weg durch den Wald wechseln sie ihre Lager fünf bis sechsmal, bleiben mal einige Tage, mal einige Wochen. Sie

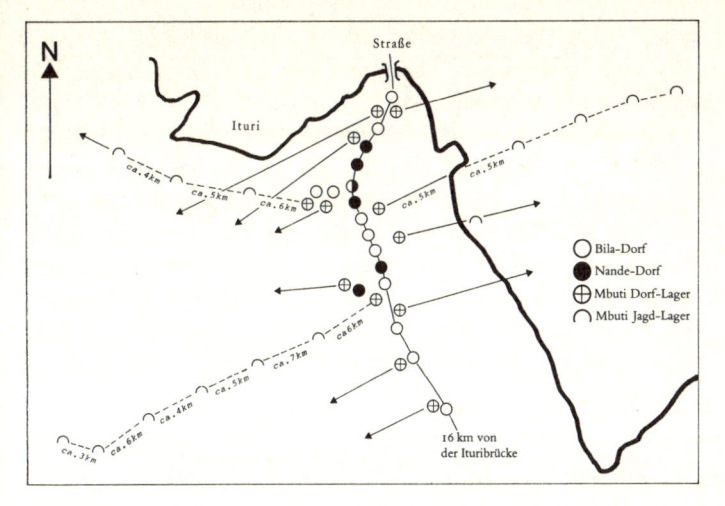

Die Verteilung der Bantu-Dörfer und der Mbuti-Lager in der Gegend von Mawambo (nach Tanno 1976.123)

ziehen dabei durch ein Gebiet, das sich vom Dorf in einer Länge von dreißig bis vierzig Kilometern in den Wald erstreckt und regelmäßig nur einige Kilometer breit ist, zwischen einhundert und zweihundert Quadratkilometern groß.
Die Größe der Horden wechselt in diesen Zeiten. Sie teilen sich auf in kleinere Gruppen und vereinigen sich dann wieder zu größeren, in denen das soziale Leben intensiviert wird. Aufspaltungen und Vereinigungen folgen dabei einem bestimmten Rhythmus, der bei Netzjägern und Bogenjägern umgekehrt verläuft. Netzjäger brauchen mehr Menschen für die Jagd. Ihre Horden sind im Wald ziemlich groß. Während der Honigsaison spielt die Jagd nicht die entscheidende Rolle, der Honig ist wichtiger. Und so teilen sie sich auf in kleinere Gruppen, um sich dann für die Jagd wieder zu vereinigen. Wenn sie zu Beginn der Regenzeit zum Dorf zurückkehren, lagern sie dort in kleineren Gruppen, getrennt. Die Horden der Bogenjäger sind im Wald kleiner. Sie werden größer in der Honigsaison, wo man sich zu festlichen Zusammenkünften trifft, um dann wieder für die Jagd auseinanderzugehen. Nachdem sie so für län-

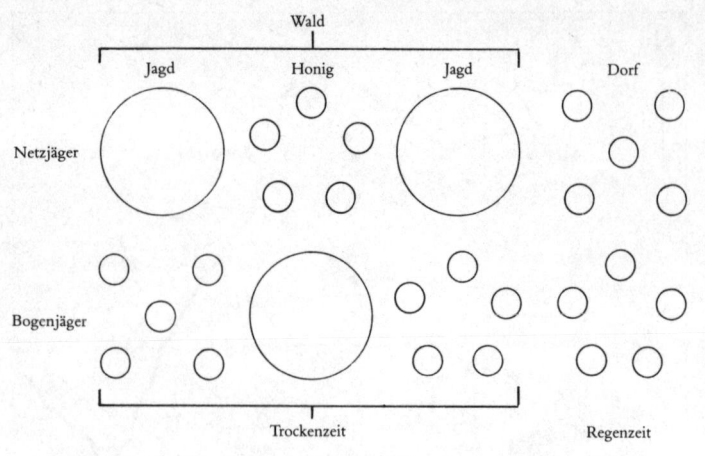

Der jahreszeitliche Wechsel bei Mbuti-Netzjägern und Bogenjägern

gere Zeit getrennt waren, bilden sie während der Regenzeit große Gruppen im Lager am Dorf, zum Teil mit mehr als hundert Menschen.

Unter völlig verschiedenen ökologischen Bedingungen finden wir also bei Eskimo und Mbuti die gleiche Erscheinung, einen jahreszeitlichen Wechsel von Teilung und Vereinigung der Horden. Sie findet sich auch bei anderen Jägern und entspricht offenbar einer sozialen Notwendigkeit. Einerseits braucht man die größere Gesellschaft mehrerer Menschen, um sich zu treffen, zu unterhalten, zu feiern. Andererseits scheinen sich dabei auch wieder soziale Spannungen aufzubauen, denen man entgehen kann, indem man sich wieder trennt. Das Leben in der kleinen Gruppe ist ruhiger, auf die Dauer aber langweilig. Und auch hier können Spannungen entstehen, deren Lösung dann in der Vereinigung mit anderen gefunden werden kann. Bei den Eskimo war dieser soziale Wechsel im wesentlichen ökologisch bedingt. Für die Seehundjagd im Winter braucht man größere Gruppen, die für die Rentierjagd im Sommer hinderlich sind. Bei den Mbuti ist das anders. Die Netzjäger könnten in der Regenzeit und während der Honigsaison in der größeren Horde zusammenbleiben, ohne ihre ökonomische Existenz zu gefährden. Trotzdem gehen sie auseinander. Mangels ökologischer Gründe muß man annehmen, daß sie nun allein einem sozialen Bedürfnis folgen, mehr oder weniger freiwillig das tun, was bei den Eskimo ökologisch erzwungen ist. Aber auch die Bogenjäger könnten in der Regenzeit und während der Honigsaison in der kleineren Horde weiterleben. Wenn sie es nicht tun, weil es nun ökonomisch nicht mehr notwendig ist, dann folgen sie einem gesellschaftlichen Bedürfnis. Und so wird Harako recht haben, wenn er annimmt, daß der jahreszeitliche Wechsel bei den Mbuti in erster Linie von sozialen Bedürfnissen gesteuert und erst in zweiter Linie von ökologischen Bedingungen bestimmt wird (Harako 1976.98).

Familie und Verwandtschaft

Auch bei den Mbuti ist wichtigste und einzige feste soziale Einheit die Familie, ein Mann, eine Frau, ihre Kinder. Das ist nicht unbestritten. Teilweise wird die Meinung vertreten, sie hätten agnatische Verwandtschaftsgruppen, patrilineare lineages. Jede Horde sei ein solcher Patriclan, meinte Paul Schebesta. Er verwendete die Ausdrücke Horde, Klan und Sippe letztlich als Synonyme. Dagegen hat Colin Turnbull mit Entschiedenheit betont, ihre Gesellschaft sei durch einen bestürzenden Mangel an verwandtschaftlicher Gliederung gekennzeichnet. Die Horde sei eine Gruppe, die man nicht anders definieren könne, als daß sie gemeinsam ein bestimmtes Jagdgebiet bewohne. Man könne sie nur über dieses Territorium definieren, nicht über Verwandtschaft. Die Horden seien in einem ständigen Prozeß von Teilungen und Vereinigungen begriffen, Fluktuation und Mobilität außerordentlich groß. Es gäbe kein Verwandtschaftssystem, außer einer offensichtlich sklavischen Nachahmung des lineage-Systems der Dorfbewohner, das aber für sie keine weitere Bedeutung habe, rein äußerlich sei. Sie hätten es übernommen, wie sie die Sprache der Dörfer übernommen haben und ihre kultischen Gebräuche. Es spiele für sie nur eine Rolle, wenn sie sich im Dorf aufhalten und sich äußerlich dem Leben dort anpassen. Im Wald, wo sie die längste Zeit des Jahres wären, sei es für sie völlig gleichgültig. Dieser erstaunliche Mangel an jeglicher verwandtschaftlicher Struktur könne durchaus nicht als Charakteristikum aller Jägergesellschaften angesehen werden. Er sei vielmehr eine typische Abwehrreaktion der Mbuti. Möglicherweise wären sie ursprünglich sogar patrilinear gegliedert gewesen, hätten es aber dann aufgegeben, als Reaktion auf die ständigen Eingliederungsversuche der patrilinearen Dörfer. Und so sei das Fehlen verwandtschaftlicher Gliederung das Mittel, eine Jägergesellschaft am Leben zu erhalten, die sich im Kontakt mit einer aufdringlichen Dorfgesellschaft behaupten müsse. Die Zusammensetzung der Horden bestimme sich nach anderen Kriterien, die eher zufällig seien, beruhe eher auf Sympathien oder Antipathien in der Gruppe. Kleine Feindschaften seien es oder das Bedürfnis, andere Leute zu sehen, die man gern mag, die über Zugang und Abgang im fortlaufenden Prozeß der Fluktuation entscheiden. Meistens seien sie noch nicht einmal ökonomischer Natur (Turnbull 1965.93-117).

Diese Theorie Turnbulls, die Theorie der territorialen Horde, ist in letzter Zeit bestritten worden (Harako 1976, Tanno 1976). Zwei japanische Ethnologen haben sich Anfang der siebziger Jahre bei einigen Mbuti-Horden aufgehalten und sind zu anderen Ergebnissen gekommen. Sie teilen zwar grundsätzlich die Meinung Turnbulls, die Gesellschaft der Mbuti sei vor allem durch einen Mangel an jeglicher sozialer Struktur gekennzeichnet. Aber sie bestreiten seine Meinung, die Horde sei nur territorial zu definieren. In der Tat zeigen die von ihnen vorgelegten Berichte über die Zusammensetzung einzelner Horden, daß die Verwandtschaft eine größere Rolle spielt, als Turnbull meint. Es findet sich eine starke Ausprägung väterlicher Verwandtschaft. Es ist nicht eine einlinige, agnatische Verwandtschaftsordnung wie in den patrilinearen Dörfern. Die Kinder werden nicht nur der Verwandtschaft ihres Vaters zugerechnet. Es gibt auch keinen entsprechenden Ahnenkult. So ist es ein kognatisches System. Aber die Horden bestehen zu einem großen Teil aus Mitgliedern, die miteinander in der väterlichen Linie verwandt sind, bei Bogenjägern stärker als bei Netzjägern. Hier liegt die Lösung des Problems, die Auflösung des Widerspruchs. Netzjägerhorden sind regelmäßig größer. Je kleiner die Horden sind, desto stärker zeigt sich die Verwandtschaftsstruktur. Je größer sie werden, umso mehr kommen andere dazu, verschwägerte oder völlig Fremde. Die Horde am Epulu, bei der Colin Turnbull sich aufgehalten hat, war selbst für die Verhältnisse von Netzjägern sehr groß, so groß nämlich, daß in ihr der verwandtschaftliche Zusammenhalt nicht mehr zu erkennen war.

Sichtbarstes Element ihrer Gesellschaft ist die Familie. Mehrere meist in der väterlichen Linie verwandte Familien bilden eine Horde, die aber auch andere Mitglieder aufnehmen kann. Die Struktur der Horde ist nicht sehr fest, weil sie sich außer durch jahreszeitlich bedingte Teilungen und Vereinigungen durch die ständige Fluktuation immer wieder verändert. Trotzdem ist auch bei den Mbuti die Verwandtschaft ein nicht unwesentliches Element der Gruppensolidarität. Die Horde ist nicht nur territorial zu bestimmen, allerdings auch keine agnatische Gruppe. Die Wahrheit liegt in der Mitte zwischen Turnbull und Schebesta.

Die Existenz einer großen Zahl von Hordenmitgliedern, die in der väterlichen Linie miteinander verwandt sind, läßt sich leicht erklären. Grund ist die Patrilokalität. Meistens heiraten eine Frau und ein Mann aus verschiedenen Horden. Die Mbuti praktizieren eine strenge Tauschehe »Kopf um Kopf«, regelmäßig mit den Schwestern von Männern, die heiraten wollen. Wenn ein Mann eine Frau heiraten möchte, muß seine Familie ihrem Bruder seine Schwester – oder eine andere Verwandte – zur Frau geben. Man nennt das Schwesternheirat. Über die Heiraten wird in der ganzen Horde beraten. Das Einverständnis wird nur gegeben, wenn die Gegenseitigkeit möglichst unverzüglich gewahrt ist, im klassischen Sinn der Vorstellungen von Lévi-Strauss über den Frauentausch. Und man spricht über die Frage der Residenz. Auch darüber einigen sich beide Horden vorher. In erster Linie wird danach entschieden, in welcher Horde der Mann als Jäger von größerem Nutzen ist, aber auch, ob er als sozialer Partner besser in die eine oder andere paßt, ob er viel redet oder wenig, und ob er laut ist. Vor Lärm haben Jäger große Angst. Er verscheucht das Wild. Dabei gibt es insgesamt eine starke Tendenz zur Patrilokalität. Sie ist aber nicht

zwingende Regel, besonders dann nicht, wenn die Horde der Frau zu klein geworden ist (Turnbull 1965.218f.).
Anders als in segmentären Gesellschaften spielen verwandtschaftliche Fragen dabei kaum eine Rolle. Auch bei den Mbuti gibt es nur die undeutliche Regel, daß man nicht zu nah verwandt sein darf, wenn man heiraten will. Regelmäßig ergibt sich das schon aus der Hordenexogamie. Dementsprechend ist das Inzestverbot nicht sehr streng ausgebildet (Turnbull 1965.111f.). Es gilt für Vettern und Kusinen ersten Grades und für Geschwister, bei Vettern und Kusinen aber nur für längere Verbindungen oder Heiraten. Dagegen scheint das Verbot zwischen Eltern und Kindern nicht zu existieren oder öfter nicht eingehalten zu werden. Allgemein ist die sexuelle Freiheit sehr groß. Paul Schebesta schreibt dazu (1948.345):

»Tatsache ist, daß die Jugend vollkommene Freiheit genießt und jeder Bursche mit jedem Mädchen verkehren kann, sofern es ihm gelingt, dessen Gunst zu erlangen... In der Unsitte des freien Verkehrs Unverheirateter findet auch folgender Vorfall seine Erklärung. In Andandu drängte sich eine Schar Efe um mich, worunter auch ein junges Weib mit einem allerliebsten Bambino war. Meine Frage nach dem Vater des Kindes beantwortete einer der Männer in vollem Ernst: ›Das haben wir alle gezeugt‹, wobei er auf die fünf oder sechs Burschen neben sich wies.«

Es gibt keine Hochzeitsriten. Die junge Frau baut eine neue Hütte und man zieht zusammen. Nichts weiter. Im Status der beiden ändert sich auch wenig, bevor die Frau schwanger wird. Dann wird die Ehe im Grunde erst wirksam. Vorher ist eine Trennung ohne weiteres möglich. Sie kommt öfter vor. Danach ist sie selten. Monogamie ist die Regel. Polygamie wird schon meistens dadurch verhindert, daß die Frauen nicht nur von Horde zu Horde im unmittelbaren Austausch heiraten, sondern sogar von Familie zu Familie, im Schwesterntausch. Trotzdem kommt sie vor. Nach Schebestas Angaben in 6% der Ehen (1948.379). Meistens hat der Polygamist dann zwei Frauen, manchmal drei. Es bedeutet auch, daß er sehr viel mehr jagen muß, als wenn er Fleisch nur für eine Frau zu beschaffen hat.
Die Arbeitsteilung ist bei Bogenjägern die in allen Jägergesellschaften übliche. Die Männer jagen und die Frauen sammeln. Es kommt vor, daß auch Männer pflanzliche Nahrung sam-

meln, wenn es sich ergibt. Der Honig wird fast ausschließlich von Männern geholt. Man muß auf hohe Bäume klettern und die Bienen ausräuchern. Frauen machen das selten. Sie bauen die Hütten aus Zweigen und Laub, holen Wasser, kochen, sorgen für die Kinder. Bei den Netzjägern ist es etwas anders. Frauen, Mädchen und Jungen sind Treiber, Teil der Gruppe, die auf die Jagd geht. Wie die Männer sind sie dann über acht Stunden nicht im Lager. Auch bei den Bogenjägern kommt das vor, wenn sie eine Treibjagd machen. Es ist aber selten. Bei allen Mbuti ist die Arbeitsteilung also nicht so stark vom Geschlecht bestimmt wie in anderen Jägergesellschaften, eher vom Alter. Die Jungverheirateten und älteren Jugendlichen sind in erster Linie verantwortlich für das Jagen und Sammeln. Die Älteren und Kranken werden ernährt, kümmern sich bei Abwesenheit der anderen um die Kinder und um das Jagdgebiet. Alte und Kranke werden gepflegt. Das ist bei ihnen möglich, weil die Wanderungen von einem Lager zum anderen selten über mehr als fünf Kilometer gehen. Senelizid und Infantizid kommen nicht vor, ebensowenig der Selbstmord, auch nicht bei Alten. Paul Schebesta schreibt (1938.213 f.):

»Selbstmord ist unter den Bambuti sozusagen unbekannt. Man berichtete mir nur von einem Selbstmord eines Burschen, dem man seine Braut abtrünnig gemacht hatte, worauf er aus Verzweiflung einen Baum erkletterte, sich eine Liane um den Hals band und in die Tiefe stürzte. Dieser Selbstmordfall steht unter den Bambuti einzig da, wogegen Selbstmorde, besonders unter den Waldnegerinnen, gar nicht so selten sind.« (Mit Waldneger sind die umliegenden Ackerbauern gemeint.)

Seit Émile Durkheim weiß man vom Zusammenhang zwischen allgemeiner Zufriedenheit in einer Gesellschaft und ihrer Selbstmordrate. Die Mbuti sind ein deutlicher Beweis. Denn alle Berichte betonen ihre Fröhlichkeit und Zufriedenheit.

Gleichheit und Ungleichheit

Der Wald bestimmt das Leben der Mbuti. So sehen sie es selbst. Er ist für sie ein lebendiges Wesen, wohlwollend, gütig. Er reagiert auf das Handeln der Menschen, zeigt seine Gefühle bisweilen mit deutlicher Klarheit. Wenn ihm etwas mißfällt, äußert sich das in stürmischem Wind, fallenden Bäumen, schlechten Ergebnissen bei der Jagd, Krankheiten im Lager. Gutes Wetter, gute Jagdergebnisse und gute Gesundheit sind ein Zeichen dafür, daß er zufrieden ist. Aber oft bleibt er still, und man weiß nicht, was er meint. Dann gibt es nur noch ein Mittel, seinen Willen zu erforschen. Das ist die Beratung in der Horde, die mit Einmütigkeit endet. Denn Einmütigkeit bedeutet Ruhe. Und Ruhe gefällt dem Wald. Während Zwietracht laut ist und ihm widerwärtig. Was ihm gefällt, ist gut. Und umgekehrt. Eine Lösung, die gut ist, gefällt dem Wald. Was ihm mißfällt, ist schlecht. Er ist der Schiedsrichter über die Menschen und ihre einzige Autorität (Turnbull 1965.180f.).

Was für die Eskimo Nuliajuk ist, ist für die Mbuti der Wald. Der Verschiedenheit ihrer Ökologie entspricht die Gegensätzlichkeit der beiden höchsten Wesen. Die Ökologie der Eskimo ist extrem schlecht. Vor Nuliajuk muß man sich also fürchten. Die Ökologie der Mbuti ist außerordentlich gut. Deshalb ist der Wald ein freundliches Wesen. Weil Nuliajuk gefährlich ist, und nicht nur sie, sondern noch viele andere Mächte, braucht man Agenten, die vermitteln und mildern. Das ist die Aufgabe der Schamanen. Im Umgang mit dem Wald gibt es dafür keinen Bedarf. Die Einmütigkeit der Horde gibt wieder, was er meint. Man braucht keine Magier oder Schamanen. Diese Gleichheit im Umgang mit dem höchsten Wesen zeigt, daß ihre Egalität noch stärker ist als die der Eskimo.

Auch bei ihnen ist Autorität gestreut. Bei Meinungsverschiedenheiten über die Jagd, in rituellen Fragen und bei Streit über Recht und Unrecht sind es nicht immer die gleichen, auf deren Wort man hört. Turnbull, der das im einzelnen aufgeschlüsselt hat, kommt zu dem Ergebnis, Autorität sei auf die verschiedenen Altersgruppen und zwischen Frauen und Männern gleichmäßig verteilt.

Ihre Egalität verbindet sich mit einem Mangel an jeglicher formalen Struktur ihrer gesellschaftlichen Organisation (Turnbull 1965.14, übers. v. Verf.):

»Das Gesamtbild ist das einer Gesellschaft, in der der Mangel an formaler Struktur so augenscheinlich ist, daß man sich wundert, warum sie sich nicht

	Familie	Jüngere	Jäger	Ältere
1. Ökonomie				
Jagen (gemeinsame Autorität von Männern			△	
Sammeln und Frauen bei Netzjägern)			○	
Honigernte			△	
Austausch mit dem Dorf	△○			
Herstellung materieller Güter	△○			
Aufsicht im Lager (während der Jagd)		△○		△○
2. Ritual				
Geburt	△○			
Pubertät, Verlobung, Heirat: elima		○		○
Tod: molimo		△		△
3. Konflikte				
In der Ehe	△○			
Zwischen einzelnen anderen			△○	
Ausweitung auf die Gruppe				△○

Die Verteilung von Autorität nach Alter und Geschlecht ist also fast gleich:

Familie: 4
Jüngere: 3
Jäger: 4
Ältere: 4
Männer: 12
Frauen: 11

Autoritätsfelder bei den Mbuti (nach Turnbull 1965.330)

völlig auflösen. Sie haben nicht nur keine Häuptlinge oder Ältestenräte, sondern auch keine Spezialisten für das Ritual und kein lineage-System, das in irgendeiner Weise direkt für Ordnung und Zusammenhalt sorgt. Das Geheimnis enthüllt sich, wenn man eines Tages auf die Horde blickt, um zu sehen, was sie wirklich ist, und am nächsten Tag noch einmal auf sie sieht und merkt, daß sie etwas anderes ist.«

Erfolgreiche Jäger genießen hohes Ansehen. Besonders groß ist es, wenn sie ein tuma sind, jemand, der einen Elefanten erlegt hat, oder mehrere. Das erfordert besonders großen Mut und große Geschicklichkeit. Der Elefant wird oft von einem einzigen Mann getötet, mit einem Speer, der ihm gezielt in den Unterleib gestoßen werden muß. Erfolgreiche Jäger haben großen Einfluß, besonders bei solchen Beratungen, die die Jagd betreffen, also in allen praktischen Fragen, zu denen auch die der Residenz in der einen oder anderen Horde gehört, wenn jemand von ihnen heiraten will. Sie müssen jedoch vorsichtig sein. Wenn sie die Rolle des großen Jägers zu deutlich spielen und zuviel von ihren Erfolgen reden, verlieren sie ihre Glaubwürdigkeit und setzen sich der Gefahr aus, verspottet zu werden. Denn letztlich werden alle Entscheidungen im gemeinsamen Konsens getroffen und dabei hat grundsätzlich jeder die gleiche Stimme, Frauen wie Männer. Ein unterschiedliches Gewicht der Stimmen kann sich allerdings in vielfältiger Weise ergeben. In Fragen der Jagd hört man mehr auf die Jüngeren, die den größeren Teil der Arbeit leisten. Bei allgemeinen Problemen der Horde und in persönlichen Streitigkeiten sind es mehr die Älteren, die schlichten oder mit ihrer Meinung den Konsens der Gruppe beeinflussen, weil sie die größere Erfahrung haben. Andere wieder, Frauen oder Männer, organisieren und gestalten das elima- und das molimo-Fest, die Initiation der Mädchen und die feierliche Beschwörung des Waldes.

Obwohl Autorität in dieser Weise geteilt ist, werden die Horden in der Regel doch mit einem einflußreichen Mann identifiziert, einem erfolgreichen Jäger. Seine Stellung entspricht der des pimain oder isumataq bei den Eskimo, ist jedoch noch weniger institutionalisiert. Die Mbuti haben noch nicht einmal einen Namen für sie. Sein Einfluß ist in mancherlei Weise beschränkt, durch ähnlich gute Jäger an seiner Seite, durch die Stimme der Alten und durch das Gebot der Vorsicht und Zurückhaltung in einer Gesellschaft von »Staatsfeinden« (Clastres 1976). Einen solchen Mann – aus der Horde am Epulu – beschreibt Turnbull (1965.184, übers. v. Verf.):

»Njobo ... gehörte zu den besten Jägern und stand einzigartig da, weil er allein und mit eigener Hand vier Elefanten erlegt hatte. Er hatte auch an erfolgreichen gemeinsamen Jagden auf Elefanten und Büffel teilgenommen und war, abgesehen von seinem äußersten Mut als Jäger, auch ein Mann von äußerster Rechtschaffenheit. Er besaß in überreichem Maße alle die Eigenschaften, die die Mbuti am meisten bewundern, außer einer guten Stimme für den Gesang. Er selbst war bescheiden, und im Lager zog er sich gewöhnlich zurück. Er kam hervor, wenn es um Angelegenheiten ging, die die Beziehungen zum Dorf betrafen, und handelte oft als ›Häuptling‹ der Horde in dieser Hinsicht. Jedoch, jedesmal, wenn er im Lager zu laut sprach, wurde er niedergeschrien oder ausgelacht. Den Spott nahm er gern auf sich und mochte ihn sogar. Ich habe nur einmal gehört, wie er sich dagegen wandte, als jemand auf die Unfähigkeit seines Sohnes anspielte, der nicht ohne Stock gehen konnte. Er sagte: ›Es ist nie gut für einen Mann, zuviel zu reden, besonders wenn er im Recht ist. Aber wenn ein Mbuti was zu sagen hat, was kann er da anderes machen?‹«

Der »Häuptling« der Horde ist eine Institution, die auf die Dorfbewohner zurückgeht. Wie die meisten Europäer können auch sie sich nicht vorstellen, daß es Gesellschaften ohne institutionalisierte Macht gibt. Deshalb ist der Verbindungsmann der Mbuti zum Dorf für sie ein Häuptling, den sie capita oder sultano nennen. Dieser Posten ist im Grunde eine Erfindung der Dorfbewohner. Er spielt im Wald keine Rolle. Die Mbuti reden oft lange über seine Besetzung, denn er ist nicht immer sehr beliebt (Schebesta 1948.339; Turnbull 1965.44-46).
Der stark egalitäre Charakter ihrer Gesellschaft findet sich bei ihnen, anders als bei den Eskimos, auch im Verhältnis von Frauen und Männern. Grund dafür ist die bessere Ökologie. Frauen tragen in gleicher Weise wie Männer zur Beschaffung von Nahrung bei. Bei Netzjägern sind sie sogar unmittelbar an der Jagd beteiligt. Bei den Bogenjägern ist Sammeln meistens genauso wichtig wie die Jagd. Die Patrilokalität bedeutet allerdings eine gewisse Benachteiligung von Frauen. Und es gibt auch keine Berichte darüber, daß Frauen eine ähnlich einflußreiche Stellung erreichen können wie ein erfolgreicher Jäger. Insofern ist die vorsichtige Einschränkung angebracht, die Turnbull macht, wenn er schreibt (1965.127, übers. v. Verf.):

»Dabei sind die Frauen mit den Männern fast, wenn nicht völlig, gleichberechtigt.«

Dem entspricht, daß es bei ihnen keine Sexualtabus zu Lasten von Frauen gibt, wie sie sich in großer Zahl bei den Eskimo finden. Es gibt keine Meidungsgebote, weder bei der Menstruation noch während der Schwangerschaft. Die große Freiheit der Mbuti-Frauen erweist sich schon bei ihrer Initiation, im elima-Fest. Die jungen Mädchen in der elima-Hütte sind es, von denen auf sehr drastische Weise – mit einer langen Peitsche – die Werbung ausgeht. Jeder vorübergehende junge Mann, den sie erwischen, muß ihnen folgen. Aus der großen Zahl von Kandidaten wählen sie dann den, der ihnen bei der Erprobung der Ehe am besten gefallen hat (Turnbull 1965.132-140). Dementsprechend fehlen auch die vielen gewaltsamen Rivalitäten der Männer um Frauen, die in erschreckender Weise das Leben der Eskimo bestimmen.

Eigentum

Die Horden leben in festen Gebieten, deren Grenzen sie für das Sammeln und Jagen nicht überschreiten. Mit anderen Worten: Die Mbuti sind territorial (Schebesta 1941.274 f.; Turnbull 1965.149.174-176). Man kann ohne Schwierigkeit von seinem eigenen Gebiet leben, allenfalls verfolgt man mal ein sehr begehrtes Tier in das Nachbargebiet und teilt dann mit den Nachbarn – wenn man entdeckt wird. Wenn sie selbst sehr wenig Honig finden und bei den Nachbarn sehr viel mehr ist, dringen sie entweder schnell in das fremde Gebiet ein oder bitten um Erlaubnis. Wenn die Erlaubnis gegeben wird, tauschen sie manchmal Mitglieder aus. Die andere Horde sichert sich auf diese Weise ihre anteiligen Rechte. Über das Eigentum am Territorium schreibt Schebesta (1941.274 f.):

»Besitzer des Schweifgebietes ist die ganze Gruppe. Es kam nirgendwo vor, daß irgendeiner aus der Gruppe, nicht einmal der Älteste, ein besonderes Anrecht darauf geltend machte. Das Besitzrecht wird von allen in gleicher Weise ausgeübt; irgendwelche Parzellierungen unter die Individuen oder Familien finden nicht statt. Es ist der Flecken Heimaterde für alle Gruppenmitglieder schlechthin ...
Wir haben es hier also um einen ausgesprochenen Kommunalbesitz zu tun, wobei alle Gemeinschaftsmitglieder gleichberechtigte Nutznießer sind, ohne daß irgend jemandem aus ihnen das Recht zustände, diesen Besitz zu veräußern.«

Man kann sich einzelne Bäume reservieren, für die Gewinnung von Honig oder Borke, aus der man Kleidung machen kann. Dafür kappt man das Gestrüpp ringsherum oder bindet in Schulterhöhe eine Schlingpflanze um den Stamm. Auch Termitenhügel kann man auf diese Weise mit Beschlag belegen. Über die Rechtsnatur solcher Reservierungen gehen die Meinungen auseinander. Schebesta ist der Auffassung, dadurch würde das »Eigentumsrecht auf diese Dinge durch das ius primi occupantis erworben« und niemand dürfe es wagen, sie ohne Zustimmung des Eigentümers auszubeuten. Das würde als Diebstahl gelten (Schebesta 1941.275 f.). Turnbull sieht es weniger streng. Es sei ein Anrecht auf ersten Zugriff, das dem einzelnen oder seiner Familie niemals das ausschließliche Eigentum am Baum oder ausschließliche Rechte am Produkt verschaffe. Werde der Honig herausgeholt oder die Rinde geschnitten, würde das kollektiv geschehen. Der Berechtigte sei den üblichen Regeln für die Teilung der Produkte des Waldes unterworfen. Er habe nur das Recht, sich seinen Teil zuerst zu wählen. Sein Anteil sei auch größer. Ist er nicht zur Stelle, wenn die Honigernte ansteht, und wenn er auch nicht ankündigt, daß er kommen werde, dann verfalle sein Anspruch (Turnbull 1965.93 f.). Die detaillierte Schilderung Turnbulls, die unseren starren Eigentumsbegriff verläßt, kommt den Vorstellungen der Mbuti sicher sehr viel näher.

Die Verteilung der Beute folgt in verschiedenen Gegenden unterschiedlichen Regeln (Schebesta 1948.326-328; Turnbull 1965.158-160). Die Zuweisung eines erlegten Tieres an den erfolgreichen Jäger ist nur vorläufig. Er erhält ein gutes Stück vorweg. Der Rest wird auf die Älteren und diejenigen verteilt, die bei der Jagd mitgewirkt haben. Waren sie so erfolgreich, daß jeder etwas gefangen hat, dann findet unter den Jägern keine Verteilung statt. Jeder behält, was er erlegt hat. Nur die Älteren erhalten ihren Teil. Wenn man überhaupt von Eigentum des Jägers am erlegten Wild sprechen will – was sowohl Turnbull als auch Schebesta vermeiden – dann ist es ein rein formales, inhaltsleeres. Letztlich wird alles im Wege der positiven Reziprozität verteilt, und zwar noch nicht einmal durch den Jäger oder seine Frau, sondern von den Älteren. Der Jäger sitzt abseits. Er wartet geduldig, bis alle etwas erhalten haben. Anders ist es mit dem, was eine Frau gesammelt hat. Das behält sie für ihre Familie. Hier könnte man am ehesten vom Eigentum am Produkt sprechen. Mit dem Honig, der außerordentlich begehrt ist, ist es wieder wie beim Wild. Er wird in der ganzen Horde verteilt. Wer ihn erbeutet hat, behält etwas mehr für sich. Vorräte – an irgendwelchen Lebensmitteln – legen tropische Jäger nicht an. Auch die Mbuti nicht.

So bleiben für das individuelle Eigentum die Gegenstände des persönlichen Gebrauchs. Aber sie haben sehr wenig davon, sehr viel weniger als die Eskimo. Es ist nichts, außer Pfeil und Bogen, Speeren, Netzen bei den Männern, dem Stock zum Graben, einem Korb, einem handbreiten Lederstreifen zum Tragen der Säuglinge, einigen nichtssagenden Schmuckstücken und – neuerdings – Töpfen bei der Frau und einem notdürftigen Lendenschurz bei beiden. Insofern ist es ein wenig irreführend, wenn Schebesta schreibt (1941.277):

»Es ist zweifellos, daß das Privateigentum unter den Bambuti anerkannt und respektiert wird. Diebstahl ist verpönt und wird geahndet.«

Zumal Diebstahl kaum vorkommt. Ähnlich ist es mit der Vererbung. Schebesta schreibt dazu (1941.278):

»Der Bestand des Eigentumsrechts bei den Bambuti kommt auch noch im Erbrecht irgendwie zum Ausdruck, was hier nur angedeutet werden soll ...«

Aber es gibt kaum Regeln, weil sie fast nichts zu vererben haben. Wenn überhaupt etwas da ist, dann erhalten die Söhne die Sachen ihres Vaters, die Töchter die ihrer Mutter (Turnbull 1965.116). Eigentum, Diebstahl und Vererbung haben wenig zu bedeuten.

Religion und Magie

Im Dorf sind Hexerei und Zauberei ein Mittel sozialer Kontrolle. Die Mbuti kennen beides nicht, auch nicht die Hexerei zur Heilung von Kranken. Sie sind gesund. Was ihnen im Wald passiert, können sie so heilen. Im Dorf gibt es viel Magie, nicht im Wald. Manches davon macht ihnen Angst, wird von den Dorfbewohnern auch bewußt zu diesem Zweck eingesetzt, wenn sie ihre Leistungen nicht erbringen wollen. Dann fliehen sie in den Wald, wo sie sich sicher fühlen. Hexerei und Zauberei, meinen sie, haben dort keine Wirkung. Sie reden viel darüber, zweifeln, sind sich nicht ganz sicher. Wenn jemand zustimmend argumentiert, dann oft mit der Zunge an der Backe. Es gehört nicht zu ihrer eigenen Kultur.

Auch sie glauben an Geister und haben magische Rituale. Aber sie spielen keine große Rolle. Ihr Leben ist gesichert. Der Wald fordert keine besonderen Manipulationen. Morgens, wenn sie das Lager verlassen, gibt es am Ausgang ein kleines Jagdfeuer, das ihn erfreuen soll. Neugeborene bekommen ein Armband aus Schlingpflanzen, damit seine Kraft auf sie übergeht. Die Honigmagie ist etwas aufwendiger. Kleine Stücke aus der Rindenkleidung von Frauen werden mit einer Honigwabe auf gespaltene Stöckchen gesteckt. Dann zündet man das ganze an und trägt es im Wald um das Lager. Der Rauch steigt in die Luft und die Frauen klatschen in die Hände. Schließlich werden die Räucherstäbe in das Hauptfeuer des Lagers gestellt. Das bringt Honig. Dem gleichen Zweck dient ihr Honigtanz, bei dem die Frauen die Bienen und die Männer die Sammler sind (Turnbull 1965.231 f.). Im Gegensatz zu den Dorfbewohnern meinen sie niemals, sie müßten sich gegen böse Mächte wehren. Ihre Magie ist positiv.

Sie glauben nicht an ein Leben nach dem Tod, sind diesseitig und gegenwärtig und haben keinen Ahnenkult. Mit entsprechenden Vorstellungen konfrontiert, kann ein Mbuti erwidern: »Woher weißt du das? Warst du schon einmal tot und bist du dort gewesen?« (Turnbull 1965.246). Menschen und Tiere haben eine Seele. Sie lebt – als Atem – in ihrem Körper. Außer ihnen gibt es im Wald noch körperlose Geister. Sie sind jedoch weder gut noch böse und haben im wesentlichen die Funktion, zufällige Begebenheiten zu erklären. Wenn man stolpert, ist man mit einem Geist zusammengestoßen. Ist kein Wild zu finden, hat schon ein Geist gejagt.

Schebesta hat bei ihnen einen monotheistischen Gottesbegriff entdeckt, die Vorstellung von einem höchsten Wesen, das keinen eigenen Namen zu haben scheint und von ihnen mit Vater oder Großvater angesprochen wird. Es soll im Himmel wohnen, ein persönlicher Schöpfergott (Schebesta 1950.215). Jedoch, so abstrakt ist er wohl nicht. Für Turnbull ist es die Personifizierung des Waldes, denn dieses Wort, ndura, gebraucht man am Epulu für ihn als Namen (Turnbull 1965.251-254). Es ist eine Waldreligion. Der Wald hat alles hervorgebracht, die Bäche, die Tiere, die Pflanzen, die Menschen. Die Sicherheit, immer genug Nahrung zu finden, und die Abwesenheit existentieller Not haben die Mbuti zu der Überzeugung gebracht, daß er wohltätig und gütig ist. Wird man vom Unglück verfolgt, ist die Jagd nicht erfolgreich oder bei Krankheit oder Tod im Lager, dann haben sie die Vorstellung, daß der Wald schläft. Wenn er wach ist, hält er alles am Leben. Also muß man ihn wecken, erfreuen. Womit? Mit Gesang, Musik, Tanz. Das ist ihr großes molimo-Fest, ein Freudenfest, mit dem das Leben wieder bestätigt, die Freude wiederhergestellt werden soll, der symbolische Triumph des Lebens über den Tod. Die molimo-Trompeten werden geblasen, sie singen und es wird viel gegessen. Eine ältere Frau versucht, das molimo-Feuer zu löschen, eine Mutter, die das Leben gegeben hat und es jetzt nehmen will, aber die jungen Männer hindern sie daran. Das Fest soll die Niedergeschlagenheit der Gruppe aufheben und die Lebensfreude wiederherstellen, ist Ausdruck ihrer gemeinsamen Abhängigkeit vom Wald und bestärkt das Gefühl einer unmittelbaren, persönlichen und tiefen Beziehung eines jeden einzelnen zu ihm (Turnbull 1965.261-267).

Verletzung und Ausgleich

Im Vergleich mit den Eskimo sind Gewalttätigkeiten bei ihnen bedeutungslos. Raufereien im Lager kommen öfter vor, zwischen Männern und bei ehelichem Streit. Wenn es gefährlich wird, gehen andere sofort dazwischen. Es gilt als völlig normal, jemandem mit einem hölzernen Knüppel zu schlagen, auch heftig. Aber es darf kein Blut fließen, und man darf nicht auf die Stirn treffen, was als sehr gefährlich gilt. Schwere Verletzungen sind sehr selten, ebenso Berichte über Tötungen. Turnbull weiß nichts davon, und Schebesta nennt einen einzigen Fall. Er hat sich zu seiner Zeit oder einige Jahre vorher abgespielt. Man kann ganz allgemein sagen, daß ihr Verhältnis zur Gewalt ein anderes ist als das der Eskimo. Wenn ein Mann seine Frau bei den nicht seltenen ehelichen Prügeleien auf den Kopf oder ins Gesicht schlägt, verliert er sofort alle Sympathien in der Gruppe. Nicht so bei den Eskimo. Im übrigen sind es bei ihnen durchaus nicht immer die Frauen, die bei dieser Art von Auseinandersetzungen den kürzeren ziehen.

Konflikte, nicht nur eheliche, gibt es viele. In der – ziemlich großen – Horde am Epulu zählte Turnbull in einem Jahr 124 ernsthafte Vorfälle (1965.215). Es gibt bei weitem nicht so viele Streitigkeiten um Frauen wie bei den Eskimo, möglicherweise deshalb, weil die Frauen bei ihnen allgemein gleichgestellt sind. Ursache ist häufig der Vorwurf von Faulheit bei der Jagd, die die ganze Gruppe trifft, weil jeder von der Mitwirkung der anderen abhängig ist. Ab und zu geht es um Diebstahl. Trotz der vielen Streitereien macht ihre Gesellschaft insgesamt den Eindruck von großer Zufriedenheit, Fröhlichkeit und Friedlichkeit. Wahrscheinlich wird das auch in den Zeiten vor dem Eindringen der Ackerbauern und der Europäer nicht anders gewesen sein. Fast alle Berichte stimmen darin überein, dies seien typisch pygmäische Eigenschaften. Sie ergeben sich aus den günstigen Lebensbedingungen, die früher nicht schlechter waren.

Nach Turnbulls Zahlen kann man davon ausgehen, daß es jeden zweiten oder dritten Tag Ärger gegeben hat, kleinere oder größere Streitigkeiten, die sich in der Familie abspielen oder mit anderen in der Horde. Es beginnt beim Ärger des Mannes über seine Frau, die ihm bei der Treibjagd nicht schnell genug gewesen ist. Streit kann es in der ganzen Horde darüber geben, ob man das Lager wechseln soll. Die höchste Stufe ist erreicht mit den seltenen Strafaktionen der ganzen Gruppe gegen einzelne Übeltäter bei sehr schweren Verstößen gegen ihre Ordnung. So verschieden das alles für unsere Begriffe ist, für die Mbuti macht das keinen großen Unterschied. Streit zwischen Mann und Frau über Faulheit bei der Jagd und Empörung im Lager über Inzest zwischen Vetter und Kusine machen Lärm. Unruhe ist schlecht. Lärm mißfällt dem Wald. So ist auch der Ehekrach von Bedeutung für das Lager, zumal niemand umhin kann, ihn zur Kenntnis zu nehmen, besonders wenn man schlafen will. Wie bei jedem Streit wird auch hier interveniert, wenn es gefährlich zu werden droht. Bei der großen Zahl der von Turnbull beschriebenen Konflikte (1965.191-215) bleibt für den europäischen Juristen die bange Frage nach der Grenze von Recht und Nichtrecht, juristischer oder nicht juristischer Qualität des Streits. Die große Schwierigkeit, eine Grenze zu ziehen, oder besser: der Mangel eines Verständnisses der Mbuti für solche Unterschiede, die sie nicht sehen, beleuchtet einen nicht unwichtigen Aspekt ihrer Ordnung. Darüber wird noch zu sprechen sein.

Auch bei der Lösung von Konflikten fehlt ihnen jegliche Festigkeit einer formalen Struktur. Überall in ihrem Leben gibt es eine »verführerische Zwanglosigkeit« (Turnbull 1976.102). Schebesta meint zwar, »Rechtswahrer« seien die Ältesten. Sie hätten bei Streitigkeiten das letzte Wort. Bei ihnen läge die Entscheidung (Schebesta 1948.533). Die ausführlichen Berichte Turnbulls über den Verlauf einzelner Konflikte zeigen jedoch, daß dies nicht richtig ist. Die Älteren und auch die einflußreichen Jäger halten sich möglichst zurück. Die Aufrechterhaltung von Recht und Ordnung ist bei ihnen eine gemeinschaftliche Aufgabe, die entweder von der ganzen Gruppe oder von denen gelöst wird, die dem Konflikt am nächsten sind (Turnbull 1976.102 f.). Bei schweren Verstößen gibt es gemeinschaftliche Aktionen, die spontan und ungeordnet von mehreren, meistens den Jüngeren, durchgeführt und vom offen zutage liegenden Konsens der ganzen Horde getragen werden. In milderen Fällen werden dem, der gegen die Regel verstoßen hat, während des Umzugs der jungen Männer beim molimo-Fest die Zweige von der Hütte gerissen, genauer: bei ihm ein wenig, aber erkennbar mehr als bei anderen. Das meiste erledigt sich von selbst. Man läßt es einfach auf sich beruhen. Auch die Mbuti haben, wie die Eskimo, die große Fähigkeit, so etwas zu vergessen. Turnbull hat berechnet, daß nur 5% aller Streitigkeiten mit einer Entscheidung endeten (Turnbull 1965.216). Dazu zählen die unten beschriebenen Gemeinschaftsaktionen beim Inzest des Kelemoke oder nach Cephu's Jagdvergehen. Meistens wird diskutiert, im großen Kreis des ganzen Lagers oder im kleineren. Die meisten Konflikte werden verbal entschieden, durch Konsens. Irgendwie kommt man zu einer Einigung. Ausgleichsleistungen gibt es nicht. Strafaktionen der Gemeinschaft sind außerordentlich selten. Manchmal zieht man mit der ganzen Horde für einige Zeit zum Dorf, um die Sache zu vergessen, wenn sie größere Kreise gezogen hat. Oder man zieht weiter in den Wald. Häufig erledigen sich Konflikte dadurch, daß einer der Beteiligten das Weite sucht, ins Dorf geht oder zu Verwandten in einer anderen Horde. Die Fluktuation ist ein wichtiges Konfliktlösungsmittel. Ein anderes ist in leichteren Fällen wirksam. Man zieht die Streitenden ins Lächerliche, äfft sie nach, übersteigert den Streitpunkt und übertrumpft sie karikierend in ihrer eigenen Argumentation. Eine große Rolle spielt dabei der Lager-Clown, den es in jeder Horde gibt, regelmäßig ein geachteter Mann und guter Jäger, keine Ausnahmefigur wie der europäische Hofnarr. Er zieht den Streit in dieser Weise auf sich, bringt die Streitenden zum Lachen und damit den Konflikt zum Ende (Turnbull 1965.181 f.). Letztlich sorgt der Hunger für Ruhe. Denn der Lärm vertreibt das Wild, mißfällt dem Wald. Irgendwann wird der Druck der Gemeinschaft so stark, daß die Streithähne aufgeben.

Aber wie ist es mit Konflikten aus Mord und Totschlag? Wird dann auch so informell gehandelt und leicht vergessen? Die Frage ist, nach den Berichten der Ethnologen, nicht so leicht zu beantworten. Auf der einen Seite steht die Meinung Schebestas, auf der anderen das Schweigen Turnbulls. Zuverlässige Nachrichten von dritter Seite gibt es nicht. Schebesta bemerkt lapidar (1948.333):

»Auch die Erledigung der Blutrache ist Sache der Sippe bzw. des Sippenältesten.«

Und beschreibt dann einen Fall, aus dem sich immerhin mit Sicherheit entnehmen läßt, daß die Mbuti die Blutrache kennen. Er hat sich im Osten ihres Gebietes abgespielt, um die Straße von Mambasa nach Irumu:

»Die Schwester genannten Matibokas aus dem Mamvulager, Ayagu mit Namen, ließ sich von Likomagu aus dem Apfagu Clan betören und entführen. Matiboka holte seine Schwester wieder heim, worüber Likomagu so ungehalten wurde, daß er bei Gelegenheit eines Lagerwechsels der Mamvu einen gewissen Befe aus Rache niederschoß. Dieser konnte noch vor seinem Tod den Mörder nennen. Die Mamvu beschlossen Blutrache zu üben. Zu diesem Zweck brach Matiboka mit Mandebvu, dem Ältesten einer anderen Mamvu-Sippe auf. Mandebvu schoß kurzerhand eine Apfagufrau, die an die Apfogena verheiratet war, nieder, wodurch Befes Tod gesühnt war.«

Danach muß auch er sich auf eher unsichere Berichte früherer Autoren stützen (Schebesta 1948.334-336). Das Schweigen Turnbulls wird damit bestätigt. Solche Konflikte sind eben selten. Bei ihm findet sich allerdings die Schilderung dreier Todesfälle, die von den Mbuti auf Zauberei eines Dorfbewohners zurückgeführt wurden. Ihre einzige Reaktion war, das Dorf erst einmal wieder zu verlassen und sich in den Wald zurückzuziehen, wo sie sich sicher fühlten. Racheaktionen gab es nicht (Turnbull 1976.205-208). Schließlich betont er ausdrücklich, er habe bei seinen Nachforschungen keinen Hinweis darauf gefunden, daß die Mbuti irgendwelche Ausgleichsleistungen in Form von Blutgeld oder ähnlichem kennen würden, die bei den Dorfbewohnern üblich sind (1965.200f.).

Kurzum, Tötungsdelikte kommen vor. Sie sind sehr selten. Ausgleichszahlungen gibt es nicht, wohl aber Blutrache durch nahe Verwandte, wenn sie sich stark genug fühlen. Mord und Totschlag sind typische Probleme der Eskimo-Gesellschaft, verursacht durch die starke Rivalität der Männer um die – knappen – Frauen. Es ist kein Problem der Mbuti.

Einer der ernstesten Konflikte, die Turnbull am Epulu erlebte, drehte sich um einen Inzest, zwischen Vetter und Kusine, zwischen dem jungen Kelemoke und der Tochter seines Onkels Aberi. Hier ist, nur wenig gekürzt, sein Bericht (Turnbull 1976.103-106):

Man hatte zu Abend gegessen, saß am Feuer und unterhielt sich. Plötzlich hörten sie lautes Geschrei vom Nebenlager. Die Horde am Epulu siedelte in einem größeren und einem kleineren Lager, verbunden durch einen schmalen Pfad. Auch auf dem Pfad hörten sie lautes Rufen. Dann kam Kelemoke in ihr Lager gestürzt, wütend verfolgt von einigen Altersgenossen, die mit Speeren und Messern bewaffnet waren. In dem großen Lager liefen alle in ihre Hütten. Einige der Jüngeren rannten zu den nächsten Bäumen und kletterten auf die Äste. So auch Turnbull, gemeinsam mit seinem besten Informanten, Kenge. Sie sahen, wie Kelemoke versuchte, in einer der Hütten Unterschlupf zu finden. Er wurde mit zornigen Bemerkungen abgewiesen und ein brennender Holzscheit hinter ihm her geworfen. Jemand schrie ihm zu, er solle in den Wald fliehen. Dorthin verschwand er dann auch, seine Verfolger direkt auf den Fersen. Als sie nicht mehr zu sehen waren, kamen drei Mädchen von nebenan in das Hauptlager gestürmt, unter ihnen Kelemokes Kusine. Auch sie trugen Messer, kleine Schälmesser. Sie waren in Tränen aufgelöst und schrien laut, verfluchten Kelemoke und seine Familie. Als sie ihn nicht fanden, warf seine Kusine ihr Messer auf den Boden, schlug sich mit den Fäusten und schrie immer wieder: »Er hat mich getötet, er hat mich getötet«, und dann, nach einer Atempause: »Ich werde nie wieder leben können.« Kenge erlaubte sich aus der Sicherheit des Baumes eine kurze Bemerkung zur Logik dieser Feststellung, und sofort richtete sich der Zorn der Mädchen gegen die beiden Männer auf dem Baum, mit Drohungen und Beschimpfungen. Dann warfen sie sich auf den Boden, wälzten sich herum, schlugen sich selbst, rauften sich das Haar. Alles unter lautem verzweifeltem Weinen.

Ein Ruf kam aus dem Wald. Einer der Verfolger hatte Kelemoke gefunden, dicht am Lager versteckt. Die Mädchen hörten das, sprangen sofort auf, liefen in diese Richtung und schwangen drohend ihre Messer. Andere Rufe kamen vom Nebenlager, jetzt zum erstenmal von Erwachsenen. Turnbull konnte nicht verstehen, worum es ging, aber er sah Flammen. Er fragte Kenge, was passiert sei. Kenge sah sehr ernst aus. Er sagte, das sei die größte Schande, die ein Pygmäe auf sich laden könne. Kelemoke habe einen Inzest begangen, mit seiner Kusine, das sei fast so schlimm wie zwischen Bruder und Schwester. Turnbull fragte, ob sie ihn töten würden, und erhielt die Antwort, sie würden ihn nicht finden: »Sie haben ihn in den Wald getrieben, und er wird dort allein leben müssen. Niemand wird ihn aufnehmen, nach dem, was er getan hat. Und er wird sterben, weil man im Wald nicht allein leben kann. Der Wald wird ihn töten. Und wenn er ihn nicht tötet, dann wird er an Lepra sterben.« Dann, in typisch pygmäischer Weise, brach er in ein unterdrücktes Lachen aus, klatschte in die Hände und sagte: »Er hat es monatelang gemacht. Er muß sehr dumm gewesen sein, sich erwischen zu lassen. Kein Wunder, daß sie ihn in den Wald gejagt haben.« Für Kenge, so schien es, war die größere Sünde, sich erwischen zu lassen.

Die Menschen im Hauptlager waren noch in ihren Hütten. Die Jüngeren hatten nach Njobo gerufen, dem tuma, und nach Moke, dem einflußreichsten der Älteren. Aber sie weigerten sich herauszukommen, wollten damit nichts zu tun haben. Im Nebenlager wurde es lauter. Turnbull und Kenge kletterten vom Baum und gingen rüber. Eine der Hütten stand in Flammen. Es war die von Masalito, ein zweiter Onkel Kelemokes, der ihn seit dem Tod seines Vaters aufgenommen hatte. Das Feuer hatte Aberi gezündet, der Vater des Mädchens. Leute standen drumherum, Rufe und Schreie waren zu hören. Einige Männer rauften sich und Frauen drohten sich mit Fäusten. Turnbull ging wieder zurück ins Hauptlager. Dort stand man nun herum und diskutierte, in Gruppen von Männern und in anderen von Frauen. Dann kam ein Trupp aus dem Nebenlager und verlangte eine Diskussion. Man schimpfte auf die Kinder, die das ganze genossen hatten und nun die heldenhafte Flucht des Kele-

moke nachahmten. Die Erwachsenen konnten das alles gar nicht lustig finden, setzten sich zusammen und besprachen das ganze. Es ging allerdings nicht so sehr um Kelemokes Verfehlung, sondern um das Niederbrennen der Hütte. Masalito weinte: »Kelemoke hat nur getan, was jeder Junge tun würde. Und nun, wo man es bemerkt hat, haben sie ihn in den Wald getrieben. Der Wald wird ihn töten. Das ist erledigt. Aber mein eigener Bruder hat meine Hütte niedergebrannt und ich habe nichts zum Schlafen. Und was ist, wenn es regnet? Ich werde an Kälte und Nässe sterben, von der Hand meines Bruders.« Der Bruder, Aberi, protestierte leicht. Er sei beleidigt worden. Masalito hätte sich mehr um Kelemoke kümmern und ihn besser erziehen sollen. Auch er sprach nicht mehr vom Inzest. Es ging immer noch um den Brand der Hütte. Beide Familien klagten sich gegenseitig für mehr als eine Stunde an. Dann fingen die Älteren an zu gähnen. Sie gingen schlafen. Man könne die Sache auch noch am nächsten Tag beilegen.
Am nächsten Tag ging Turnbull in das Nebenlager. Die Mutter des Mädchens, Aberis Frau, war damit beschäftigt, Masalitos Hütte wieder aufzubauen. Aberi und Masalito saßen einträchtig nebeneinander. Die Jungen sagten ihm, er solle sich keine Sorge um Kelemoke machen. Sie würden ihm heimlich was zu essen bringen. Er sei im Wald, nicht weit weg. Drei Tage später, als die anderen nachmittags von der Jagd zurückkamen, trottete Kelemoke langsam hinter ihnen ins Lager, so als ob er mit auf der Jagd gewesen sei. Er sah vorsichtig umher. Niemand sagte etwas. Man beachtete ihn nicht. Er setzte sich zu den Jüngeren an ihr Feuer. Die Unterhaltung ging weiter, als ob er nicht da wäre. Dann kam ein kleines Mädchen, von seiner Mutter mit einer kleinen Mahlzeit geschickt. Sie gab es ihm und lächelte ihn dabei an. Kelemoke hat mit seiner Kusine nicht mehr geflirtet. Die Sache war erledigt. Fünf Jahre später war er verheiratet, mit zwei Kindern, ein erfolgreicher und angesehener Jäger.

An diesem Fall ist vieles bemerkenswert. Zunächst: Es sind gerade nicht die Älteren oder die erfolgreichen Jäger gewesen, die sich um die Verfolgung des Verstoßes gegen ihre Ordnung gekümmert haben. Es waren die Jüngeren. Zweitens, daß der Inzest nur als Übeltat des Mannes angesehen wird. Das Mädchen, dem wir aus unserer Sicht den gleichen Vorwurf machen würden, gilt als Verletzte, fühlt sich als Verletzte, die sogar Rache fordern kann, mit dem Messer in der Hand. Sie wird nicht nur nicht verfolgt, sondern steht auf der Seite der Verfolger. In einem berühmten anderen Fall ist es übrigens vielleicht ähnlich gewesen. Ich meine den des sechzehnjährigen Kima'i auf Trobriand, der die Schande nicht ertragen konnte, beim Inzest mit seiner Kusine entdeckt worden zu sein, und sich von einer Palme zu Tode stürzte. Auch dort richtete sich der Zorn anscheinend nur gegen ihn. Über ihn schreibt Malinowski sehr lang

(1926.77-80). Von der Kusine ist nicht die Rede. Möglicherweise haben auch die Trobriander sie als Verletzte, nicht als Verletzerin des Verbotes angesehen. Wie auch immer. Für die Mbuti gibt es zwei Möglichkeiten. Entweder wird der Inzest nur als Verletzung der Frau und ihrer Familie begriffen. Dafür spräche die Aktion ihres Vaters, ihr eigenes Verhalten, die Passivität der Älteren und der erwachsenen Jäger und der Umstand, daß nur ihre Altersgenossen, dann sozusagen in ihrem Namen, die Verfolgung übernommen haben. Oder der Inzest ist beides, subjektive Verletzung der Frau und objektiver Verstoß gegen die allgemeine Ordnung. Dann wäre die Verfolgung eine Aktion der Gemeinschaft gewesen, eine Strafaktion der ganzen Horde, durchgeführt von den Jüngeren. Kenge gibt sicher die Vorstellung der Mbuti wieder, wenn er sagt, der Wald würde Kelemoke töten. Und der Wald repräsentiert ihre allgemeine Ordnung. Deshalb wird man annehmen müssen, daß der Inzest für sie auch, vielleicht sogar in erster Linie, als ein objektiver Verstoß gegen sie verstanden wird, ohne daß sie sich übrigens dieses Unterschiedes bewußt sein werden. Die Passivität der erwachsenen Jäger und der Älteren bleibt aber schon erstaunlich. Typisch ist der Ausgang des Ganzen. Nach einiger Aufregung und einem heilsamen Schreck bei Kelemoke läßt man die Sache auf sich beruhen. Die Ordnung ist auch so wiederhergestellt. In der sehr viel stärker strukturierten Gesellschaft der Trobriander, mit ziemlich weit entwickelten Ansätzen von Herrschaft der Häuptlinge, ist der Druck auf den Täter sehr viel größer. Er bringt sich um.

Wenn die Jagd schlecht ausfällt, gibt es Streit. Vorwürfe werden gemacht, besonders in Richtungen, über die man sich schon lange geärgert hat. Einige sind faul, die Kinder im Lager machen zuviel Lärm, oder ähnliches. Wenn dann noch ein handfester Regelverstoß dazu kommt, kann die Reaktion der Gruppe sehr heftig werden. Ein derartiger Vorfall ereignete sich in der Epulu-Horde. Bei der Netzjagd stehen die Jäger im Halbkreis. Jeder hat seinen festen Platz, die mit älteren Rechten in der günstigen Mitte, andere weiter außen. Über diese feste Ordnung hatte sich Cephu heimlich hinweggesetzt, indem er sein Netz in einiger Entfernung vor den anderen aufstellte. Dadurch kam er in eine bessere Position, konnte den ersten Fang machen. Er war derjenige, der mit einer kleinen Gefolgschaft das Nebenlager angelegt hatte, in dem sich auch der Inzest des Kelemoke ereignete (Turnbull 1965.198, übers. v. Verf.):

»Cephu war weder ein sehr guter noch ein sehr beliebter Jäger, und es mag sein, daß infolgedessen die anderen Jäger sich ihm gegenüber weniger kooperativ zeigten. Am Ende eines besonders erfolglosen Tages stahl er sich davon und stellte sein Netz dort auf, wo es die erste Welle der Tiere auffangen konnte, die von den Treibern herangebracht wurden. Er wurde jedoch mit seiner Beute entdeckt, und als man zurück war, versammelten sich alle am molimo-Feuer des Lagers, die Jungen und die Jäger und die Älteren, mit Ausnahme von Moké und forderten Cephu auf, dazuzukommen. Man rief seinen Namen in das kleine Lager hinüber, das er sich angelegt hatte. Er wurde mit sehr wenig schmeichelhaften Bezeichnungen belegt, und als er endlich kam, um sich zu verteidigen, mit Kränkungen überhäuft, sogar von Jungen und Kindern. Öffentlich wurde er des Diebstahls von Nahrung angeklagt, eines Diebstahls gegenüber seinen eigenen Gefährten, und das war etwas, was nur Tiere machen (man bemerke den Zorn der Horde darüber, daß jemand von der Horde – und, muß man ergänzen, nicht von den Dorfbewohnern, U.W. – gestohlen hat; das ist für die Mbuti wirklicher Diebstahl). Alle Arten von Beschwerden wurden gegen Cephu vorgebracht, besonders sein Fehlen bei dem molimo-Fest nach dem Tode von Balekimito, Ekiangas Mutter und väterlicherseits Tante von Manyalito und Masisi. Cephu antwortete, Balekimito sei nicht seine Mutter, und war damit in die Falle gegangen, die man ihm gestellt hatte. Indem er das sagte, stritt er ab, Mitglied des gemeinsamen Herdes zu sein, und so erhielt sein Diebstahl eine größere Logik, wurde seine Tat umso verwerflicher. Als er nun sah, daß er sowohl ein Dieb als auch jemand war, der außerhalb der Gemeinschaft stand, brach er zusammen und bot an, das ganze Fleisch zurückzugeben, das er erbeutet hatte. Die Jäger gingen mit ihm rüber, rissen nicht nur seine Hütte nieder, sondern auch die der drei anderen Familien in seinem Lager, und ließen ihn zurück, jammernd darüber, daß er sterben würde. Am Abend jedoch schlich sich Masisi in der Dunkelheit hinüber, mit einem Friedensangebot in Form von gekochtem Essen, und nicht lange danach machte Cephu seinen Weg herüber zum molimo-Feuer und beteiligte sich am gemeinsamen Singen für seine »Mutter«, Balekimito. Das war eine der sehr seltenen Gelegenheiten, bei denen ein Konflikt durch das beendet wurde, was man als eine direkte Vergeltungs- und Strafaktion der ganzen Horde ansehen könnte.«

Man könnte im Grunde ja zweifeln, ob man Cephus Jagdvergehen nicht eher als allgemeinen Regelverstoß verstehen sollte, statt als Diebstahl. Aber Turnbulls Bericht ist eindeutig. Die Mbuti haben es als einen Diebstahl begriffen, aber doch auch als einen, der sich gegen sie alle richtete, mit dem Cephu sich selbst außerhalb der Gemeinschaft gestellt, die Solidarität der Gruppe erheblich verletzt und verlassen hat. Das ergibt sich aus der Diskussion um die Mitgliedschaft am gemeinsamen Herd. Die Horde versteht sich als Verwandtschaftsgruppe, mit gemeinsamen Pflichten, auch gegenüber den Toten, die Cephu ebenfalls verletzt hat. Die Konsequenz ist letztlich die gleiche wie bei Kelemoke. Der Täter wird aus der Gemeinschaft entlassen. Symbolischer Akt dafür ist das Niederreißen oder Niederbrennen seiner Hütte im Lager. Auf einem anderen Blatt steht, daß die Mbuti, wie alle Jäger, schnell vergessen und vergeben, bei Cephu wie bei Kelemoke. Bei Cephu sogar noch am gleichen Tag. Die Gemeinschaft wird wieder hergestellt, indem man ihm etwas zu essen bringt, bei Kelemoke wie bei Cephu, der dieses Angebot annimmt, indem er sich am gemeinsamen Singen beteiligt und damit seine Behauptung zurücknimmt, es gäbe für ihn mit ihnen keine Verwandtschaft. Entlassung und Wiederaufnahme erfolgen durch die gesamte Gruppe, ohne besonderen Einfluß der Älteren. Moké, der wichtigste unter ihnen, war bei der Diskussion mit Cephu gar nicht dabei. Den Akt der Verzeihung und Wiedereingliederung übernimmt Masisi, einer ihrer besten Jäger, der zwar vorsichtig agiert, aber letztlich weiß, daß das der Stimmung der Gruppe entspricht. Daß die Älteren in beiden Fällen, den schwersten während vieler Monate, nicht oder fast gar nicht beteiligt gewesen sind, ist nur auf den ersten Blick erstaunlich. Sie sind eben nicht die »Rechtswahrer«. Die Aufrechterhaltung von Recht und Ordnung ist Sache der Gemeinschaft. Autorität und Erfahrung der Älteren sind wichtig bei Streitigkeiten zwischen Parteien, in denen vermittelt werden muß, wenn beide unnachgiebig sind und nicht einfach und schnell zu erkennen ist, wie Recht und Unrecht verteilt sind. Die Handlungen Kelemokes und Cephus lagen klar zutage. Jeder wußte, wie hier zu reagieren war. Also brauchten die Älteren nicht einzugreifen.

Diebstahl in unserem Sinn ist selten. Kleinere Unregelmäßigkeiten im Umgang mit Lebensmitteln kommen jedoch vor. Jede Mbuti-Frau, meint Turnbull, hat schon einmal schnell etwas von der Beute weggesteckt, bevor es ans Verteilen ging (1965.198). Wird sie entdeckt, redet man darüber, kritisiert es heftig, und die Sache ist erledigt. Ein notorischer Mundräuber in der Epulu-Horde war Pepei, ein – für Mbuti-Vorstellungen sehr alter – neunzehnjähriger Junggeselle. Er war bekannt dafür, daß er sich gern aus anderen Töpfen bediente. Er ging im allgemeinen sehr geschickt vor, klaute nur bei Leuten, die sich gerade unbeliebt gemacht hatten, so daß seine Freveleien als inoffizielle Sanktionen verstanden werden konnten und folgenlos blieben. Es gab allerdings auch Kritiker, die sich dadurch nicht täuschen ließen. Einer von ihnen, einer der schärfsten, war Makubasi. Irgendwann machte Pepei einen Fehler (Turnbull 1965.199, vgl. 1976.111f.):

Man bemerkte eines Morgens den Verlust eines Lendenstückes. Makubasi hatte es auf einem Räuchergestell liegen gelassen, um es mit ins Dorf zu nehmen. Pepei war zu weit gegangen. Makubasi war in der Horde ein sehr geachteter Mann, dem man nichts vorwerfen konnte. Normale Reaktion wäre nun eine Tracht Prügel gewesen. Aber Makubasi ergriff eine sehr viel wirkungsvollere Maßnahme. Mit einer dramatischen Geste warf er das ganze Gestell ins Feuer, mit dem Fleisch, das noch darauf lag. Seine Frau versuchte einiges zu retten, holte das eine oder andere Stück heraus, bevor es verkohlt war. Makubasis Mutter dagegen unterstützte ihren Sohn. Sie nahm alles Fleisch, das sie hatte, und warf es vor Pepeis Hütte. Das sei ein Geschenk für Tiere und Insekten und Pepei könne davon essen, was er wolle. Das war zuviel. Er begann zu jammern. Es sei so schwer, allein zu sein und ohne Familie. Aber jeder ignorierte ihn. Niemand sprach mit ihm für den Rest eines langen Tages. Das Fleisch verfaulte langsam vor seiner Hütte. Erst spät am Abend kam eine alte Frau, Sau, bei der er am meisten gestohlen hatte. Sie brachte ihm etwas zu essen und stellte damit den Frieden im Lager wieder her, die Ruhe, die für die Mbuti so wichtig ist.

Auch hier greifen die Älteren nicht ein, reagieren einzelne spontan und im Konsens mit der Gemeinschaft, die die Aktion durch die Isolierung des Störenfrieds bestätigt, bis die Isolierung in gleicher Weise wie in den anderen Fällen wieder aufgehoben wird, ebenfalls durch eine einzelne Person, die spontan handelt, aber weiß, daß sie sich im Konsens der Gemeinschaft bewegt.

Die Rolle des Rechts

Was ist es also, das die Gesellschaft der Mbuti zusammenhält? Wie bei den Eskimo tritt Rechtliches auch bei ihnen in den

Hintergrund. Regelverstöße werden als persönliche Konflikte verstanden, die zunächst als solche gelöst werden. Das allgemeine Regelwerk ist schwach ausgebildet. Sanktionen auf Verstöße sind abhängig von der jeweiligen – persönlichen – Situation der Beteiligten. Um wirksam zu werden, brauchen sie allerdings die Unterstützung im Konsens der Gemeinschaft. Hier liegt ein objektives Moment, das Sanktionen letztlich trägt – sofern sie überhaupt erfolgen und man die Sache nicht einfach auf sich beruhen läßt, nachdem man sich verbal auseinandergesetzt hat. Aufrechterhaltung und Wiederherstellung von Ordnung ist somit ein gemeinschaftlicher Prozeß, ohne Agenten mit besonderer Kompetenz. Aber was ist dieses objektive Moment? Der Konsens der Gemeinschaft? Dieser Konsens ist das Resultat vieler Kräfte, die auf Ordnung hinwirken (Turnbull 1965.216 f.): nicht so sehr des Bewußtseins, daß es Regeln gibt, die eingehalten werden müssen, will man Sanktionen vermeiden, als vielmehr des sehr persönlichen Gefühls der Zugehörigkeit zur Gemeinschaft, verdichtet in Achtung und Sympathie, die man sich gegenseitig erweist, der Zufriedenheit eines gesättigten Bauches und, wohl am wichtigsten von allen, des Glaubens an das persönliche Wohlwollen des Waldes.

Der Glaube an den Wald, mit seinem Höhepunkt im großen molimo-Fest, ist jedenfalls stärkster Ausdruck des Zusammenhalts ihrer Gemeinschaft. Der Wald erhält und regelt ihr Leben. Er ist zufrieden, wenn sie sich einig sind und Ruhe geben, und er ist unzufrieden bei Streit. Deshalb ist Streit nicht gut. Man muß ihn beilegen und sich vertragen, so schnell wie möglich. Dadurch wird – im sich selbst regulierenden Prozeß – Ordnung aufrechterhalten und wiederhergestellt (Turnbull 1965.278 f., übers. v. Verf.):

»Hier ist ein sehr deutliches Beispiel der dichtest möglichen Verbindung von religiösem Glauben und moralischem Verhalten. Die Unterscheidung, die Radcliffe-Brown macht zwischen Recht, Moral und Religion, die jeweils aufrechterhalten werden durch rechtliche Sanktionen, Sanktionen der öffentlichen Meinung und religiöse Sanktionen, hat keine Geltung für die Gesellschaft der Mbuti, in der die drei Prinzipien unentwirrbar verschmolzen sind. Man könnte durchaus von Recht bei ihnen sprechen, auch wenn man davon ausgeht, es setze die Sanktion physischer Gewalt voraus, denn die Mbuti glauben, der Wald habe solche Gewalt und würde sie auch gebrauchen. In der Tat zeigt ihre Erfahrung, daß er es tut, denn Übertretungen haben die Gewalt akami zur Folge, Lärm, der den Tod bringt. Lärm ist in ihrer Vorstellung eine sehr unmittelbare und handgreifliche Antwort von seiten des Waldes, der das Gesetz ist. Auf der anderen Seite kann man kaum sagen, daß es eine öffentliche Meinung gäbe, denn es gibt keinen Sprecher und jede Meinung über das Verhalten anderer wird ausgedrückt in der Form, es würde dem Wald gefallen oder nicht gefallen. Gemeinschaftliche Aktionen, mit denen jemand allgemein lächerlich gemacht oder aus der Gruppe ausgeschlossen wird, ergehen im Namen des Waldes. Religiöse Sanktionen werden von anderen nicht unterschieden. Die Drohung ist die gleiche – Lärm und Verdruß.«

Kenge hatte nicht übertrieben, wenn er meinte, der Wald würde Kelemoke töten, als man ihn wegen des Inzests in den Wald getrieben hatte. Auch Kelemoke wird die Angst gehabt haben, und die Hoffnung, doch noch davonzukommen. Diese Vorstellungen sind vorhanden. Aber sie sind nicht entscheidend, im Gegensatz zur Welt der Eskimo. Entscheidend für ihr Handeln und die Aufrechterhaltung ihrer Ordnung ist nicht die Angst vor Bösem, sondern der Glaube an das Gute, an das Wohlwollen des Waldes. Wie bei den Eskimo überdeckt Religion das Recht. Nur ist es nicht eine Religion der Furcht, sondern des Vertrauens.

7. KAPITEL

Religion und Recht

Es gibt also Regeln in Jägergesellschaften, in manchen sehr viele, wie bei den Eskimo, in anderen sehr viel weniger. So bei den Mbuti. Es sind Regeln, über die es zum Konflikt kommen kann, wenn sie nicht eingehalten werden, wie zum Beispiel das Verbot des Inzests, des Ehebruchs und des Diebstahls. Andere sind unproblematisch, werden ohne Abweichung eingehalten. So die Zuordnung zur Verwandtschaft oder Regeln über die Initiation. Man kann auch unterscheiden zwischen Normen, die unbedingt eingehalten werden müssen, deren Bruch regelmäßig zu Sanktionen führt, und solchen, auf deren Einhaltung nicht ein solch starker Zwang liegt (Meggitt 1962.252). Das entspricht unserer Unterscheidung von Recht und Gewohnheit in unserer eigenen Ordnung. Wir finden auch die Vorstellung, die verschiedenen Regeln würden sich zu einem Ganzen zusammenfügen, ähnlich wie wir – sehr viel abstrakter – als Recht definieren: die Summe aller Rechtsnormen. Bei den Mbuti geschieht dies, indem sie ihr gesamtes Verhalten zum Wald in Beziehung setzen. Es ist gut, wenn es ihm gefällt. Es ist schlecht, wenn es ihm mißfällt. Andere Jäger haben ihre Ordnung noch stärker personalisiert. Die Feuerländer beziehen sie auf einen Himmelsgott, Watauinéiwa, der Uralte. Auch von einzelnen Normen sagen sie: »Watauinéiwa wünscht es so; er schaut genau zu, ob jeder sich danach richtet« (Gusinde

---

Literatur: Allgemeine Untersuchungen zum Recht in Jägergesellschaften gibt es nicht. Auch für die einzelnen Gesellschaften finden sich regelmäßig nur sporadische Bemerkungen. Zur Bedeutung von Fluktuation für Konfliktlösungen: C. Turnbull, The Importance of Flux in Two Hunting Societies, in: R. B. Lee, I. DeVore (Hg.), Man the Hunter, 1968, S. 132-137. Über existentiellen und normativen Charakter von Naturreligionen: E. Service, The Hunters, 2. Aufl. 1979, 5. Kapitel. Über Recht und Religion in frühen Gesellschaften, auch bei Jägern: E. A. Hoebel, The Law of Primitive Man, 1954, 10. Kapitel.

1937.1003). Auch bei den !Kung hat ihr großer Gott ≠ Goa!na, der im Himmel lebt und die Welt geschaffen hat, ihre Ordnung begründet. Alle Regeln kommen von ihm (Marshall 1962.235). Die australischen Walbiri haben sogar ein eigenes Wort für ihre Ordnung. Die Gesamtheit ihrer Regeln nennen sie djugaruru. Das bedeutet wörtlich »die Linie« oder »der gerade oder richtige Weg« (Meggitt 1962.251). Wir kommen also noch näher in den Bereich unserer Vorstellungen von Recht, denn auch in unserem Wort steckt die Bedeutung »richtig, aufrecht, gerade«. Und so stellt sich die Frage: Haben Jäger und Sammler den gleichen Begriff von Recht wie wir? Sie läßt sich nur auf Umwegen beantworten. Umwege, die über ihre Religion führen. Sie spielt nämlich in ihren Ordnungsvorstellungen mindestens die gleiche Rolle wie das Recht. Und beide sind eng miteinander verbunden. Wie sieht das aus?

Naturreligionen

Die Verbindung läßt sich gut beschreiben am Beispiel des djugaruru der australischen Walbiri. Es ist in der Traumzeit entstanden, sagen sie (Meggitt 1962.251). Die Australier bezeichnen ihren Totemkult als Träumen, das sie in die ewige Traumzeit führt, in der Vergangenheit und Gegenwart sich verbinden. Das Totem ist ein Gegenstand der Natur, der nicht nur Sinnbild der verwandtschaftlichen Kultgruppe ist, sondern auch die mythische Gestalt symbolisiert, auf die sie sich zurückführt. Das Totem lebt und reagiert, ähnlich den allgemeinen Göttern in anderen Gesellschaften. Totemismus bedeutet Zusammenarbeit von Mensch und Natur, die beide zu einer einzigen Ordnung gehören, nach gleichen Gesetzen leben. Es ist eine Zusammenarbeit, die nicht irgendetwas Besonderes erreichen will, sondern nur das bekannte Regelmäßige aufrechterhalten soll, die Vertrauen schafft in den Ablauf der Natur und Hoffnung gibt für die Zukunft. Ihre gesamte soziale Organisation ist von dieser Personalisierung durchdrungen, die zu einer Einheit von menschlicher und natürlicher Ordnung führt, mit gleichen Gesetzen für die Menschen und die Sterne, mit dem einzigen Unterschied, daß sie von der Natur besser eingehalten werden. Diese Ordnung ist entstanden in der Zeit der großen mythischen Ahnen, die sie geschaffen haben, in der Traumzeit (Elkin 1954.194-199). Das Recht unserer Gesellschaften regelt nur das Leben der Menschen. Die Normen der Australier gelten für Mensch und Natur. Diese Einheit finden wir nicht nur dort. In verschieden starker Ausprägung gibt es sie in fast allen Jägergesellschaften. Nicht immer sind es Gottheiten, manchmal auch nur anonyme und animistische böse Geister, wie bei den Siriono im Nordosten Boliviens. Sie bringen kalten Wind, Unfälle, Krankheit und Tod. Am besten kann man sich davor hüten, wenn man die traditionellen Regeln der Horde einhält (Holmberg 1969.90). Bindeglied ist immer die Religion, die Welt des Übernatürlichen, der Mächte über den Menschen und der sichtbaren Natur.

Normativer Charakter von Naturreligionen

Elman Service ist der Meinung, Naturreligionen bei Jägern und Sammlern hätten nicht normativen Charakter, sondern nur existentielle Funktion (1979, 5.Kapitel). Mit anderen Worten: Jägergesellschaften würden sich in ihnen nur den Ablauf der Natur, also ihre eigene Existenz erklären, den Wechsel der Jahreszeiten, das Auf und Ab von Sonne und Mond, die Veränderung der Gestirne, des Wetters und den Erfolg oder Mißerfolg bei der Jagd, Krankheit und Tod. Diese existentielle Funktion hätten in den modernen Gesellschaften die Naturwissenschaften übernommen, während die Religion bei uns in erster Linie normative Funktion hätte, nämlich die Vermittlung von Moralität, der Vorstellungen von Gut und Böse. Bei Jägern hätte Religion keinen moralischen Inhalt, werde Moralität nicht im übernatürlichen Kontext vermittelt, sondern im Rahmen der Familie. Ihre Moral sei familiär, weil ihre Gesellschaft so klein sei. Was bei uns als familiäre Tugenden gelte – Liebe, Großzügigkeit, Gegenseitigkeit, Zusammenarbeit – das seien bei ihnen gesellschaftliche Tugenden. Sie würden sich – über die Familie – von selbst vermitteln und bräuchten nicht mit der

Drohung religiöser Sanktionen gepredigt zu werden. Es gäbe ja keine Fremden, auf die sie ihre Moral ausdehnen müßten.

Nun weiß natürlich auch Elman Service, daß es bei Jägern viele Verhaltensregeln gibt, Gebote und Verbote, Normen, die sich aus ihrer Religion ergeben, zum Beispiel die unendlich vielen Tabus der Eskimo. Das ist aber kein Widerspruch zu seiner Annahme, Religionen in Jägergesellschaften seien nicht normativ. Er meint damit nicht diese Tabus, sondern die Moral im Verhalten von Mensch zu Mensch, das neminem laedere und eben Liebe, Großzügigkeit, Gegenseitigkeit usw. Die Frage, ob man Rentierfleisch und Seehundfleisch zusammenbringen oder sich zu bestimmten Zeiten das Haar kämmen darf oder nicht, ist in der Tat sehr viel eher eine »existentielle« als eine moralische. Verstöße gegen die Moral wie Mord, Diebstahl oder Ehebruch interessieren Nuliajuk tatsächlich nicht. Weder sie noch andere Mächte reagieren darauf mit Empörung, sondern in erster Linie der Verletzte und seine Familie. Für die Eskimo, könnte man meinen, hat Elman Service recht.

Anders ist es schon bei den Mbuti. Ihr Glaube an den Wald ist nicht nur existentielle Erklärung von Welt, sondern hat auch stark normative Kraft, trägt ihre Moralität, indem sie ihn miteinbeziehen in den Ausdruck von Mißbilligung unmoralischen Verhaltens, wenn nämlich die Prinzipien von Freundlichkeit, Gegenseitigkeit und Zusammenarbeit verletzt werden. Ich wiederhole, was Turnbull dazu meint (1965.278 f. übers. v. Verf.):

»Hier ist ein sehr deutliches Beispiel der dichtest möglichen Verbindung von religiösem Glauben und moralischem Verhalten. Die Unterscheidung, die Radcliffe-Brown macht zwischen Recht, Moral und Religion, die jeweils aufrechterhalten werden durch rechtliche Sanktionen, Sanktionen der öffentlichen Meinung und religiöse Sanktionen, hat keine Geltung für die Gesellschaft der Mbuti, in der die drei Prinzipien unentwirrbar verschmolzen sind. Man könnte durchaus von Recht bei ihnen sprechen, auch wenn man davon ausgeht, es setze die Sanktion physischer Gewalt voraus, denn die Mbuti glauben, der Wald habe eine solche Gewalt und würde sie auch gebrauchen. In der Tat zeigt ihre Erfahrung, daß er es tut, denn Übertretungen haben die Gewalt akami zur Folge, Lärm, der den Tod bringt. Lärm ist in ihrer Vorstellung eine sehr unmittelbare und handgreifliche Antwort von seiten des Waldes, der das Gesetz ist. Auf der anderen Seite kann man kaum sagen, daß es eine öffentliche Meinung gäbe, denn es gibt keinen Sprecher und jede Meinung über das

Verhalten anderer wird ausgedrückt in der Form, es würde dem Wald gefallen oder nicht gefallen. Gemeinschaftliche Aktionen mit denen jemand allgemein lächerlich gemacht oder aus der Gruppe ausgeschlossen wird, ergehen im Namen des Waldes. Religiöse Sanktionen werden von anderen nicht unterschieden. Die Drohung ist die gleiche – Lärm und Verdruß«.

Sehen wir uns an, wie es bei anderen Jägern ist. Über die Schoschonen finden sich dazu keine Angaben. Aber für die Feuerländer. Sie glauben an Watauinéiwa, den Uralten, der im Himmel lebt und dem alles gehört, was auf der Erde existiert, der über gutes Wetter verfügt und über schlechtes, über Erfolg bei der Jagd entscheidet oder über Mißerfolg, der zwar wohlwollend und gut ist, aber auch mit tödlichem Unglück strafen kann. Von ihm stammt ihre gesamte Ordnung, der »überlieferte Brauch«, der ihr friedliches Zusammenleben sichert. Eine große Tugend ist es für die Yamana, diese Regeln einzuhalten, und zwar alle, nicht nur die Tabus, die wir dem Bereich der Religion zuordnen (Gusinde 1937.1003):

»Diesen unausweichlichen Zwang, unter dem jedermann steht, wissen die Yamana letzten Endes mit einem Hinweis auf den Watauinéiwa, ihre einzige Gottheit zu begründen. Ihr ganzes Brauchtum nämlich – wenn man so sagen darf – schließt in sich das eigentliche Sittengesetz im engeren Wortsinne, sowie alle Verpflichtungen für das gesellschaftliche Zusammensein und für die Einzelperson gegenüber sich selber in des Wortes weitester Bedeutung. Mit einer allgemein gehaltenen Formel leitet der Feuerländer dieses sein Brauchtum, d.h. alle Grundsätze und Richtlinien, die in Übung stehen, von seiner Gottheit als der letzten Quelle ab, wenn er sagt: ›Watauinéiwa will, daß jeder ein guter Mensch sei! – Watauinéiwa wünscht es so (wie der Brauch es bisher bestimmt hat); er schaut genau zu, ob jeder sich danach richtet!‹ Nicht bei jeder Einzelhandlung ruft er sich seinen Gesetzgeber ins Gedächtnis zurück, das wäre übermenschlich; aber jene allgemeine Formel bleibt in seinem Unterbewußtsein wach und tritt ihm zeitweilig eindeutig bestimmt vor das aufgeschlossene Gewissen.«

Über die Bedeutung des ≠ Goa!na bei den !Kung gibt es verschiedene Meinungen. ≠ Goa!na ist der Schöpfer der Erde, des Wassers, des Himmels, der Tiere, der Menschen und ihrer Werkzeuge, Waffen, Techniken, Medizin und ihrer gesamten Ordnung. Er lebt im Himmel, macht das Wetter, bringt das Jagdglück, ist wohlmeinend und gut. Neben ihm gibt es noch eine kleinere Gottheit, //Ganwa, den Zerstörer, und noch eine große Zahl von Geistern der Verstorbenen, die ebenfalls im

Himmel leben, als deren Helfer. Schapera meint nun, im Sinn von Elman Service, ≠Goa!na hätte keine Verbindung mit dem moralischen Verhalten der Menschen (1930.184 f.). Lorna Marshall schreibt (1962.244 f. übers. v. Verf.):

»... er ist nicht gleichgültig gegenüber der Menschheit, und obwohl er im Himmel lebt, ist er nicht fern. Im Gegenteil, er beschäftigt sich sehr mit den Menschen, weiß immer, was sie tun, und reagiert ständig darauf mit Freude und Ärger und behandelt sie entsprechend, indem er ihnen Gunst erweist, sie straft oder schlecht behandelt. Gut und Böse werden in dieser Weise verstanden als ein Gegensatz, der seinen ersten Ursprung hat in des allmächtigen ≠Goa!na eigenen und in sich selbst orientierten Charakter... Die Vorstellung der Sünde als eines Vergehens gegen die Götter ist bei den !Kung nur unklar entwickelt. Vergehen von Menschen gegen Menschen überläßt man nicht der Bestrafung durch ≠Goa!na, und man meint auch nicht, daß ihn das interessiert. Die Menschen bringen das selbst in Ordnung oder üben Rache wegen solcher Handlungen, in ihrem eigenen sozialen Kontext. ≠Goa!na straft die Menschen nach eigenen Überlegungen, die manchmal sehr dunkel sind. Es war interessant zu sehen, wie oft das in den Beispielen, die dafür genannt wurden, mit Nahrungsmitteln zu tun hatte.«

≠Goa!na mißbilligt etwa das Verbrennen von Bienen, verwandelt sich selbst in Honig, wenn er jemanden strafen will, oder in eine Antilope und läßt sich von einem Jäger töten, der dann, wenn er von dem Fleisch gegessen hat, sterben muß.
Für die Hadza gibt es keine entsprechenden Untersuchungen. Aber bei den Andamanern stößt man wieder auf das gleiche Problem. Auch bei ihnen gibt es, neben vielen bösen Geistern, einen Himmelsgott. Er hat die Welt geschaffen, ist – am Tage – allwissend und kennt nicht nur die Handlungen, sondern sogar die Gedanken der Menschen. Er ist der Richter über die Seelen nach dem Tode, gütig und mitleidig zu den Menschen, die in Not sind, aber böse über Verfehlungen, auf die er mit Unwetter reagiert. Dazu schreibt Man (1883.44, übers. v. Verf.):

»Daß sie nicht völlig frei sind von moralischem Bewußtsein, mag, meine ich, in gewisser Weise bewiesen werden durch die Tatsache, daß sie ein Wort haben, yū.bda-, um eine Sünde oder Verfehlung zu bezeichnen. Es wird verwendet im Zusammenhang mit Lüge, Diebstahl, schwerer Mißhandlung, Mord, Ehebruch und – Verbrennen von Wachs (!), welche Handlungen, wie man meint, den Zorn erregen von Pú.luga-, dem Schöpfer...«

Radcliffe-Brown hat das Ganze vierzig Jahre später noch einmal untersucht und ist zu etwas anderen Ergebnissen gekommen. Zunächst hat Puluga in anderen Gebieten einen anderen Namen. Im Norden der Inseln spricht man von Biliku, einer weiblichen Gottheit, während Puluga männlich vorgestellt wird. Beide werden identifiziert mit dem Nordostwind in der Trockenzeit, von Dezember bis März. In der Regenzeit kommt der Wind von Südwesten. Er wird mit einem anderen Himmelsgott identifiziert, Tarai oder Deria. Bei starkem Sturm sagen die Andamaner: »Biliku ist zornig.« Der Zorn von Biliku/ Puluga entsteht beim Verbrennen von Bienenwachs, Genuß bestimmter Pflanzen, Töten von Zikaden oder bei Lärm, den man nicht machen darf, wenn die Zikaden singen. In einer nicht unwichtigen Einzelheit gibt es eine weitere Abweichung von dem Bericht Man's (Radcliffe-Brown 1922.160, übers. v. Verf.):

»Obwohl ich sehr sorgfältige und wiederholte Nachfragen machte, ist es mir nicht gelungen, einen einzigen Eingeborenen zu finden, der glaubte, daß Handlungen wie die Ermordung eines Mannes durch einen anderen oder Ehebruch den Zorn von Puluga erregen würde. Die einzigen Handlungen, die Puluga erzürnen, sind solche rein rituellen Verfehlungen, wie das Verbrennen oder Schmelzen von Wachs, das Töten einer Zikade oder Graben nach Yams, die schon erwähnt wurden.«

Radcliffe-Browns Einschränkungen des Berichts von Man wird den Tatsachen entsprechen. Denn bei den Semang ist es ebenso. Ihre Vorstellungen sind denen der Andamaner insgesamt sehr ähnlich. Es gibt einen Donnergott, Karei, für den sie noch viele andere Namen haben. Er ist böse. Eine Erbgottheit, Manoj, ist Herrscherin über die Unterwelt. Neben, über oder unter Karei steht Ta Ped'n, ebenfalls ein Himmelsgott, der zum Teil mit Karei, zum Teil mit der Sonne identifiziert wird. Ta Ped'n ist gut. Ihm wird die Schöpfung zugesprochen. Karei ist der »große Herr«, der böse wird und donnert, wenn die Menschen Böses tun, zum Beispiel beim Inzest. Ta Ped'n legt dann Fürsprache ein, für die »Enkel«. Karei muß man durch ein Blutopfer beschwichtigen. Sturm, Gewitter und Flut, Krankheit und Tod werden mit ihnen in Verbindung gebracht. Auch die Semang haben ein Wort für Sünde oder Vergehen. Es ist das Wort lewaij. Lewaij telaid'n bedeutet eine Übertretung, die eine Naturkatastrophe von unten, aus der Unterwelt, zur Folge hat, also Flut oder Überschwemmungen. Lewaij karei ist eine Übertretung, die Folgen von oben nach sich zieht, Blitz und Donner. Dabei soll die Angst vor der Katastrophe durchaus das Bewußtsein einer sittlichen Schuld überwiegen (Schebesta 1957.96). Eine lange Liste von Verboten und Tabus gibt es, die das Leben der Semang regeln. Man wird ein wenig an die Eskimo erinnert. Viele Tiere sind tabu, man darf sie weder töten noch quälen. Das Wasserschöpfen mit einem Topf ist verboten, der über dem Feuer gehangen hat, das Haareschneiden außerhalb des Lagers, lautes Spielen der Kinder und vieles mehr (Schebesta 1957.95-102). Hält man sich längere Zeit in einem ihrer Lager auf, dann hört man immer wieder den Ruf: »telaid'n!«. Die schwerste und am meisten gefürchtete Verfehlung ist der Inzest. Er führt zum Tod, durch Blitzschlag. Um ihn herum gibt es eine große Zahl von Meidungsgeboten für Situationen, die zum Inzest führen können. Schebesta kommt zum Ergebnis (1957.102):

»Der Sittlichkeitswert der telaid'n ist verschieden; manche üben einen regulierenden Einfluß auf das sittlich-sexuelle Leben, andere wieder auf das Gemeinschaftsleben. Die meisten jedoch haben ihre Wurzel in mythisch-religiösen Anschauungen, ohne irgendwelchen positiven sozialen Wert und ohne Grundlage im Naturgesetz.«

Er wundert sich nur darüber, warum Mord, Totschlag und Diebstahl nicht dazugehören, und beruhigt sich mit der Erklärung, die man ihm gab, diese Vergehen seien bei ihnen unbekannt (1957.96 f.).

Zum Schluß noch einmal zu den australischen Walbiri. Meggitts Bericht ist eindeutig. Djugaruru, ihr Recht, »die Linie«, das seinen Ursprung in der Traumzeit hat, soll die Gesamtheit ihrer Ordnung bezeichnen, nicht nur rituelle Regeln ihres Totemismus. Es bezeichnet die Regeln ihrer Verwandtschaftsordnung, ihre ökonomischen Regeln, ihre technischen Fertigkeiten und die Naturgesetze. Dieses alles wird von ihnen ja totemistisch verstanden. Allerdings spricht er dabei nicht über Tötungen, Diebstahl, Ehebruch (Meggitt 1962.251 f., übers. v. Verf.):

»Das Fehlen von Individuen oder Gruppen mit dauernden und klar definierten gesetzgeberischen oder richterlichen Funktionen in der Gesellschaft der

Walbiri bedeutet nicht, daß ihre gesellschaftliche Interaktion chaotisch ist. Es gibt ausdrückliche gesellschaftliche Regeln, die im großen und ganzen von jedermann beachtet werden; und die Menschen charakterisieren gegenseitig ihr Verhalten sehr freimütig im Hinblick darauf, ob es mit den Regeln übereinstimmt oder von ihnen abweicht. Die Gesamtheit aller Regeln bezeichnet das Recht, djugaruru, ein Ausdruck, den man auch mit ›die Linie‹ oder ›der gerade oder richtige Weg‹ übersetzen könnte. Die ihm zugrundeliegende Bedeutung ist die einer fest begründeten und moralisch richtigen Ordnung für das Verhalten (sei es von Planeten oder von Menschen), von der man nicht abweichen dürfe.

Das Recht der Walbiri ist also ein Corpus von juralen Vorschriften und moralischen Beurteilungen, die im einzelnen festlegen: (a) die Rechte und Pflichten (die Rollenerwartungen), die mit dem Status in der Gesellschaft verbunden sind, (b) die Art und Weise, in der ein vernünftiger Inhaber dieses Status solche Erwartungen erfüllen sollte, und (c) das Verfahren, das einzuhalten ist, wenn die Erwartungen nicht erfüllt werden.

Einhaltung von Recht ist als solche eine ihrer wichtigsten Tugenden, denn, so meinen sie, dadurch unterscheiden sich die Walbiri von allen anderen Menschen, die deshalb im Range unter ihnen stehen. Da das Recht seinen Ursprung in der Traumzeit hat, steht es jenseits kritischer Befragung und bewußter Veränderung. Die Philosophie des Totemismus geht davon aus, daß Mensch, Gesellschaft und Natur voneinander abhängige Teile eines Systems seien, dessen Ursprung die Traumzeit ist. Deshalb sind sie alle dem Recht unterworfen, das aus der gleichen Zeit stammt. Zum Recht gehören nicht nur rituelle und ökonomische Regeln und Gewohnheiten und solche zu Residenz und Verwandtschaft, sondern auch, was wir Naturgesetze und technologische Regeln nennen würden. Die Sorge für die heiligen Gegenstände durch die Männer einer Patrimoiety, die Arbeitsteilung unter den Geschlechtern, Meidungen gegenüber Schwiegermüttern, die Paarung der Bandikuts (Beuteldachse, U.W.), der Aufgang der Sonne und der Gebrauch von Feuerhobeln, das sind alles Verhaltensformen, die rechtmäßig und richtig sind – sie sind alle djugaruru.«

Es gibt also starke Ähnlichkeiten in den Ordnungen der Jäger. Überall finden wir Naturreligionen, in denen Natur und Gesellschaft als Einheit verstanden werden. So ist es im Verhältnis der Mbuti in ihrem Wald, der Yamana zu Wata͡uinéiwa, von !Kung und ǂGoa!na. Sie zeigt sich im yubda der Andamaner, dem lewaij der Semang und im djugaruru der Walbiri. Kann man wirklich noch die Meinung vertreten, Religionen in Jägergesellschaften seien nur existentiell, nicht normativ? Ich meine, nein.

Sicher ist die Moral in Jägergesellschaften auch familiär. Aber die Einheit von Familie und Religion ist stärker als Service

meint. Ganz deutlich ist dies bei den Australiern mit ihrem totemistischen Verwandtschaftssystem. Aber auch den Feuerländern gilt ihre gesamte Ordnung als von Watauinéiwa geschaffen, und die Familie gehört unmittelbar dazu. So sind familiäre Tugenden direkt in die religiöse Ordnung eingebettet und werden von ihr mitbestimmt. Es gibt eben in Naturreligionen keine Trennung von menschlicher, natürlicher und übernatürlicher Ordnung. Und so ist es selbstverständlich, daß bei den !Kung Gut und Böse an ≠Goa!na orientiert sind und bei den Yamana Watauinéiwa wünscht, jeder Mensch möge gut sein. Auch die »Sünde« der Andamaner, yubda, ist nicht nur ein existentieller Fehler, sondern moralisch zu verstehen, denn Biliku/Puluga sehen nicht nur auf die Handlungen der Menschen, sondern auch auf ihre Gedanken. Wahrscheinlich hat Schebesta mit seiner Bemerkung recht, im Begriff der »Sünde« der Semang, dem lewaij, würde die Furcht vor der Katastrophe das Bewußtsein einer sittlichen Schuld überwiegen (1957.96). Anders kann es in Naturreligionen doch auch gar nicht sein, die in erster Linie an der existentiellen Erklärung von Kausalabläufen orientiert sind, oder, anders ausgedrückt: an objektiver Erklärung von Welt, nicht an subjektiver Deutung des Individuums. Dadurch unterscheidet sich eben die Moral von Jägergesellschaften von unserer Moral. Das Gute wird in erster Linie im objektiv konformen Verhalten gesehen, nicht in subjektiven Motiven. Noch in frühen staatlichen Gesellschaften fällt es ja schwer, zwischen Vorsatz und Fahrlässigkeit zu unterscheiden. Jäger haben eine existentielle Moralität. Daher wohl auch ihre große Nachsicht gegenüber Vergehen, wenn die Katastrophe nicht eingetreten ist. Jäger vergessen schnell. Das ist nicht nur bei den Eskimo und Mbuti so.
Die Theorie vom rein existentiellen Charakter der Religion ist auch sehr stark durch den Umstand bestimmt, daß Naturgötter sich um den Streit der Menschen untereinander oft nicht kümmern. Hier kann im übrigen auch die Erklärung liegen für die etwas abweichenden Beobachtungen Holmbergs über die Siriono. Wenn die Gottheiten sich, so meint man, für Mord und Totschlag, Diebstahl und Ehebruch nicht interessieren, dann liegt es eben daran, daß einige normative Fragen unserer Mora-

lität außerhalb des Bereichs von Religion liegen. In der Tat kümmern sich Nuliajuk und Biliku/Puluga nicht um Mord, Diebstahl und Ehebruch der Eskimo oder Andamaner und auch ≠Goa!na nicht um den Streit der !Kung untereinander. Ebensowenig gehören solche Verletzungen zum lewaij der Semang. Aber liegt das wirklich daran, daß Naturgottheiten sich nicht für Moral interessieren, oder ist es vielleicht darin begründet, daß Jäger eine andere Moral haben als wir? Für uns ist Mord und Totschlag zutiefst unmoralisch. Bei Jägern reagiert man darauf nicht so stark mit Abscheu und Empörung. Verwandtschaft und Freunde reagieren mit Rachegefühlen, was etwas anderes ist. Andere mischen sich danach nicht mehr ein. Wie wir uns nicht einmischen in den gewaltlosen Streit zwischen anderen. Denn was uns empört, ist die Gewalt. Aber wenn sie vom Staat nicht, wie bei uns, monopolisiert ist, dann gehört sie zum Streit. So, wie bisher der Krieg zum Streit zwischen Staaten gehört. Dessen tausendfache Opfer werden auch nicht immer mit moralischer Entrüstung beklagt. Erst mit dem staatlichen Gewaltmonopol beginnt die moralische Ächtung privater Gewalt. Vorher ist sie beklagenswerter Teil eines Streits zwischen einzelnen. Auf diesen Streit kommt es mehr an. Seine Gründe sind entscheidend für die allgemeine – moralische – Beurteilung der Tat. Ganz anders ist es mit dem Inzest. Für ihn gibt es keine Rechtfertigung. Er gefährdet die Ordnung von Familie und Verwandtschaft, die soziale Grundlage. Er ist viel gefährlicher, sozusagen Hochverrat, wird also tabuisiert und moralisch viel stärker verurteilt. Und deshalb sind auch regelmäßig die Götter betroffen. Im übrigen ist die Religion tatsächlich nicht der einzige Bereich, in dem die Moral eine Rolle spielt. Es bleibt noch das Recht.

Religion und Recht

Religion, Recht und Moral sind niemals völlig deckungsgleich gewesen. Im Laufe der Entwicklung haben sich ihre Bereiche in verschiedener Weise überschnitten und abgegrenzt. Sie haben nie eine völlige Einheit gebildet. Aber am Anfang, den wir bei Jägern und Sammlern beobachten können, steht eine sehr weitgehende Übereinstimmung und Verknüpfung, eine Einheitlichkeit, für die die australischen Walbiri sogar ein eigenes Wort gebrauchen: djugaruru, die gerade Linie, das Richtige. Erst später, nach der Entstehung von Staatlichkeit, haben sich die drei Bereiche zunehmend auseinander entwickelt und verselbständigt. Am Anfang, bei Sammlern und Jägern, finden sich Religion, Recht und Moral in einem fest gefügten Bündel von Vorstellungen. Es ist schwer aufzuknüpfen, wenn man mit unseren Begriffen daran geht. Im Bewußtsein der Jäger und Sammler sind Religion und Recht ohnehin ungetrennt, bilden eine Einheit von Natur und Menschen. Es ist ein Bündel von Regeln und Vorstellungen, die zu verschiedenen Zeiten aus unterschiedlichen Gründen entstanden sind. Familie, Verwandtschaft und Inzestverbot sind nicht aus religiösen Gründen entstanden, wohl aber das Verbot bei Andamanern und Semang, das Zirpen der Zikaden zu stören.

Es bleibt noch die Frage, warum Mord und Totschlag, Diebstahl und Ehebruch in dem Bündel der Gemeinsamkeiten von Religion und Recht nicht mit enthalten sind. Warum fallen sie heraus? Warum, mit anderen Worten, gehören sie nicht auch in den Bereich der Religion, sondern nur des Rechts? Es kann, wie gesagt, nicht daran liegen, daß frühe Religionen nicht normativ moralisch seien. Sie sind es mindestens überall dort, wo sich die enge Verknüpfung mit dem Recht findet. Es müssen andere Gründe sein. Vielleicht, weil wir eben ein Bündel von Vorstellungen und Regeln vor uns haben, die aus verschiedenen Zeiten stammen. Manches mag vorher oder erst später entstanden und deshalb draußen geblieben sein. In den gebündelten Kernbereich ihrer religiös-rechtlichen Ordnung sind auch möglicherweise solche Regeln nicht eingedrungen, die von ihrer Bedeutung her ohnehin am Rande lagen, wie der Diebstahl, oder vielleicht tatsächlich nicht moralisch stark verurteilt wurden, wie der Ehebruch. Vielleicht lag es auch für Jäger irgendwie nahe, die Götter dort nicht zu bemühen, wo man am ehesten der Meinung sein konnte, die Dinge selbst im Griff zu haben. Möglicherweise ist ihre Moral so stark auf das Kollektiv ausgerichtet, daß der Schutz von Rechtsgütern des einzelnen schon deshalb aus diesem Bereich herausfällt. Mit völliger Sicherheit wird man das wohl nie begründen können.

Theorie der Entstehung des Rechts aus der Religion

Jedenfalls zeigt sich hier sehr deutlich, daß das Recht nicht aus der Religion entstanden ist. Die heiligsten Güter späterer Rechtsentwicklung – Leben, Eigentum, Ehe – stehen am Beginn ihrer Geschichte nicht unter dem Schutz der Götter, sondern nur des profanen Rechts. Umgekehrt ist es gelaufen. Die Religion hat später diese profanen Verbote in ihren Moralkodex aufgenommen, indem der biblische Gott zum Beispiel in den zehn Geboten verkündete: Du sollst nicht töten, du sollst nicht ehebrechen, du sollst nicht stehlen. Aber auch in segmentären Gesellschaften hat das Blut der Getöteten religiöse Bedeutung, werden Mächte verletzt, müssen rituelle Reinigungen stattfinden. Nichts davon bei Jägern. Das Eigentum hat keine große Bedeutung für sie. Ihre sexuelle Freiheit ist groß. Deswegen ist nicht verwunderlich, daß Diebstahl und Ehebruch von Göttern nicht beachtet werden. Aber Mord und Totschlag? Sie liegen auch für Jäger im Kernbereich des Rechts. Und trotzdem außerhalb seiner Verbindung mit der Religion. Das bedeutet, die Theorie der Entstehung des Rechts aus der Religion ist als falsch erwiesen. Sie kann nicht richtig sein, wenn zu Beginn der Entwicklung wichtige Teile des Kernbereichs keine Verbindung mit ihrem angeblichen Ursprung haben.

Ab und zu wird behauptet, die Theorie sei von Henry Maine aufgestellt worden (Seagle 1967.175; Diamond 1971.47). Aber das ist nicht richtig. Er hat so etwas nie gesagt (Redfield 1950.585; Hoebel 1954.257f.). Hier ist der Satz, den er geschrieben hat, in Ancient Law, und auf den man sich dabei beruft (Maine 1977.9, übers. v. Verf.):

»Es ist auch genug erhalten geblieben von diesen (antiken Gesetzes-) Sammlungen, sowohl im Osten als auch im Westen, um zu zeigen, daß sie religiöse, rechtliche und moralische Vorschriften miteinander vermischen, ohne Rücksicht auf ihre grundlegenden Unterschiede; und das stimmt mit allem überein, was wir aus anderen Quellen über frühes Denken wissen, daß nämlich die Trennung von Recht und Moral und von Religion und Recht eindeutig erst auf späteren Entwicklungsstufen des Denkens stattgefunden hat.«

Er hat also nur gesagt, Recht und Religion seien in frühen Gesellschaften sehr eng miteinander verflochten. Und das ist völlig richtig. Wie man bei Sammlern und Jägern sehen kann.

Charakter des Rechts

Das Recht der Jäger ist ein anderes als unser Recht. Es ist kein selbständiger Ordnungsfaktor. Viel stärker wirkt die Religion, mit der es eng verknüpft ist und mit der es gemeinsam eine Ordnung bildet, die sich in Übereinstimmung sieht mit der umgebenden Natur, in einer Einheit ohne grundlegende Trennung von Natur und Kultur. Ihre Naturreligionen schaffen mit der Erklärung von Natur ein Klima gewisser Berechenbarkeit, Regelmäßigkeit. Das Recht dagegen ist schwach entwickelt. Es gibt nur wenige Regeln. Man kennt keine festen Agenten für seine Vermittlung, keine Instanzen mit besonderer Autorität. Auch die Älteren spielen regelmäßig keine große Rolle. Bei den wenigen Variationen ihrer Konflikte weiß jeder selbst, was richtig oder falsch ist. Man braucht nicht Auskunft über Recht, wohl aber Unterstützung und Vermittlung, die von denen geleistet wird, die den Streitenden nahe stehen, von Verwandten oder Freunden. Viele Konflikte werden beigelegt durch Diskussion in der Horde. Häufig erledigen sie sich dadurch, daß der eine oder andere für einige Zeit oder für immer das Weite sucht, zu einer anderen Horde wechselt. Fluktuation, das haben die Forschungen der letzten Zeit ergeben, ist ein wichtiges Mittel zur Lösung von Konflikten in Jägergesellschaften (Turnbull 1968). Oder man läßt die Sache einfach auf sich beruhen, ohne Lösung, wie bei anderen Streitigkeiten, die irgendwann einfach mal begraben werden. Der Übergang vom rechtlich erheblichen Streit zu anderen ist bei Jägern ohnehin fließend. Es gibt kein festes Verfahren für die Beilegung von Konflikten und auch die Sanktionen sind – außer bei Tötung – abhängig von der jeweiligen Situation. Es ist eine sich selbst re-

gulierende Ordnung ohne feste Struktur, herrschaftsfrei, anarchisch, aber durchaus geordnet, wie man am äußeren Ablauf ihres regelmäßig ruhigen Lebens sehen kann.
Wohl die größte Bedeutung bei der Aufrechterhaltung dieser Ordnung hat die öffentliche Meinung der kleinen Gemeinschaft, verbunden mit einer stark konformistischen Haltung der einzelnen, die für Jäger typisch ist. In der Gemeinschaft der Horde sind alle voneinander abhängig. Jeder kennt jeden. Man weiß alles über alle. Streit ist gefährlich, für die eigene Sicherheit, für das soziale Gleichgewicht und damit für die ökonomische Zusammenarbeit und das Ergebnis bei der Jagd. Das führt bei Jägern zu einer kollektivistischen Gesinnung. Ich zitiere nur drei Berichte, aus drei Kontinenten, über die Yamana, die !Kung und die Andamaner:

»Die öffentliche Meinung ist bei den Yamana die unumstritten einzige, ihre gesamte Ordnung und ihre überlieferten Gewohnheiten erhaltende Macht. Sie ist es auch, die dem Einzelnen und der Allgemeinheit für erlittenes Unrecht eine ausreichende Genugtuung verschafft.« (Gusinde 1937.1026)

»Jede Äußerung von Streit (»böse Worte«) macht sie ängstlich. Ihr Bedürfnis, sowohl Feindschaft und Zurückweisung zu vermeiden, bringt sie dazu, sich in hohem Maße anzupassen an die unausgesprochenen sozialen Gesetze. Ich denke, die meisten !Kung können das Gefühl der Zurückweisung nicht ertragen, das sie selbst bei leichtem Tadel empfinden. Wenn sie einmal abweichen, geben sie sofort der ausgesprochenen Meinung der Gruppe nach und ändern ihr Verhalten. Sie halten sich ebenso streng an bestimmte nützliche Regeln, die als Instrumente für die Vermeidung von Streit dienen.« (Marshall 1976.288, übers. v. Verf.).

»Die einzige schmerzliche Folge von unsozialem Verhalten war der Verlust der Achtung der anderen. Das ist als solches eine Strafe, die die Andamaner mit ihrer großen persönlichen Eitelkeit außerordentlich fürchteten und in den meisten Fällen genügte das, um sie von solchen Handlungen abzuhalten.« (Radcliffe-Brown 1922.52, übers. v. Verf.).

Wir befinden uns eben am frühesten Anfang der Geschichte des Rechts. Die auctoritas spielt kaum eine Rolle. Es wird von der veritas bestimmt, wie Thomas Hobbes sie nennen würde, oder, wie Leopold Pospisil, von der intention of universal application. Die allgemeine Überzeugung aller, der Konsens der Gruppe.
Ein letztes Charakteristikum ihres Rechts: Es ist statisch, un-

wandelbar. Das ist die Folge seines Zusammenhangs mit Religion und Natur und seines selbstregulierenden Funktionierens. Erst wenn Agenten des Rechts auftreten, die es anwenden und damit auch selbst interpretieren, gibt es juristischen Wandel. So wie die Natur nach unveränderlichen Gesetzen lebt, tun es auch die Jäger, im Einklang mit ihr. Eine große Ruhe liegt über ihrer Ordnung. Es ist die Ruhe des Kreislaufs der Natur.

Zweiter Teil
Segmentäre Gesellschaften

8. KAPITEL

Verwandtschaft und gesellschaftliche Ordnung

Irgendwann sind Jäger dazu übergegangen, Landwirtschaft zu betreiben. Wir wissen nicht genau, wann und wo, warum und wie. Im neunten und achten Jahrtausend wird es gewesen sein, wahrscheinlich zuerst im Nahen Osten, in Südanatolien, in Palästina, im Jordangebiet und im Zagrosgebirge. Vor einiger Zeit meinte man noch, in den großen Stromtälern Mesopotamiens sei es gewesen. Durch die Austrocknung nach dem Ende der letzten Eiszeit seien Jäger dorthin abgedrängt und zur Entwicklung neuer Wirtschaftsformen gezwungen worden. Der Übergang vom food gathering zum food producing als Folge einer Verschlechterung ihrer ökologischen Situation. Heute geht man davon aus, daß es diese Randzonen waren, meistens höher gelegene. Und einige meinen, es müßten besonders günstige Bedingungen gewesen sein, die den Übergang ermöglicht haben. In den Hochtälern finden sich nämlich die wilden Vorgänger der zuerst kultivierten Getreidearten und Schafe und Ziegen, mit denen Viehzucht begonnen hat.
Gordon Childe hat das Ganze die neolithische Revolution genannt. Das ist eine durchaus zutreffende Formulierung, bedenkt man die vielen grundlegenden Veränderungen, die sich daraus ergeben haben. Aber sie führt ein wenig in die Irre, wenn damit die Vorstellung verbunden ist, es sei ein Prozeß

Literatur: M. Fortes, E. E. Evans-Pritchard (Hg.), African Political Systems, 1940; A. J. Richards, Some Types of Family Structure amongst the Central Bantu, in: A. R. Radcliffe-Brown, D. Forde (Hg.), African Systems of Kinship and Marriage (1950) 207-251; C. Lévi-Strauss, Les structures élémentaires de la parenté, 2. Aufl. 1967, deutsch: Die elementaren Strukturen der Verwandtschaft, 1981; D. M. Schneider, K. Gough (Hg.), Matrilineal Kinship, 1961; C. Meillassoux, Femmes, greniers et capitaux, 1975, deutsch: Die wilden Früchte der Frau, 1976; U. Wesel, Der Mythos vom Matriarchat, Über Bachofens Mutterrecht und die Stellung von Frauen in frühen Gesellschaften, 1980; K. E. Müller, Die bessere und die schlechtere Hälfte – Ethnologie des Geschlechtskampfes, 1984 (im Text nicht mehr berücksichtigt).

gewesen, der schlagartig einsetzte, nach einer »Erfindung« der Landwirtschaft. Denn so wird es nicht gewesen sein. Der Übergang zur Seßhaftigkeit ist in vielen kleinen Schritten vor sich gegangen, allmählich, kaum wahrnehmbar (Leroi-Gourhan 1980.202-211). Es gab viele Vorformen von Landwirtschaft – zum Beispiel die Ernte mit Sicheln – und noch lange danach hat die Jagd eine wichtige Rolle gespielt. Die vielen Generationen, die in Jahrhunderten diese »Revolution« erlebten, werden selbst gar nicht bemerkt haben, daß sich entscheidende Veränderungen abspielten.
Wenn wir auch über die Gründe wenig wissen, sind wir doch über die unmittelbaren Folgen des Übergangs zur Seßhaftigkeit ganz gut informiert, nämlich aus der Beobachtung von Jägern, die in der letzten Zeit seßhaft wurden. Es gibt Beispiele von Eskimo, !Kung und australischen Ureinwohnern (Harris 1978.410-415). Immer ist ihre Zahl außerordentlich gestiegen. Man hat oft gemeint, das Bevölkerungswachstum sei einer der Gründe gewesen, die zur Seßhaftigkeit geführt haben. Aber damit sind wohl Ursachen und Folgen verwechselt worden. Bei den uns bekannten Jägern jedenfalls findet sich regelmäßig ein demographisches Gleichgewicht. Und man kann dafür Gründe nennen, von denen mindestens der eine auch in der Altsteinzeit wirksam gewesen sein wird. Wildbeuter finden kaum leichte Nahrung für ihre kleinen Kinder. Deshalb werden sie sehr lange gestillt, bis zu ihrem dritten Lebensjahr. Die lange Stillzeit führt zu Ovulationshemmungen bei den Müttern. Das senkt die Geburtenrate (Lee 1972a, Godelier 1975.20). Bei rezenten Jägern kommt es außerdem vor, daß Neugeborene getötet werden, meistens Mädchen. Auch das kann in der Altsteinzeit der Fall gewesen sein (Birdsell 1968). Es ist also durchaus nicht sicher, daß Bevölkerungswachstum immer die normale Situation der Menschen war.
Nicht nur die äußeren Lebensumstände veränderten sich. In den Siedlungen der frühen Ackerbauern und Hirten entstand eine neue Gesellschaftsordnung. Sie beruht auf der neuen Produktionsweise der Hauswirtschaft. Und besteht aus einer sehr viel stärkeren Identität von Verwandtschaft und gesellschaftlicher Ordnung als vorher. Bisher hat man immer versucht, diese

Hauswirtschaft aus ihrem Unterschied zu historisch späteren Gesellschaften zu verstehen. Das ist das Gemeinsame der Erklärungen von Marx und Engels, Rodbertus und Maine. Eine sehr viel bessere Analyse hat vor kurzem Claude Meillassoux gegeben (1975). Er erklärt sie in Abgrenzung zur historisch früheren Produktionsweise der jagenden und sammelnden Hordengesellschaft.

Verwandtschaft als Produktionsverhältnis

Die Analyse beruht auf der methodischen Grundlage – und das ist das eigentlich Neue an ihr – des Vorworts von Friedrich Engels zur ersten Auflage seines »Ursprungs der Familie« (1884, MEW 21.27 f.). Danach ist das in letzter Instanz bestimmende Moment in der Geschichte die Produktion und Reproduktion des unmittelbaren Lebens, und zwar, wie Engels ausdrücklich sagt, in der doppelten Form der Erzeugung von Lebensmitteln und der Erzeugung von Nachkommen. Meillassoux zeigt nun, wie die Hauswirtschaft – im Gegensatz zur Horde – geprägt ist von einer Neuordnung auch der Reproduktion, nämlich der Verteilung der Frauen und ihres Produkts, der neuen Produzenten.

Die Horde beruht auf dem Prinzip der punktuellen Mitgliedschaft, deren Verbindlichkeit mit der Verteilung des Produkts beendet ist, auch wenn es gemeinschaftlich gejagt oder gesammelt wurde. Denn es wird nicht akkumuliert. Deshalb gibt es auch eine nicht unwesentliche Mobilität, die Fluktuation der zwischen den Horden hin und her wandernden Einzelnen. Die Produktion der Horde ist punktuell. Ihre Reproduktion ist ungeordnet und zufällig. Kinder spielen für ihren Fortbestand keine entscheidende Rolle. Sie kann sich notfalls auch durch Zugang von außen ergänzen. Mit anderen Worten: Das Problem von Jägern ist selten, daß sie zu wenig Kinder haben. Allenfalls gibt es zu viele. Dann tötet man sie bisweilen.

Anders ist es in der neuen Form der Ackerbau und Viehzucht treibenden Hauswirtschaft. Es entsteht das Produktions- und Reproduktionsverhältnis der Verwandtschaft. Die gibt es zwar auch schon in Jägergesellschaften. Aber sie spielt keine entscheidende Rolle für die Produktion. Der Fortschritt der Landwirtschaft besteht in der planmäßigen Produktion von Lebensmitteln, die über längere Zeit hinweg produziert und akkumuliert werden. Die Produktion wird dabei nicht nur über den meist einjährigen Zyklus von Anbau und Ernte gestreckt, sondern auch – das ist entscheidend – über die ineinandergreifenden Altersstufen der Produzenten. Die Älteren produzieren zunächst auch für ihre Kinder, um dann im Alter ganz wesentlich von deren Produktion abhängig zu sein. Es findet zwischen den Generationen eine zeitlich verschobene Zirkulation von Lebensmitteln statt. Sie ist im Gegensatz zu unserem Warentausch eine Zirkulation von identischen Gütern, nur eben zeitlich verschoben. Für diesen Produktionsprozeß ist das kontinuierliche Weiterbestehen der Produktionsgruppe, also das kontinuierliche Nachrücken der jeweils nächsten Generation existentiell notwendig, im Gegensatz zur Hordengesellschaft der Sammler und Jäger, in der die Produktion der einzelnen Horden nicht von ihrem Weiterbestehen abhängig ist. Kinder werden existentiell wichtig. Die notwendige Ergänzung zur kontinuierlichen Produktion des Ackerbaus ist also die Organisation einer kontinuierlichen Reproduktion neuer Produzenten. Das gesellschaftliche Mittel dazu ist die Gliederung der Gruppen nach der Verwandtschaft, mit der den einzelnen Gruppen über die feste Zuweisung der Kinder ihre Existenz als Produktionseinheit gesichert wird. Deshalb verändert sich mit der Seßhaftigkeit die Verwandtschaftsform. Jäger leben regelmäßig in kognatischer Verwandtschaft, frühe Ackerbauern und Hirten in agnatischer Verwandtschaft.

Kognatische und agnatische Verwandtschaft, Patrilinearität und Matrilinearität

Schon in der Antike kannte man kognatische und agnatische Verwandtschaftsformen. Die Namen kommen aus dem Lateinischen. Für die Römer war die agnatische Form die ältere, urtümliche, die kognatische die jüngere, modernere. Wie wir heute wissen, ist das nur bedingt richtig. Agnati waren die Personen, die unter der gleichen Hausgewalt eines pater familias standen oder gestanden hätten, wenn der gemeinsame pater familias noch lebte (Jörs-Kunkel 1949.65, Kaser 1971.58). Oder, wie die römischen Juristen es ausdrückten, diejenigen, die in der Blutsverwandtschaft verbunden sind über Personen männlichen Geschlechts (sunt autem agnati per virilis sexus personas cognatione iuncti. Gaius, Institutionen, 1. Buch, § 156). Cognati waren alle Blutsverwandten, also diejenigen, die nicht nur in der männlichen Linie verwandt sind, wie die agnati, sondern auch in der weiblichen. Sie entsprechen unserem heutigen Verwandtschaftsbegriff, dem § 1589 des Bürgerlichen Gesetzbuches: »Personen, deren eine von der anderen abstammt, sind in gerader Linie verwandt. Personen, die nicht in gerader Linie verwandt sind, aber von derselben dritten Person abstammen, sind in der Seitenlinie verwandt.« Wobei gleichgültig ist, ob sie eine männliche oder weibliche Linie oder Seitenlinie verbindet.

Die agnatischen Verwandten in Rom, das waren die Mitglieder einer gens. Man übersetzt das heute meistens etwas unbeholfen mit »Geschlechtsverband«. Historiker können sich selten etwas genaueres darunter vorstellen. Die römische gens verliert sich im Dunkel der römischen Frühgeschichte. Sie entspricht, das weiß man noch, dem griechischen genos, der germanischen Sippe und dem schottischen clan. Für das römische Recht der historischen Zeit spielt sie kaum eine Rolle. Allenfalls im Erbrecht. Starb jemand ohne Testament, dann beerbten ihn seine Kinder oder Enkel. Waren sie nicht vorhanden, dann erbte der nächste agnatische Verwandte. So stand es im Zwölftafelgesetz aus dem 5. Jahrhundert v. Chr. (XII tab. 5.4). Später wurden dann auch kognatische Verwandte zur Erbfolge berufen. Die agnatischen Verwandten hatten einen gemeinsamen Namen, das nomen gentile, der dem Familiennamen vorangestellt wurde.

Agnatische Verwandtschaft unterscheidet sich von der kognatischen dadurch, daß sie einlinig ist. Ein Kind ist nur mit der Verwandtschaft seines Vaters verwandt, gehört nicht zur Verwandtschaft seiner Mutter. Es hat also nur einen Großvater und eine Großmutter, einen Urgroßvater und eine Urgroßmutter.

Und so weiter. In kognatischer Verwandtschaft sind es jeweils zwei und vier und werden dann immer mehr. Genau gesprochen hat das Kind nach agnatischer Verwandtschaft sogar nur einen Großvater. Denn die Großmutter entstammt einer anderen gens. Kognatische Verwandtschaft öffnet sich fächerförmig nach allen Seiten. Sie verliert sich im Diffusen. In kleinen Gesellschaften ist jeder mit jedem verwandt, oder eben auch nicht, weil der Fächer nicht nur in der Tiefe, sondern auch in der Breite ins Unendliche geht. In agnatischen Systemen bleibt es bei der Linie. Nur diejenigen gehören dazu, die in direkter männlicher Linie auf den einen Stammvater zurückgehen. Das können zwar mehrere Linien sein, je nach der Zahl seiner Söhne. Aber sie sind begrenzt. Je nachdem, wie weit man zurückrechnet, ergeben sich kleinere oder größere Gruppen, die immer fest bestimmt und gegen andere klar abgegrenzt sind. Auch Frauen und Mädchen gehören dazu, aber nur als Töchter von Vätern, von denen eine ununterbrochene männliche Linie zum Stammvater zurückführt.

Erst im 19. Jahrhundert lernte man, daß es einlinige Verwandtschaft nicht nur in der männlichen Linie gibt, sondern auch in der weiblichen. 1861 begann Johann Jakob Bachofen die Darstellung seines Mutterrechts mit einem Zitat aus den Historien Herodots, das bis dahin wenig beachtet worden war. Herodot berichtet – Historien 1.173 – von den Lykiern in Kleinasien, sie würden sich nach der Mutter nennen und nicht nach dem Vater. Wenn man einen Lykier frage, wer er sei, dann würde er seine Herkunft von der Mutter her angeben und die Mütter seiner Mutter nennen. Auch das Bürgerrecht würde man bei ihnen nur über die Mutter erwerben, nicht über den Vater. Bachofen schloß daraus, daß die Frauen bei den Lykiern die gleiche gesellschaftliche Stellung gehabt haben müßten wie die Männer bei den Griechen und Römern. Er sah in dieser Nachricht Herodots einen wichtigen Beweis für seine Theorie, in der Frühzeit der Menschheit habe es ein Matriarchat gegeben. 1877 wurde er darin durch Henry Morgans »Ancient Society« bestätigt. Morgan hatte bei den Irokesen die gleiche einlinige Verwandtschaft in der Mutterfolge entdeckt. Und er nahm an, diese Form sei die historisch frühere gewesen. Erst später hätte sich die agnatische Verwandtschaft in der Vaterfolge entwickelt. Und er folgte Bachofen in der Annahme eines ursprünglichen Matriarchats.

Mit ihrer Matriarchatstheorie haben sie nur teilweise recht gehabt. Dazu später. Aber als gesicherte Erkenntnis bleibt bis heute die Entdeckung der einlinigen Verwandtschaft in der Mutterfolge. Sie läßt sich nicht nur für die Frühantike nachweisen, mindestens für die Lykier, über das Zeugnis Herodots und anderer griechischer Historiker, die durch Inschriftenfunde bestätigt werden (Wesel 1980.36-40). Bald wurde sie von den Ethnologen in einer sehr großen Zahl anderer früher Gesellschaften festgestellt. Man spricht heute von Matrilinearität. Einlinige Verwandtschaft in der männlichen Folge nennt man Patrilinearität. Sowohl in der frühen Antike als auch in den von Ethnologen beschriebenen frühen Gesellschaften ist sie häufiger als Matrilinearität.

Noch eine Bemerkung zur Terminologie. Auch heute noch spricht man oft von agnatischer Verwandtschaft. Aber man bezeichnet damit immer nur die eine Form der einlinigen Verwandtschaft, nämlich die Patrilinearität. Das hat historische Gründe. Die Römer kannten nur diese Form, nicht die Matrilinearität. Und man spricht weiter vom Gegensatz von kognatischer und agnatischer Verwandtschaft. Damit meint man den Gegensatz von Blutsverwandtschaft und einliniger Verwandtschaft. Nachdem nun aber die Matrilinearität dazu gekommen ist, stimmt dies Gegensatzpaar nicht mehr, wenn man unter agnatischer Verwandtschaft nur die Patrilinearität versteht. Es gibt zwei Möglichkeiten. Entweder man vermeidet das Wort agnatisch überhaupt und spricht nur von einliniger Verwandtschaft. Oder man zählt auch die Matrilinearität dazu. Dann hat agnatische Verwandtschaft zwei Unterformen, nämlich Matrilinearität und Patrilinearität. Da wir nun auf das Wort kognatisch ohnehin nicht verzichten können, erscheint es mir auch unsinnig, das Wort agnatisch zu vermeiden. Will man das nicht, muß man aber konsequent bleiben und die Matrilinearität dazu zählen. Agnatisch ist also allgemein die Bezeichnung für einlinige Verwandtschaft.

Kognatisch ist die Verwandtschaft der Sammler und Jäger, agnatisch ist die von frühen Ackerbauern und Hirten. Das ist zwar nur bedingt richtig, als Regel mit einigen nicht unbedeutenden Ausnahmen, für die es zum Teil befriedigende Erklärungen gibt, zum Teil nicht. Aber es ist eine Regel von allgemeiner historischer Richtigkeit. Agnatische Gruppen bilden sich grundsätzlich erst mit der Entstehung der planmäßigen seßhaften Landwirtschaft. Sie sind zunächst in gleicher Weise egalitär und anarchisch wie die Horden der Sammler und Jäger. Irgendwann radikalisiert sich ihre Verwandtschaftsstruktur, entsteht allmählich institutionalisierte Macht, Herrschaft. Regelmäßig weitet sie sich dann auch räumlich aus, entstehen aus Häuptlingsgesellschaften frühe Königreiche, Protostaaten. Dieser Wandel von Egalität zur Herrschaft vollzieht sich zunächst im Rahmen der agnatischen Verwandtschaftsstruktur. Einige ihrer Institutionen – wie die Funktion der Ältesten und des Ahnenkults – werden umfunktioniert, dienen als Grundlage der Herrschaftsentfaltung. Wenn die Herrschaft dann aber fest etabliert und räumlich ausgeweitet ist, wird die alte Struktur zunehmend lästig. Die Solidarität der agnatischen Verbände mindert den direkten Zugriff der Zentralinstanz auf den einzelnen. Deshalb werden sie zerstört. Das ist der Prozeß der Entsegmentarisierung, der in vielfältiger Weise vor sich gehen kann. Er läßt sich in der Antike beobachten und in rezenten frühen Gesellschaften. An seinem Ende steht die Rückkehr zur kognatischen Verwandtschaft. Die alten agnatischen Verbände sind aufgelöst. Der einzelne lebt nicht mehr in der Solidarität ihrer festen Gruppen, sondern in der diffusen Porosität der kognatischen Verwandtschaft, die ihn individualisiert und dem direkten Zugriff staatlicher Herrschaft aussetzt. So steht kognatische Verwandtschaft am Anfang und am Ende der Entwicklung. Agnatische Verwandtschaft ist das Mittelglied, das der menschlichen Gesellschaft von der Seßhaftigkeit bis zur Entstehung des Staates fast überall Stabilität und Ordnung gegeben hat.

Die lineage und der Klan,
Exogamie und Endogamie, Inzestverbot

Die agnatische Verwandtschaftsgruppe wird heute allgemein lineage genannt. Auch die Franzosen haben dieses angelsächsische Wort übernommen, weil es nicht mit historischen oder geographischen Besonderheiten beladen ist wie die römische gens oder die germanische Sippe. Die lineage ist also eine Gruppe von Personen, die durch gemeinsame Abstammung verbunden sind, und zwar entweder nur in der weiblichen oder nur in der männlichen Linie. Für jeden einzelnen führt sie direkt zum gemeinsamen Urahn, ist es eine Linie. Aber innerhalb der lineage gibt es davon mehrere, je nachdem, wieviele Schwestern oder Brüder in den verschiedenen Generationen die Linie zur Gegenwart fortgesetzt haben. Lineage bedeutet nämlich nicht Linie, sondern ein Bündel von Linien. Und je nachdem, wie weit die lineage zurückrechnet, ist die Zahl ihrer lebenden Mitglieder größer oder kleiner. Patrilineare zählen regelmäßig weiter zurück, bis zu acht Generationen oder noch mehr. Sie können mehrere hundert Personen umfassen. Matrilineare lineages sind kleiner, rechnen drei bis fünf Generationen zurück und bestehen meistens nur aus einigen Dutzend Mitgliedern.

Entscheidendes Charakteristikum agnatischer Gruppen ist ihre Exogamie. Innerhalb der lineage darf man nicht heiraten. Die Verbindung zwischen den verschiedenen lineages wird sozusagen in jeder einzelnen Familie hergestellt, in der die Frau aus der einen und der Mann aus einer anderen stammt. Vielfältige Heiratsbeziehungen sind das Bindeglied, das die Gesellschaft zusammen hält. Ihr Gleichgewicht ergibt sich aus der Exogamie der nebeneinander existierenden lineages und der Endogamie des Stammes. Selbstverständlich gehört jede Familie zu einer lineage. Sie existiert nicht dazwischen. Die Verbindung zur lineage führt über ihre Kinder, die bei Matrilinearität zur lineage der Frau, bei Patrilinearität zur lineage des Mannes gehören.

Die Familie ist die häusliche Gruppe von Eltern und Kindern, von den angelsächsischen Ethnologen als nuclear family bezeichnet. Sie entsteht nicht erst mit der Seßhaftigkeit, sondern findet sich schon bei Sammlern und Jägern. Es gibt manche Sonderformen, besonders in seßhaften Gesellschaften. Die Polygamie zum Beispiel, die hier zunimmt. Man findet sogar Familien, deren Eltern nicht in einem Haus zusammenleben. Aber das sind Ausnahmen. Jedenfalls bleiben die Eltern immer Mitglieder ihrer eigenen lineage. Schon deshalb ist es irreführend, wenn Rechtshistoriker sagen, die agnatische Verwandtschaftsgruppe – die römische gens – sei ein »Verband mehrerer Familien« gewesen (Kaser 1971.53). Die lineage ist nicht ein Verband mehrerer Familien, die sich aus irgendwelchen Gründen irgendwann einmal zusammengeschlossen haben. Sie beruht auf gemeinsamer Abstammung. Und diese wird nur zu einem geringen Teil biologisch bestimmt. Verwandtschaft ist immer Ausdruck sozialer, nicht biologischer Beziehungen. Auch wenn ihre Terminologie – Vater, Mutter; Großvater, Großmutter usw. – das Gegenteil andeutet. Nirgendwo wird das so deutlich wie in agnatischen Verbindungen, in denen biologische Bande getrennt werden und so die Kinder entweder nur zur Verwandtschaft ihrer Mutter oder nur zu der ihres Vaters gehören.

Die Exogamie der lineage wird ergänzt durch das Inzestverbot. Mit anderen Worten: Dem Verbot der Heirat innerhalb der lineage entspricht das Verbot sexueller Kontakte unter Verwandten. Aber, muß man ergänzen, ohne daß das genaue Ausmaß der Entsprechungen und die Gründe dafür bis heute geklärt sind. Es gibt nämlich nicht ein einheitliches Inzestverbot, das allgemein und überall beobachtet werden kann. Es gibt ein Wirrwarr verschiedener Vorstellungen, Konventionen und Institutionen. Verschieden sind die Grade der Reichweite des Verbots, ist die Intensität der Mißbilligung von Übertretungen und sind die Vorstellungen der Menschen über die Gründe der Mißbilligung. Das Durcheinander ist so groß, daß in letzter Zeit die Universalität des Verbots wieder in Zweifel gezogen werden konnte (Schneider 1976). Aber es läßt sich wohl doch allgemein sagen, daß die meisten Menschen, wenn nicht sogar alle, dazu neigen, den geschlechtlichen Verkehr mit Mitgliedern ihrer engeren Sozialisationsgruppe zu meiden. Insofern

gibt es eine Universalität. Keinesfalls gibt es eine allgemeine Übereinstimmung der Regeln für Exogamie und Inzest, noch nicht einmal in einzelnen Gesellschaften. Oft gehen sie sogar sehr weit auseinander (Schneider 1976.153). Insofern hängt auch die berühmte Theorie von Claude Lévi-Strauss über den Zusammenhang von Frauentausch, Exogamie und Inzest in der Luft (Lévi-Strauss 1947, vgl. Harris 1969.484-513). Und wenn man früher annahm, es seien genetische Gründe – der »Zuchtwahl« – gewesen, die zum Verbot und zur Exogamie geführt hätten, dann gehen Anthropologen heute davon aus, daß es gesellschaftliche Gründe waren (Mair 1972.84-87). Aber auch das ist nicht mehr sicher. Denn es gibt in letzter Zeit wieder Berichte von Genetikern darüber, daß hohe Inzestraten sowohl beim Menschen als auch bei Tieren auf die Dauer schädliche Folgen haben (Schneider 1976.158f.). Das Inzestverbot wird immer ein Stelldichein von Fragen und Fragezeichen bleiben.
Eine lineage ist keine feste Größe. Sie verändert sich ständig. Die Älteren sterben. Die Jungen rücken nach. Einige Linien wachsen stärker als andere. Einige trennen sich ab, als neue selbständige Gruppe. Es gibt verschiedene Stufen des Zusammengehörigkeitsgefühls in den größeren Gruppen, abhängig von der genealogischen Nähe. Es gibt Rivalitäten von Untergruppen. Das setzt sich fort auf der Ebene der lineages, die ja auch wieder in größeren Einheiten zusammengehören. Evans-Pritchard hat es das Prinzip der segmentären Opposition genannt (1940.142-147). Auch wenn Untergruppen in ständiger Rivalität gegeneinander stehen, vereinigen sie sich solidarisch in gemeinsamer Opposition gegen entsprechend gleichrangige andere Einheiten, mit denen sie wieder zusammenstehen gegen noch größere andere. Und so weiter, bis zur Stammesebene. Angelsächsische Ethnologen haben für die verschiedenen Stufen der lineages in einzelnen Gesellschaften eine Terminologie entwickelt, die ihre relative Größe bezeichnen soll. Je nach genealogischer Tiefe sprechen sie von nuclear, minimal, minor und major lineage, die in einer maximal lineage verschachtelt sind. Aber die Verhältnisse sind in den einzelnen Gesellschaften sehr unterschiedlich. Man kann das nicht verallgemeinern.

Eine agnatische Einheit gibt es noch, die sich in einer größeren Zahl von lineage-Gesellschaften immer wieder findet. Nicht in allen, aber in vielen. Das ist der Klan. Er steht über der lineage, vereinigt mehrere von ihnen. Meistens gibt es nur wenige Klans, auch in ziemlich großen Gesellschaften. Ihre Zahl steht fest. Sie verändert sich nicht im Laufe der Zeit wie die der lineages. Sie gehen zurück in uralte Zeiten. Die genaue Kenntnis der agnatischen Zusammenhänge ist selten erhalten geblieben. Sie wird ersetzt durch einen gemeinsamen Namen, der die Erinnerung an die gemeinsame Abstammung wach hält. Häufig ist dieser Name verbunden mit Gegenständen der Natur, mit Tieren oder Pflanzen, die die Mitglieder zu meiden haben. Man nennt sie Totems. Sehr oft, aber nicht immer, ist auch der Klan exogam. Wie die lineage. Das erklärt sich daraus, daß er ursprünglich, in weit zurückliegender Vergangenheit, selbst einmal eine lineage gewesen ist.

Heiratsnormen und Filiationsnormen

Zurück zur Frage der Entstehung der agnatischen Verwandtschaft. Wie kommt es zur Bildung von lineages? Im Grunde sind zwei Arten von Antworten denkbar. Entweder man versteht die lineage als eine Gruppe, deren wesentliches Merkmal die Exogamie ist. Man sieht die Regeln über die Zugehörigkeit in erster Linie als Heiratsnormen. Und versucht die Entstehungsgeschichte daraus zu erklären. Oder man nimmt an, wichtigste Funktion dieser Regeln sei es – mindestens in der Frühzeit – gewesen, die Kinder einer neuen Familie der einen oder der anderen zuzuordnen, nämlich der lineage der Mutter oder der des Vaters. Dann versteht man sie also im wesentlichen als Filiationsnormen. Und erklärt daraus die Entstehung der lineage.

In der Vergangenheit hat man es auf dem ersten Weg versucht, über die Heiratsnormen. Die bekanntesten Lösungen sind die von Morgan und Lévi-Strauss. Morgans Lösung war biologisch-genetisch. Aus Gründen der Zuchtwahl mußte die Zahl der Heiratspartner immer weiter eingegrenzt werden. So kam

er von der Promiskuität über die Punaluafamilie zur Exogamie der gens (Morgan 1877). Lévi-Strauss gibt eine soziologische Lösung. Menschliche Gesellschaft beruht auf Gegenseitigkeit. Besser gesagt: Kultur entsteht durch Reziprozität. Die von seinem Lehrer Marcel Mauss entdeckte Reziprozität. Aber, sagt Lévi-Strauss, nicht durch den Tausch irgendwelcher zufälliger Gaben. Am Anfang steht der Tausch des allgemeinsten und wichtigsten Gutes, das die Männer kennen. Der Tausch von Frauen. Um sie mit anderen Gruppen tauschen zu können, muß man auf die eigenen verzichten. So entstand die Exogamie und zu ihrer Sicherung das Inzestverbot. Der Übergang von der Horde der Jäger zur lineage wird nicht weiter erklärt, weil es eine strukturalistische Theorie ist, nicht eine historische (Lévi-Strauss 1947).
Den zweiten Weg hat Claude Meillassoux gewiesen. In den Regeln über agnatische Verwandtschaft sieht er in erster Linie Filiationsnormen. Die damit zusammenhängenden Heiratsnormen sind ihnen letztlich untergeordnet, aus ihnen abgeleitet (Meillassoux 1976.32-35). Eine matrilineare lineage kommt also dadurch zustande, daß die Kinder einer Frau zu ihrer eigenen Verwandtschaft gezählt werden. Eine patrilineare dadurch, daß man die Kinder der Verwandtschaft ihres Vaters zurechnet. Aber, muß man weiter fragen, wie kommt es zu diesen Zurechnungen?

Matrilokalität und Patrilokalität

Die Antwort ergibt sich aus den Residenzregelungen. In fast allen lineage-Gesellschaften gibt es nämlich Regeln dafür, wo eine junge Familie ihren Haushalt begründen soll. Sie müssen nicht immer eingehalten werden. Aber im großen und ganzen werden sie beachtet. Grundsätzlich gibt es zwei Möglichkeiten. Entweder zieht man an den Wohnsitz der Verwandtschaft der Frau. Das wird als Matrilokalität bezeichnet. Oder man zieht zur Verwandtschaft des Mannes. Das ist die Patrilokalität. In beiden Fällen gibt es einige Sonderformen. Die bekannteste ist die Avunkulokalität in matrilinearen Gesellschaften. Sie ist ein Sonderfall der Patrilokalität. Die Frau zieht mit ihrem Mann in das Dorf seines Onkels, also an den Wohnsitz der Verwandtschaft des Mannes. Dieser Onkel nämlich ist der Bruder seiner Mutter. Er ist der männliche Repräsentant ihrer gemeinsamen matrilinearen lineage, zu der der junge Mann als Sohn seiner Mutter gehört. Diese lineage hat ihren Stammsitz in jenem Dorf, in dem der Onkel lebt. Seine eigenen Kinder gehören zu einer anderen lineage, nämlich zu der seiner Frau. Und bleiben deshalb auch regelmäßig nicht dort, wo sie aufgewachsen sind. Stattdessen zieht der Neffe zu seinem Onkel, um seine Nachfolge anzutreten. Was, wie man sich denken kann, ab und zu einige Probleme macht, die von den Ethnologen unter dem Stichwort the mother's brother behandelt werden (Schneider 1961.21-24; Mair 1972.100-104 m.w.N.). Außerdem gibt es noch die Möglichkeit, daß man regelmäßig ganz woanders hinzieht, weder zur Verwandtschaft des Mannes noch zu der der Frau. Sie suchen sich einen neuen Wohnsitz. Man nennt das Neolokalität.

Es ist eine alte Vermutung, daß in diesen Residenzregelungen der Ursprung für agnatische Zuordnungen zu sehen ist. Matrilinearität ist aus Matrilokalität entstanden und Patrilinearität aus Patrilokalität. Wenn die Familien regelmäßig bei der Verwandtschaft der Frau leben, entsteht daraus die Regel, daß ihre Kinder zu dieser Verwandtschaft gehören. Ganz einfach deshalb, weil sie dort aufwachsen. Und umgekehrt. Leben sie im Kreis der Verwandtschaft des Mannes, dann liegt es auch nahe, sie dort dazu zu rechnen.

Das ganze ist ausführlicher für die Matrilinearität diskutiert worden (Murdock 1949.207-210; Gough 1961.552-554; Aberle 1961.660). Denn hier sind die Residenzregelungen besonders kompliziert. Audrey Richards hat darum vom matrilineal puzzle gesprochen. Die verschiedenen Lösungen entsprechen zwar jeweils den örtlichen Besonderheiten und ihren ökonomischen und politischen Bedingungen (Richards 1950). Aber sie sind zum Teil so verwickelt, daß man nicht annehmen kann, sie seien die ursprüngliche Ordnung der Gesellschaft gewesen. Avunkulokalität bedeutet zum Beispiel, daß drei Dörfer im Leben einer Frau eine entscheidende Rolle spielen. Erstens dasjenige, in dem sie geboren wurde und aufgewachsen ist. Es ist das Dorf des Onkels ihres Vaters. Zweitens das Dorf, in dem sie nach ihrer Heirat lebt, also das Dorf des Onkels ihres Mannes. Und schließlich das Dorf ihrer lineage, in dem sie nie gelebt hat. Dort wohnt ihr Bruder, zu dem ihre Söhne ziehen werden, wenn sie erwachsen sind. Derart komplizierte Regelungen, die ein normaler Europäer ohnehin kaum versteht, können nicht ursprünglich sein. Sie haben sich historisch entwickelt. Es gibt also nur eine Lösung. Matrilineare Gesellschaften müssen bei ihrer Entstehung matrilokal organisiert gewesen sein. Es ist eine Lösung mit manchen Problemen. Denn Matrilokalität hat viele verschiedene Formen (Richards 1950.208-211, 246f.). Aber die Lösung ist davon im Grundsatz unabhängig. Wie schwach oder stark auch immer die matrilokale Form der Residenz ausgebildet sein mag, sie ist in jedem Fall eine ausreichende Grundlage für die agnatische Zuordnung der Kinder.

So bleibt also noch die Frage nach dem Ursprung der Residenzregelungen. Warum entsteht in einigen Gesellschaften Matrilokalität, in anderen Patrilokalität? Die Antwort lautet: Je nachdem, wie bei ihnen die Arbeit zwischen Männern und Frauen verteilt ist. Daraus ergibt sich, ob es arbeitsökonomisch günstiger ist, daß jeweils die jungen Männer oder die jungen Frauen an ihrem Wohnsitz bleiben. Es gibt sicherlich in einigen Fällen auch noch andere Gründe. Aber regelmäßig wird dies die Ursache der meisten Residenzregelungen sein. Es kommt also darauf an, um welche Art von Landwirtschaft es sich handelt. Matrilineare Gesellschaften finden sich besonders häufig in Gegenden, in denen wegen der Beschaffenheit des Bodens Garten- oder Hackbau ohne Pflug betrieben wird, mit häufigem Wechsel der Felder (Aberle 1961.622-670; Douglas 1969.21). In Afrika gibt es eine solche Zone, die quer über den ganzen Kontinent läuft, von Kongo (Brazzaville), Zaire und Angola über Sambia und Malawi bis nach Tansania und Mosambik. Hier findet sich fast nur Matrilinearität. Der sogenannte matrilineare Gürtel (Murdock 1959.28). Patrilinearität findet sich außer in Hirtengesellschaften regelmäßig bei Getreide- oder Reisanbau. Die Felder werden länger genutzt. Das Eigentum der lineages am Boden spielt eine größere Rolle.

Garten- und Hackbau ohne Pflug wird hauptsächlich von Frauen geleistet (Aberle 1961.670). Das allein schon könnte erklären, warum hier Matrilokalität entsteht (Murdock 1949.204 f.). Es kommt aber wohl hinzu, daß die Arbeit der Frauen zu Beginn regelmäßig kollektiv organisiert war. Dadurch wird erst recht verständlich, warum die Männer zu ihren Frauen ziehen. Denn jedes Arbeitskollektiv scheut den Wechsel. Gibt es Arbeitskollektive von Frauen, dann erscheint als normale Folge, daß die Männer an den Wohnsitz ihrer Frauen kommen. Es gibt zwar keinen sicheren Beweis dafür, daß es bei der Entstehung von Matrilinearität regelmäßig so gewesen ist. Und andere Gründe ähnlicher Art können von Fall zu Fall die gleiche Folge gehabt haben. Aber die Zahlen sprechen dafür. Von den mehr als einhundert matrilinearen Gesellschaften gibt es nur für dreißig einigermaßen zuverlässige Angaben darüber, ob weibliche Arbeitskollektive existieren oder nicht. Sie finden sich in neunzehn Gesellschaften, von denen neun matrilokal sind, fünf avunkolokal, vier patrilokal und eine ohne feste Residenzregeln. Unter den dreißig Gesellschaften, für die Angaben vorliegen, sind dreizehn matrilokale. Nur vier von ihnen kennen keine Arbeitskollektive (Schlegel 1972.192 f.). Der Zusammenhang liegt auf der Hand. Und ähnliche Überlegungen lassen sich für die Patrilinearität anstellen. In Hirtengesellschaften ist die Pflege der Herden Sache der Männer. Daraus entsteht Patrilokalität (Murdock 1949.206). Beim Anbau von Getreide und von Reis sind die Männer an der Feldarbeit sehr viel intensiver beteiligt als beim Garten- oder Hackbau ohne Pflug. Deshalb ergibt sich auch hier regelmäßig Patrilokalität.

Der enge Zusammenhang zwischen Verwandtschaft und Ökonomie in frühen Gesellschaften ist weithin anerkannt, explicit und implicit, von den Vertretern der materialistischen Theorie und von ihren Gegnern. Die materialistische Grundthese besagt, der gesellschaftliche Überbau ergäbe sich aus der ökonomischen Basis. Dagegen ist eingewendet worden, in frühen Gesellschaften würden doch die Verwandtschaftsbeziehungen eine entscheidende Rolle spielen, nicht die ökonomische Organisation. Darauf hat Godelier schon 1968 geantwortet, hier gäbe es keinen Widerspruch. Verwandtschaftsverhältnisse seien in frühen Gesellschaften auch Produktionsverhältnisse. Mit anderen Worten, sie seien Basis und Überbau zugleich (Godelier 1968, 1976.94 f.). In ähnlicher Weise hat sich Sahlins geäußert. Eine selbständige ökonomische Sphäre gäbe es in der frühen Hauswirtschaft in der Tat nicht. Ökonomie sei eben das, was die Verwandtschaftsgruppen täten, also eher eine Funktion der Gesellschaft als ein Teil ihrer Struktur. Entscheidende Produktionseinheit sei der Haushalt (Sahlins 1972.76). Mit ihr ist verbunden, wie Meillassoux gezeigt hat, die Reproduktionseinheit der lineage. Deren Filiationsnormen sichern den kontinuierlichen Nachschub von Produzenten. Die Filiationsnormen ergeben sich aus der Residenzregelung. Die Residenzform aus der Arbeitsteilung. Das ist der Zusammenhang von Arbeitsteilung, Residenz und agnatischer Verwandtschaft, keine grundsätzlich neue Theorie, sondern nur der Versuch einer Zusammenfassung verschiedener schon längst vorhandener Ansätze, in etwas konkreterer Form und – durch die Einbeziehung der Arbeitsteilung – mit einer leichten Akzentverschiebung in die Sphäre des Ökonomischen.

Das historische Verhältnis von Matrilinearität und Patrilinearität

Als Morgan entdeckt hatte, daß es zwei Formen agnatischer Verwandtschaft gibt, hat er sie in eine historische Reihenfolge gebracht. Er nahm an, Matrilinearität sei die frühere Form, Patrilinearität die spätere. Jede Gesellschaft hätte eine solche Entwicklung hinter sich oder – matrilineare – noch vor sich. Grund dafür war Bachofens Theorie zum Nacheinander von Matriarchat und Patriarchat. Denn Morgan hatte die Matrilinearität bei den Irokesen entdeckt. Und die kannten tatsächlich eine erstaunliche Dominanz der Frauen, die Bachofens Matriarchat sehr nahe kam. Beides fügte sich gut ineinander, war fast ohne Ausnahme von der Wissenschaft des 19. Jahrhunderts akzeptiert, ist in Engels »Ursprung der Familie« übergegangen und wurde schließlich fester Bestandteil von Allgemeinbil-

dung, nachdem sich Bachofens Wirkung seit der Jahrhundertwende außerordentlich verstärkt hatte. Aber trotzdem. Es war nicht so.
In der Ethnologie war man ohnehin schnell davon abgekommen. Das entsprach ihrer Neigung zur Enthistorisierung. Im gleichen Jahr, in dem einer der führenden englischen Rechtshistoriker die alte Lehre noch vorsichtig bestätigte (Vinogradoff 1920.195), hatte Robert Lowie sie schon endgültig begraben (1920.189-191). Angesichts der vielfältigen Daten über matrilineare und patrilineare Gesellschaften war sie einfach nicht mehr aufrechtzuerhalten. Auch eine neue Überprüfung kann heute nicht mehr zu anderen Ergebnissen kommen. Es läßt sich eben nicht beweisen, daß patrilineare Gesellschaften allgemein höher entwickelt sind als matrilineare. Diese erscheinen zwar im Durchschnitt schon ein wenig archaischer als jene. Aber der Unterschied ist verhältnismäßig gering, und die Gemeinsamkeiten sind sehr groß (Murdock 1937). Es gibt zwar Fälle, in denen sich nachweisen läßt, daß matrilineare Gesellschaften zur Patrilinearität übergegangen sind (Murdock 1949.212f., 1959.302). Aber es sind nur sehr wenige. Und es ist nicht der Normalfall. Denn Matrilinearität ist außerordentlich flexibel (Douglas 1969). Deshalb wechseln regelmäßig nur ihre Residenzformen, wenn sich die ökonomischen Verhältnisse ändern, also besonders dann, wenn im Gegensatz zu vorher die Männer den wichtigsten Teil der Produktion übernehmen. Das führt meistens zu patrilokaler Residenz. Im Übergang von kognatischer Verwandtschaft hat sie die Folge der Patrilinearität. Aber jetzt ist der patrilokale Druck selten stark genug, eine bereits bestehende matrilineare Struktur zu beseitigen. Entweder bleibt sie völlig erhalten oder es entstehen Mischsysteme mit einer Kombination von Matrilinearität und Patrilinearität (Murdock 1949.211f.). Patrilineare Gesellschaften sind also schon zu Beginn ihrer Existenz regelmäßig als patrilineare entstanden. Es gibt keine allgemeine historische Folge von Matrilinearität und Patrilinearität. Beide entstehen grundsätzlich unabhängig voneinander, je nach den örtlichen Verhältnissen und dem jeweiligen Gewicht der Arbeit von Männern und Frauen.

Matrilinearität, Matriarchat, Matrifokalität

Es geht nicht nur um das zeitliche Nacheinander von Matrilinearität und Patrilinearität. Von vornherein war es verbunden mit Bachofens Matriarchatstheorie. Matriarchat bedeutet Herrschaft von Frauen, für ihn durchaus auch im politischen Sinn. Er nannte sie Gynaikokratie. Sie ist, meinte er, eine allgemeine Kulturstufe der Menschheit, die bei allen Völkern vor dem Übergang zum Patriarchat zu finden sei (Bachofen 1861). Das Patriarchat habe diese Vorstufe fast völlig verdeckt und damit allgemein verbreitete Vorstellungen der Ursprünglichkeit der patriarchalischen Familie und der Herrschaft von Männern ermöglicht. Sähe man sich die antike Überlieferung jedoch genauer an, dann würde man überall auf deutliche Spuren der frühen Vergangenheit stoßen. Den Höhepunkt hätte das Matriarchat im Krieg der Frauen gegen die Männer erreicht. Er sei entstanden im Widerstand gegen den Hetärismus, also die freie Geschlechtsgemeinschaft von Frauen und Männern am Anfang der Geschichte. Sie beendeten ihn mit der Gründung des Amazonenstaates, in »geordneter Gynaikokratie«, nämlich mit der Begründung der Ehe. Allmählich sei dann ihre Herrschaft zurückgedrängt worden, zuerst im Staat, dann auch in der Familie. Diesen Übergang zum Patriarchat beschreibt Bachofen als einen geistigen Prozeß, als kulturelle Entwicklung vom Weiblich-Stofflichen zum Männlich-Geistigen, von der Natur zur Kultur, vom Stoff zum Geist. An seinem Ende steht – als Triumph des Geistes – die Herrschaft der Männer, am reinsten verwirklicht im römischen Imperium und in der »römischen Paternität«. Sie sind für ihn immer Leitbild und Vorbild gewesen, als »Prinzip der Gliederung« gegen die – weibliche – »Einheitlichkeit der Masse«, womit er auch die demokratischen Bestrebungen seiner eigenen Zeit meinte.

Er gründete seine Theorie auf Berichte griechischer Historiker und die Interpretation antiker Mythen. Die historischen Beweise reichen aber nicht aus. Herodots Historien 1.173 und ähnliche Beschreibungen anderer griechischer Schriftsteller – Nymphis bei Plutarch mul. virt. § 9, Nikolaos von Damaskus in: Jacoby 1961.385 und Herakleides Pontikos in: Müller

1848.117 – ergeben mit Sicherheit nur, daß die lykische Gesellschaft matrilinear organisiert war (Wesel 1980.36-40). Den Bericht Herodots über Ägypten – in den Historien 2.35 – hat Bachofen mißverstanden, und der berühmte ägyptische Ehevertrag, über den Diodor schreibt, in seiner Historischen Bibliothek 1.272, beruht auf einem Mißverständnis, dem der griechische Historiker selbst zum Opfer gefallen ist, weil er die Landessprache nicht verstand (Wesel 1980.41-46). So bleiben allein die Mythen. Und sie sind als Beweis erst recht fragwürdig. Häufig sagen sie nämlich mehr aus über die Zeit, in der sie erzählt werden, als über die Vergangenheit. Matriarchatsmythen besonders. Sie dienen oft nur dazu, die Herrschaft von Männern zu legitimieren, indem sie auf die vorhergehende Herrschaft der Frauen verweisen (Bamberger 1974, Wesel 1980.54-67, Sanday 1981.179-181). Letztlich war das auch Bachofens eigene Absicht (Zinser 1981.10-31). Trotzdem. Er hat eine große Entdeckung gemacht. Zwar hat er nicht gefunden, was er meinte. Aber ihm ist die Entdeckung der Matrifokalität zu verdanken.

Matrifokal sind Gesellschaften, in denen Matrilinearität und Matrilokalität zusammentreffen. In ihnen stehen Frauen im Zentrum – im Fokus – der Gesellschaft, nämlich nicht nur durch die Zuordnung der Kinder zu ihrer eigenen Verwandtschaft, sondern, und das ist entscheidend, durch die matrilokale Organisation der Siedlung. Nicht nur die Abstammung, auch die Residenz ist auf die Frauen zentriert. Das bedeutet jedoch nicht, daß sie hier die gleiche Rolle spielen wie Männer in patrilinearen Gesellschaften, in denen sich meistens die entsprechende Kombination von Abstammung und Residenz findet, nämlich Patrilinearität und Patrilokalität. Matrifokalität bedeutet regelmäßig noch nicht einmal ihre gesellschaftliche Dominanz, wohl aber die Abwesenheit der Dominanz von Männern.

Gesellschaftliche Dominanzen lassen sich schwer quantifizieren. Es gibt keine festen Maßstäbe, die man mechanisch ablesen kann. Auch Definitionen sind schwierig. Am ehesten möglich ist die Definition männlicher Dominanz, weil sie sich in den meisten frühen Gesellschaften findet. Sie läßt sich durch zwei Elemente bestimmen, durch den Ausschluß der Frauen vom politischen und ökonomischen Entscheidungsprozeß und die Existenz männlicher Agressivität gegen Frauen (Sanday 1981.164). Bis vor kurzem waren Anthropologen allgemein überzeugt, sie sei eine universale Erscheinung. Sie findet sich auch in matrilinearen Gesellschaften. Das war der entscheidende Einwand gegen Bachofen. Schon 1891 wurde er von Edward Westermarck vorgebracht, in seiner »History of Human Marriage«. Aus Herodots Bericht in den Historien 1.173 würde sich nur ergeben, daß die Lykier matrilinear gewesen seien. Aber aus Matrilinearität lasse sich nicht auf ein Matriarchat schließen. Denn in allen damals bekannten matrilinearen Gesellschaften fände sich eine Dominanz der Männer. Erst in letzter Zeit haben sich hier die Meinungen geändert. Heute geht man eher davon aus, daß es eine größere Zahl von Gesellschaften gibt oder gegeben hat, in denen sie nicht vorhanden ist. Sie fehlt mindestens in etwa der Hälfte der heute bekannten matrilokalen Gesellschaften (Schlegel 1972.71, 82). Genauere Untersuchungen gibt es nicht, zumal die Angaben für Matrilokalität und Avunkulokalität teilweise zusammengefaßt werden (Sanday 1981.178). Ohne Zweifel ist die soziale Situation von Frauen in matrifokalen Gesellschaften regelmäßig besser als in allen anderen. Sie leben in der vertrauten Umgebung und in der Solidarität ihrer Verwandtschaft. Das hat zur Folge, daß die Bindung an ihren Mann nicht sehr stark ist. Stärker ist die Bindung an ihre Mutter und ihre Geschwister, besonders an ihre Schwestern, mit denen sie oft im gleichen Haushalt leben. Die Brüder ziehen häufig zu ihren Frauen. Der eigene Ehemann ist isoliert. Die Ehe wird, mindestens am Anfang, leicht gelöst, auch von Seiten der Frauen. Das ist immer ein Zeichen dafür, daß sie in günstiger Situation leben. In den meisten der heute bekannten matrilokalen Gesellschaften finden sich Arbeitskollektive von Frauen, die über den häuslichen Bereich hinausgehen. Und das ist in gleicher Weise signifikant (Sanday 1974.193; Sacks 1975.220, 228). Matrilokalität und kollektive Arbeit von Frauen sind die beiden Tragebalken im schützenden Dach der Matrifokalität, nicht nur funktional, sondern auch historisch.

Denn die historischen Überlegungen haben ergeben, daß agnatische Verwandtschaft aus Residenzregelungen entsteht. Matrilokalität ist der Ursprung von Matrilinearität. Alle bekannten matrilinearen Gesellschaften müssen am Anfang ihrer Entwicklung matrilokal gewesen sein. Am historischen Beginn matrilinearer Gesellschaften steht also regelmäßig die Matrilokalität. Und das bedeutet, daß es doch eine sehr weit verbreitete Entwicklungsstufe gibt, auf der sich Frauengesellschaften finden, ohne die Dominanz von Männern. Auch in Lykien zum Beispiel läßt sich auf Grabinschriften Matrilokalität nachweisen (Pembroke 1965.222). Das alles ist eine im Grunde erstaunliche Bestätigung der Bachofenschen Theorie. Allerdings mit drei Einschränkungen. Erstens findet sich Matrifokalität nicht auf der historisch frühesten Stufe, sondern erst auf der zweiten, der Seßhaftigkeit. Ihr ist in den Jägergesellschaften die sehr lange Zeit einer leichten Benachteiligung von Frauen vorausgegangen. Zweitens ist es keine universale Erscheinung, notwendigerweise überall verbreitet, wie Bachofen es angenommen hat. Am Beginn der frühen Landwirtschaft gibt es ein Nebeneinander von matrifokalen Frauengesellschaften und patrilinearen Männergesellschaften. Drittens bedeutet Matrifokalität nicht ein gesellschaftliches Übergewicht von Frauen. Das hat es nur in Ausnahmefällen gegeben, wie bei den Irokesen der klassischen Zeit (Wesel 1980.107-118). Von Herrschaft kann man in keinem Fall sprechen. Ein Matriarchat hat es nie gegeben.

Doppelsysteme, Mischsysteme

Matrilinearität und Patrilinearität finden sich in einer sehr großen Zahl von Gesellschaften in Nord- und Südamerika, in Afrika und Asien. Sie lassen sich in der Antike nachweisen und in unserer eigenen deutschen Vergangenheit. Daneben gibt es Sonderformen, die man ebenfalls zur agnatischen Verwandtschaft zählt. Die Gründe für ihre Entstehung sind nicht klar erkennbar. Für manche Formen ist noch nicht einmal endgültig geklärt, ob es sie überhaupt gibt oder ob man sie nicht besser als kognatische ansieht. Das gilt für die sogenannte bilaterale Abstammung. In ihr sollen Verwandtschaftsgruppen dadurch zustandekommen, daß ein Kind mit einigen Verwandten seiner Mutter und einigen seines Vaters als verwandt gilt, mit anderen auf beiden Seiten dagegen nicht. In einem anderen Fall ist man sich einig. Es gibt Doppelsysteme, mit einer Kombination von Matrilinearität und Patrilinearität. Sie finden sich in mehreren Gesellschaften, von denen die Yakö im Osten Nigerias am bekanntesten sind (Forde 1964). Regelmäßig handelt es sich darum, daß verschiedene Vermögensteile entweder in der einen oder anderen Verwandtschaftsform vererbt werden. Bei den Yakö gibt es patrilineare und matrilineare lineages und Klans. Die patrilinearen sind exogame Gruppen, denen das Land gehört. Die matrilinearen sind weniger streng exogam. In ihnen vererbt sich das bewegliche Vermögen, zum Beispiel das Vieh. Außerdem gehören zu ihnen die wichtigsten Kulte, in denen man nur Priester werden kann, wenn man aus bestimmten matrilinearen lineages stammt. Wahrscheinlich ist das historisch zu erklären. Es ist anzunehmen, daß die Yakö ursprünglich matrilinear gewesen sind. Denn die wichtigsten – und wohl auch ältesten – Kulte gehören zur Matrilinearität. Durch Änderung der Residenzform hat sich dann später ein patrilokaler Druck entwickelt, dem es aber nicht gelungen ist, die Matrilinearität vollständig zu verdrängen.

Segmentäre Ordnung

Mit agnatischer Verwandtschaft entstehen in einer Gesellschaft feste Gruppen, die klar gegeneinander abgegrenzt sind, denn jeder einzelne kann immer nur zu einer lineage gehören. Das ist der entscheidende Unterschied zum kognatischen System. Die Gesellschaft erhält eine festere Struktur. Institutionalisierte Macht existiert am Beginn dieser Entwicklung noch nicht. Deshalb ist das auch regelmäßig die einzige Struktur dieser Gesellschaften. Sie sind immer noch Gesellschaften ohne Staat. Verwandtschaftliche und gesellschaftliche Ordnung sind identisch. Es ist, wie Christian Sigrist es genannt hat, eine regulierte Anarchie (Sigrist 1967). Die einzelnen lineages stehen unabhängig nebeneinander, ohne Zentralinstanz, allerdings verbunden durch vielfältige Heiratsbeziehungen. Denn ihre Exogamie ist – neben der Filiation – entscheidendes Element des gesellschaftlichen Gleichgewichts.

Seit Emile Durkheim nennt man sie segmentäre Gesellschaften. In seinem Buch über die Teilung der sozialen Arbeit beschreibt er sie als die Ordnung, die auf die der Sammler und Jäger folgt. Die Arbeitsteilung ist noch sehr gering. Deshalb gibt es nicht die vielfältigen Querverbindungen, die »organische Solidarität« der verschiedenen arbeitsteiligen Bereiche in staatlichen Gesellschaften, die er mit dem Organismus höher entwickelter Tierarten vergleicht. Stattdessen existiert in ihnen eine Vielzahl gleicher und voneinander unabhängiger Segmente nebeneinander. Sie haben alle die gleiche Funktion, indem sie sich selbst versorgen. Er vergleicht sie mit niederen Organismen, mit den Ringen von Ringelwürmern, deren Segmente in »mechanischer Solidarität« hintereinander geschaltet sind (Durkheim 1977.215-222).

Die Social Anthropology hat seine Vorstellungen übernommen, allerdings ein wenig verändert. Denn so primitiv wie ein Ringelwurm sind diese Gesellschaften nun wahrhaftig nicht. Außerdem hatte Durkheim die Verbindung der Segmente durch ihre Heiratsbeziehungen übersehen. Fortes und Evans-Pritchard sprechen deshalb abstrakt von einem »Gleichgewicht zwischen einer Zahl von Segmenten, räumlich nebeneinander gelegen und strukturell einander entsprechend, die örtlich und verwandtschaftlich definiert sind und nicht in der Terminologie einer Verwaltung« (Fortes, Evans-Pritchard 1940.13). Lucy Mair dagegen beschreibt die Einheit der Segmente sehr viel anschaulicher, als Stücke einer Orange oder eines runden Kuchens (Mair 1972.78). Ich selbst habe sie immer graphisch gesehen, nicht körperlich. Etwa so, wie Michael Barkun das Nebeneinander der lineages verglichen hat mit der Gemeinschaft der Völker in den Vereinten Nationen (Barkun 1968, vgl. unten S. 347 f.). Das würde einem Nebeneinander verschieden großer Kreise entsprechen, die sich zwar nicht überschneiden, aber

durch mannigfaltige Verbindungen zusammengehalten werden.
Die Segmente sind auch örtlich, nicht nur verwandtschaftlich definiert. Häufig leben die Mitglieder einer lineage zusammen in einer Siedlung. Aber es gibt auch Dörfer mit Angehörigen verschiedener lineages. Regelmäßig ist es dann eine, der das Dorf »gehört«, meistens diejenige, die dort am längsten lebt oder es gegründet hat. Die örtliche Identifikation kann überwiegen. Man versteht sich dann in erster Linie als Einwohner eines bestimmten Dorfes, erst in zweiter Linie als Mitglied einer bestimmten lineage. Das Dorf ist eben die Gesamtheit der dort lebenden Nachbarn, die vielfältig zusammenarbeiten und sich gegenseitig aushelfen. Die alte Gegenseitigkeit ist hier noch ein wichtiger Bestandteil der Gemeinschaft, nicht nur die Solidarität der Verwandtschaft. Obwohl auch hier die Vorstellungen sich häufig überschneiden. Es kommt vor, daß man alle Einwohner mit der lineage identifiziert, der das Dorf »gehört«. Denn mit der Zunahme der Bedeutung von Verwandtschaft ist allgemein verbunden eine gewisse Abnahme der Bedeutung von Reziprozität, die in Jägergesellschaften eine sehr viel größere Rolle spielt als in der frühen Landwirtschaft.
Der Parallelität von örtlicher und verwandtschaftlicher Identifikation entspricht eine ähnliche Doppelung bei den Repräsentanten von Dorf und lineage. Lineages haben – meistens – einen oder mehrere Sprecher, einen Ältesten oder mehrere. Ihre Stellung kann sich allein aus ihrem Alter ergeben. Manchmal wird gewählt. Dann ist ihre Stellung übrigens regelmäßig stärker, besonders, wenn sie ziemlich früh gewählt werden. Die Älteren sterben bald, wechseln häufiger, haben kaum eine Möglichkeit, ihre Stellung zu befestigen. Sind Dorf und lineage identisch, dann ist der Älteste der lineage auch Sprecher des Dorfes. Wenn einer lineage das Dorf »gehört«, ist es ebenso. Sonst gibt es andere Lösungen und ab und zu, auch das kommt vor, gar keinen Repräsentanten der lineage oder des Dorfes. Ähnlich sind die Wege zu kultischen Funktionen, die davon getrennt sein können.
So verschieden die Positionen in segmentären Gesellschaften sein mögen, eines läßt sich allgemein sagen. Sie verleihen

grundsätzlich keine Herrschaft. Ihre Funktion ist der Ausgleich, die Vermittlung, die Herstellung von Konsens, ähnlich wie in Jägergesellschaften. Allerdings wachsen hier und da aus den Zweigen der agnatischen Verwandtschaft die Knospen institutionalisierter Macht. Herrschaft entsteht oft aus der Radikalisierung von Institutionen der Verwandtschaft. Und so finden sich viele lineage-Gesellschaften, deren egalitäre Struktur mehr oder weniger geschwächt ist. Die allgemeine Definition bleibt davon unberührt: Segmentäre Ordnung ist aufgebaut auf dem Prinzip der agnatischen Verwandtschaft und im Grundsatz egalitär. Auch umgekehrt trifft man auf Besonderheiten. Nicht alle egalitären Gesellschaften, die Landwirtschaft betreiben, haben agnatische Verwandtschaft. Es gibt Ausnahmen. Die Ndendeuli zum Beispiel im Südwesten von Tansania (Gulliver 1971). Sie sind kognatisch. Vielleicht erklärt sich das daraus, daß sie im 19. Jahrhundert von Einwanderern erobert wurden und sich außerdem mit Sklaven vermischt haben, die jene mitbrachten. Oder die Iban im Norden von Borneo (Freeman 1970). Sie leben in Langhäusern, jeweils etwa fünfzehn Familien mit achtzig bis neunzig Personen. Jede Familie bewohnt einen eigenen Raum, der bilek genannt wird. Dieses Wort bedeutet nicht nur Raum und Wohnung, sondern bezeichnet auch die personale Einheit der Familie mit den dazu gehörenden Gerätschaften und Feldern. Wenn erwachsene Kinder heiraten, ziehen sie entweder in das bilek des Mannes oder das der Frau. Derjenige, der umzieht, scheidet aus seinem elterlichen aus und tritt in den neuen ein. Damit wird eine klare Gliederung bewirkt. Sie ist in kognatischen Gesellschaften, zu denen die Iban gehören, nicht selbstverständlich. Denn ihre Verwandtschaftsstruktur ist diffus, ohne feste Grenzen. Aus ihr allein bilden sich keine eindeutigen Segmente, sondern nur in Verbindung mit anderen Faktoren. Bei den Iban ist es das Langhaus mit seinem bilek-System.

9. KAPITEL

Eigentum

Eigentum wird in segmentären Gesellschaften wichtiger als bei Sammlern und Jägern. Es ist nicht länger eine Last, die man mit sich tragen muß. Die Vorratshaltung kommt hinzu, die bei Jägern sehr selten ist und ein oft hoch entwickeltes System von Brautpreisleistungen. Geblieben ist das Nebeneinander und Ineinander von gemeinschaftlichem und persönlichem Eigentum.

Landeigentum

Das Land steht im gemeinschaftlichen Eigentum agnatischer Gruppen, in einer sehr engen Verbindung der Vorstellungen von Besiedlung und Bearbeitung des Bodens und des Zugangs

---

Das Kapitel beruht auf den Vorarbeiten eines Aufsatzes über »Die Entwicklung des Eigentums in frühen Gesellschaften«, in: Zeitschrift für vergleichende Rechtswissenschaft 81 (1982) 17-38. Zum Eigentum am Land gibt es eine große Zahl guter Einzeldarstellungen, aber noch kein zusammenfassendes Werk. Das Buch von C. K. Meek, Land, Law and Customs in the Colonies, 2. Aufl. 1949, ist veraltet. Eine der besten Beschreibungen gibt es für die Tiv: P. Bohannan, Land, Tenure and Land-Tenure, in: D. Biebuyck (Hg.), African Agrarian Systems (1963) 101-115. Zum Eigentum am Herdenvieh grundlegend: T. Ingold, Hunters, Pastoralists and Ranchers, 1980. Daß das Nebeneinander von Verwandtschaftseigentum und Individualeigentum eine allgemeine Erscheinung in frühen Gesellschaften ist, wurde zuerst ausführlich von Gluckman beschrieben, der auch schon auf die Parallele zum frühen Rom aufmerksam gemacht hat: M. Gluckman, The ideas in Barotse jurisprudence (1965) 4. Kapitel. Dazu zuletzt: M. Godelier, Territory and property in primitive society, in: Social Science Information (1978) 399-426. Zu den theoretischen Fragen: K. Marx, Ökonomisch-philosophische Manuskripte aus dem Jahre 1844, in: MEW, Ergänzungsband Erster Teil (1968) 465-588, und Grundrisse der Kritik der politischen Ökonomie (Rohentwurf) 1857-1858, zitiert nach dem o. J. (1960) erschienenen Ndr. d. Ausgabe 1939, 1941, wichtig hier der Abschnitt: »Formen, die der kapitalistischen Produktion vorhergehen« S. 375-413.

zu ihm über lineage oder Klan. Zum Beispiel bei den *Tallensi*. Sie sind Getreidebauern, eine segmentäre Gesellschaft von etwa 40 000 Menschen im nördlichen Ghana, ohne Zentralinstanz (Fortes 1936, 1940, 1945, 1957). Sie bauen zur Hauptsache Hirse an, außerdem Erdnüsse, pflanzen Gemüse und betreiben etwas Viehzucht. Es gibt Klans und patrilineare lineages. Die lineage rechnet im Schnitt acht bis zehn Generationen zurück. Sie hat einen Sprecher, na'am, der ihre personale und territoriale Identität repräsentiert und nicht sehr mächtig ist (Fortes 1945.43 f.). Sie leben in einem sehr dicht besiedelten Gebiet, in ziemlich großen Siedlungen. Das Land, teng, ist für sie in erster Linie ein personaler, nicht ein territorialer Begriff. »Ein Land ist kein Land, wenn keine Leute darauf sind«, sagen sie. Entscheidend ist also, wer darauf siedelt, es bearbeitet und zu welcher lineage er gehört. Dorthin gehört dann auch das Land. Abstrakte Eigentumsvorstellungen, losgelöst von den Menschen, die dort leben, kennen sie nicht.
In den dreißiger Jahren gab es einen Streit um Land zwischen zwei Klans (Fortes 1945.163 f.). Der eine führte ihn mit dem von der englischen Kolonialverwaltung übernommenen Gebietsargument. Es sei von alters her ihr Gebiet, denn dort würde auch ihr tenda'ana opfern, der Erdpriester. Auf dem Land siedelten aber seit langem Leute des Nachbarklans, die dort allmählich eingedrungen waren. Deshalb war für die Tallensi selbstverständlich, daß das Land zu diesem Klan gehörte. Teng bedeutet eben nicht nur Land, sondern Siedlung, nicht so sehr im Sinne von »Dorf«, das mehr das Territorium bezeichnet, sondern eher wie das altgriechische »Demos«, das die örtliche Gemeinschaft meint. Teng bedeutet auch Erde im mystisch-religiösen Sinn der kultischen Zuständigkeit einer maximal lineage. Ihr steht ein Obereigentum zu, das allerdings funktional begrenzt ist, wie die Macht des na'am. »Ich besitze mein Land. Ich habe es gekauft,« sagt er. Tatsächlich hat er bei seiner Wahl erhebliche Aufwendungen gemacht (Fortes 1940.256 f.). Damit hat er das Recht auf alle Johannisbrotbäume des Gebiets erworben. Auch Jagd und Fischerei können nur mit seinem Einverständnis ausgeübt werden, wofür er einen Anteil von der Beute erhält. Früher gehörten ihm auch die Fremden, die

dort aufgegriffen wurden. Er konnte sie in die Sklaverei verkaufen. Aber das ist im wesentlichen auch schon alles.
Eigentum am Land ist für die Tallensi ein Bündel von Vorstellungen, dreifach gegliedert (Fortes 1945.171). Sie verstehen es utilitaristisch und meinen damit wie wir, daß man vom Land lebt, indem man es bewirtschaftet. Dann hat es für sie eine morphologische Bedeutung, meint bestimmte Teile einer Siedlung, die von einzelnen Segmenten der Gesellschaft bewohnt und bebaut werden. Und schließlich meint es die verwandtschaftlich-politisch-rituellen Bindungen des einzelnen im lineage-System. Nur in diesem dreifachen Sinn können die Tallensi die Beziehung von Menschen zum Land verstehen. Sie bezeichnen es mit dem Verbum »so«, das etwa unserem »gehören« entspricht. Schwerpunkt des Eigentums ist die Hofgemeinschaft, die nuclear lineage, die aus einem Mann besteht und seiner Frau oder seinen Frauen. Ihre Kinder gehören dazu, oft auch die Frauen seiner Söhne und die Enkelkinder, und manchmal seine Brüder. Hier wird es auf die Söhne vererbt. Oder es fällt an das nächsthöhere Segment zurück. Reicht das Land nicht aus, dann gehen die jüngeren Männer in weiter entfernte und weniger fruchtbare Gebiete. Manchmal wird ihnen innerhalb der Siedlung vom na'am wertvolles Land zugeteilt, das frei geworden ist. Streitigkeiten darüber, innerhalb der lineage, gibt es so gut wie gar nicht (Fortes 1945.226).
Ähnlich ist es bei den *Tiv,* im Osten Nigerias (Bohannan 1963, 1968a). Sie sind patrilineare Ackerbauern, leben von Yams, Hirse, Guineakorn. Sehr anschaulich hat Paul Bohannan gezeigt, wie sie ihre Geographie als soziale Organisation sehen, als »genealogische Landkarte« im Kopf haben, die sich völlig von unserem in Längen- und Breitengraden orientierten Bewußtsein unterscheidet. Jede minimal lineage wird mit einem Gebiet identifiziert, in dem über 80% der dort lebenden Männer zu dieser lineage gehören. Mit der benachbarten minimal lineage, die genealogisch mit dem Bruder des Gründers der eigenen beginnt, bildet sie eine inclusive lineage, und ihr zusammenhängendes Gebiet ist wieder eine räumlich-soziale Einheit, die mit dem Namen dieser lineage bezeichnet wird. Ökonomische Einheiten sind die über das ganze Land dicht

verstreuten Höfe, auf denen ein Mann lebt mit seinen Frauen und Kindern, manchmal mit seinen Brüdern, oft mit den Frauen und Kindern seiner Söhne. Er teilt seinen Kindern das Land zu, wenn sie erwachsen sind, und ist dafür verantwortlich, daß jeder genügend erhält. Land verstehen sie als Teil ihrer sozialen Ordnung, ihres Verwandtschaftssystems. So wie jeder von ihnen zu einer lineage gehört, hat er auch Zugang zum Land, für sich, seine Frau und seine Kinder. Es kann ebensowenig verkauft oder verpachtet werden, wie man seine Zugehörigkeit zur lineage verkaufen oder verpachten kann. In sehr eigenartiger Weise ist dieses System der Zugehörigkeit zum Land in ständiger Bewegung, wie das lineage-System. Es ist bei ihnen üblich, daß man beim Anwachsen der Familien, deren Kinder neues Land brauchen, Land vom Nachbarn erbittet. Unter Berufung auf die genealogische Nähe der Nachbarlineage und die gemeinsame Abstammung von einem darüber existierenden Ahnen kann man um die Überlassung von – meist gerade brachliegendem – Land bitten. Eine solche Bitte darf nicht abgeschlagen werden. Kommt der Nachbar dadurch selbst in Schwierigkeiten, wendet er sich an den nächsten, und so weiter. Die eine Überlassung kann also eine Reihe anderer zur Folge haben. Das führt letztlich dazu, daß die Tiv langsam in die Gebiete der ihnen benachbarten Stämme eindringen.
Wem gehört nun das Land bei ihnen? Es gehört der minimal lineage und der inclusive lineage und es gehört dem einzelnen Hof, dessen ältesten Mann und seinen Kindern, denen er es zur Bebauung überlassen hat. Und dem Nachbarn, wenn er es dringend braucht. Sie alle können sagen, es sei ihr Land. Es ist Verwandtschaftseigentum. Das bedeutet nicht, daß allen alles gehört, sondern, daß der Zugang zum Land sich in vielfältiger Weise ergibt aus der Zugehörigkeit zur Verwandtschaft und durch sie bestimmt und beschränkt wird, wobei die individuelle Nutzung durchaus im Vordergrund steht.
Ein etwas offeneres System haben die *Nuer* (unten 10. Kapitel). Es überwiegt die Zuordnung zur patrilinearen lineage. Individuelle Berechtigungen werden nicht so stark betont, weil viel Land vorhanden ist. Auch bei ihnen wird Eigentum weitgehend in der Terminologie von Verwandtschaft verstanden und

ausgedrückt. Das Weideland, auf dem sie in der Regenzeit leben, das Gebiet der ständigen Siedlungen mit ihren Feldern, und das Weideland für die frühen Monate der Trockenzeit, wenn sie langsam zu den Flüssen wandern, wo sie danach ihre Sommerlager beziehen, das alles gehört zur lineage. Man siedelt sehr weit auseinandergezogen, wechselt ab und zu die ständigen Siedlungen, wenn der Boden erschöpft ist. In der Trockenzeit wird die Siedlungsstruktur dichter, in den Lagern an den Flüssen, wo man etwas genauer auf die Örtlichkeit achten muß, um Streit zu vermeiden. Allerdings gibt es auch dort noch immer ziemlich viel Platz und keine festen Lagerplätze, weil das Wasser der Flüsse in verschiedenen Jahren verschiedene Höhen erreicht.
Ähnlich offen ist es bei den *Lele* (unten, 11.Kapitel). Das Schwergewicht der Zuordnung liegt hier allerdings auf dem Dorf, nicht auf der lineage. Schapera hat ja gegen Maine zu Recht eingewandt, daß die Verwandtschaft nicht das einzige Organisationsprinzip früher Gesellschaften sei, sondern daß daneben durchaus auch die örtliche Zugehörigkeit zu einer Gemeinschaft stehe, die Maine nur als Ordnungselement zivilisierter Gesellschaften gelten ließ (Schapera 1956.5). Bei den Lele ist die lineage-Struktur sehr schwach, weil die Arbeit in ihrer Bedeutung bei weitem die Wichtigkeit des Landes überwiegt, das auch bei ihnen reichlich vorhanden ist, wie bei den Nuer. Bei denen sind allerdings andere Produktionsmittel entscheidend, nämlich die Rinder, deren Nutzung die lineage-Struktur außerordentlich stärkt, wie noch zu zeigen sein wird. Die Lele bauen Mais und Maniok an, auf Feldern, die für einige Jahre im Wald gerodet werden. Das Land wird nicht zugeteilt, sondern von den einzelnen informell ausgesucht. Wenn der Boden erschöpft ist, überläßt man ihn wieder dem Wald. Und das heißt auch: dem Dorf.
Auch die *Hopi,* Pueblo-Indianer in Arizona, leben vom Maisanbau, sind matrilinear. Ihre Felder werden allerdings sehr viel länger bebaut, mit komplizierter Bewässerung. Das Land wird zunächst den einzelnen Siedlungen zugerechnet. Man kennt die Grenzen sehr genau und weiß auch, wie sie sich im Lauf der Zeit verschoben haben (Forde 1931.366f.). Auf die Frage

nach dem Eigentum innerhalb der Dorfgrenzen hört man, wie in vielen frühen Gesellschaften, verschiedene Antworten. Es ist durchaus kein Widerspruch, wenn man erfährt, das ganze Land sei im Eigentum des Dorfhäuptlings (Titiev 1944.61, 181), der einzelnen Klans (Forde 1931.371; Titiev 1944.58; Eggan 1950.62), »wahrscheinlich« der einzelnen Haushalte (Titiev 1944.46) oder der Frauen, nämlich des Klans oder eines Haushalts (Forde 1931.370; Schlegel 1972.22). In einer matrilinearen und – das ist hier entscheidend – matrilokalen Ordnung repräsentieren die Frauen in sehr starkem Maße die Einheit der Verwandtschaftsgruppe. Die Hopi sind eine matrifokale Gesellschaft. Also werden die Frauen auch als die Eigentümerinnen des Landes angesehen, das zu ihrem Klan gehört. Das scheint die vorherrschende Anschauung zu sein. Die Gärten werden ohne Ausnahme von der Mutter auf die Töchter weitergegeben, weil sie nur von Frauen bearbeitet werden. Im übrigen hat jede Mutter mehrere Felder zur Verfügung. Wenn ihre Töchter heiraten, überläßt sie ihnen eines oder mehrere (Forde 1931.369f.). Bei Streitigkeiten schlichtet die älteste Frau des Klans. Im übrigen »gehört« die ganze Siedlung auch demjenigen Klan allein, dessen Urahn sie gegründet haben soll. Damit gehört das Land auch dem Dorfhäuptling, der aus diesem Klan kommt. Auf dem Eigentum der einzelnen Klans liegt jedoch das Schwergewicht. Die Verteilung des Landes unter ihnen ist für Old Oraibi sehr anschaulich von Titiev beschrieben worden (1944.61-63). Sie ist sicher uralt. Häufig finden sich Grenzsteine, die mit den Symbolen des Klans bemalt sind (Forde 1931.367f.). Das Obereigentum des Gründerklans hat im Grunde nur symbolische, sakrale und politische Bedeutung, keine ökonomische Funktion. Er stellt den Dorfhäuptling, der in Streitigkeiten über Land zwischen den einzelnen Klans zu schlichten hat. Innerhalb des Klan-Landes gibt es Berechtigungen der einzelnen Haushalte. Also können auch sie als Eigentümer dieser Felder angesehen werden. Und es gibt auch Abweichungen von der Regel, daß Land nur in der Matrilinie weitergegeben wird (Forde 1931.377f.). Es kommt vor, daß ein Mann von seinem eigenen Klan Land erhält, das er für seine Familie bebaut, die zum Klan seiner Frau gerechnet wird.

Wenn seine Söhne es dann weiterbebauen, auch nach seinem Tode, geht es auf sie über, wenn der Klan ihres Vaters damit einverstanden ist. Das gibt es häufiger. Es ist eine Folge dessen, daß die Felder im wesentlichen von den Männern bebaut werden.

Während die Hopi jahrhundertelang die gleichen Siedlungen bewohnten, in denen sie heute noch leben, sind die *Irokesen* im Norden, im Staat New York bis über die Grenze von Kanada, sehr viel beweglicher gewesen. Auch sie waren eine matrifokale Gesellschaft, matrilinear und matrilokal (Wesel 1980.107-118). Die Landwirtschaft wurde bei ihnen aber nur von den Frauen betrieben, die gemeinsam die Felder bestellten, auf denen Mais, Bohnen und Kürbisse angebaut wurden. Die Männer gingen auf die Jagd oder waren zu Verhandlungen oder auf Kriegszügen unterwegs. Waren die im Wald gerodeten Felder erschöpft, brachen sie ihre Dörfer ab und suchten sich neue Wohnplätze, etwa alle fünfzehn bis zwanzig Jahre (Randle 1951.172f.). Grundlage ihrer Gesellschaft war das Langhaus, das von einer matrilinearen lineage bewohnt wurde. Nicht nur hier, in der gesamten Gesellschaft war die Dominanz der Frauen stark. Joseph Lafitau sprach schon zu Beginn des 18. Jahrhunderts von einer supériorité des femmes und einer Ginécocratie ou Empire des femmes (Lafitau 1724, Bd. 1, S. 71, 77). Er schrieb, daß ihnen das Land, die Felder und die Ernte gehörten (S. 72). Bei Verhandlungen mit Europäern über Landabtretungen ließen die Frauen 1791 durch ihren Sprecher Red Jacket erklären, man dürfe nicht nur mit den Sachems, sondern müsse auch mit ihnen reden, »denn wir sind die Eigentümer des Landes, es gehört uns« (Snyderman 1951.20). Andere Nachrichten, die davon sprechen, das Land würde dem Stamm gehören (Schlesier 1961.165f.), widersprechen dem nicht. Es waren zwei verschiedene Möglichkeiten, den gleichen Sachverhalt zu beschreiben. Die Frauen standen ja tatsächlich im Zentrum der Organisation dieser Gesellschaft. Morgan berichtet, das kultivierte Land sei Familieneigentum gewesen. Allerdings hätte jeder freies Land bebauen und niemand ihn dabei stören können, solange er es bewirtschaftete (1901, Bd. 1, S. 306, 317). Quain formuliert es etwas anders (1937.248). Eigentum in unserem Sinne hätte es gar nicht gegeben, stattdessen Nutzungsberechtigungen in dreierlei Weise, die er dem gesamten Stamm, der ohwachira, also der matrilinearen Verwandtschaftsgruppe, und einzelnen Familien zuschreibt. Das Roden der Felder war eine schwere Arbeit. Sie konnte nur im Kollektiv mehrerer Männer geleistet werden, wahrscheinlich der Männer einer ohwachira. Einzelne Parzellen wurden dann einzelnen Familien zugewiesen, auch wenn die Felder von den Frauen des Dorfes kollektiv bearbeitet wurden. Wenn das Land nicht mehr bewirtschaftet wurde, gab es auch keine individuelle Zuordnung mehr. Berechtigungen innerhalb des Verwandtschaftseigentums sind nie absolut und ewig wie europäische subjektive Rechte. Daraus ergaben sich schwerwiegende Differenzen mit europäischen Siedlern, denen die Indianer im 18. Jahrhundert Teile des Landes in Verträgen überlassen hatten. Sie meinten: vorläufig. Das Land, das der Schöpfer ihren Ahnen überlassen hatte, mußte ihren Kindern erhalten bleiben und konnte gar nicht endgültig weggegeben werden, schrieb Häuptling Cornplanter 1790 in einem Brief an Präsident Washington (Snyderman 1951.18).

Soweit die Beispiele zum Landeigentum in segmentären Gesellschaften. Es ist Verwandtschaftseigentum mit abgestuften Mehrfachberechtigungen. Gemeinschaftseigentum bedeutet nicht, daß allen alles in gleicher Weise gemeinsam gehört. Es ist ein relatives Eigentum, im Gegensatz zum absoluten des römischen Rechts und der heutigen westlichen Länder. Relatives Eigentum heißt, daß nicht nur einer, und zwar ausschließlich berechtigt ist, sondern daß auch andere Zugang haben können, im Rahmen der agnatischen Verwandtschaft. Deren verschachtelte Struktur spiegelt sich wider in der Relativität ihres Eigentums. Eine Relativität übrigens, die sich auch für die frühe römische Antike nachweisen läßt. Die Spuren finden sich im alten Legisaktionenverfahren, das über die Zwölftafelzeit hinaus seinen Ursprung in der Königszeit des 6. oder 7. Jahrhunderts haben wird. Die bei Gaius überlieferte Formel für den ältesten uns bekannten Prozeß beim Streit um das Eigentum zeigt nämlich, daß es hier noch völlig anders war als später. Vollendeter Ausdruck des absoluten Eigentums in der Zeit danach ist die rei vindicatio. Sie gehört zum Schriftformelverfahren, das den mündlichen und schwierigen Legisaktionenprozeß am Ende der Republik ablöste. Sie war dann für Jahrhunderte die Klage des nichtbesitzenden Eigentümers gegen den besitzenden Nichteigentümer. In ihrem Hauptteil, der sogenannten intentio, dem Klagebegehren, wird nur der Kläger genannt, wird nur auf sein Eigentum abgestellt (Lenel 1907.180 f.). Kann er es beweisen, gewinnt er den Prozeß. Wenn nicht, verliert er ihn. Es kommt allein auf seine Berechtigung an. Schwächere Berechtigungen der anderen Seite interessieren grundsätzlich nicht. Das ist Ausdruck der Absolutheit des Eigentums. Bei der älteren legis actio sacramento in rem dagegen müssen beide Parteien behaupten, Eigentümer zu sein (Gai.4.16). Das bedeutet, angesichts der Präzision auch schon dieser alten Formeln, daß der Richter nicht feststellen kann, keiner von ihnen sei Eigentümer, sondern daß er die Sache dem zusprechen muß, der besser berechtigt ist als der andere. Die Möglichkeit von Besserberechtigung heißt, daß es im Eigentum Mehrfachberechtigungen gab. In der römischen Frühantike gab es also ein relatives Eigentum (Kaser 1971.124 f.). Die Annahme liegt nahe, daß es aus der Zeit stammt, in der auch die Römer einmal eine segmentäre Gesellschaft waren. Es entsprach jedenfalls ihrer agnatischen Verwandtschaftsstruktur, die sich bis in die Königszeit und bis in die Zeit der Republik erhalten hat.

Herdenvieh

Auf Morgan und Engels geht die Meinung zurück, Privateigentum sei entstanden mit der Aufzucht von Rindern. Das Hüten und die Pflege der Herden sei Sache der Männer gewesen, die sie dann bald als ihr persönliches Eigentum behandelt hätten. Der Wunsch, sie auf eigene Nachkommen zu vererben, habe dann die Entstehung der monogamen patriarchalischen Familie zur Folge gehabt (Morgan 1877, Engels 1884). Das ethnologische Material zeigt, daß dies nicht richtig sein kann. Bei Herdenvieh gibt es verschiedene Eigentumsformen, je nachdem, ob vorwiegend Fleischwirtschaft oder Milchwirtschaft betrieben wird (Ingold 1980.162-200). Milchwirtschaft führt zu Verwandtschaftseigentum, wie am Land. Nur Fleischwirtschaft führt zu Privateigentum. Mit Rindern wird in frühen Gesellschaften Milchwirtschaft betrieben. Das ist bei ihnen sehr viel günstiger als Fleischwirtschaft, denn Rinder wachsen sehr langsam. Die Milch dagegen kann vom Menschen gleich verbraucht werden. Anders ist es bei Schafen und Ziegen. Sie wachsen zehnmal so schnell wie Rinder. Deshalb sind sie für die Fleischproduktion sehr viel besser geeignet. Rentiere stehen etwa in der Mitte zwischen beiden.

Fleischwirtschaft wird in Herden mit sehr viel größeren Stückzahlen betrieben. Das einzelne Tier ist nicht so vertraut mit dem Menschen. Die Herde als Ganzes tritt in den Vordergrund. An ihr wird die Arbeit geleistet, nicht am einzelnen Tier, das bei der Milchwirtschaft viel stärker beachtet, in seiner Individualität erkannt und behandelt wird. Hier ist der Arbeitsaufwand für einzelne Tiere sehr viel größer. Das hat nun nicht zur Folge, daß es an einzelnen Tieren Individualeigentum gibt. Die Herden können hier eine gewisse Größe nicht übersteigen, weil ein Haushalt nur eine begrenzte Arbeitskapazität hat. Umverteilungsmechanismen setzen ein. Die Redistribution über Brautpreisleistungen (dazu unten S. 233 f.) führt dazu, daß in Hirtengesellschaften mit Milchwirtschaft die Herden ungefähr gleich groß sind. Daher auch der stark egalitäre Charakter solcher Gesellschaften, wie er eindrucksvoll von Evans-Pritchard für die Nuer beschrieben worden ist (1940.181). Diese Redistributionsmechanismen laufen über die verwickelten Linien von Verwandtschaft und Schwägerschaft. Sie führen dazu, daß die meisten Tiere der Mittelpunkt sind einer Vielzahl von Berechtigungen. Jedes läßt sich als ein »bewegliches Bündel von Rechten« beschreiben (Baxter 1975.212). Es gibt kein Individualeigentum. Das entwickelt sich nur bei Herden, die zur Fleischproduktion gehalten werden, also besonders bei Schafen und Ziegen. Hier können auch größere Herden von einem Haushalt gehütet werden. Und hier lohnt es sich, einen oder zwei ärmere Hirten zu beschäftigen, die nicht zur Familie gehören, gegen ein geringes Entgelt in Tieren, Nahrung und

Kleidung. Auf diese Weise können größere Unterschiede im Reichtum einzelner Familien entstehen.

Bei den *Nuer* kann ein Mann durchaus sagen: »meine Kuh« (yang-da). Aber es ist immer ein verwandtschaftlich gebundenes, relatives Eigentum. Er kann nicht frei darüber verfügen. Sobald einer seiner Söhne heiratsfähig wird, hat er – in der Reihenfolge des Alters – einen Anspruch darauf, mit Kühen der Herde zu heiraten. Es sind andere Brautpreiszahlungen zu leisten, für schon verstorbene oder lebende Verwandte. Wer Kühe empfangen hat, als Brautpreis für seine Tochter, muß mit seinen Verwandten teilen. Sind Verwandte in Not, muß er ihnen helfen. Dadurch entstehen unmittelbar Verpflichtungen zur Übertragung von Vieh. Und es entstehen langfristige Rückgabeverpflichtungen. »Wenn man in der Lage ist, die Geschichte einer jeden Kuh in einem Stall zu beschreiben«, meint Evans-Pritchard, »dann erhält man zur gleichen Zeit nicht nur eine Darstellung der Einbindung ihres Eigentümers in Verwandtschaft und Schwägerschaft, sondern auch ihrer mystischen Verbindungen« (1940.18). Die Kühe gehören nämlich, wie das Land, den Ahnen der lineage. Sie tragen den Geist der Verstorbenen, denen sie gehörten. Verreibt man Asche auf ihrem Rücken, kann man mit ihren Geistern in Verbindung treten, sie um Hilfe bitten. Eigentum an Kühen ist, wie das am Land, eher nur ein vorübergehendes Nutzungsrecht, das auf der Zugehörigkeit zur lineage beruht (Howell 1954.178). Aus diesem Grund gab es bei den Nuer auch nach der Einführung der Geldwirtschaft fast keine Verkäufe von Vieh. 1947 wurden von allen Niloten im Sudan etwa 5000 Rinder verkauft, obwohl es allein bei den Nuer über eine Million Rinder gab (Howell 1954.195 f.). Für die Lozi, im Norden Rhodesiens, beschreibt Gluckman das gleiche: »Bei Viehzüchtern ist es fast unmöglich herauszuarbeiten, wer der ›wahre‹ Eigentümer eines Rinds in einer Herde ist.« Die Regeln für die Verteilung von Heiratsgut würden zeigen, daß Vieh – wie Land – der Bezugspunkt eines Bündels von Berechtigungen ist, die von mehreren Personen im Rahmen ihrer verwandtschaftlichen Beziehungen geltend gemacht werden (Gluckman 1969.260 f.; vgl. 1965.159-161).

Die *Basseri,* im südlichen Iran, züchten Schafe und Ziegen (Barth 1961). Bei ihnen gibt es große Herden und kleine Herden, und keine Redistributionsmechanismen wie in Gesellschaften, die von der Rinderzucht leben. Die Haushalte sind isoliert. Verwandtschaftsbeziehungen spielen ökonomisch kaum eine Rolle. Reiche Viehzüchter beschäftigen arme Hirten als Gehilfen. Hier gibt es Individualeigentum. Das hat man damit in Verbindung gebracht, daß die Basseri auch in starkem Maße für den Markt produzieren, im Gegensatz zu den afrikanischen Hirtenvölkern (Baxter 1975.212). Aber wahrscheinlich spielt die Geldwirtschaft bei ihnen nicht eine so entscheidende Rolle. Denn nur die reichen Viehzüchter produzieren für den Markt. Die große Masse der Hirten arbeitet für den eigenen Bedarf. Dabei scheint die Fleischproduktion zu überwiegen. Und das ist der entscheidende Grund für die Entstehung von Privateigentum. Das hat Ingold am Beispiel zweier sibirischer Hirtenstämme gezeigt.

Die *Nganasan* leben auf der Halbinsel Taymir, die *nördlichen Tungusen* im großen sibirischen Waldgebiet, um die Flüsse Jenissei, Lena und Amur. Sie sind Jäger und Rentierzüchter, Nomaden, die die Rentiere auch als Lastenträger benutzen. Obwohl die Gemeinsamkeiten sehr groß sind, haben beide doch eine völlig verschiedene Gesellschaftsstruktur. Der Grund liegt in der verschiedenen Nutzung ihrer Herden. Die Tiere der Tungusen in der Taiga sind sehr viel größer als die der Nganasan in der kargen Tundra. Ihre Herden sind sehr viel kleiner. Die Tungusen betreiben vorwiegend Milchwirtschaft, die Nganasan vorwiegend Fleischwirtschaft. Bei den Tungusen gehen die Männer auf die Jagd, die Frauen kümmern sich um die Herden. Sie melken die Tiere, die ihnen individuell vertraut und stärker domestiziert sind als die kleinen Rentiere der Tundra. Die Herden der Nganasan sind teilweise sehr groß. Oft sind es mehrere hundert Tiere, die sich schnell vermehren. Ein Mann kann dabei sehr reich werden, in wenigen Tagen aber auch wieder mittellos dastehen, weil sie gegen Seuchen sehr anfällig sind. Ärmere Hirten, die nicht zur Familie gehören, werden als Helfer beschäftigt, gegen Leistung von Nahrung und Kleidung. Andere Männer gehen auf die Jagd. Die Arbeitsteilung zwischen Herdenhaltung und Jagd findet bei ihnen also unter den Männern statt. Die häuslichen Einheiten sind klein, es gibt keine größeren agnatischen Gruppen, Klans oder lineages. Sie haben eine kognatische Verwandtschaft. Und es gibt Individualeigentum an den Herden. Geschlachtete Tiere werden individuell innerhalb des kleinen Haushalts allein konsumiert. Und es gibt große Unterschiede im Reichtum der Familien. Nicht dagegen bei den Tungusen. Bei ihnen ist die tägliche Sorge für das einzelne Tier sehr viel größer, die Kapazität eines Haushalts damit bald erschöpft. Die Herden dürfen also eine bestimmte Größe nicht übersteigen. Ein Ausgleichsmechanismus zwischen den Haushalten ist erforderlich. Der findet sich in den üblichen Redistributionsmechanismen segmentärer Gesellschaften. Die Tungusen leben im Gegensatz zu den Nganasan in agnatischen Gruppen, patrilinearen Klans. Geschlachtete Tiere werden unter den Familien verteilt. Und die periodischen Redistributionen durch Brautpreiszahlungen und Umverteilungen innerhalb des Klans bei Epidemien oder Bedürftigkeit einzelner Verwandter haben die gleiche Eigentumsform zur Folge wie bei afrikanischen Hirten. An den Herden besteht Verwandtschaftseigentum (Ingold 1980.165-176, 186f.).

Andere bewegliche Sachen

Die Zuordnung anderer beweglicher Sachen ähnelt unserem individuellen Eigentum, kommt ihm manchmal sogar gleich. Allgemeine Aussagen sind schwer möglich, denn die Besonderheiten sind groß. Teilweise gibt es verschiedene Regeln für verschiedene Sachen. Die Gleichsetzung mit unserem Privateigentum ist auch deshalb problematisch, weil es sich meistens um Gesellschaften mit Hauswirtschaft ohne Tausch handelt. Eigentumsfragen spielen in ihnen bei weitem nicht die Rolle wie in westlichen Gesellschaften. Das zeigt sich schon darin, daß in ihnen der Diebstahl, obwohl überall bekannt und verpönt, fast gar keine Rolle spielt (Westermarck 1908.397-399). Nicht nur weil er in kleinen Gemeinschaften viel schwieriger ist als in der Anonymität einer Massengesellschaft. Entscheidend ist, daß die starke Solidarität der Verwandtschaft oder örtlichen Gemeinschaft Vorstellungen von der alleinigen Verfügung über einzelne Sachen weitgehend behindert. Sachen sind oft noch Ausdruck persönlicher Beziehungen, die zerstört würden, wenn man eigenmächtig handelte.

Am wenigsten individuell verfügbar sind die Produkte der landwirtschaftlichen Tätigkeit, wie Getreide, kleines Vieh, andere Nahrungsmittel. Die Eigentumsfrage stellt sich kaum, weil sie im Haushalt regelmäßig produziert und konsumiert werden. Nur über das Wann und Wieviel des Verbrauchs ist zu entscheiden. Insofern gilt der Getreidespeicher bei den patrilinearen Tallensi als Eigentum des Mannes (Fortes 1957.57). Bei den matrilinearen und matrilokalen Hopi wird Mais wohl als Eigentum der Frauen eines Haushalts angesehen worden sein, wie das Haus, der Ofen und der Mahlstein (Titiev 1944.197 f.). Es gibt auch individuelles Eigentum an einzelnen Früchten, sogar einzelnen Bäumen, die man gepflanzt hat.

Stärker individuell ist die Zuordnung von Kleidung, Werkzeugen, Waffen und Schmuck. Hier wird die Schwelle unseres Privateigentums erreicht, sofern darüber auch durch Weitergabe verfügt wird, was häufig vorkommt. Allerdings gibt es auch hier wieder Ausnahmen. Die raffia-Tücher der Lele im Kongo, die zu Brautpreiszahlungen verwendet werden, sind sehr stark Ausdruck von Verwandtschaftsbeziehungen, so daß man sie als Verwandtschaftseigentum ansehen muß. Man sieht das schon daran, daß sie zur Zeit der belgischen Kolonialherrschaft durch Geld nicht ersetzt werden konnten (Douglas 1963.61 ff.). Auch in Gesellschaften mit intertribalem Tauschhandel, im Osten Neuguineas zum Beispiel, ist die Existenz von Individualeigentum an den Waren durchaus nicht selbstverständlich, also an den Schweinen, Töpfen, an Obsidian, Sago, Taro usw. Es handelt sich immer um feste Tauschbeziehungen zwischen Haushalten, die über viele Jahre hinweg ohne Markt existieren und fast verwandtschaftlichen Charakter haben (Sahlins 1972.297-301). Es sind allerdings sehr kleine Haushalte, die den Handel tragen (Hogbin 1951.98, Harding 1967.70). Deshalb wird man wohl doch davon ausgehen können, daß es sich um individuelles Eigentum handelt.

Sklaverei – Eigentum an Menschen – gibt es in segmentären Gesellschaften nicht. Man findet Vorformen von Haussklaverei. Sie haben nicht sachenrechtlichen Charakter, sondern sind statusrechtlicher Natur. Kriegsgefangene werden in die eigene Verwandtschaftsordnung eingegliedert. So die völlige Integration von Dinkas in die lineages der Nuer (Howell 1954.56). Oder die Sklaven der Tallensi, die zwar auch die Stellung von Kindern haben, aber nur in abgeschwächter Form zur lineage gehören (Fortes 1957.25 f.). Das ganze ist nicht unbestritten. Robert Lowie hat sehr nachdrücklich behauptet, Sklaven würden sich schon auf der einfachen Stufe der Wirtschaft segmentärer Gesellschaften finden, nicht erst in ökonomisch höher entwickelten Klassengesellschaften. Aber die Beispiele, die er bringt, beweisen das nicht. Denn Samoa mit seinen Sklaven gehört zur höchsten Form der Kephalität in Polynesien. Und die Nordwestküstenindianer in Amerika, besonders die Nootka, sind stark vom Handel mit Europäern beeinflußt (Lowie 1920.356; Harris 1969.354-357). Deshalb wird man sich an die von Murdock vorgelegten Zahlen halten können. Danach ist Sklaverei in solchen Gesellschaften nicht vorhanden, die auch sonst keine soziale Schichtung kennen (Murdock 1949.87).

Individualeigentum und Verwandtschaftseigentum

In vielen Gesellschaften wird ausdrücklich unterschieden zwischen Verwandtschaftseigentum auf der einen und Individualeigentum auf der anderen Seite. Es gibt verschiedene Bezeichnungen dafür und unterschiedliche Regeln. Wahrscheinlich ist das eine allgemeine Erscheinung in denjenigen frühen Gesellschaften, in denen sich erhebliches Individualeigentum entwickelt hat (Gluckman 1965. 4.Kapitel; Godelier 1978.401-403). Verwandtschaftseigentum ist grundsätzlich unveräußerlich. Über Individualeigentum kann verfügt werden, mit oder ohne Zustimmung der lineage. Zum Verwandtschaftseigentum gehört in erster Linie das Land, in Hirtengesellschaften auch das Vieh. Individualeigentum ist regelmäßig das, was jemand durch eigene Arbeit hergestellt oder durch

Tausch mit eigenen Mitteln erworben hat. Manchmal gehört auch Land dazu, wie bei den Tallensi diejenigen Felder, die ein junger Mann sich außerhalb des bisherigen Siedlungsgebietes selbst gerodet hat. Wenn Verwandtschaftseigentum ausnahmsweise von einer lineage oder einem Klan veräußert wird, dann nur in besonderen Formalgeschäften. Das hat eine gewisse Ähnlichkeit mit der mancipatio für res mancipi bei den Römern, dem Übereignungsgeschäft für Land und Ackergut, Sklaven und Vieh. Oft fällt Individualeigentum beim Tod des Eigentümers an die Verwandtschaft, wird also Verwandtschaftseigentum, nämlich das, was den Vorfahren gehört hat und den Nachkommen erhalten bleiben muß. Aus freiem Eigentum wird dann gebundenes.

Auch hier finden sich Parallelen im frühen römischen Recht. In den Zwölftafeln gibt es den aus der Gentilgesellschaft stammenden Satz »uti legassit super pecunia tutelave suae rei, ita ius esto« oder »pater familias uti super familia pecuniaque sua legassit, ita ius esto« (XII tab.v.3). Tutela oder familia bezeichnen das gebundene Verwandtschaftseigentum, pecunia das freie Individualeigentum, so wie peculium das Sondereigentum zur freien Verfügung von Sklaven oder Hauskindern gewesen ist. Die entsprechende Unterscheidung gibt es zum Beispiel bei den Aschanti in Ghana (Rattray 1929.334), bei den Ifugao auf den Philippinen (Barton 1919.39-42), bei den Minangkabau in West-Sumatra (v. Benda-Beckmann 1979.135-150), bei den Siane in Neuguinea (Salisbury 1962.61-76), bei den Tallensi im Norden Ghanas (Fortes 1957.157) und bei den Tikopia in Polynesien (Firth 1957.180). Die Siane nennen das Verwandtschaftseigentum merafo. Das Wort bedeutet »Vater«, in seiner Verantwortlichkeit gegenüber Ahnen und Kindern. Das andere für Individualeigentum, ist amfonka, abgeleitet von amene, Schatten, meint also, jemand habe zu diesen Gegenständen ein Verhältnis wie zu seinem eigenen Schatten. Sie gehören ihm allein.

Morgan und Engels nahmen an, verwandtschaftliches Gentileigentum und individuelles Privateigentum seien Ausdrucksformen verschiedener Entwicklungsstufen in frühen Gesellschaften. Das erweist sich als unzutreffend. Verwandtschaftseigentum und Individualeigentum stehen auch in segmentären Gesellschaften funktional nebeneinander und schließen sich gegenseitig nicht aus (Schott 1962). Allerdings muß man ergänzen: Es ist zwar ein funktionales Nebeneinander, aber auch ein genetisches Nacheinander. Es gibt zwischen ihnen eine hierarchische Beziehung (Godelier 1978.402). Nur wenn man über eine Verwandtschaftsgruppe Zugang zum Land hat, kann man darauf etwa Bäume pflanzen und sich ihre Produkte individuell aneignen. Insofern erwächst Individualeigentum immer auf der Grundlage von Verwandtschaftseigentum. Mit dem Tode des Erwerbers fällt es regelmäßig in das Verwandtschaftseigentum zurück, womit das Gleichgewicht erhalten bleibt, das Morgan und Engels noch nicht kannten.

Vererbung

Eigentum spielt in segmentären Gesellschaften eine größere Rolle als in Jägergesellschaften. Also auch die Vererbung. Aber im Gegensatz zur Erbfolge unseres bürgerlichen Rechts handelt es sich regelmäßig nicht um die Übertragung von Vermögensrechten, sondern um die Nachfolge im Status der Verwandtschaft. Denn Verwandtschaftseigentum wird vom Tod einzelner nicht berührt. Es bleibt Eigentum der agnatischen Gruppe. Was sich ändert, ist der Status der Beteiligten.
Stirbt auf einem Hof der älteste Mann, dann gehen in einer patrilinearen Gesellschaft alle Rechte meistens auf seine Söhne oder seine Brüder über. Der Nachfolger oder die Gemeinschaft der Nachfolger übernimmt jedoch nicht nur den Hof, sondern oft auch die Frauen des Verstorbenen, einer vielleicht auch seine Stellung als lineage-Ältester und den dazu gehörenden Kult der Ahnen. Levirat bedeutet in segmentären Gesellschaften nicht nur die Pflicht zur Ehe mit der Schwägerin, wenn die des Bruders kinderlos geblieben war. Wie es im Alten Testament vorgeschrieben ist, um Nachkommen für den Verstorbenen zu sichern. Auch Söhne können Frauen ihres Vaters übernehmen, sofern sie von anderen Müttern stammen. Es geht eben insgesamt um das Nachrücken in den Status des Vorgängers. Was

selbstverständlich ist, wenn man bedenkt, daß Verwandtschaftsverhältnisse auch Produktionsverhältnisse sind und den Zugang zu den wichtigsten Mitteln der Produktion eröffnen. Er ergibt sich aus der Mitgliedschaft zur Verwandtschaft, nicht über ein abstraktes Eigentum, das allein übertragbar werden könnte. Mit dem Tode einzelner ändert sich die verwandtschaftliche Stellung der anderen und damit auch ihre Stellung zum gemeinschaftlichen Eigentum. Dabei gibt es die verschiedensten Möglichkeiten. Es ist durchaus nicht so, daß die Nachfolge in patrilinearen Gesellschaften allein in der Patrilinie und in matrilinearen nur in der Matrilinie stattfindet. Allerdings ist das die Regel (Murdock 1949.38).

Neben der Weitergabe von Verwandtschaftseigentum gibt es für andere Gegenstände des Individualeigentums verschiedene Arten der Einzelnachfolge, also für Geräte und Waffen, Kleidung, Schmuck und ähnliches, ja sogar für einzelne Felder, Gärten, Teiche, Tiere. Das spielt sich dann außerhalb von Statusfragen ab und ähnelt sehr viel mehr unserer Erbfolge, ohne allerdings die existentielle Bedeutung zu haben, die bei uns häufig damit verbunden ist.

Bindungen des Eigentums, Reziprozität, Brautpreise

Individualeigentum in segmentären Gesellschaften ist mit unserem Privateigentum ohnehin schwer zu vergleichen. Europäisches Privateigentum ist absolut geschützt gegenüber fremden Eingriffen und völlig frei verfügbar. Individualeigentum ist stärker gemeinschaftlich gebunden.

Bei den Lozi wird es mit einem Wort bezeichnet, bung'a, das gleichzeitig auch zur Beschreibung sozialer Beziehungen verwendet wird. Jede Stellung, in der es Verpflichtungen des einen gegenüber dem anderen gibt, kann für den Berechtigten als bung'a bezeichnet werden (Gluckman 1965.163, 165). Und solche Beziehungen sind niemals nur einseitig, sondern immer mit Pflichten verbunden. Schon Evans-Pritchard hatte bei seiner Beschreibung der Nuer vermutet, daß in Gesellschaften mit wenigen materiellen Gütern diese Sachen auch als Bindeglieder für persönliche Beziehungen dienen: »Die Nuer haben nur sehr wenige Arten von Sachgütern und davon jeweils nur sehr wenige Stücke. Deshalb erhöht sich ihr gesellschaftlicher Wert, indem sie Träger vieler sozialer Beziehungen sein müssen und infolgedessen auch oft rituelle Funktion haben« (1940.89). Wenn Gegenstände in dieser Weise zu Symbolen werden, zu Symbolen der Verwandtschaft, der Zuneigung, der Dankbarkeit oder des Vertrauens, und oft mit magisch-ritueller oder religiöser Bedeutung (Schott 1960), dann heißt das auch gleichzeitig, daß die freie Verfügung darüber nicht unbeträchtlich eingeschränkt wird. Es bedeutet eine Relativierung des Eigentums.

Dazu gehört die Reziprozität. Man darf zwar vermuten, daß sie in segmentären Gesellschaften nicht die fundamentale Rolle spielt, wie bei Sammlern und Jägern. Ihr gesellschaftlicher Zusammenhalt beruht stärker auf dem Ordnungsprinzip der agnatischen Verwandtschaft. Aber trotzdem hat sie auch bei ihnen eine außerordentlich große Bedeutung. Das gilt besonders innerhalb der Verwandtschaft, in der intensives Teilen von Lebensmitteln, Gastfreundschaft und andere Formen positiver Reziprozität selbstverständlich sind (Sahlins 1972.236-246). Aber nicht nur hier ist Freigiebigkeit eine Verpflichtung, die weit über das bei uns übliche Maß hinausgeht.

Dann gehören dazu alle möglichen Formen von Brautpreisleistungen. Auch sie haben weitgehende Einschränkungen der freien Verfügung zur Folge. Brautpreise sind Leistungen eines Mannes oder seiner Verwandtschaft an die Familie oder lineage der Frau, die er heiratet (Wesel 1980.134-143). Sie finden sich in matrilinearen und patrilinearen Gesellschaften und dienen als Ausgleich dafür, daß die lineage der Frau – durch ihren Wegzug an den Wohnort ihres Mannes – ihre Arbeitskraft verliert oder die lineage des Mannes ihre Kinder erhält. Sie sind besonders hoch bei Patrilokalität und dort, wo die Landwirtschaft von Frauen betrieben wird (Richards 1950.249, Goody 1976.130) und bei Patrilinearität. »Das Vieh ist dort, wo die Kinder nicht sind«, sagen die Afrikaner (Goody 1973.13). Oft ist der Brautpreis genauso hoch wie das Blutgeld, das für die

Tötung eines Menschen gezahlt wird (Mair 1971.54). Die Funktion ist deutlich. Es geht um die Nachkommen. Brautpreisleistungen sind typisch für segmentäre Gesellschaften. Denn in ihnen wird die materielle Existenz der Menschen durch ihre Zugehörigkeit zur Verwandtschaft gesichert. Also haben Statusveränderungen auch materiellen Ausgleich zur Folge. Mitgiftsysteme dagegen finden sich in kephalen Gesellschaften, in denen die ökonomische Existenz sich auf das Privateigentum gründet. Denn die Mitgift ist eine vorweggenommene Erbschaft der Frau (Goody 1973, 1976). Die Römer sprechen von collatio dotis (Kaser 1971.732). In unserem Recht ergibt sich das aus § 2050 BGB. Sie ist eine vorweggenommene Erbschaft von Privateigentum, notwendig für die ökonomische Existenz der neuen Familie. Sie setzt Privateigentum an den Produktionsmitteln voraus. Der Brautpreis beruht auf Verwandtschaftseigentum.

Dort, wo erhebliche Brautpreise geleistet werden, sind die Bindungen des Eigentums sehr groß. Es ist wie mit den Verpflichtungen aus der Reziprozität. In kleinen Gesellschaften haben sie mehr oder weniger dingliche Wirkung. Der Verpflichtete ist in seinen Verfügungen nicht frei, weil alles offen liegt, jede Handlung überprüfbar ist, beurteilt wird und dementsprechend soziale Folgen hat. Wenn Brautpreisleistungen erheblich sind, und das ist oft der Fall, wird selten mit einem Mal geleistet. Man beginnt mit Anzahlungen. Sie werden dann in Raten ergänzt, die sich über eine lange zeitliche Distanz erstrecken. Das Leben des einzelnen wird dadurch stark beeinflußt. Durch Polygynie wird diese Zirkulation von Heiratsgütern vervielfacht und zu einem bestimmenden Faktor des sozialen Geschehens.

Die organische und die unorganische Natur

Wie läßt sich der Befund auf eine theoretische Grundlage stellen? Das beste ist dazu von Karl Marx gesagt worden. In erstaunlicher Weise hat er mit unvergleichlich geringerem Material dafür Umrisse skizziert, die noch heute gültig sind. Einiges ist zu berichten. Aber es sind Korrekturen am Rande und sehr

viel weniger, als Raymond Firth meint, aus seiner Sicht der ethnologischen Forschung der Gegenwart (Firth 1975).
In den ökonomisch-philosophischen Manuskripten von 1844 geht er aus von der Arbeitstheorie John Lockes (MEW Erg. Bd. 1.510-522). Grundlage des Eigentums ist die Arbeit. Aber er modifiziert sie nicht unerheblich, und zwar durchaus im Einklang mit den hier beschriebenen Beobachtungen: Arbeit führt an sich zum Eigentum, aber eben nur, wenn man Eigentümer seiner Produktionsmittel ist, also besonders des Landes, von dem man lebt. Dann ist Arbeit Verwirklichung des Lebens des Menschen. Sie vergegenständlicht sich im Produkt, das ihm zwar als Äußeres gegenübertritt, aber doch ein Teil seiner Person, seines Lebens ist. Man vergleiche das mit Bemerkungen von Ethnologen über die Personifizierung von Gegenständen in frühen Gesellschaften (Wundt 1917.67; Lévy-Bruhl 1959.187; Thurnwald 1922.203; Hartland 1924.88f.). »Der Mensch legt sein Leben in den Gegenstand« (Marx S. 512). Gleichzeitig ist Arbeit Aneignung der äußeren Natur, von Pflanzen, Tieren, Steinen, Luft, Licht usw. Marx bezeichnet sie als die unorganische Natur oder als den unorganischen Leib des Menschen, im Gegensatz zu seinem eigenen organischen Leib. Das Produkt ist also ein Teil des Menschen und der äußeren Natur, die sich in ihm vereinigen. Ist der Mensch Eigentümer seiner Produktionsmittel, lebt er im Einklang seines organischen und anorganischen Leibes, im Gegensatz zur Lohnarbeit des Kapitalismus, die ihn von seinem unorganischen Leib und seinem Produkt trennt, ihn als Gattungswesen zerstört und damit auch den anderen Menschen entfremdet.
In den »Grundrissen« von 1857/58 wendet er das in die historische Dimension, die für ihn beginnt mit der naturwüchsigen Stammgemeinschaft und ihren asiatischen Grundformen, die er auch orientalischen Despotismus nennt (Marx 1960.375-396). Die Stammgemeinschaft ist charakterisiert durch gemeinsames Grundeigentum, »Gemeindeeigentum«, in zwei verschiedenen Formen, nämlich entweder so, daß mehrere kleine Gemeinden auch im Grundeigentum unabhängig voneinander existieren und nur als Beziehung der »Familienväter« aufeinander organisiert sind, also in mehr demokra-

tischer Form, oder so, daß die Einheit des Stammes in einem Haupt der Stammfamilie repräsentiert ist, in einer Person, die als zusammenfassende Einheit und als der einzige Eigentümer des Landes erscheint, wie in den meisten asiatischen Grundformen, also in mehr despotischer Form (S. 376 f.). Gemeindeeigentum bedeutet, daß die Gesamtheit der Individuen Eigentümer des Landes ist. Das Eigentum am Land wird für den einzelnen vermittelt über den Stamm, wie die Sprache. So wie man als einzelner keine Sprache haben kann, kann man als einzelner auch kein Landeigentum haben (S. 390). Und wie die Sprache trotz der Gemeinsamkeit mit den anderen doch auch die des Individuums ist, ist es auch sein Land. Es existiert mit ihm in einer Einheit, wie er mit seiner Sprache eine Einheit bildet. Gemeindeeigentum ist das Verhalten des Menschen zu seinen natürlichen Produktionsbedingungen als zu seinen eigenen (S. 384). Sie bilden seinen »unorganischen Leib« oder seinen »verlängerten Leib«, umgeben ihn ähnlich wie seine eigene Haut. Dieser verlängerte Leib ist doppelter Art. Er besteht nicht nur aus dem Land und seinen Materialien, sondern auch in der Mitgliedschaft am Gemeinwesen, die das Eigentum am Land erst vermittelt. Landeigentum bedeutet also Gehören zu einem Stamm und über ihn zu Grund und Boden. Der Mensch hat eine doppelte und zugleich einheitliche Natur, eine »organische Natur«, nämlich seinen Körper, und eine »unorganische Natur«, nämlich Stammgemeinschaft und das Land, die als sein verlängerter Leib seinen Körper umschließen. Er kann nicht in der Punktualität auftreten, in der er als freier Arbeiter erscheint, dem die Produktionsmittel nicht gehören. Die Individuen verhalten sich zueinander nicht als Arbeiter, sondern als Glieder eines Gemeinwesens und Eigentümer, die zugleich arbeiten. Arbeit und Eigentum am Land sind identisch, zumal das Eigentum erst mit der Produktion entsteht, denn nur durch Jagen wird ein Gebiet zum Jagdrevier und erst durch Ackerbau wird die Erde zum Ackerland, das einem Gemeinwesen gehört (S. 393). Dabei entspricht Gemeindeeigentum immer einer bestimmten Produktionsweise. Ihr ökonomischer Zweck ist die Produktion von Gebrauchswerten, nicht von Tauschwerten. Sie ist statisch. Zweck der Produktion ist der Mensch. Die Produk-

tion ist nicht Zweck des Menschen. Das entspricht notwendigerweise einer begrenzten Entwicklung der Produktivkräfte (S. 396).
Soweit Karl Marx. Vergleicht man ihn mit dem Befund der Ethnologen, fügt sich beides ineinander. Unbestritten ist das allerdings nicht. Widerspruch kommt aus berufenem Munde, von Firth, einem der besten Interpreten frühen Landeigentums (1957). Sein Einwand richtet sich gegen Marx' »primitive communalism« (Firth 1975.36–38). Es ist die im Grunde berechtigte Kritik an Vorstellungen über primitiven Urkommunismus. Auch die marxistische Literatur ist nicht frei von ihnen. Zu Recht hat Malinowski seine Darstellung der komplizierten Verschachtelung von kollektiven und individuellen Berechtigungen bei den Trobriandern dagegen gesetzt. Allerdings: ohne Marx zu zitieren. Und, meine ich: auch dies ebenfalls völlig zu Recht. Denn Marx hat so etwas nie geschrieben. Er hat sich sehr viel vorsichtiger ausgedrückt als Firth meint, z.B. nicht »primitive« gesagt, wie es in der englischen Übersetzung heißt, sondern »naturwüchsig«, was etwas anderes ist (Bodemann 1978). Er hat von naturwüchsigem Gemeindeeigentum gesprochen. Und er hat gesagt, der einzelne sei Eigentümer des Landes vermittelt über die Gemeinde oder den Stamm. Mehr nicht. Und das ist auch heute noch richtig. Das Land »gehört« dem Stamm, dem Dorf, der lineage, dem Hof, dem einzelnen. Alles ist ineinander verschachtelt. Es kommt nur darauf an, in welchem Zusammenhang man es sieht. Marx hat dazu nichts weiter gesagt. Wie es im Inneren aussah, wußte er nicht. Wir wissen es heute und können es einfügen.
Auf der anderen Seite besteht die Gefahr, daß man hinter dem Arsenal komplizierter Mannigfaltigkeiten den Wald vor lauter Bäumen nicht mehr sieht. Und die große Linie hat Marx richtig gesehen. Er hat nicht nur die Bedeutung des Zugangs zum Land richtig beschrieben, sondern mit seinem Bild vom organischen und unorganischen Leib auch das Bewußtsein der Menschen selbst anschaulich und gut charakterisiert.
Der Produktionsweise der Jäger und Sammler entspricht das Gemeinschaftseigentum der Horde am Land. Der Produktionsweise der segmentären Hauswirtschaft entspricht das Ver-

wandtschaftseigentum. Beide sind jeweils verbunden mit Individualeigentum, das auf ihrer Grundlage beruht. Es ist zu Beginn der Entwicklung geringfügig und wird dann zunehmend wichtiger, ist allerdings immer stark relativiert durch soziale Bindungen. Entscheidend ist der Zugang zum Land. Dieses Sein bestimmt auch das Bewußtsein der Zuordnungen von Gegenständen. Eigentum wird weitgehend in Kategorien des persönlichen Status verstanden, als Beziehung von Personen zu Personen, nicht als ein Verhältnis zwischen Personen und Sachen. Insofern sind diese Gesellschaften tatsächlich eine Seins-Ordnung, wie es Erich Fromm in Anlehnung an Henry Maine formuliert hat (1976.33 f.). Nicht eine Ordnung des Habens.

10. Kapitel

Die Nuer

Sie sind Hirten, im südlichen Sudan. Ein berühmtes Hirtenvolk, seitdem Evans-Pritchard sie in einer der klassischen Monographien der Social Anthropology beschrieben hat, ihren »anarchischen Staat«, wie er es einmal nannte. Sie leben in der Savanne und im Sumpfgebiet auf beiden Seiten des Weißen Nil. Damals, als Evans-Pritchard bei ihnen war, sind sie ungefähr 300 000 Menschen gewesen, verteilt auf 15 Stämme. In den siebziger Jahren wurden sie auf 450 000 geschätzt.

Rinder als Leitmotiv

Das Vieh beherrscht ihr Leben. Sie bauen zwar auch noch Hirse und Mais an, denn die Milch allein reicht als Nahrung nicht aus. Aber die Herden sind das Wichtigste. Sie scheinen früher größer gewesen zu sein, sind durch Seuchen dezimiert worden, schon vor der Eroberung durch die Engländer in den zwanziger Jahren. Man sieht das an der Höhe der Brautpreise. In den dreißiger Jahren waren es zwanzig bis dreißig Rinder, die für eine Frau gegeben wurden, oder als Blutgeld für einen getöteten Mann. Vorher sollen es vierzig bis sechzig gewesen sein. Im Durchschnitt kommt bei ihnen ein Rind auf einen Menschen, vielleicht ein wenig mehr. Einige Stämme sind reicher als andere. Aber mehr als zehn bis zwölf Rinder sind selten im Stall

---

Die klassische Darstellung: E. E. Evans-Pritchard, The Nuer, 1940. Dazu die Ergänzungen, vom gleichen Autor: Kinship and Marriage among the Nuer, 1951: Nuer Religion, 1956. Kurze Übersichten: E. E. Evans-Pritchard, The Nuer of the Southern Sudan, in: M. Fortes, E. E. Evans-Pritchard (Hg.), African Political Systems (1940) 272-296 und L. Mair, African Societies (1974) 10. Kapitel: An Acephalous Political System, The Nuer, S. 123-136. Eine gute deutsche Arbeit: P. Crazzolara, Zur Gesellschaft und Religion der Nuer, 1953. Zum Recht, mit vielen Einzelheiten: P. P. Howell, A Manual of Nuer Law, 1954.

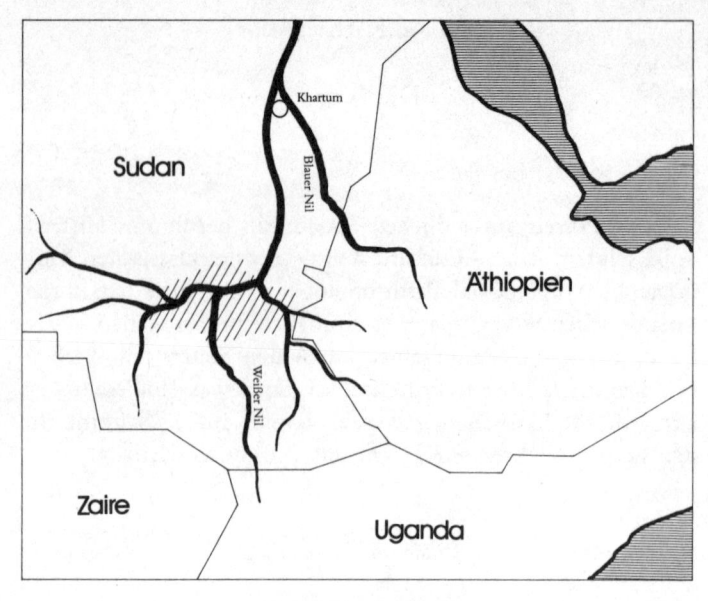

Das Gebiet der Nuer

eines Mannes. Wenn die Herde größer wird, heiratet wieder jemand aus der Familie und es müssen Brautpreisleistungen erbracht werden. Dann kann sie herunter gehen bis auf zwei oder drei Tiere. Das wird im nächsten Jahr wieder ausgeglichen, manchmal auch durch Raubzüge gegen die Dinka, ihre Nachbarn. Sind es nicht Brautpreisleistungen, die die Herde schmälern, können es Seuchen sein oder Blutschulden. Und umgekehrt wird sie wieder größer, wenn ein Mädchen aus der Familie oder der näheren Verwandtschaft heiratet. Jeder Haushalt geht durch diese wechselnden Perioden.
Die Stämme und ihre Verwandtschaftsgruppen haben eigenes Weideland und eigene Wasserstellen. Der Zusammenhalt örtlicher Gruppen ist sehr groß, denn eine einzelne Familie oder einzelne Haushalte können das Vieh allein nicht hüten. Die Männer sind die Hirten. Die Frauen melken. Auch die Zubereitung der Milch ist ihre Sache, zum Beispiel der Butter. Hauptnahrung der Nuer ist Hirsebrei mit Milch, eine Art Por-

ridge. Die Notwendigkeit des Ackerbaus hält sie vom Nomadenleben ab. Trotzdem wandern sie mit ihren Herden. Denn die Milch macht sie insoweit unabhängig. Sie fällt täglich an und braucht nicht gelagert zu werden. Es ist ein begrenztes Wanderleben. Transhumanz nennt man das heute, halbnomadische Fernweidewirtschaft. Da die Herden im Bestand einem starken Wechsel unterworfen sind und die einzelnen Kühe in verschiedenem Maße Milch geben, ist ein Ausgleich unter den Familien notwendig. Die ökonomischen Einheiten sind also größer als die einfache kleine Familie.

Die Rinder bestimmen nicht nur ihre soziale Ordnung. Ihr ganzes Denken ist auf diesen einen Gegenstand konzentriert. Er bedeutet für sie nicht nur ihre wirtschaftliche Existenz, sondern auch die gesellschaftliche. Ohne Rinder kann man nicht heiraten. Und so dreht sich das Denken der Männer um Rinder und Frauen. Verwandtschaft verstehen sie in Kategorien des Gebens und Nehmens von Brautpreisen, also von Rindern. Denn sie werden nach festen Regeln gemeinsam aufgebracht und Empfangenes entsprechend geteilt. Nicht nur ihr Denken ist dadurch bestimmt. Sondern in extremer Weise auch ihre Sprache. Sie haben zahllose Wörter für die Verteilung der Färbung auf den Rindern, die kombiniert werden können für die Färbung anderer Tiere, von Pflanzen oder Wolken, insgesamt viele tausend Ausdrücke für die Beschreibung ihrer Herden und ihrer Tiere. Das bedeutet zugleich auch unendliche Variationsmöglichkeiten für die Bezeichnung von Personen. Denn die Namen der Nuer kommen von ihrem Vieh. Männer werden mit Namen angesprochen, die der Form und Farbe ihrer Lieblingskühe entsprechen. »Deshalb kann sich ein Nuer-Stammbaum anhören wie das Bestandsverzeichnis eines Kuhstalls« (Evans-Pritchard 1940.18). Frauen erhalten Namen nach den Kühen, die sie melken. Die Nuer singen viel, wie alle Hirtenvölker. Und ihre Lieder handeln vom lieben Vieh. Es stellt nun einmal den höchsten sozialen Wert dar. Evans-Pritchard schreibt dazu (1940.18f., übers. v. Verf.):

»Eine genauere Untersuchung ihrer Kultur würde überall das gleiche dominierende Interesse am Vieh erweisen, zum Beispiel auch in ihrer Folklore. Sie reden ständig nur von ihren Tieren. Manchmal war ich geradezu verzweifelt, daß ich mit den jungen Männern über nichts anderes reden konnte als über Vieh und Mädchen, und auch das Thema Mädchen führte unausweichlich zu dem der Rinder. Über welches Thema ich zu reden begann, und von welcher Richtung auch immer, es dauerte nicht lange, und wir sprachen über Kühe und Ochsen, über Färsen und junge Stiere, Widder und Schafe, Böcke und Ziegen, Kälber, Lämmer und Zicklein.

Ich habe schon angedeutet, daß diese Besessenheit – und als solche erscheint sie einem Außenstehenden – nicht nur auf dem großen wirtschaftlichen Wert von Vieh beruht, sondern auch auf der Tatsache, daß es das Verbindungsglied zahlloser sozialer Beziehungen ist. Die Nuer neigen dazu, alle sozialen Vorgänge und Beziehungen in der Terminologie ihrer Rinder auszudrücken. Ihre Sprache ist eine Rindersprache.

Also muß jemand, der unter den Nuer lebt und ihr gesellschaftliches Leben verstehen will, zuerst das Vokabular der Rinder und des Herdenlebens beherrschen. Derart komplizierte Diskussionen, die bei Verhandlungen über Heiraten geführt werden, in rituellen Angelegenheiten und bei rechtlichen Auseinandersetzungen, kann man nur verstehen, wenn man die schwierige Rinder-Terminologie versteht, über ihre Farben, ihr Alter und Geschlecht und so weiter.«

Im übrigen liegt es in der Natur dieses Produktionsmittels, Begehrlichkeiten zu wecken. Raubzüge waren häufig bei den Nuer, gegen die Dinka, ihre Nachbarn im Südwesten und Nordosten, die Hirten waren wie sie selbst, oder untereinander, zwischen den einzelnen Stämmen. Man braucht ja noch nicht einmal zu tragen, was man geraubt hat. Hirtenvölker sind kriegerisch. Auch innerhalb des Stammes gibt man sein Leben für eine Kuh. Sie ist der höchste soziale Wert.

Der jahreszeitliche Wechsel

Nuer haben keine abstrakten Zeitvorstellungen, keinen allgemeinen Begriff von »Zeit«, kein Wort dafür. Sie brauchen also keine Zeit zu sparen, ärgern sich nicht darüber, Zeit zu vergeuden, und haben nicht das Gefühl, daß die Zeit vergeht. Es schlägt ihnen keine Stunde, denn sie kennen keine entsprechenden Zeiteinheiten. Sie sind glücklich, sagt Evans-Pritchard (1940.103). Ihre Zeitvorstellungen sind konkret ökologisch und gesellschaftlich. Sie rechnen nicht in Jahren, sondern orientieren sich an konkreten Ereignissen, an Geburten in der Familie, an der Geburt von Rindern, innerhalb des Dorfes an

Altersgruppen, die bestimmte Namen haben. Mehr als fünfzig Jahre können sie nicht zurückdenken. Das ist dann »lange, lange her«. Sie haben keine Geschichte.

Ihre ökologische Zeit teilt das Jahr in zwei Hälften. Von November bis Februar ist Trockenzeit, von März bis Oktober kommt die Regenzeit. In der Trockenzeit verlassen sie mit ihrem Vieh die Dörfer und ziehen an die Flüsse. In der Regenzeit, wenn die Flüsse wieder steigen, gehen sie zurück, denn die Dörfer liegen auf Anhöhen im höheren Teil des Landes. An den Flüssen, in der Trockenzeit, leben sie in großen Lagern an festen Plätzen, die von den einzelnen Stämmen eifersüchtig gewahrt werden, zumal sie oft mit günstigen Gelegenheiten zum Fischen verbunden sind. In den Übergangszeiten wandern sie langsam hin und her, über verschiedene Stationen in kleineren Lagern. Die Lager an den Flüssen sind sehr groß, weil es nur wenige Möglichkeiten gibt, sich ausreichend mit Wasser zu versorgen. Um die wenigen Wasserstellen lagern die Bewohner mehrerer Dörfer hinter einfachen Windschirmen. Die Existenzbedingungen hier, in der Trockenzeit, sind schlechter. Man rückt zusammen. Die moralische Dichte wird höher. Es wächst das Gefühl gegenseitiger Abhängigkeit und die Bereitschaft zur Nachsicht. Der soziale Kontakt ist stärker. Die Familien lagern zusammen mit Verwandten, die sonst in anderen Dörfern leben. Diese Konzentration erlaubt es, die eigenen Rinder auf verschiedene Weidestellen aufzuteilen. Denn in der Trockenzeit droht die Gefahr der Rinderpest. Und durch die Aufteilung kann man einen totalen Verlust aller Tiere vermeiden. In der Regenzeit rückt man wieder auseinander, in die über das weite Land verstreuten kleinen Dörfer. Sie haben manchmal nur fünfzig Einwohner, selten einige Hundert. Hier leben sie in festen Hütten, mit ihren Ställen, und bauen Hirse an. In der schlechten Zeit gibt es einen hohen Grad des Zusammenhalts auch der kleineren örtlichen Gemeinschaft. An sich existiert jeder Haushalt für sich, hat seine eigenen Lebensmittel und kocht für sich selbst. Aber die gegenseitige Hilfe spielt eine große Rolle. Gemeinsame Mahlzeiten sind stark verbreitet. Man lebt in hohem Maße auch bei den anderen, so daß es von außen erscheint, als wäre es eine einzige Gemeinschaft mit gemeinsamen Vorräten. Das ist in frühen Gesellschaften immer die Folge schwieriger Lebensbedingungen. Gastfreundschaft und Großzügigkeit sind Folgen der Not, nicht des Überflusses. Bei den Nuer ist es nicht nur die Rinderpest. Auch die Hirseernte ist nicht immer sicher.

Die Familie

Die Familie ist die wichtigste ökonomische Einheit, mit Arbeitsteilung zwischen Männern und Frauen. Die Herdenarbeit – bis auf das Melken – ist Sache der Männer. Gartenarbeit wird geteilt. Die Hausarbeit erledigen die Frauen. Die Solidarität in der Familie ist groß. Keine Arbeit gilt als degradierend. Niemand ist Packesel des anderen. Alle können sich gleichmäßig ausruhen.
Ein Hof der Nuer besteht im Dorf aus einem Stall und einer oder mehreren Hütten. Der Stall repräsentiert den Mann, ist das Zentrum des sozialen Lebens. Hier schlafen die Jungen, sobald sie von ihren Müttern getrennt werden können. Die Hütte repräsentiert die Frau. Hat ein Mann mehrere Frauen, dann lebt jede in einer eigenen. Er selbst hat keine, schläft in denen seiner Frauen, die um den Stall herum gebaut sind und damit für die Nuer das Prinzip der patrilinearen Agnation darstellen, in deren Mittelpunkt der Mann steht, als Verkörperung der Identität von Stall und lineage. Zu jeder Hütte gehört ein Garten und ein Hirsespeicher.
Die monogame Ehe findet sich häufiger als die polygame. Polygynie ist aber weit verbreitet, das Ziel aller Männer, denn sie hat das Ansehen von Reichtum und gesellschaftlichem Einfluß. Nach Meinung der Nuer muß die Frau dem Mann gehorchen, »denn sie ist mit Vieh geheiratet worden«. Er hat das Recht, sie zu züchtigen. In der Praxis ist das außerordentlich selten. Es gilt als ehrenrührig. Man soll mit Männern kämpfen, sagen sie, nicht mit Frauen. Die Nuer schlagen auch ihre Kinder nicht.
Die sexuelle Freiheit vor der Ehe ist groß. Sexuelle Beziehungen tendieren jedoch immer in die Ehe. Die Stellung der Frauen ist dabei verhältnismäßig stark. Ihr Vater und die Verwandt-

schaft stimmen ihrer Wahl regelmäßig zu, auch wenn der Mann arm ist und es dann kein Vieh gibt, das als Brautpreis geleistet wird. Die Verhandlungen über die Eheschließung werden von den Verwandtschaftsgruppen geführt. Die Frage des Ob bestimmen aber letztlich die beiden, die heiraten wollen. Schwierig und langwierig ist das Aushandeln des Brautpreises. Ideale Zahl der Zeit vor den dreißiger Jahren waren noch vierzig Rinder. Sie wurde aber selten erreicht, weil die Herden durch Seuchen gelitten hatten und Raubzüge gegen die Dinka von der englischen Kolonialverwaltung verhindert wurden. So waren es meistens nur zwanzig oder dreißig. Aber nicht nur die Zahl ist Gegenstand der Gespräche. Es geht auch darum, welche Tiere im einzelnen geleistet werden sollen, an wen und – noch wichtiger – wann. Denn auch nur zwanzig Rinder kann niemand auf einmal weggeben. Die ersten sind bei der Verlobung fällig, die ohne Formalitäten gefeiert wird. Einige Wochen später ist Hochzeit, mit Tänzen, Kämpfen und Singen. Hier wird ein größerer Teil der Tiere ins Dorf der Braut getrieben. Die nächsten kommen, wenn das erste Kind geboren ist. Und die letzten Rinder werden manchmal gar nicht mehr gezahlt. Die Hälfte des Ganzen geht an die Eltern der Braut, je ein Viertel an die Großeltern, väterlicherseits und mütterlicherseits.
Die Frau bleibt nach der Hochzeit noch einige Zeit bei ihren Eltern, auch nach der Geburt der Kinder. Das ist sinnvoll, weil dort nun die meisten Kühe sind. Erst nach der Entwöhnung der ersten Kinder zieht sie in sein Dorf.
Es gibt freie Verbindungen zwischen Frauen und Männern, ohne die Legalisierung einer Hochzeit und die Leistung von Brautpreisen. Sie spielen eine nicht unbedeutende Rolle. Die Frau ist frei. Sie kann jederzeit gehen. Es sind Frauen mit starkem Charakter, die ihre Unabhängigkeit lieben. Einige Jahre leben sie mit dem einen Liebhaber, dann mit einem anderen. Dabei ziehen sie von Ort zu Ort und nehmen ihre Kinder mit sich. »Sie haben keine Kühe auf ihrem Rücken«, sagen die Nuer. Wenn eine verheiratete Frau ihren Mann verläßt, müssen nämlich die Rinder von ihrer Verwandtschaft zurückgegeben werden, je nachdem, ob und wieviel Kinder geboren sind. Denn die Kinder bleiben bei ihrem Mann. Sie gehören zu sei-

ner lineage. Für das erste Kind können sechs Ochsen bei ihrer Familie bleiben. Sind es zwei, der ganze Brautpreis. Der Druck ihrer Verwandtschaft veranlaßt sie also oft, zu bleiben. Trotzdem sind Trennungen nicht selten. Ein moralisches Stigma für die freien Verbindungen gibt es nicht. Die Männer behandeln eine solche Frau wohl sogar etwas vorsichtiger als eine Ehefrau. Denn hier haben sie nur ihren persönlichen Einfluß, keinen institutionellen Druck über Familie und Brautpreis. Die gesellschaftliche Wertschätzung ist ein wenig geringer als die von Ehefrauen, und die Kinder können in einem Streit auch schon einmal als uneheliche Bastarde bezeichnet werden.

Verwandtschaft und gesellschaftliche Ordnung

Die Nuer sind patrilinear, wie alle Hirtenvölker. Es gibt etwa zwanzig Klans bei ihnen, die größten agnatischen Gruppen mit einem gemeinsamen Stammvater, Exogamie und Inzestverbot. Sie rechnen zehn bis zwölf Generationen zurück und bleiben unverändert. In ihnen gibt es eine Vielzahl von lineages verschiedener Größe, die in ständiger Bewegung sind. Die einen laufen aus, sterben ab. Andere teilen sich, durch Abzweigungen entstehen neue Gruppen. Die lineage heißt thok dwiel, Eingang der Hütte. Die normale, die kleinste Einheit – Evans-Pritchard nennt sie minimal lineage – hat eine Tiefe von drei bis fünf Generationen. Das ist das, was man erinnern kann.
Das lineage-System ist im Verständnis der Nuer an sich rein genealogisch. Tatsächlich hat es auch einen starken örtlichen Charakter. Die Zugehörigkeit zu einer lineage ergibt sich nicht nur aus der Abstammung. Auch das örtliche enge Zusammenleben führt dazu, daß diejenigen, die dort leben, zu der lineage gerechnet werden, die im Dorf dominiert. Häufig läuft das über Frauen. Wenn sie im Dorf ihrer lineage leben, rechnen ihre Kinder die Abstammung einfach über sie. Sie wollen eben dazugehören. Das wird regelmäßig akzeptiert. Man sagt von ihrer Mutter: »Sie ist ein Mann geworden.« Umgekehrt kann die über einen Mann an sich bestehende Zugehörigkeit zu einer lineage enden, wenn er die örtliche Gemeinschaft verläßt. Be-

sonders dann, wenn er mit seinen Brüdern aus dem Dorf auszieht und in einem anderen über die Schwägerschaft eine neue Zugehörigkeit begründen will.

Gefangene Dinka werden in die lineages der Nuer voll integriert, sind als solche nicht mehr erkennbar und den anderen im wesentlichen gleichberechtigt. Das geschieht nicht in einem formalen Akt, sondern durch die Aufnahme in die örtliche Gemeinschaft und allgemeine Anerkennung ihrer Zugehörigkeit zur lineage. Mag man das nun Adoption nennen oder nicht (Evans-Pritchard 1940.220-225, 1951.24f. einerseits, Goody 1976.66-85 andererseits).

Die Nuer kennen auch die Bindungen kognatischer Verwandtschaft. Sie nennen sie mar. Dazu gehören alle Verwandte über Vater und Mutter. Der Gegensatz von mar ist buth, die agnatische Verwandtschaft, die Patrilinie. Und die lineage hat eine doppelte Bedeutung. Zum einen ist sie eine rein agnatische Gruppe. Das steht im Vordergrund der Vorstellungen. Zum anderen ist sie eine örtliche Einheit. Nicht nur das Dorf, auch die Stammessegmente, der Stamm, jede örtliche Einheit wird mit der dort dominierenden lineage identifiziert. Auch die anderen Bewohner eines Dorfes bezeichnen sich mit ihrem Namen. Das ist möglich, weil das Bewußtsein der Ordnungsfunktion agnatischer Abstammung sehr stark ist. Das Prinzip ist klar. Es bleibt unangetastet. Agnatische Abstammung, Verwandtschaft, buth, ist das entscheidende Ordnungselement, auf dem das gesellschaftliche Leben ruht. Aber deswegen kann man im Einzelfall durchaus auch Ausnahmen machen, das Prinzip durchbrechen, im Sinne örtlicher Identifikation und Zugehörigkeit. Der Grund dafür liegt letztlich in der großen Mobilität der Nuer. Sie gehen gern von Dorf zu Dorf. Ja, selbst die Dörfer wechseln von Zeit zu Zeit den Platz, werden alle fünf bis zehn Jahre neu gebaut. Deshalb ist der Ahnenkult schwach. Gräber werden nicht mehr aufgesucht. Das ist typisch für Hirtenvölker. Bei patrilinearen Ackerbauern ist es anders.

Die Mitglieder des dominierenden Klan in einem Stamm werden diel genannt. Singular: dil. Evans-Pritchard bezeichnet sie als »aristokratisch« (1940.212). Dieser Klan gibt den Rahmen für die politische Struktur. Er verbindet die verschiedenen örtlichen Segmente miteinander. Lebt ein dil in einem Dorf, dann reihen sich die Hütten um ihn herum wie die Kühe um einen Bullen. So wird er auch genannt. Er ist der Bulle, tut. Sein Hof ist stattlicher als die anderen. Aber nicht jeder tut ist ein dil. Und nicht alle diel leben in dem Stamm ihres Klans. Abwanderungen von diel sind häufig. Es widerstrebt ihnen, zu Hause der Jüngste in einer Gruppe von einflußreichen Älteren zu sein. Sie ziehen lieber woanders hin, wo sie nicht solche Konkurrenz haben und leichter ein einflußreicher tut werden können. Daher auch der starke Widerstand der Nuer gegen Pläne der englischen Kolonialverwaltung, die zur Erleichterung ihrer indirect rule erbliche Häuptlinge an festen Orten einsetzen wollte. Das widerstrebt ihnen. Man will sich alle Möglichkeiten offenhalten.

Der Stamm ist eine mehr oder weniger deutlich bestimmbare Größe. Er ist die größte Einheit, in der man sich zu kriegerischem Angriff oder zur Verteidigung verpflichtet fühlt. Innerhalb des Stammes gibt es Mechanismen zur friedlichen Beilegung von Streitigkeiten und eine moralische Verpflichtung, sie früher oder später zu beenden. »Innerhalb eines Stammes gibt es Recht«, sagt Evans-Pritchard (1940a.278). Er ist also diejenige Einheit, in der Blutgeld gezahlt wird. Aber manchmal ist das nicht genau festzustellen, ob eine Gruppe noch einer ist oder nicht mehr, ob Blutgeld gezahlt wird oder nicht. Die Stämme können klein sein, mit einigen Hundert Menschen, oder sehr groß, bis zu dreißig-vierzigtausend. Es gibt keine Häuptlinge und keine Stammesräte. Die Nuer sind eine anarchische Ordnung, segmentär, akephal. Verwandtschaft und gesellschaftliche Ordnung sind identisch. Es gibt keine andere politische Struktur. Der Stamm zerfällt in mehrere Segmente, die auch räumlich bestimmt sind, mit einem eigenen Namen. Sie werden bezeichnet nach der in ihnen dominierenden lineage. Die Segmente zerfallen in Untersegmente, wieder mit eigenem Gebiet und eigenem Namen. Untereinander gibt es viele Rivalitäten und viel Streit. Jedes Segment steht gegen das andere. Die Untersegmente ebenso. Beide aber stehen zusammen gegen das entsprechende Nachbarsegment. Und die Obersegmente vereinigen sich im gemeinsamen Kampf gegen die Dinka. Das ist das von Evans-Pritchard entdeckte Prinzip der segmentären Opposition, der Segmentierung und Vereinigung im Streit (1940.143 f.). Und der Streit ist unendlich. Gewalttätigkeiten gehören zum Leben der Nuer wie die Viehzucht. Selbst bei Kriegszügen gibt es keine feste Gliederung, keine klaren Kompetenzen. Von einigen weiß man, daß sie gute Anführer sind. Also überläßt man es ihnen, zumal von ihnen oft die Initiative ausgeht, besonders für Raubzüge gegen die Dinka. Sobald das Unternehmen beendet ist, haben sie wieder die gleiche Stellung wie alle anderen. Denn die Nuer sind »zutiefst demokratisch«.

Gleichheit und Ungleichheit

Das ist der Grundzug ihrer Ordnung. Sie sind eine Gesellschaft von Gleichen. Es gibt keine institutionellen Unterschiede, keine Hierarchie, keine politische Führung, keinen Staat. Sie leben in einer geordneten Anarchie. Dem entspricht ihr Charakter. Es ist unmöglich, schreibt Evans-Pritchard, unter ihnen zu leben und sich vorzustellen, es gäbe Herrscher, die sie regieren (1940.181, übers. v. Verf.):

»Der Nuer ist das Ergebnis einer harten und egalitären Erziehung, zutiefst demokratisch und leicht zu Gewalttätigkeiten reizbar. Sein ungestümer Geist empfindet jeden Zwang als lästig und niemand erkennt einen anderen als höherstehend an. Reichtum macht keine Unterschiede. Ein Mann mit viel Vieh wird beneidet, aber nicht anders behandelt als einer mit wenig. Auch die Geburt macht keinen Unterschied. Ein Mann mag nicht zum dominierenden Klan seines Stammes gehören, er kann sogar von Dinkas abstammen, aber wenn ein anderer darauf anspielt, ist er in großer Gefahr, zusammengeschlagen zu werden.
Daß jeder Nuer sich selbst für genauso gut hält wie seinen Nachbarn, das ist offensichtlich in jeder seiner Bewegungen. Sie stolzieren herum wie die Herren der Erde, und in der Tat sind sie der Meinung, sie seien es. Es gibt keinen Herrn und keinen Sklaven in ihrer Gesellschaft, sondern nur Gleiche, die sich als Gottes edelste Schöpfung betrachten.«

Auch die diel haben keinen höheren Rang. Sie gehören eben zu dem Klan, auf den der Stamm sich zurückführt, dem der Stamm »gehört«. Das verleiht höheres Ansehen, wie der Besitz einer großen Herde. Aber das gibt keine Möglichkeit, irgendjemandem Anweisungen zu geben, geschweige denn, etwas zu befehlen. Die Nuer haben im übrigen auch kein Wort für »befehlen«. Der Imperativ wird ohne den Ton einer Autorität gebraucht, und nur von älteren Verwandten. Wenn man einen anderen zu etwas auffordern will, muß man auf die besondere Beziehung anspielen, in der man zu ihm steht, möglichst in Formen der Verwandtschaft. Oder man schließt sich selbst in die Aufforderung mit ein, »laßt uns gehen«. Ebenso ist es mit dem tut im Dorf. Er ist der erfolgreiche Mann, mit einer großen Familie, mit vielen Frauen und einer großen Herde. Er kann reden und ist eine herausstehende Persönlichkeit, ohne daß man sagen kann, welche Kompetenzen er nun im einzelnen hat.

Und die Frauen? Die Egalität ihrer Ordnung ist in erster Linie die Egalität der Männer. Frauen haben ihnen zu gehorchen, »denn sie sind mit Vieh geheiratet worden.« Sie können die Ehe nicht jederzeit verlassen, denn »sie haben Kühe auf ihrem Rücken«. Ihre Männer haben – theoretisch, aber immerhin – ein Züchtigungsrecht. Ohne Zweifel, das ist eine Dominanz von Männern. Kein Wunder in einer kriegerischen Gesellschaft, die außerdem noch patrilinear und patrilokal organisiert ist und in der die Frauen mit hohen Brautpreisen geheiratet werden. Und trotzdem. Der egalitäre Charakter ihrer Ordnung hat auch starke Reflexe auf die Stellung der Frauen. Im Vergleich zu anderen Stämmen im Sudan haben die Frauen der Nuer stärkere Rechte. Sie können immerhin heiraten, wen sie wollen, und wenn sie nicht wollen, können sie es lassen. Das ist keine Gleichberechtigung. Es bedeutet eine gemäßigte Schlechterstellung. Eine egalitäre Gesellschaft mit eingeschränkter Gleichheit von Frauen.

Der Mann mit dem Leopardenfell

Er heißt kuaar twac oder kuaar muon. Twac ist das Fell des Leoparden, muon ist die Erde. Aber was bedeutet kuaar? In der Übersetzung dieses Wortes liegt das Problem. Der Mann fällt auf, denn er ist der einzige bei den Nuer, der ein Kleidungsstück trägt. Ein Leopardenfell. Als die ersten englischen Kolonialbeamten in den zwanziger Jahren nach Häuptlingen suchten, auf deren Macht sie ihre Verwaltung aufbauen wollten, stießen sie auf diese Männer. Sie nannten sie chiefs, leopard skin chiefs, Leopardenfellhäuptlinge. Diese Bezeichnung hat sich lange gehalten. Evans-Pritchard gebraucht sie noch in seiner ersten großen Darstellung, obwohl er schon Zweifel äußert (1940.5 f.). Im letzten Werk über die Nuer ist er davon abgegangen und hat sie als Priester bezeichnet, als Leopardenfellpriester oder Erdpriester, was wohl richtig ist (1956.289-303). Seine ersten Zweifel gründete er darauf, daß er bemerkte, sie hätten keinerlei Macht und könnten keine Befehle erteilen. Bei ihrer wichtigsten Tätigkeit – der Beilegung von Blutfehden, die noch zu beschreiben ist – seien sie auf eine unverbindliche Vermittlerrolle beschränkt. Die Empfehlungen des Vermittlers würden ihr Gewicht nur durch sein persönliches Geschick erhalten und das ganze sei sonst allein abhängig vom guten Willen der Beteiligten, die Sache friedlich beizulegen. Diese Priester seien von der egalitären Gesellschaft der Nuer auch ganz bewußt machtlos gestellt, was sich zum Beispiel daran zeige, daß sie nie einem dominierenden Klan angehören (1940.172-176). Das letztere hat sich inzwischen als teilweise irrig erwiesen (Howell 1954.28 f., dazu Evans-Pritchard 1956.292).

Über die Machtlosigkeit dieser Priester ist es zu einer ausgedehnten Kontroverse gekommen (Lewis 1951; Howell 1954.27-34; Evans-Pritchard 1956.289-303; Sigrist 1967.136-142; Beidelman 1971; Greuel 1971; Mair 1974.134-136). Im wesentlichen ist man sich heute einig. Es gibt bei den Nuer keine Institutionen, die Macht repräsentieren. Aber ab und zu, in unruhigen Zeiten, treten Männer auf, die beträchtliche Macht erlangen, immer nur für kürzere Zeit, ohne Institutionalisierung. Am Ende des 19. Jahrhunderts und zu Beginn der englischen Kolonialverwaltung gab es ruic naadh, sogenannte Propheten, Sprecher oder Führer des Volkes, die Kämpfe organisierten gegen arabische Sklavenhändler und englische Truppen. Das hatte Evans-Pritchard übersehen. Aber sie waren keine

Institution, wie Lewis meinte. Es gibt keine Herrschaft bei den Nuer. Die Leopardenfellpriester sind davon letztlich überhaupt nicht betroffen. Sie haben tatsächlich keine Macht, sind nur auf ihr Verhandlungsgeschick und ihre persönliche Autorität angewiesen. Sie sind eine Institution. Aber ohne Macht, die auf dieser Stellung beruhen könnte. Diese Stellung ist erblich und kann nur ausnahmsweise auf einen anderen übertragen werden, durch Übergabe des Fells. Möglicherweise stehen sie selten ganz allein. Regelmäßig werden sie Allianzen im Hintergrund haben. Denn für ihre Vermittlungstätigkeit bei Blutfehden erhalten sie ein Entgelt von drei oder vier Rindern. Das ist eine ausreichende Einnahmequelle, um starke verwandtschaftliche Koalitionen um sich zu versammeln (Greuel 1971).

Eigentum

Eigentum verstehen sie weitgehend in den Begriffen von Verwandtschaft, jedenfalls an den wichtigsten Produktionsmitteln, an Vieh und Land. Bei anderen Sachen – Geräten, Werkzeugen, Keramik, Waffen, Schmuck – hat es individuellen Charakter, obwohl es Ausnahmen gibt. Einige sehr wertvolle Gegenstände, Kanus zum Beispiel oder die kunstvollen Armreifen aus Elfenbein, gehören ebenfalls zum Verwandtschaftseigentum (Howell 1954.179 f.). Ihr Wert wird in Vieh bestimmt. Sie werden oft mit Vieh erworben und sind in gleicher Weise gemeinschaftlich gebunden.

An Vieh besteht Verwandtschaftseigentum (Evans-Pritchard 1940.17, 1951.127-129; Howell 1954.178 f.). Ein Mann kann zwar sagen »meine Kuh«. Sie steht in seinem Stall. Und insofern gehört sie ihm auch. Aber in den meisten Fällen hat er sie als Mitglied seiner lineage erworben. Selten bleibt sie längere Zeit bei ihm. Entweder wird er sie einem anderen Verwandten geben, dem gegenüber eine Verpflichtung besteht, etwa weil er in Not geraten ist. Oder sie geht als Heiratsgut weiter. Überläßt er Vieh an seine Söhne, dann können sie es nutzen. Es bleibt gebundenes Eigentum, wie bei ihm. Ein Nuer kann seine Kuh nur selten ohne Einverständnis seiner Verwandten verkaufen.

Deswegen gibt es auch nur wenig Handel damit. Manchmal wird getauscht. Vieh ist eben ein Teil ihrer Verwandtschaftsordnung. Oder besser: Viehherden sind Kerne, um die sich Verwandschaftsgruppen bilden, deren Beziehungen in Vieh ausgedrückt werden. Die meisten Transaktionen finden nämlich statt als Leistungen und Verteilungen von Heiratsgut. Beim Tode eines Mannes wird seine Herde nicht geteilt. Sie geht auf seine Söhne über, bleibt gemeinschaftliches Eigentum. Jeder hat die gleichen Rechte. Haben die Söhne geheiratet, wohnen sie in der Nähe. Ein Familienverbund mit der Herde in der Mitte. Sind die Söhne noch nicht erwachsen, werden die Brüder des Vaters Treuhänder. Sie übernehmen die Herde voll und ganz, wenn keine Söhne vorhanden sind. Differenzen über Vieh zwischen Brüdern sind häufig. Sie können zu Abspaltungen von lineages führen. Und ein Vater kann versuchen, das dadurch zu verhindern, daß er vor seinem Tode Anordnungen darüber trifft, wie über das Vieh verfügt werden soll, genauer: wann wer mit wieviel Rindern heiraten darf.

Auch am Land – an Weiden, Äckern, Wasserstellen – gibt es kein Individualeigentum (Howell 1954.181-190). Es gehört streng genommen dem im Stamm dominierenden Klan, den diel. Und es ist entsprechend auf seine örtlichen lineages verteilt. Die anderen lineages – sie werden rul genannt – versuchen, sich ihnen durch tatsächliche oder fiktive Verbindungen anzuschließen, meistens durch Heiratsverbindungen. Sie gelten dann als »Söhne der Töchter« und haben entsprechende Rechte. Streitigkeiten gibt es selten, weil genügend Land vorhanden ist.

Religion und Magie

Sie kennen einen höchsten Gott, kwoth. Das Wort bedeutet Geist, wie lateinisch spiritus, auch im Sinn von Atmen und Atem. Ihre Gottesvorstellung ist alttestamentarisch. Gott ist im Himmel, der Schöpfer und Beweger aller Dinge, allgegenwärtig. Sie beten zu ihm und sagen: »Er hat die Welt erschaffen, es ist sein Wort«. Ob sie über lang Zurückliegendes oder Gegenwärtiges reden, Gott ist für sie die letzte Erklärung. Die Men-

schen, die Herden, die Hirse, die Fische, alles ist von ihm geschaffen und gegeben. Er hat die Heiratsverbote aufgestellt und beschlossen, daß die Nuer die Dinka angreifen sollen. Er hat den einen Menschen schwarz und den anderen weiß geschaffen, den einen stark, den anderen schwach. Und er bringt den Tod. Er kann zornig sein und die Menschen lieben. Sie reden ihn an mit gwandong, unser Vater. Sie vertrauen auf ihn, wenn sie sagen: kwoth a thin, Gott ist gegenwärtig. Sie sagen es täglich und meinen damit, sie wüßten zwar nicht, was zu tun sei, aber Gott wäre da und würde ihnen helfen. Ihm gegenüber fühlen sie sich klein und unwissend. Unglück ertragen sie mit Resignation. Das ist Gottes Wille. Wenn eine Kuh stirbt oder eine Hütte brennt, sagen sie, »Gott hat es gegeben, Gott hat es genommen.« Es ist sein Recht, cuong. Gott ist immer im Recht, und dieses Wort, cuong, ist ein Schlüsselbegriff ihrer Religion. Gott hilft denen, die im Recht sind, und er straft diejenigen, die sich falsch verhalten. Ihre Gebete sind, ohne feste Form, dem christlichen Vaterunser sehr ähnlich. »Unser Vater, das ist deine Welt, es ist dein Wille, laß uns in Frieden leben, laß die Gemüter der Menschen ruhig sein. Du bist unser Vater, nimm alles Übel von unserem Weg« und so weiter. Sie blicken dabei zum Himmel, die Arme gestreckt, mit den Handflächen nach oben.
Daneben gibt es Geister, ruhige Erdgeister und unruhige Luftgeister. Auch sie heißen kwoth (dazu Evans-Pritchard 1956.106f.). Die Erdgeister sind eher harmlos, gehen jedoch auch in die Menschen und machen sie krank. Mit Kürbisrasseln werden sie dann zum Sprechen gebracht. Man verhandelt mit ihnen. Wieviel willst du haben, wenn du wieder herausgehst? Und dann wird ein entsprechendes Opfer gebracht, damit der Kranke wieder gesund wird (Crazzolara 1953.133-161). Es gibt gute Hausgeister, die hilfreich sind. Mit ihnen wird ein schwunghafter Handel getrieben. Für besonders gute wird sogar ein Ochse oder eine trächtige Kuh gezahlt. Es gibt magische Medizinen, die man sich aus der Ferne besorgt. Aber die Magie, die sonst in Afrika oft eine große Rolle spielt, existiert bei ihnen nur am Rande. Totemismus ist weit verbreitet. Auch Hexerei findet sich, der böse Blick gegen Tiere und Menschen.

Jedoch auch das bestimmt ihr Leben bei weitem nicht in dem Maße, wie wenig weiter südlich etwa schon das der Zande. Gefährlich sind die Luftgeister. Sie sind kriegerisch. Ist jemand von einem besessen, ruft er zu Beutezügen, denn er kann sich auf diesen Geist verlassen, der Beistand leistet und Beute bringt. Er ist der »Sack« dieses Geistes, sammelt die Männer um sich und spricht von ihm, der in ihm ist und zum Kriege drängt. Oft gelingt es ihm, die anderen zu überzeugen. Regelmäßig sind es die jüngeren, die Vieh brauchen, um heiraten zu können.

Opfer spielen eine wichtige Rolle, in vielfacher Weise. Bei Initiationen und Hochzeiten haben sie eher festlichen als religiösen Charakter. Anders die Reinigungsopfer in Not und Gefahr. Man glaubt, daß kwoth zürnt, wenn die Menschen gegen seine Ordnung verstoßen haben. Also wird ein Opfer gebracht, um ihn oder andere Geister zu versöhnen. Versöhnung, Sühne und – der Grundgedanke – die stellvertretende Hingabe des Lebens eines Tieres, anstelle des Lebens eines Menschen (Evans-Pritchard 1956.272-282). Wie der Sündenbock des babylonischen Neujahrsfestes, des alttestamentarischen Jom Kippur, der römischen Luperkalien oder – bei fahrlässiger Tötung – der römischen Zwölftafeln. In Fällen schwerer Vergehen, bei Tötung und Inzest, oder bei sehr ernsthaften Erkrankungen ist es ein Ochse. Für kleinere Krisen genügt eine Ziege oder ein Schaf, manchmal sogar eine Gurke. Je größer die Gefahr, desto größer das Opfer.

Verletzung und Ausgleich

Es gibt viel Streit. Man greift schnell zur Keule oder zum Speer und häufig endet das mit einem Toten. Selten sieht man ältere Männer ohne Spuren früherer Verletzungen. Gewalttätigkeiten gehören zu ihrem Leben wie die Viehzucht. Sie gibt auch die meisten Anlässe. Man streitet sich über Rinder, Leistung von Brautpreisen, Weiderechte, Wasserrechte. Aber auch Ehebruch kann es sein, Beleidigungen, Streit um die Rückgabe von Sachen oder, wenn jemand die Kinder eines anderen geschlagen hat. Wenn ein Mann meint, er habe Unrecht erlitten, fordert er den anderen zum Kampf. Es gibt keine andere Instanz. Nur sein Mut ist erst einmal sein Schutz. Von frühester Kindheit werden sie dazu erzogen, Meinungsverschiedenheiten im Kampf zu lösen. Mut ist die höchste Tugend. Man schlägt sich, bis der eine oder der andere schwer verletzt ist oder – und das wird regelmäßig gemacht – bis andere eingreifen und sie auseinander bringen. Denn man weiß, welche Folgen das haben kann, besonders wenn es ein Streit ist zwischen Männern aus verschiedenen Dörfern. Das artet leicht aus zum Kampf aller Männer auf beiden Seiten, und kann viele Menschenleben kosten. Also zögert man, bevor so etwas losgeht, und läßt die Älteren vermitteln oder den Leopardenfellpriester.

Der Leopardenfellpriester, kuaar twac, auch Erdpriester genannt, kuaar muon, greift regelmäßig ein, wenn jemand getötet worden ist (Evans-Pritchard 1940.152-155, 1956.293-297; Howell 1954.39-67). Es droht die Blutrache. Blutrache zwischen lineages geht oft über in Feindseligkeiten zwischen größeren Segmenten eines Stammes. Sie ist gefährlich für alle Beteiligten, nicht nur weil ihr Leben unmittelbar bedroht ist, sondern auch, weil schwierige Tabuprobleme auftreten. Meistens sucht man eine Einigung. Vermittler ist der Leopardenfellmann. Seine Fähigkeit dazu ergibt sich aus seiner Verbindung zur Erde. Denn ihre Fruchtbarkeit ernährt die Menschen.

Wenn jemand einen anderen getötet hat, vorsätzlich oder fahrlässig, dann eilt er so schnell wie möglich zum Haus des nächsten Priesters. Aus zwei Gründen. Einmal ist er in ritueller Not. Er muß vom Blut des Getöteten gereinigt werden. Außerdem ist er in Lebensgefahr, weil dessen Verwandte ihn verfolgen. Im Haus des kuaar muon ist er sicher. Es ist eine heilige Stätte, ein Asyl, das sie nicht betreten dürfen. Dort wird er leben, als Gast, bis die Sache beigelegt ist.

Der Priester nimmt einen Fischspeer und ritzt ihm den rechten Arm, bis das Blut fließt, und opfert ein Rind, das yang riem genannt wird, die Kuh des Blutes. Das Blut des Erschlagenen, meinen sie, ist in ihn eingedrungen und muß herausgelassen werden. Würde er vorher essen oder trinken, dann wäre das ei-

ne schwere Verunreinigung, nueer, Bruch eines Tabus, mit der sicheren Folge des Todes. Diese Reinigungszeremonie nennen sie bir. Der Mann kann jetzt erst einmal dort leben. Allerdings darf er seine Haare nicht schneiden. Seine Familie muß den Hof verlassen. Das Vieh wird bei Verwandten untergebracht.
Die Verwandten des Getöteten sind zur Blutrache verpflichtet. Sie ist der Inbegriff ihrer verwandtschaftlichen Solidarität. Den Täter oder einen seiner Angehörigen müssen sie töten. Solange er sich beim kuaar muon aufhält, kommen sie von Zeit zu Zeit, um zu sehen, ob er sein Asyl verläßt und ihnen Gelegenheit zur Rache gibt. Sie würden jede Gelegenheit wahrnehmen, sind aber regelmäßig nicht sehr hartnäckig, sie zu suchen. Das geht so einige Wochen. Dann versucht der kuaar muon, die Verhandlungen zur friedlichen Beilegung aufzunehmen. Vor der Beerdigung haben sie ohnehin keine Chance. Die Aufregung muß sich erst ein wenig legen.
Er führt die Verhandlungen ohne Hast. Zuerst bringt er in Erfahrung, wieviele Rinder die Verwandtschaft des Täters besitzt und ob sie bereit ist, eine Entschädigung für die Blutschuld zu zahlen, die Sühneleistung, thung, die in Rindern zu begleichen ist. Man weigert sich selten. Dann geht er zur Verwandtschaft des Getöteten und bittet sie, mit einer solchen Wiedergutmachung einverstanden zu sein. Die lehnen erst einmal ab. Das gehört zum guten Ton. Man muß unversöhnlich sein, auf der Blutrache bestehen. Der kuaar muon weiß das und beharrt auf seinem Vorschlag. Er droht ihnen mit Verfluchung. Andere Verwandte des Getöteten unterstützten ihn, die weiter entfernten, die nichts von der Entschädigung erhalten und deshalb frei sind vom Verdacht des Opportunismus. Der kuaar muon geht bis an die Grenze seiner Argumente. Dann lenken sie schließlich ein, sind mit einer Entschädigung einverstanden. Aber nur im Interesse des Getöteten, sagen sie, nicht weil sie Vieh nehmen wollten für das Leben eines Verwandten. Der Geist des Verstorbenen bedrängt sie nämlich. Sie sollen möglichst bald eine Frau mit seinem Namen verheiraten. Eine Geisterheirat, die durch das Vieh ermöglicht wird. Einer seiner Verwandten heiratet mit diesen Rindern eine Frau, in seinem Namen. Die Kinder gelten als rechtmäßige Kinder des Getöteten. Das be-

sänftigt seinen Geist. Und ist der eigentliche Zweck der Leistung von thung.
Es kommt noch etwas hinzu. Die Bereitschaft zur Annahme von thung besteht auch deswegen, weil alle Verwandten auf beiden Seiten in großer Tabugefahr sind, auch die entfernteren. Solange der Streit nicht friedlich beigelegt ist, droht nueer. Das ist die Verunreinigung, Befleckung, die schweren Tabubrüchen folgt, dem Inzest zum Beispiel und hier, wenn Verwandte des Getöteten mit denen des Täters gemeinsam essen oder trinken. Eine Todsünde. Unausweichliche Folge ist, meinen sie, der Tod der Beteiligten. Auch wenn sie gar nichts wüßten. Es genügt schon, wenn sie die gleichen Gefäße benutzen, im Haus eines Unbeteiligten. Die Angst ist groß davor, auf beiden Seiten.
Die Verhandlungen ziehen sich hin, manchmal über Monate. Schließlich einigt man sich auf vierzig bis fünfzig Rinder. Die Schuld wird über viele Jahre verteilt, manches bleibt später auch offen. Die feierliche Versöhnung findet statt, wenn etwa zwanzig Rinder übergeben sind. Sie kommen aus den Ställen verschiedener Verwandter des Täters. Der kuaar muon bringt sie ins Dorf des Getöteten. Dessen Verwandte begutachten die Tiere. Wenn sie akzeptiert sind, kommen sie in den Stall eines Nachbarn. In den des Getöteten dürfen sie nicht, bevor die Opfer dargebracht sind. Ein Ochse wird dafür genommen. Yang ketha nennen sie ihn, die Kuh der Gallenblase. Der kuaar muon bittet kwoth um Beendigung der Fehde. Er sagt dem Geist des Verstorbenen, daß nun für seinen Tod gezahlt worden ist und eine Frau mit seinem Namen verheiratet wird, damit er einen Sohn bekommt. Der Ochse wird getötet. Die Verwandten stürzen sich auf ihn und hacken ihn in Stücke. Die Gallenblase wird in eine Kürbisflasche mit Wasser und Milch gesteckt. Das trinken sie dann, mit reinigenden Medizinen, auch die Verwandten des Täters, sofern sie da sind. Denn nun kann man wieder gefahrlos zusammen essen und trinken. Am nächsten Morgen werden die Rinder in den Stall des Getöteten gebracht. Einige verteilt man auf seine näheren Verwandten. Einige bleiben dort bis zur Heirat mit seinem Geist. Das ist die erste Versöhnung, die wichtige, die Beendigung der Blutfehde,

zur Beseitigung des nueer. Später folgt manchmal noch eine zweite, wenn das letzte Vieh geleistet worden ist. Ghok pale loc nennen sie es, das Vieh, das die Herzen erleichtert. Ein Fest wird gefeiert, das die Freundschaft der lineages wiederherstellt.

Nach der Versöhnung des yank ketha bringt der kuaar muon den Mann wieder auf seinen verlassenen Hof. Die Verwandtschaft ist dabei, richtet die Hütte wieder her. Der kuaar muon opfert einen Ochsen, yang miem, die Kuh der Haare. Denn nun darf der Täter wieder seine Haare schneiden. Die erste Locke nimmt ihm der kuaar muon. Er beseitigt das Unkraut vom Hof und entzündet rituelle Feuer. Der Mann ist nun wieder zu Hause, frei von der Blutschuld.

Allerdings kann der Streit auch wieder aufleben. Manchmal ist der Friede nur äußerlich. Noch Jahre später kann es wieder losgehen. Wenn die Geisterheirat stattgefunden hat und ein Nachfolger geboren ist – gat ter, das Kind der Fehde – dann ist es nicht unmöglich, daß er eines Tages seinen Vater rächen wird. »Eine Fehde endet nie«, sagen sie, und »ein Nuer ist stolz und will die Leiche eines Mannes als Rache, nicht sein Vieh. Wenn er einen Mann getötet hat, dann ist die Schuld bezahlt und sein Herz froh.«

Soweit zum Verfahren bei ter, der Blutfehde. Es kann nur stattfinden, wenn klar und unbestritten ist, wer den Betreffenden getötet hat. Ist das unklar, kommen mehrere in Betracht oder auch nur einer, der es aber bestreitet, dann gibt es ein Ordal beim kuaar muon (Howell 1954.200). Es wird math genannt, das Trinken. Der kuaar muon füllt eine Kürbisflasche mit der Milch von einer Kuh des Getöteten. Diejenigen sollen davon trinken, die sich für unschuldig erklären. Denn sie sind, wenn es stimmt, nicht in der Gefahr des nueer, des Tabubruchs beim gemeinsamen Essen und Trinken. Aber wenn Blut zwischen ihnen und dem Getöteten steht, dann gibt es keine größere Gefahr für sie. Allerdings hat die Verweigerung des math nur einen begrenzten Beweiswert. Denn das Tabu ergreift schließlich alle Verwandten desjenigen, der die Tat begangen hat. Und deswegen wird sich ein Nuer diesem Verfahren nur dann unterziehen, wenn er völlig sicher ist, daß auch keiner seiner Verwandten den anderen getötet hat. Die Verweigerung kann also bedeuten: Ich bin es nicht gewesen aber nicht ganz sicher, ob es ein anderer aus meiner Verwandtschaft war. Unterzieht er sich dem math und stirbt nicht und wird auch nicht krank, dann gilt das als Beweis seiner Unschuld.

Oft greift man zu einem anderen Verfahren. Es heißt kap tang, das Halten des Speerschafts. Der Eid über einem symbolischen, fiktiven Grab. Der kuaar muon gräbt ein Loch in die Erde und legt Zweige darüber, wie bei einer richtigen Beerdigung. Dann hält er seinen Speer darüber. Der Angeschuldigte ergreift ihn mit seiner rechten Hand und beschwört seine Unschuld. Wenn er die Unwahrheit sagt, davon sind sie überzeugt, dann wird er krank und vielleicht stirbt er sogar. Bleibt er gesund, hat er die Wahrheit gesagt. Es ist ein Ritual, das in unmittelbarem Zusammenhang mit der religiösen Funktion des kuaar muon steht. Er ist der Priester der Erde, muon, was auch Beerdigung bedeutet. Und es wird auch in anderen Streitfällen angewendet. Dann sitzen regelmäßig zwei Parteien zu beiden Seiten des kleinen Grabes und schwören, daß sie im Recht sind.

Wie für die Tötung nennen die Nuer auch für Körperverletzungen bestimmte Entschädigungssummen, Singular: cut. Aber es kommt wohl nicht allzu häufig zu entsprechenden Leistungen. Wenn sie erbracht werden, dann ebenfalls aus Angst vor Rache, also besonders, wenn die Verwandtschaft des Verletzten stark ist, die des Verletzters schwach und wenn beide Parteien nicht allzu weit auseinander wohnen. Die Liste (Howell 1954.70):

Bruch des Unterarms	2 Rinder
Bruch des Ellbogens	2 Rinder
Bruch des Oberarms	6 Rinder
Bruch der Kniescheibe	2 Rinder
Bruch des Oberschenkels	6 Rinder
Bruch des Schlüsselbeins	2 Rinder
Bruch des kleinen Fingers	1 Rind
Bruch des Daumens oder großen Zehs	1 Rind
Bruch der Schulter	6 Rinder
Riß der Sehne an Ferse oder Handgelenk	2 Rinder

Ausschlagen der Zähne eines Mädchens	2-4 Rinder
Verlust eines Auges	5 Rinder
Verlust beider Augen	10 Rinder

Die Sätze erhöhen sich zum Teil bei dauernden Schäden, wenn Lähmungen nach Brüchen eintraten. Außerdem waren sie in verschiedenen Stämmen unterschiedlich. Die Liste ist nämlich 1945 zustande gekommen, als Richtschnur für die inzwischen eingerichteten staatlichen Gerichte. Sie beruht auf Angaben von Älteren für die vorstaatliche Zeit. Bemerkenswert daran ist, daß es nur für bestimmte Verletzungen Entschädigung gab, im wesentlichen nur für die oben genannten. Nicht zum Beispiel für den Schädelbruch. Man ging wohl davon aus, daß er entweder zum Tode führte – dann gab es die entsprechende Summe – oder der Mann wieder gesund wurde. Dann gab es nichts. Der numerus clausus der oben genannten Verletzungen läßt sich wohl erklären (Howell 1954.68). Es sind im wesentlichen Fälle, die zu Behinderungen beim Kampf oder bei der Arbeit führen. Für bloße Fleischwunden gibt es kein cut.

Die eigenmächtige Wegnahme von Vieh, die wir als Diebstahl bezeichnen würden, ist eine alltägliche Erscheinung bei den Nuer. Aber es geht immer darum, daß jemand einen Anspruch darauf geltend macht. Sie nennen es kwal, wegnehmen. Am besten bezeichnet man es als Selbsthilfe. Wenn jemand sagt, ein anderer habe ihm die Kuh weggenommen, kwal, ohne seine Einwilligung, dann ist damit in keiner Weise gemeint, er hätte das nicht tun sollen. Geschieht es innerhalb eines Stammes, dann hat der Betroffene immer das Gefühl, er würde sich nehmen, was ihm gebührt. Mit anderen Worten, Selbsthilfe ist erlaubt und normal. Sie ist der übliche Weg für die Begleichung von Schulden. Wenn es Streit gibt, dann nur darum, ob er wirklich einen Anspruch hatte. Evans-Pritchard schreibt (1940.165, übers. v. Verf.):

»So werden die letzten Rinder aus Blutschulden oft von der Weide genommen, und es geschieht oft, daß, wenn ein Bräutigam und seine Verwandtschaft nicht alles Vieh übergeben, das sie versprochen haben, die Brüder der Frau versuchen, sich die Tiere zu greifen, die man ihnen noch schuldet. Auch in anderen Fällen wird ein Mann die Kuh stehlen, die man ihm schuldet, und manchmal benutzt er dabei die Dienste eines Magiers, um den Eigentümer zu bezaubern, so daß er an dem Tag die Herde nicht bewacht, für den der Diebstahl geplant ist. Zum Beispiel hat jemand einem anderen einen Ochsen geliehen, als Opfertier bei Krankheit, für das Hochzeitsfest seiner Tochter, bei Hungersnot und so weiter, und er hat keine junge Kuh zurückbekommen, obwohl der Schuldner eine besitzt. Wenn er dann irgendeine Kuh aus der Herde des Schuldners gegriffen hat, dann ist er gern bereit, sie zurückzugeben, wenn man ihm diejenige gibt, die man ihm schuldet. Der Schuldner wird dann entweder versuchen, seine Kuh zurückzustehlen, oder in Verhandlungen eintreten, mit dem Resultat, daß er die junge Kuh gibt und seine zurück erhält ... Ich habe niemals gehört, daß ein Nuer von einem anderen seines Stammes eine Kuh gestohlen hat, nur weil er sie haben wollte. Auf der anderen Seite hat er keine Bedenken, Kühe von Leuten zu stehlen, die zu Nachbarstämmen gehören und er wird sogar mit Freunden zu einem anderen Stamm gehen, um dort zu stehlen. Dieser Diebstahl (kwal) wird in keiner Weise als unrechtmäßig angesehen.«

Übergriffe gegen Fremde, die nicht zum eigenen Stamm gehören, sind nämlich allgemein erlaubt. Es ist das, was Evans-Pritchard mit dem Satz umschreibt, daß es nur innerhalb eines Stammes Recht gäbe, Mechanismen zur Beilegung von Streitigkeiten. Außerhalb nicht (1940a.278).
Auch das offene Auftreten ist nicht selten. Ist jemand seiner Sache sehr sicher, dann geht er einfach in den Stall des anderen und nimmt sich das Vieh. Der Eigentümer läßt ihn ziehen, wenn er weiß, daß die allgemeine Stimmung nicht auf seiner Seite ist. Manchmal gibt es noch friedliche Verhandlungen darüber. Aber es ist auch möglich, daß Gewalttätigkeiten folgen. Weiß der andere, daß er keine sehr starken Argumente hat, macht er es eher heimlich und zieht mit dem Vieh weiter weg, wo es nicht so leicht zurückgefordert werden kann und man den Fall nicht so gut kennt.
Vom kwal unterscheiden sie wuan (Howell 1954.200-203). Im Wort wuan steckt die moralische Verurteilung. Es bezeichnet Wegnahmen ohne irgendeinen rechtfertigenden Grund, nur aus Habgier, also unseren Diebstahl, nicht nur von Vieh, auch von anderen Sachen. Anscheinend dient es in erster Linie als Vorwurf. Tatsächlich sind solche Fälle sehr selten. Nuer berichten, früher habe man dafür bei Vieh das Sechsfache ersetzen müssen. Sicher ist das jedoch nicht. Bei anderen Gegenständen jedenfalls, den wenigen wertvollen, die sie haben, wie Speere

oder Kanus, wird es immer nur der einfache Wert gewesen sein (Howell 1954.201 f.).

Streitigkeiten über Brautpreise sind häufig. Entweder leistet die Verwandtschaft des Mannes nicht, was versprochen war, oder es geht um die Rückgabe nach einer Scheidung. Wenn man sich nicht einigt, greift die eine oder andere Seite zum kwal oder die Sache bleibt ungelöst. Manchmal wird auch der kuaar muon eingeschaltet, um beide Parteien zu einer Diskussion zusammenzubringen und sie zu einer Einigung zu drängen (Evans-Pritchard 1940.168). Wahrscheinlich erklärt sich das daraus, daß er versuchen soll, Gewalttätigkeiten zu verhindern. In anderen Fällen vermittelt der kuaar yiika, nämlich wenn eine Frau bei der Geburt eines Kindes gestorben ist. Dann kann ihre Familie von dem Mann eine Entschädigung verlangen, thung yiika. Thung ist das normale Wort für die Sühneleistung bei Tötungen. Yiik ist die Schlafmatte, gleichzeitig das Symbol für eheliche Rechte und Mutterschaft. Der kuaar yiika ist also der Priester der Matte, wohl allgemein zuständig für die Fruchtbarkeit von Frauen. Seine wichtigste Rolle ist die Vermittlung in solchen Streitigkeiten, bei denen auch ein Opfer gebracht wird. Das deutet darauf hin, daß man dem Mann einen Tötungsvorwurf macht. Zu einer Blutfehde kommt es allerdings nicht. Und die Einzelheiten sind umstritten. Evans-Pritchard meint, es ginge um die Verantwortlichkeit von Ehemännern, deren Frauen bei der ersten Schwangerschaft sterben. Sie würden den bereits geleisteten Brautpreis verlieren (1940.168). Howell bestreitet das. Es ginge niemals um Forderungen gegen rechtmäßige Ehemänner. Thung yiika würde verlangt von Männern, die unverheiratete Mädchen geschwängert haben. Allerdings auch dann, wenn eine Ehe vorbereitet war, die Hochzeitsriten aber noch nicht abgeschlossen oder die Brautpreiszahlungen noch nicht erbracht sind (1954.176 f.). Und hier liegt wohl die Lösung des Widerspruchs. Die Brautpreisleistungen erstrecken sich meistens über einen sehr langen Zeitraum. Deshalb trifft thung yiika auch die meisten Ehemänner. Ursprünglich wird es ein Ausgleich gewesen sein für die Schwängerung mit Todesfolge bei Unverheirateten. Und bei jungen Ehemännern, für die der Brautpreis noch nicht vollständig gezahlt ist, hat man dann ein entsprechendes Recht zur Einbehaltung von bereits erbrachten Brautpreisleistungen geltend gemacht. Insofern gibt es letztlich nicht den von Evans-Pritchard später konstatierten Widerspruch (1956.303 Anm. 1). Regelmäßig müssen sechs Rinder gegeben werden, in einigen Stämmen acht. Manchmal werden auch bis zu dreißig Rinder genannt (Howell 1954.177).

Ehebruch – dhom – gilt als Verletzung von Rechten des Ehemannes (Evans-Pritchard 1940.165 f., 1956.185-190, Howell 1954.155-171). Er ist also nur ein Unrecht, wenn ihn eine Ehefrau begeht. Verletzer ist der Ehebrecher, der außenstehende Mann. Evans-Pritchard schreibt (1951.120, übers. v. Verf.):

»Bei den Nuer war ich beeindruckt von der Häufigkeit des Ehebruchs und von der Seltenheit des Streits oder auch nur des Redens darüber. Nuer scheinen die Sache leicht zu nehmen und überhaupt nicht beschämt zu sein über ihre Ehebrüche. Beim Ehebruch riskiert man, mit dem Speer erstochen oder mit der Keule erschlagen zu werden, wenn man in flagranti überrascht wird, oder dem Ehemann Entschädigung zahlen zu müssen, wenn er herausfindet, was das ist, das da zum Vorschein kommt. Ehebruch ist in ihren Augen eine unrechtmäßige Handlung, aber nicht eine unmoralische.«

Die Entschädigung – ruok – beträgt fünf Rinder. Außerdem bekommt der Ehemann noch einen Ochsen, yank kule, den Ochsen des Fells. Kule ist das Fell, auf dem der Mann schläft. Wenn er nämlich danach wieder geschlechtlich mit seiner Frau verkehrt, ist er in einem Zustand, kor, in dem ihm Krankheit droht. Alle drei sind in diesem Zustand der Verunreinigung, der Ehebrecher, die Frau und ihr Mann. Aber nur ihm droht die Krankheit, eine Myalgie der Lenden, die durch das feierliche Opfer des yank kule verhindert werden kann. Der kuaar muon nimmt es vor oder ein Mann, der schon einmal in diesem Zustand des kor gewesen war und davon genesen ist. Der Ochse wird geschlachtet und kwoth angerufen, er möge die Krankheit von dem Mann nehmen. Der yang kule hat also eine rein rituelle Funktion, gehört nicht zum ruok, der Entschädigung für das erlittene Unrecht. Öfter als zweimal kann ein Ehemann beides nicht verlangen. Dann gilt seine Frau als liederlich, sind die Ehebrecher nicht mehr verantwortlich.

Inzest – rual – ist sehr viel stärker in religiöse Vorstellungen eingebunden als der Ehebruch. Rual wird von den Nuer gleichgesetzt mit nueer, dem Tabubruch bei der Blutfehde. Auch hier ist Gott erzürnt und straft mit Krankheit und Tod. Allerdings unterscheiden sie zwischen leichten und schweren Formen. Am schlimmsten wäre für sie ein Inzest zwischen Mutter und Sohn. Sie reagieren erstaunt auf die Frage, ob ihnen solche Fälle bekannt sind. Das wäre doch der sofortige Tod, ist die Antwort. Auch der zwischen Bruder und Schwester und zwischen Vater und Tochter wird als sehr schwer angesehen. Allgemein kann man sagen, daß Inzest als weniger gefährlich angesehen wird, je weiter die Beteiligten genealogisch entfernt sind (Evans-Pritchard 1951.36-44, 1956.183 f.). Über Inzest wird viel gesprochen. Das Verbot gilt nicht nur innerhalb von Klan und lineage, sondern auch gegenüber den Frauen der männlichen Verwandten und gegenüber den Verwandten der Mutter. Die Gefahr, es zu übertreten, ist in kleinen Gesellschaften immer ziemlich groß. Inzest mit nahen Verwandten der Mutter gilt sogar noch schwerer als mit denen des Vaters. »Wegen der Mutter«, sagen sie. Ehebruch mit Frauen von Halbbrüdern des Vaters oder von Vettern in der väterlichen Linie ist schon kein rual mehr, nur noch dhom. Väterliche Halbbrüder oder solche Vettern sind »Bullen«. Und »unter Bullen gibt es keinen Inzest.«

Folge des Inzests ist Krankheit und – in schweren Fällen – Tod. Syphilis und Frambösie werden genannt. Und Krankheiten sind es auch, die oft die Aufdeckung von Inzest zur Folge haben. Ist ein Mann oder eine Frau schwer erkrankt, gestehen sie ihre Sünden, um Schlimmeres zu verhindern. Denn es kann dann noch geopfert und der Tod vielleicht abgewendet werden. Bei leichtem Inzest – rual ma tol – genügt ein leichtes Gegenmittel. Man braucht nur eine Gurke zu opfern oder eine der vielen gelben tomatenähnlichen Baumfrüchte, die in der Nähe der Siedlungen im Überfluß vorhanden sind. Man teilt sie in zwei Hälften, wirft die »schlechte« weg und teilt sich den Saft der »guten«. Das genügt. In schweren Fällen muß ein Tier geopfert werden. Je schwerer der Inzest, umso größer das Tier. Manchmal genügt eine Ziege oder ein Schaf. In sehr ernsten

Fällen ist es ein Ochse. Dann muß der kuaar muon das Ritual übernehmen. Nur so kann die Strafe Gottes abgewendet werden. Er weiht den Ochsen, indem er ihn mit Asche bestreicht. Kwoth wird angerufen. Er möge den beiden die Sünde vergeben und die Tat mit dem Blut des Opfers verschwinden lassen. Das Tier wird auf den Boden gelegt. Der kuaar durchbohrt ihm mit seinem Speer die Kehle, schneidet sie auf bis zur Brust und zerlegt das Tier in zwei Teile, indem er sogar den Kopf mit einer Axt spaltet. Die eine Hälfte verspeist er mit seinen Freunden. Die andere kriegen die Verwandten der beiden Sünder, die sich selbst enthalten. Sie bekommen nur einen Trank. Er wird in einer Kürbisflasche bereitet, eine Mischung aus Wasser und Flüssigkeit aus der Gallenblase. Das ganze wird noch vermischt mit einer besonderen Medizin gegen Inzest. Auch von den Verwandten der beiden wird es getrunken.

Die Nuer begründen ihre Exogamievorschriften damit, daß Heirat unter Verwandten Inzest bedeuten würde. Evans-Pritchard bemerkt dazu, soziologisch gesehen würde es umgekehrt richtig sein (1951.30,43 f.). Das Inzestverbot habe die Funktion, die gesellschaftlich wichtigen Exogamievorschriften abzusichern. Biologische Gründe habe es nicht. Denn es gäbe ja sogar Inzestverbote, ohne daß eine biologische Nähe existierte, zum Beispiel zwischen einem Mann und der Schwester seiner Frau. Ob der Umkehrschluß nun allerdings so sicher ist, erscheint auch wieder fraglich. Denn in manchen Fällen decken sich Exogamievorschriften und Inzestverbot überhaupt nicht. Ein Mann darf zum Beispiel nicht die Tochter eines Altersgenossen heiraten. Aber es gibt kein entsprechendes Inzestverbot. Der Umkehrschluß würde schließlich auch bedeuten, daß Exogamievorschriften historisch mindestens eine gewisse Zeit früher entstanden wären und die Inzestverbote zeitlich zur Folge gehabt hätten. So etwas ist letztlich unbeweisbar. Auf der anderen Seite argumentieren auch die Nuer selbst bisweilen in diese Richtung. Das Verbot des Inzests unter Verwandten begründen sie mit dem Hinweis auf das Heiratsgut: »Würdest du Beziehungen haben mit einer Tochter der Schwester deines Vaters? Kriegst du nicht Vieh bei ihrer Heirat?« Das einzige, was sich mit Sicherheit sagen läßt, ist, daß Exogamie und Inzest auch bei den Nuer in einem sehr engen Zusammenhang stehen (Gough 1971.96-101). In einem Kernbereich decken sie sich. Die funktionale Verbindung ist eindeutig.

Die Rolle des Rechts

Die Nuer selbst definieren einen Stamm über die Möglichkeit eines friedlichen Ausgleichs bei Tötungen. Die Angehörigen eines Stammes – die Lou, Gaajok oder Gaawar – sagen, unter ihnen gäbe es Sühnegeld, aber nicht zwischen ihnen und den anderen. Das Eingreifen des kuar muon, die Möglichkeit des Aushandelns von thung und damit der Beendigung des feindseligen Zustandes ist abhängig davon, daß Täter und Opfer dem gleichen Stamm angehören. Gehören sie zu verschiedenen Stämmen, dann ist es ein Unglücksfall, außerhalb des eigenen Bereichs, wie im Krieg. Und kriegerische Vergeltung ist auch das einzige, das hier folgen könnte. Ebenso ist es bei anderen Verletzungen, bei Ehebruch, Diebstahl und so weiter. Auch ein Inzest kann hier kaum auftreten, weil verwandtschaftliche Verbindungen nicht bestehen. Diebstahl außerhalb des eigenen Stammes gilt nicht als unrechtmäßig. Und so ist es richtig, wenn Evans-Pritchard ganz allgemein feststellt (1940a.278, übers. v. Verf.):

»Innerhalb eines Stammes gibt es Recht, da gibt es Mechanismen für die Beilegung von Streitigkeiten und eine moralische Verpflichtung, sie früher oder später zu beenden. Wenn ein Mann einen Angehörigen seines Stammes tötet, dann ist es möglich, die Fehde durch Zahlung von Vieh zu verhindern oder zu verkürzen. Zwischen Stamm und Stamm gibt es keine Möglichkeit, beide Seiten zu Verhandlungen zu bringen, und Ausgleichsleistung wird weder angeboten noch verlangt. Wenn also ein Mann des einen Stammes einen Mann des anderen Stammes tötet, kann die Vergeltung nur noch die Form eines Krieges zwischen den Stämmen annehmen.«

Innerhalb des Stammes aber gibt es noch große Unterschiede in der Stärke und Dichtigkeit von Recht. Das ist seine von Evans-Pritchard ausführlich beschriebene strukturale Relativität (1940.155-162, Howell 1954.23-25). Je enger die Beziehung zwischen Verletzer und Verletztem, desto leichter ist es, das Recht durchzusetzen, eine Entschädigung zu erhalten, den Konflikt beizulegen. Desto geringer ist allerdings auch regelmäßig die Höhe der Entschädigung. Je weiter der verwandtschaftliche und räumliche Abstand zwischen den beiden, desto schwieriger wird es, desto länger dauert es und umso höher wird der Preis. Zum Beispiel bei Ehebruch. An sich sind sechs Rinder zu zahlen, nämlich fünf als ruok und ein Ochse als yank kule. Bei Verhandlungen zwischen engen Verwandten, in einem und demselben Dorf oder in benachbarten und eng verbundenen Dörfern, ist es unwahrscheinlich, daß mehr als dieser eine Ochse geleistet wird, der die rituelle Reinigung ermöglicht. Die Empörung über Unrecht ist bei verwandtschaftlicher Nähe gemildert. Der Druck der Umgebung, schnell zu einer Einigung und damit zu einer Wiederherstellung des sozialen Gleichgewichts zu kommen, ist stark. Je kleiner die Gemeinschaft, desto größer ist er. Umgekehrt, bei großer strukturaler Entfernung zwischen Ehemann und Ehebrecher, ist die Chance geringer, überhaupt eine Entschädigung zu erhalten. Sind die Dörfer sehr weit voneinander entfernt und verwandtschaftliche Bindungen schwach, dann gibt es keinen Druck der Gemeinschaft auf den Verletzten, die Sache mit einer entsprechenden Leistung beizulegen. Wenn es gelingt, ihn dazu zu bewegen, dann oft nur mit der Drohung von Gewalt. Und dann ist die Entschädigung auch regelmäßig höher. Evans-Pritchard schreibt dazu (1940.169, übers. v. Verf.):

»Der erste Punkt, den man zum Recht der Nuer anmerken muß, ist, daß es innerhalb eines Stammes nicht überall die gleiche Kraft hat, sondern abhängig ist von der Stellung der Beteiligten in der sozialen Struktur, von der zwischen ihnen liegenden Entfernung in der Verwandtschaft, lineage, Altersklasse, und, vor allem, im politischen System. Theoretisch kann man Entschädigung erhalten von jedem Mitglied des eigenen Stammes, aber tatsächlich ist die Chance gering, wenn er nicht zum eigenen Bezirk und zur eigenen Verwandtschaft gehört. Je größer das Gebiet ist, das zwischen den Parteien in einer Auseinandersetzung liegt, desto schwächer ist das Gefühl einer Verpflichtung, sie beizulegen, desto schwieriger wird die Aufgabe, die Beilegung zu erzwingen, und umso geringer ist deshalb die Wahrscheinlichkeit, daß die Sache beigelegt wird. Innerhalb eines Dorfes werden die Meinungsverschiedenheiten zwischen den Beteiligten von den Älteren diskutiert, eine Einigung wird regelmäßig und leicht erzielt und eine Entschädigung gezahlt oder versprochen, denn alle sind durch Verwandtschaft und gemeinsame Interessen verbunden.

Auch Streit zwischen Angehörigen benachbarter Dörfer, zwischen denen viele soziale Kontakte und Bindungen bestehen, kann ebenfalls durch Einigung beigelegt werden, aber weniger leicht, und die Wahrscheinlichkeit ist schon größer, daß man zur Gewalt greift. Je näher wir zur Stammesebene kommen, desto geringer wird die Chance einer Beilegung. Das Recht funktioniert nur schwach außerhalb eines sehr begrenzten Umkreises und nirgendwo sehr wirkungsvoll. Der Mangel sozialer Kontrolle, auf den wir oft hingewiesen haben, zeigt sich so in der Schwäche des Rechts, und die strukturalen Wechselbeziehungen der Segmente des Stammes sind sichtbar in der Relativität des Rechts, denn das Recht der Nuer ist relativ wie die gesellschaftliche Struktur selbst.«

Von den beiden Elementen des Rechts – auctoritas und veritas – ist das der Autorität bei ihnen am wenigsten ausgeprägt. Sie ist allgemein schwach. Die Älteren spielen keine große Rolle, und der kuar muon ist bei seinen Vermittlungen angewiesen auf den guten Willen beider Parteien zur friedlichen Beilegung des Streits. Daß Autoritäten schwach sind bei ihnen, zeigt sich an der großen Bedeutung von Selbsthilfe im Wege individueller Gewalt. Sie ist so groß, daß Evans-Pritchard sogar meint, individuelle Gewalt sei die Grundlage ihres Rechts. Zur Erklärung der strukturalen Relativität schreibt er (1940,169, übers. v. Verf.):

»Ein zwingender Grund dafür, daß es wenig Chancen gibt für Entschädigung zwischen Angehörigen verschiedener sekundärer oder primärer Stammessegmente, ist die Tatsache, daß Grundlage des Rechts die Gewalt ist. Wir dürfen uns nicht irreführen lassen durch die Aufzählung traditioneller Entschädigungssummen für Schädigungen und meinen, es sei einfach, sie einzufordern, ohne daß ein Mann bereit wäre, Gewalt zu gebrauchen. Die Keule und der Speer sind die Sanktionen des Rechts. Was die Leute hauptsächlich veranlaßt, Entschädigungen zu leisten, ist die Furcht, der verletzte Mann und seine Verwandtschaft könnten zur Gewalt greifen.«

Ich halte das für übertrieben. Denn das allgemeine Rechtsbewußtsein, das andere der beiden Elemente von Recht, die veritas, spielt bei den Nuer eine große Rolle. Sie kommt bei diesen Überlegungen zu kurz. Die Nuer haben ein ausgeprägtes Bewußtsein von Recht und Unrecht, in einer klaren Terminologie, die unseren Vorstellungen sehr nahe kommt.
Es ist das Bewußtsein von cuong und duer (Evans-Pritchard 1956.13-27). Das Wort cuong ist, wie erwähnt, ein Kerngedanke ihrer Gottesvorstellung. Es wird aber auch ganz allgemein gebraucht. Im Umgang von Menschen mit Menschen. Es be-

deutet aufrecht, im Sinne von aufrecht stehen, und fest. So sagen sie: »Sein Herd möge fest stehen«, nämlich glücklich. Dann bedeutet es richtig und – schließlich – Recht. Und zwar wie bei uns im doppelten Sinn von objektivem und subjektivem Recht. Das objektive Recht ist das allgemeine Recht, die Gesamtheit der Regeln oder eine einzelne und das entsprechende Verhalten: Jemand ist im Recht, hat das Recht auf seiner Seite. Hat jemand cuong, dann hilft ihm Gott. Außerdem bedeutet cuong auch das subjektive Recht, den Anspruch. Hat jemand bei der Verteilung von Heiratsgut Anspruch auf ein Rind, dann ist es sein cuong. Ebenso bei Ansprüchen auf Entschädigung. Und Gott straft denjenigen, der gegen das Recht handelt, der einen Fehler macht, duer. Das ist nämlich der Gegensatz, abgeleitet von dwir. Das Wort bedeutet fehlen, verfehlen, einen Fehler machen, das Ziel verfehlen, zum Beispiel beim Werfen eines Speers. Duer ist allerdings der bewußte Fehler. Im Strafrecht sprechen wir heute von Vorsatz. Die Ergänzung dazu, der ungewollte, ist ihnen durchaus bekannt. Die Fahrlässigkeit. Sie heißt gwac. Auch bei Tötungen spielt sie eine Rolle. Gwac hat nicht so schlimme Folgen. Die Entschädigung ist nicht so hoch. Der Inzest wird durch gwac weitgehend entschuldigt. Wußten die Beteiligten nicht, daß sie eng verwandt sind, genügt eine leichte Medizin.

Grundlage von Recht ist also auch der Glaube an Gott, an seine helfende und strafende Gerechtigkeit. Die religiöse Einbindung mit ihrer Furcht vor entsprechenden Sanktionen, vor Krankheit und Tod, wirkt wahrscheinlich ebenso stark wie die Angst vor Gewalt. Und es kommt noch ein anderes hinzu. Wer sich unrechtmäßig verhält, verliert an Achtung in der engeren Gemeinschaft. Er wird unpopulär. Das ist oft verbunden mit dem Verlust sozialer und ökonomischer Teilhabe. Die öffentliche Meinung im Dorf drängt bei örtlichen Konflikten zur Einigung. Der Druck der Verwandtschaft kommt hinzu. Dabei muß nicht die Angst vor physischer Gewalt die Triebfeder sein. Auch verbaler und psychischer Streit stört das Gleichgewicht der kleinen Gemeinschaft. Ihr solidarischer Druck hat in solchen Fällen die gleiche Wirkung wie Angst vor Gewalt, führt zur Einigung.

Auch das ist ein eigenständiges Moment im Recht der Nuer, das Evans-Pritchard unterschätzt. Der Konsens. Er gehört gerade zur Definition ihrer Rechtsordnung, wenn die Angehörigen eines Stammes sagen, unter ihnen gäbe es thung, cut und ruok, also friedlichen Ausgleich bei Tötungen, Verletzungen, Ehebruch (Evans-Pritchard 1940.121). Damit definiert sich der Stamm nicht über die Drohung von Gewalt, sondern über die Möglichkeit ihres Gegenteils, den friedlichen Ausgleich, den Konsens, im Grundsatz als Friedensordnung. Deren Institutionalisierung kommt in der Existenz des kuaar muon zum Ausdruck.

Die strukturale Relativität des Rechts ergibt sich also nicht aus den unterschiedlichen Wirkungen eines einzigen Faktors, nämlich der Drohung mit Gewalt oder ihrer Anwendung, sondern aus dem Zusammenspiel mehrerer Faktoren. Im Bereich der engen Gemeinschaft ist es der moralische Druck, der die Bereitschaft zur Einigung erzeugt, nicht die drohende Gewalt, sondern die drohende Störung des allgemeinen sozialen Gleichgewichts, die durch Feindschaften entsteht. Dieser Druck wird umso schwächer, je weiter die am Konflikt Beteiligten voneinander entfernt leben. Je schwächer dieser Druck ist, umso stärker wird die Bereitschaft, den Konsens über die Drohung mit Gewalt herbeizuführen oder ihn notfalls durch Gewalt zu ersetzen. Eine Gewalt übrigens, die nicht wertfrei ist, sondern getragen vom cuong. Denn ein einzelner allein ist selten in der Lage, sein Recht gewaltsam durchzusetzen. Er braucht die Unterstützung von Freunden und seiner Verwandtschaft. Und die erhält er regelmäßig nur, wenn allgemein die Überzeugung besteht, daß er das Recht auf seiner Seite hat. Diese Überzeugung wiederum ist eng verbunden mit dem religiösen Glauben an kwoth, der demjenigen hilft, der cuong hat, und den anderen straft, der Unrecht begeht, duer. Religiöse Vorstellungen sind es, die in vielfacher Weise die strukturale Relativität mit begründen. Zum Beispiel bei der Einigung über thung nach einer Tötung. Sie kommt auch deshalb zustande, weil alle Beteiligten die Gefahr von nueer beseitigen wollen, den Frevel der Verunreinigung durch gemeinsames Essen und Trinken. Sie ist umso größer, je näher sie zusammen leben.

Und damit auch die Chance für den kuaar muon, sie zum Konsens zu bringen. Leben sie weiter voneinander entfernt, wird es schwieriger.

Die Ordnung der Nuer ist eben gekennzeichnet durch ein kaum auflösbares Ineinander, durch die Verknüpfung von Religion, Moral und Recht. Die Identität von Recht und Religion ist sogar noch stärker als in Jägergesellschaften. Denn bei den Nuer fallen sogar Tötung und Ehebruch in den Bereich religiöser Sanktionen. Da es keine weltliche Autorität gibt, haben sie ihr Recht eben auf eine überirdische gestellt. Kwoth ist der Herr über cuong und duer. Aber nur zu einem geringen Teil übt er diese Herrschaft durch die Vermittlung des kuaar muon aus. Auch insoweit brauchen sie keine Agenten der Macht. Der Umgang mit kwoth ist unmittelbar. Recht, Moral und Religion sind eine Einheit in jedem einzelnen Nuer.

11. KAPITEL

Die Lele

Im Osten des afrikanischen matrilinearen Gürtels, im heutigen Zaire, westlich des Kasai, liegt das Gebiet der Lele. Sie sind ein kleiner Stamm von etwa 30000 Menschen, matrilineare Akkerbauern, an der Grenze des tropischen Regenwaldes. Mit den Bushong gehören sie zu einer Gruppe von Stämmen, die hier im 16. und 17. Jahrhundert von Norden eingewandert sind, wahrscheinlich aus der Gegend um den Tumba-See und den Leopold II.-See, auf der Flucht vor Sklavenhändlern. Als die Lele die Savanne erreicht hatten, drehten sie um und wanderten wieder langsam nach Norden. Seitdem lebten sie im Gebiet zwischen Kasai und Loange, zwischen Basongo und Banga, auf kahlen grasbewachsenen Hügeln zwischen bewaldeten Tälern. Die Siedlungsdichte ihres Gebiets war sehr gering, auch im Vergleich mit ihren Nachbarn. Das liegt zum Teil an der Vegetation. Es gibt weniger Wald bei ihnen, und der Boden ist nicht so gut. Die Trockenzeit ist etwas länger als bei den Bushong im Osten, ungefähr zwei Wochen. Das macht sehr viel aus, weil die ungünstigen Folgen der Austrocknung sich am Ende der Zeit potenzieren.

Die wichtigste Beschreibung: M. Douglas, The Lele of the Kasai, 1963. Dazu zwei Ergänzungen von der gleichen Autorin, zum einen ein intensiver Vergleich der Ökonomie der segmentären Lele mit der ihrer Nachbarn, dem Königreich der Bushong im Osten: Lele Economy as Compared with the Bushong, in G. Dalton, P. Bohannan (Hg.), Markets in Africa (1962) 211-233. Zum anderen eine genauere Darstellung des Zusammenhangs von Religion und Jagd: The Lele of Kasai, in: D. Forde (Hg.), African Worlds (1954) 1-26. Eine kurze Übersicht: L. Mair, African Societies (1974), 6. Kapitel: Matrilineal Descent: The Lele, S. 67-81. Zur geschichtlichen Entwicklung wichtige Bemerkungen bei J. Vansina, Kingdoms of the Savanna (1966) 118-123. Zu Hexerei und Zauberei das grundlegende Werk: E. E. Evans-Pritchard, Witchcraft, Oracles and Magic among the Azande, 1937 (deutsch: Hexerei, Orakel und Magie bei den Zande, 1978); allgemeine Darstellungen: L. Mair, Witchcraft, 1969; M. G. Marwick, Witchcraft, in: The New Encyclopaedia Britannica, Macropaedia, 19. Band (15. Aufl. 1974, 1983) 895-900 m. w. Lit.

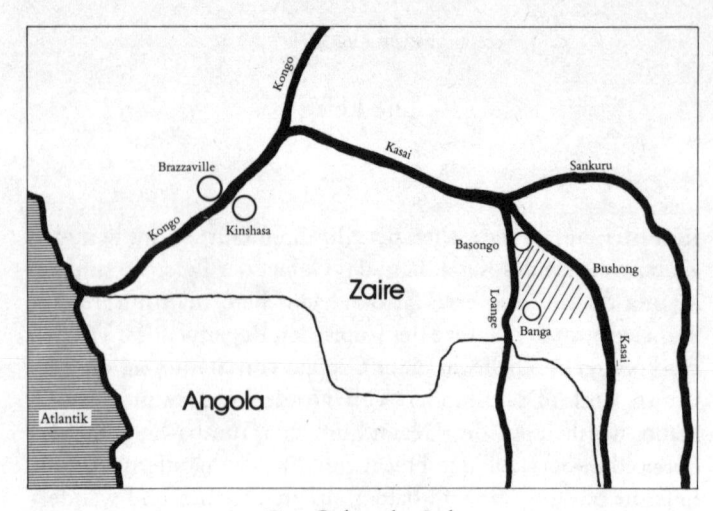

Das Gebiet der Lele

Ihre Dörfer waren verhältnismäßig groß. Im Durchschnitt hatten sie 170 Einwohner. Sie waren rechteckig, mit Hütten aus Palmenzweigen, in rechtwinkligen Linien um einen großen Dorfplatz gebaut. Sie lagen in Lichtungen in der Nähe des Waldes. Früher waren sie mit Palisaden umgeben, mit einem engen Eingang, den jeweils nur eine Person betreten konnte. Argwöhnisch, plump und kriegerisch, so hat zu Beginn des Jahrhunderts Torday die Lele gesehen, im Gegensatz zu den freundlicheren und zivilisierteren Bushong (Torday 1925). Mary Douglas, die vierzig Jahre später da war, beschreibt sie anders. Es gäbe zwar keine Autorität bei ihnen, aber sie seien nicht die selbstbewußten Individualisten, die anderen das Recht zum Befehlen absprechen, sondern lustig und bescheiden. Die Rückwanderung nach Norden fand statt im Wege der Gründung neuer Dörfer. Da gibt es noch heute Dorfgruppen, verteilt von Süden nach Norden, die sich als ein Dorf begreifen und denselben Namen führen, nur mit einem Zusatz. Diese Wanderung hängt auch zusammen mit der Art ihrer Landwirtschaft. Sie betreiben Brandrodung. Der Wald wird mit Feuer gerodet. Die Felder sind bald erschöpft. Dann zieht man weiter. Alle zehn bis fünfzehn Jahre wurde das Dorf verlegt.

Manchmal auch, weil man der Reichweite von Zauberei entfliehen wollte.
Mary Douglas war bei ihnen Ende der vierziger Jahre, Anfang der fünfziger. Danach hat sich vieles verändert. Vorher lebten die Lele in unabhängiger Hauswirtschaft. Das ist die Zeit, die hier beschrieben wird. Später wurde der Einfluß der belgischen Kolonialverwaltung stärker, kam Geldwirtschaft, und wurden Teile der Ernte an Palmölfabriken verkauft, die die Lohnarbeit einführten. Besonders wirksam war die Arbeit der Missionare. Sie, und nicht Geldwirtschaft und Lohnarbeit, zerstörten die alten Strukturen, indem sie allmählich die Monogamie durchsetzten und damit den jungen Männern endlich ausreichend Frauen verschafften. Die alte Gesellschaft war gekennzeichnet durch die Polygynie der alten Männer, auf Kosten der Jüngeren. Sie ist nun verschwunden, und wird hier deshalb in der Vergangenheitsform beschrieben.

Ökonomische Rückständigkeit

Ihre Hauptnahrung waren Mais und Maniok. Dafür wurden jedes Jahr im Wald neue Felder gerodet. Am Rande der Lichtungen wurden Raffia-Palmen gepflanzt und Bananen, Pfeffersträucher und Zuckerrohr angebaut. Raffia-Palmen, oder Bambuspalmen, waren für sie von sehr großer Bedeutung. Alles wurde verwertet. Die großen Blattrippen für die Wände und Dächer ihrer Hütten, die Fasern für Schnüre zum Hausbau und für Korbflechterei, die kleinen Blattrippen als Pfeilschäfte, die großen Blätter als Stroh für Wände und Dächer. Die inneren Fasern der jungen Blätter waren der Rohstoff, aus dem sie ihre Raffia-Tücher webten, Raffia-Tücher, die nicht nur die Funktion hatten, zu Kleidung verarbeitet zu werden. Sie dienten als Brautpreisleistungen, wurden zum Teil auch zur Begleichung von Blutschulden verwendet, und waren bei ihnen ein allgemeines Zirkulationsmittel geworden. Schließlich wurde aus diesen Palmen Wein gewonnen. Sie brauchten ungefähr fünf Jahre, bis sie soweit waren. Dann wurde mit einem Schnitt in die Krone der Saft entnommen, aus dem sie den

Wein herstellten. Die Bäume wurden dabei so weit aufgeschnitten, daß sie zugrunde gingen. War der Wein von der letzten Palme geerntet, hatte man kein Interesse mehr an der Lichtung und überließ sie wieder dem Wald.

Kleine Felder für Erdnüsse legten sich die Frauen im Grasland an und Fischteiche bauten sie sich, indem sie schmale Flüsse eindämmten, für jede einen eigenen, einer hinter dem anderen. Diese Teiche hatten einen gewissen Einfluß auf das Heiratsverhalten der jungen Frauen. Sie wurden nämlich in der weiblichen Linie vererbt. Die Großmütter sorgten dafür, daß die Töchter ihrer Töchter in ihre Dörfer zurückkehrten. Und sie lockten mit dem Teich.

Außer Hühnern hatten sie kein Vieh. Sie weigerten sich, Ziegen und Schweine zu züchten, denn nur das Fleisch, das aus dem Wald kam, sei »rein«. Nur die Jagd könne richtiges Fleisch verschaffen. Bei Geflügel machten sie eine Ausnahme. Aber nur Männer durften es essen, wahrscheinlich, weil man annahm, daß Frauen für Verunreinigungen anfälliger seien als die Männer. Die Jagd – auf Antilopen und Wildschweine – war in den Augen der Lele das A und O ihres Lebens. Zwar war die Landwirtschaft tatsächlich viel wichtiger. Aber die Jagd beherrschte ihr Denken. Wenn man wissen wollte, wie es in einem anderen Dorf ging, dann fragte man, ob es dort »ruhig« sei und wie es mit den Geburten stehe und mit der Jagd. Im Gegensatz zu den Bushong jagten sie nicht mit Netzen und nur selten mit Fallgruben. Sie stellten eine Reihe von Männern mit Pfeil und Bogen – Ende der vierziger Jahre auch schon mit Gewehren – um einen Teil des Waldes, aus dem das Wild von Treibern und mit Hunden aufgescheucht wurde.

Die Güter des täglichen Lebens wurden dort hergestellt, wo man sie verbrauchte, im Dorf selbst. Es war eine Einheit, die sich selbst versorgte. Innerhalb des Dorfes gab es mancherlei Umverteilung, Geben und Nehmen im Wege der positiven Reziprozität. Man teilte sehr viel, besonders Palmwein und Wild. Daneben gab es einen Tauschverkehr mit Nachbarstämmen. Die Lele zahlten meistens mit Raffia-Tüchern, die bei ihnen besser und feiner waren als bei ihren Nachbarn, besser sogar als bei den Bushong, denen sie im übrigen ökonomisch unterlegen waren. Sie erhielten dafür Eisenwaren, Fisch und Fleisch, oder Kamholz (Rotholz), das zu Pulver zerrieben und mit Wasser zu einer Creme verarbeitet wurde, als Schminke. Es gab keine Händler. Die Produzenten tauschten direkt. In einigen Dörfern gab es handwerkliche Spezialisten, die – neben ihrer normalen Arbeit für Jagd und Landwirtschaft – zum Beispiel als Schmiede arbeiteten oder Trommeln oder kunstvolle Tanzkleidung herstellten. Wenn ihre Produkte nicht innerhalb der Verwandtschaft verteilt wurden, zahlte man mit Raffia-Tüchern.

Vergleicht man die Ökonomie der Lele mit der ihrer Nachbarn, dann erscheint sie arm und rückständig. Die Bushong am anderen Ufer des Kasai leben in einem ähnlichen Gebiet, haben den gleichen Ursprung, eine weitgehend gemeinsame Sprache, die gleiche matrilineare Verwandtschaft, ähnliche Hütten und ähnliche Kleidung. Aber die einen waren arm, und die anderen reich. Die Bushong produzierten mehr und besser, ihr Land war sehr viel dichter besiedelt.

Die Bushong gingen mit Netzen auf die Jagd. Die Lele hatten keine. Die Bushong fischten in größeren Gruppen von Männern mit Kanus und Schleppnetzen. Die Lele überließen das Fischen ihren Frauen an kleinen Flüssen mit kleinen Teichen. Die Häuser in beiden Gesellschaften waren zwar sehr ähnlich, aber die der Bushong besser und fester gebaut, mit feinerer Ausstattung. Sie hielten bis zu fünfzehn Jahre, ohne größere Reparaturen. Die der Lele nur ungefähr sechs Jahre. Lele und Bushong hatten Getreidespeicher im Inneren der Hütten, über dem Herd, zum Schutz gegen Feuchtigkeit und Insekten. Aber bei den Bushong reichte das nicht aus. Sie hatten regelmäßig noch einen zweiten, neben der Hütte. Die Bushong bepflanzten ihre Felder im Fruchtwechsel von fünf verschiedenen Ernten im Lauf von zwei Jahren: Yams, Süßkartoffeln, Maniok, Mais und Bohnen. Mais ernteten sie bisweilen dreimal im Jahr. Die Lele bauten nur Mais und Maniok an, gleichzeitig, nebeneinander auf einem Feld, einmal im Jahr und verließen es dann. Die Bushong arbeiteten auf ihren Feldern kontinuierlich das ganze Jahr, die Lele nur etwa sechs Wochen, allerdings sehr intensiv. Die Jagd und das Weben von Raffia-Tüchern war für sie wichtiger. Hier, bei den Raffia-Tüchern, erzielten sie ja auch bessere Erfolge. Die Nahrung der Bushong war abwechslungsreich, mit viel Fisch und Fleisch. Die Lele machten immer einen hungrigen Eindruck. Sie sprachen viel von Hunger und über ihiobe. Das ist ein Ausdruck, der zugleich den Mangel von Fisch und Fleisch bedeutet.

Wo sind die Gründe für diesen erstaunlichen Unterschied von zwei so ähnlichen Gesellschaften in ähnlicher Umgebung? Es sind wohl im wesentlichen drei (Douglas 1962; 1963.41-51). Zum einen ökologische. Das Land der Lele ist nicht ganz so fruchtbar. Es gibt ein bißchen weniger Wald. Und die Trockenzeit dauert etwas länger. Diese Nachteile wurden dann außerordentlich verstärkt durch gesellschaftliche Ursachen, nämlich zweitens durch die Polygynie der Lele und drittens den fast vollständigen Mangel von Autorität bei ihnen. Die Bushong lebten im wesentlichen monogam. Und sie sind eine kephale Gesellschaft. Es gibt eine ziemlich starke Zentralinstanz, den König, nyimi, und Distrikthäuptlinge (Vansina 1965).

Die Polygynie der alten Männer bei den Lele hatte zur Folge, daß die Jüngeren weniger arbeiteten. Sie heirateten erst spät, hatten erst dann für eine Familie zu sorgen. Die Bushong heirateten mit zwanzig, die Lele mit fünfunddreißig. Die Polygynie der Lele führte zu Frauenraub durch die jungen Männer zwischen verfeindeten Dörfern, zu Überfällen, Notwendigkeit der Verteidigung, Rachezügen, insgesamt zu Verschleiß von Kraft und allgemeiner Unsicherheit im Land. Das behinderte jede produktive Arbeit außerhalb der unmittelbaren Nähe des Dorfes. Schon bei der Ernte des Palmweins mußten oft Beschützer dabei sein. Die Stärke der Zentralinstanz bei den Bushong dagegen bedeutete Ruhe im Lande und mehr Produktion. Aber das war es nicht allein. Allgemein läßt sich beobachten, daß der Druck von Zentralinstanzen, auch der Abgabendruck, die Ökonomie früher Gesellschaften intensiviert. Je stärker die politische Herrschaft ist, desto größer wird regelmäßig die Produktivität (Sahlins 1972.130-148). Entscheidend aber dürfte die Polygynie der Lele gewesen sein. Denn dem Heiratsalter der Männer in beiden Gesellschaften entsprach ziemlich genau der Beginn derjenigen Periode, in der sie ihre volle Arbeitskraft für die Landwirtschaft einsetzten. Das verdeutlicht sehr eindrücklich das von Mary Douglas angefertigte Diagramm (1962.231):

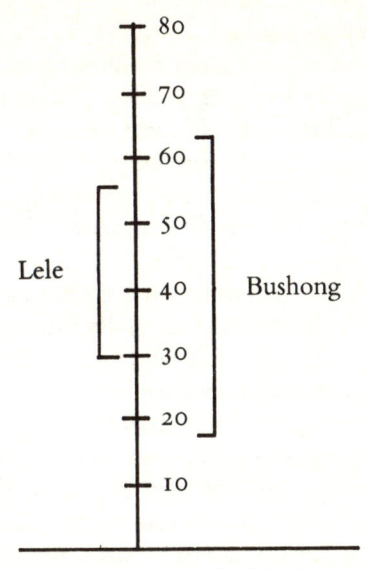

```
        80
        70
       ⎤ 60
       │
       │ 50
  Lele │
       │ 40  Bushong
       │
       ⎦ 30
        20
        10
```

Perioden des vollen Einsatzes der Arbeitskraft der Männer in der Landwirtschaft, nach Mary Douglas 1962.231.

Demgegenüber sind andere Unterschiede eher zweitrangig. So fand sich bei den Lele wenig wirtschaftliche Zusammenarbeit, nur bei der Treibjagd und beim Bau der Fischteiche. Die Bushong betonten zwar auch sehr stark den Wert der individuellen Leistung, aber sie konnten auch längere Zeit in größerer Zahl zusammenarbeiten, wenn es ihnen notwendig erschien. Dem entsprach bei den Lele die Abneigung gegen größere Investitionen von Arbeit in langlebige Produktionsmittel wie Netze oder Kanus, die sich fast nur bei den Bushong fanden. Beides waren wohl Folgen der drei genannten Hauptursachen, nämlich einer etwas schlechteren Ökologie, deren Wirkungen durch Polygynie und den Mangel an Autorität außerordentlich verstärkt wurden.

Das Dorf und die Verwandtschaft

Die Lele sind matrilinear. Aber man kann nicht sagen, daß sie in lineages organisiert waren. Wichtigste Einheit ihrer Gesellschaft ist das Dorf gewesen. Dorfinstitutionen spielten eine große Rolle, auf Kosten der matrilinearen Verwandtschaft. Es kam hinzu, daß die Fluktuation bei ihnen groß war. Von den etwa zwanzig Männern der ältesten Jahrgangsgruppe eines Dorfes waren regelmäßig nur zwei oder drei dort geboren, zwei Drittel bis drei Viertel der jungen Männer weggegangen. Oft gingen sie zwar in benachbarte Dörfer, die mit ihrem eigenen verwandtschaftlich verbunden waren. Trotzdem scheint die starke Fluktuation der Bildung von lineages entgegenzustehen, für deren Existenz wohl ein stärkerer örtlicher Zusammenhang notwendig ist. Die Verwandtschaftsgruppen der Lele hatten keinen korporativen Charakter wie die lineages. Sie waren schwächer strukturiert, unveränderlich, ohne größere ökonomische Bedeutung. Sie waren Klans.

Als sie in ihr heutiges Gebiet einwanderten, waren es wohl kleine Gruppen aus Angehörigen mehrerer Klans. In jeder Gruppe wird ein Klan die Führung gehabt haben. So erklärt sich ihre spätere Dorfstruktur. In einer Gruppe untereinander verbundener Dörfer gab es jeweils einige sogenannte Gründerklans. Im Ursprungsdorf dominierte der Klan, der auf der Wanderung die Führung hatte. Seine Mitglieder bewohnten die vier Hütten in den Ecken des Dorfes. Aber sonst hatte er kaum eine Bedeutung.

Zwar regelte sich letztlich der Zugang zu den Produktionsmitteln über diese Verwandtschaftsgruppen. Und auch die Vererbung fand hier statt. Aber die Wirtschaft der Lele war gekennzeichnet durch ein großes Übergewicht der Arbeit im Vergleich mit den Produktionsmitteln. Ein arbeitsfähiger junger Mann konnte hingehen, wo er wollte. Er war überall willkommen. Arbeitskraft war knapp. Denn die Autorität war schwach bei ihnen, und Überfälle und Verteidigung lenkten von der Arbeit ab. Abstammung und Erbfolge spielten bei ihnen keine große Rolle, anders als bei anderen Stämmen im Kongo, die zum Beispiel Ölpalmen kultivieren. Deren Lebensdauer beträgt einhundert Jahre. Sie sind ein wertvolles Produktionsmittel. So etwas gab es bei den Lele nicht. Die Felder, die sie im Wald rodeten, dienten im ersten Jahr für den Anbau von Mais und Maniok. Die Raffia-Palmen am Rand brauchten fünf Jahre bis zur Reife. Dann wurde die Lichtung verlassen. Land gab es genug. Wenn die Gegend um das Dorf erschöpft war, also nach zehn bis fünfzehn Jahren, dann zog man weiter und verlegte seinen Standort. Entscheidend war also die Arbeitskraft, nicht der Boden und die Felder. Deshalb konnten die jungen Männer ihr Dorf ohne weiteres verlassen. Jedes Dorf versuchte, sie zu halten und andere heranzuziehen. Denn Dörfer mit nur alten Leuten waren nicht lebensfähig. Zumal bei ihnen die Jagd eine große Rolle spielte und man für die Dorfjagd etwa zwanzig Männer brauchte. Diese Gruppenstärke mußte man erhalten. Da sah man nicht so streng auf die Klan-Zugehörigkeit, die an sich die Legitimation für den Zuzug ins Dorf war.

Wenn man zu einem Klan gehörte, der im Dorf vertreten war, dann durfte man sich dort niederlassen. Aber es ging auch anders. Hatte man einen Fremden aufgenommen, wurden Ungleichbehandlungen nach Klan-Zugehörigkeit peinlich vermieden, damit man ihn nicht wieder verlor. Die männlichen Mitglieder eines Klans im Dorf redeten sich mit Bruder an. Im Sinn einer tatsächlichen gemeinsamen Abstammung. Aber häufig war das eine Fiktion. Man konnte eben Klan-Bruder auch dadurch werden, daß man dort in ihrem Bereich wohnte. Residenz statt Deszendenz. Der Prüfstein für die Aufnahme war die Erbfolge. Starb jemand, ging sein Vermögen an Raffia-Tüchern, Kamholz und so weiter auf die Gemeinschaft seiner Klan-Mitglieder im Dorf über. Wenn man bei der Verteilung etwas bekam, war man Mitglied geworden. Wurde man öfter als einmal übergangen, so hieß es, sollte man wohl lieber weiterziehen.

Die korporative Schwäche der Verwandtschaftsgruppen erklärt sich zweitens durch die Existenz von Altersgruppen der Männer. Etwa sechs gab es in jedem Dorf. Alle zehn bis fünfzehn Jahre machte man eine Grenze, vielleicht weil das die Zeit ist, in der ein Dorf verlegt wurde. Die rechteckigen Siedlungen waren so angelegt, daß jede Jahrgangsgruppe sich auf einer der vier Seiten niederließ, die jeweils nächste auf der entgegengesetzten. So wohnten übernächste Gruppen zusammen. Aufeinanderfolgende Altersklassen, sagte man, seien Rivalen. Deshalb hielt man sie auseinander. Das dahinter stehende Problem ist deutlich. Jahrgangsgruppen gibt es in vielen Gesellschaften. Auf Stammesebene haben sie die Funktion gemeinsamer Kulte. Auf Dorfebene dienen sie dem Zweck, Spannungen zwischen den Generationen abzubauen, die durch Verzögerung der gesellschaftlichen Reife der jungen Männer entstehen (Eisenstadt 1956). Die Verzögerungen entstehen in der Regel durch die Polygynie der älteren. Bei den Lele war das Heiratsalter dadurch ja auf das fünfunddreißigste Lebensjahr angehoben. Das Wort für Altersgenossen war mbai. Es hatte stark emotionale Bedeutung. Man empfand große Zuneigung für einander. Sie schliefen in ihrer Jugend in gemeinsamen Hütten, nannten die Frau eines mbai »meine Frau«, seine Kinder »meine Kinder« und gingen zueinander und aßen dort wie zu Hause. Aber man durfte sich der Frau eines mbai nicht nähern. Anders als vorher, beim gemeinschaftlichen Zusammenleben der Unverheirateten mit einer sogenannten Dorffrau. Dazu später.

Mangel an Autorität

Die Altersgruppen vereinigten Männer aus verschiedenen Klans zu einer neuen gesellschaftlichen Einheit. Das bedeutete eine zusätzliche Segmentierung. Und indem die beiden ältesten Gruppen auf gegenüberliegenden Seiten des Dorfes siedelten, ergab sich eine weitere Balance. Denn Balance, nicht Hierarchie oder Autorität war das Grundprinzip der Organisation ihres Dorfes (Douglas 1963.84, übers. v. Verf.):

»Trotz ihrer hohen Achtung vor dem Alter tendierten ihre politischen Neigungen immer mehr zur Balance als zur Autorität, die irgendwo von oben auf untergeordnete Stellen im System delegiert wird. Tatsächlich wird jeder, der bei den Lele gelebt hat, sofort darin übereinstimmen, daß es dort keine Autorität gab. Es gab keine Person oder Körperschaft in einem Dorf, die Befehle geben und erwarten konnte, daß sie von irgendjemand befolgt würden. Mangel an direkter Autorität im eigentlichen Sinn von Herrschaft durchzog ihre ganze Gesellschaft.«

Mit einer Ausnahme, die aber diese Regel wieder bestätigt. Es gab nämlich einige Sklaven bei ihnen, Haussklaven, Gefangene aus Überfällen auf benachbarte Stämme. Die Männer ließ man am Leben, um sie bei wichtigen Begräbnissen zu töten. Die Frauen wurden geheiratet. Ihre Kinder galten als Freie. Sklaven waren die einzigen, die man bei jedem Wetter zum Arbeiten zwingen konnte. In der Sprache der Lele (Douglas 1963.36, übers. v. Verf.):

»Ein Sklave ist ein Mann, der das tut, was man ihm sagt. Wenn du ihm sagst, er soll Palmwein holen, im Regen, dann geht er. Du nennst ihn Bruder, Altersgenosse, legst deinen Arm um seinen Hals, gibst ihm Palmwein und Fleisch und er ist glücklich. Er denkt, du liebst ihn. Aber wenn der Bruder deiner Mutter stirbt, dann tötest du ihn, damit er mit ihm begraben wird. Ein Sklave weiß, daß du ihn töten kannst. Er hat keinen Klan, der Entschädigung verlangen kann. Wenn du ihm sagst, er soll den Wald roden oder im Regen arbeiten, dann muß er das machen.«

Sonst gab es das nicht. Schon gar nicht in den beiden Dorfinstitutionen, beim Dorfältesten und dem Sprecher der Siedlung. Der Dorfälteste, kum a bola, wurde aus dem dominierenden Klan des Ortes allein nach dem Alter bestimmt. Er war der älteste Mann dieses Klans. Wenn der bisherige starb, wußte man auch genau, wer der nächste war. Er wurde automatisch dessen Nachfolger, ohne Wahl oder förmliche Ernennung. Dieses strenge Prinzip der Seniorität bedeutete, daß er keine Macht hatte. Er brauchte keine besonderen Fähigkeiten dafür, war meistens schon ziemlich alt und lebte nicht mehr lange. Er hatte nichts zu sagen, konnte keine Reichtümer ansammeln und hatte noch nicht einmal die Funktion, Streit zu schlichten. Er hatte Anspruch auf Anteile an Palmwein und Wild, auch um damit Besucher des Dorfes zu bewirten. Und war eben sein Repräsentant. Beschlüsse, die er verkündete, waren nicht seine eigenen, sondern die der Männer des ganzen Dorfes. Er war sehr geachtet und auch gefürchtet. Denn er konnte verfluchen. Wurde er beleidigt, verfluchte er den anderen. Damit wurde Gott angerufen, als Zeuge und Rächer für den Mangel an Respekt gegenüber einem Älteren. Und war der andere im Unrecht, würde Gott ihn strafen. Meistens mit dem Mißgeschick bei der Jagd. Es war das Mißgeschick der gesamten Jagd, das alle traf. Wurde nichts gefangen, dann suchte man nach dem Schuldigen. Hatte es einen Fluch des kum a bola gegeben, brauchte man nicht lange herumzurätseln. Der Betreffende mußte sich öffentlich entschuldigen, und es traf ihn der allgemeine Unmut. Das ist eine Sanktion, die man nicht unterschätzen darf. Denn der Konformismus ist groß in frühen Gesellschaften, auch bei den Lele.

Der andere war der itembangu, Sprecher. Er hatte den Dorfschatz zu verwalten und im Dorf zu sprechen. Der Dorfschatz kam auf vielfältige Weise zustande, unter anderem auch dadurch, daß jemand, der den öffentlichen Frieden gestört und dadurch die Jagd verdorben hatte, eine Buße zahlen mußte, von zwei Raffia-Tüchern oder mehr. Der itembangu sammelte solche Bußen ein und war noch in anderer Weise für Ruhe und Ordnung tätig. Wenn jemand Beschwerden hatte, wenn Sachen weggekommen oder beschädigt waren oder verliehene nicht zurückgegeben wurden, und der Betreffende das nicht selbst zur Sprache bringen wollte, dann konnte er sich an den itembangu wenden. Denn der sprach täglich, jeden Abend, vom Dorfplatz aus, über alles, was anstand. Er machte Mitteilungen, Warnungen, Ankündigungen für die Jagd, brachte diese Beschwerden vor und erzählte, was ihm so einfiel. Als Sprecher brauchte er rhetorische Fähigkeiten. Also mußte er ausgewählt werden, informell bestimmt oder von seinem Vorgänger benannt. Er war ein junger Mann, nach den Maßstäben der Lele, von vierzig oder fünfundvierzig Jahren, höflich und korrekt. Seine Aufgabe war zu sprechen. Mehr nicht. Seine Stellung war ohne besondere Autorität.

Als die Belgier ihre Kolonialverwaltung organisierten, meinten sie, sie könnten sich dabei auf Oberhäuptlinge stützen, die in den drei Gebieten des Landes existierten. Sie gehörten zu einem adligen Klan, zum Klan der Tundu. Besonders stark war er im Osten konzentriert. Der Älteste dort wurde nyimi genannt. Aber die Annahme war falsch. Auch der nyimi hatte bei den Lele keinerlei Macht. Ob das immer so gewesen ist, weiß man nicht genau. Bei den benachbarten Bushong jedenfalls gab es ein Amt mit der gleichen Bezeichnung. Und der nyimi der Bushong war ein mächtiger Monarch. Manches deutet darauf hin, daß es bei den Lele vor langer Zeit ebenso war. Aber sicher ist das nicht.

Von den Tundu sagte man, sie seien die ersten Einwanderer im Land der Lele gewesen. Deswegen würde es ihnen gehören. Alle anderen Klans wurden von ihnen mit einer gemeinsamen Bezeichnung unterschieden und Wongo genannt. Die Wongo bezeichneten die Tundu als kumu. Das ist ein Wort, das auch für den Eigentümer von Sklaven gebraucht wurde. Derjenige, dem zur Begleichung von Blutschulden Rechte an einer Frau übertragen worden waren, wurde ebenfalls so genannt. Oder der kum a bola, der Dorfälteste. Mit den Dörfern ihrer Umgebung unterhielten die Tundu eine Art Einflußsystem, indem sie ihnen ihre Töchter als »Dorffrauen« für die heranwachsende Altersgruppe gaben. Das Dorf erhielt so die Stellung eines Schwiegersohnes, der bei den Lele in einer gewissen Abhängigkeit vom Schwiegervater lebte. Aber von Herrschaft kann man keinesfalls sprechen. Nur aus einigen anderen Indizien könnte man schließen, daß sie früher einmal bestanden hatte.

Da war zunächst ein Anspruch der Tundu auf Adlerfedern und Serval- oder Leopardenfelle aus ihrem Gebiet. Sie mußten dafür Gegenleistungen erbringen. Das wird damit zusammenhängen, daß sie als Eigentümer des Landes galten. Ähnliches findet sich öfter in segmentären Gesellschaften, ohne daß man annehmen muß, es sei eine Zeit wirklicher Herrschaft vorausgegangen. Stärker sind zwei andere Indizien, nämlich der Ritualmord an Wongo beim Tod eines nyimi und der rituelle Inzest bei der Einsetzung seines Nachfolgers.

Vor der Zeit der belgischen Kolonialverwaltung wurden beim Tod des nyimi zwei Wongo gefangen, der eine lebendig unter dessen Sarg begraben und der andere geköpft und unbeerdigt liegen gelassen. Der Nachfolger des nyimi wurde nach dem gleichen Prinzip bestimmt wie der Dorfälteste überall im Land, nach dem Prinzip der Seniorität. Es war der älteste Mann im Klan der Tundu des östlichen Gebiets. Seine Einsetzung ging vor sich in einem feierlichen Ritual, zu dem unter anderem der

Inzest mit einer Klan-Schwester gehörte. Nach diesem Inzest, der geheim gehalten wurde, lebte er mit einer anderen Frau in sakraler Zurückgezogenheit, abgeschlossen in einem Gebäude, und verkehrte mit der Außenwelt nur über wenige Mittelsmänner. Der rituelle Inzest wiederholte den Akt des mythischen Urvaters der Lele, Woot, der mit seiner Schwester neun Kinder gezeugt hatte. Woot ist nicht nur Stammvater der Lele, sondern auch der Bushong. Und der König der Bushong, nyimi, beging bei seiner Einsetzung in gleicher Weise diesen rituellen Inzest, einen Akt, der sich – symbolisch oder real – in den meisten afrikanischen Königreichen findet, schon im alten Ägypten, und vielleicht die Einzigartigkeit des Monarchen darstellen soll (de Heusch 1958, zum nyimi der Bushong: S. 138-140; für die Lele: Douglas 1963.199).
Als die Bushong im 16. Jahrhundert von Norden in das Gebiet am Kasai einwanderten, werden sie schon eine zentralisierte politische Organisation gehabt haben, mit Häuptlingen und dem König. Der rituelle Inzest des nyimi bei den Lele läßt annehmen, daß es hier ebenso war, denn es ist ein typisches Ritual für die Einsetzung eines afrikanischen Monarchen (Douglas 1963.202 läßt es offen; wie hier: Vansina 1966. 118-123; anderer Meinung: de Heusch, ohne Zitat wiedergegeben von Mair 1974.77). Aber wir wissen nicht, warum und wann sich das geändert haben könnte. Irgendwann in der Zeit zwischen dem 17. und 19. Jahrhundert müßte es gewesen sein, wahrscheinlich eher früher als später, denn die segmentäre Organisation der Gesellschaft der Lele macht einen stabilen Eindruck und es gibt keine Nachrichten mehr von einem Umsturz einer alten zentralisierten Ordnung. Auch über die Gründe kann man nur rätseln. Vielleicht ist dem nyimi schon am Ende der Wanderungszeit die Herrschaft entglitten, weil die Lele eine kleine Gruppe waren, die sich in einem ziemlich großen und ökologisch nicht so günstigen Gebiet niederließen. Die dünne Besiedelung müßte dann dazu geführt haben, daß die weit auseinanderliegenden Dörfer sich schon zu Beginn der Niederlassung als autonome Einheiten bildeten. Möglich ist aber auch, daß der Prozeß der Dezentralisierung erst später einsetzte. Es gibt entsprechende Beispiele, etwa die Kachin im Norden Bur-

mas, in ökologisch ungünstigem Gebiet, in dem der Abgabendruck der Zentralinstanz zu Revolten führte, die wieder eine segmentäre Ordnung herstellten (Leach 1954).
Wie auch immer. Die Gesellschaft der Lele war jedenfalls seit langer Zeit durch einen elementaren Mangel an Autorität gekennzeichnet. Mary Douglas schreibt dazu (1963.84, übers. v. Verf.):

»Die Lele selbst erklärten das in Ausdrücken einer grundlegenden Persönlichkeitsstruktur. Sie sagten, sie hätten von Natur aus einen angeborenen Neid und könnten den Erfolg eines Freundes nicht ertragen. Wenn jemand ein herausragender Führer geworden sei, würde man ihn niederzerren und eifersüchtige Zauberer würden ihn töten. Es war nicht gerade eine sichere Angelegenheit, sich hervorzutun. Wir können noch einen Schritt weiter gehen. Ein Löwenbändiger ohne Peitsche kann seine Löwen nur durch Bestechung und Schmeicheleien zu ihren Kunststücken bringen. Solange die Lele eine Verteilung von gesellschaftlicher Stellung und Autorität haben wollten, die zu der wirklichen Verteilung von Macht im wahren ökonomischen Sinn im Widerspruch stand, so lange waren sie gezwungen, indirekte Techniken der Kontrolle zu benutzen. Wir haben gesehen, daß die produktive Seite ihrer Wirtschaft die alten Männer benachteiligte und daß die Verteilung der Raffia-Tücher ihre Stellung ein wenig stärkte. Der Mangel an Autorität im Dorf und in der Organisation des Klan zeigt, daß ihre Privilegien nichtsdestoweniger unsicher waren.«

Diese Dominanz der alten Männer, so prekär sie gewesen sein mag, hatte allerdings doch in erstaunlicher Weise die gesamte gesellschaftliche Struktur der Lele geprägt. Nicht nur über die Raffia-Tücher.

Raffia-Tücher, Verteilung von Frauen und Dominanz alter Männer

Grundstoff waren die Fasern von jungen Blättern der Raffia-Palmen. Sie wurden getrocknet, dreimal gekämmt und dann auf Webstühlen am Rande des Dorfes zu feinem Tuch verarbeitet. Zwei Längen ergaben zusammengenäht das Lendentuch für einen Mann oder – etwas verkürzt – eine Frau. Trug man sie täglich, nutzten sie sich in drei bis vier Monaten ab. Fünf Tücher brauchte man für einen halboffiziellen Rock der Männer, zehn für einen feierlichen Tanzrock. Das Weben der Tücher war Sache der Männer. War alles vorbereitet, schaffte ein kräftiger junger Mann fünf an einem Tag. Was aber nicht bedeutet, daß er an zehn Tagen fünfzig herstellen konnte. So viel Webstoff war nie vorbereitet und niemand konnte zehn Tage ununterbrochen so konzentriert arbeiten.

Das war der eigentliche Zweck dieser Tücher. Sie dienten als Kleidungsstoff. Daneben erfüllten sie noch eine andere Funktion. Sie waren das allgemeine Zuwendungs- und Ausgleichsmittel, nicht nur für Brautpreisleistungen und Ausgleich bei Verletzungen, auch als Aufnahmegebühr für Kultgemeinschaften oder Entgelt für die Dienste von Magiern. Man kann nicht sagen, sie seien eine Art Geld gewesen. Denn Geld ist ein allgemeines Tauschmittel. Und der Tausch spielte bei ihnen kaum eine Rolle. Sicher, Raffia-Tücher wurden auch dafür verwendet. Aber das war in ihrer weit gefächerten Zirkulation eine unbedeutende Randerscheinung. In erster Linie waren sie Ausdruck von Statusbezeichnungen, nicht Äquivalent für den Tausch von Sachen. Wie das Vieh bei den Nuer. Nur daß die entsprechenden Leistungen bei den Lele sehr viel besser teilbar waren. Die Münze war kleiner. Man konnte sie besser streuen. Das begünstigte die Mobilität und ermöglichte das Überschreiten einliniger Abstammungsgruppen. Mit anderen Worten, es entsprach dem Überwiegen von Dorfinstitutionen der Lele auf Kosten der matrilinearen Verwandtschaft und dem häufigeren Wechsel der Dorfzugehörigkeit.

Der Brautpreis betrug einhundert Tücher. Ebenso hoch war letztlich die Blutschuld bei Tötungen, der Preis eines Sklaven, die Aufnahmegebühr in die Kultgemeinschaft der Väter oder der Magier und oft auch die Bußzahlung des Ehebrechers an den Ehemann. Die Tücher dienten als informelle Gaben, des Mannes an seine Frau, des Sohnes an seinen Vater, der Mutter an ihren Sohn, als Zeichen der Zuneigung, der Anerkennung, der Freude oder als Ausgleich für ein schlechtes Gewissen. Hatte ein Mann seine Frau verletzt, durch Ehebruch oder ungerechte Bevorzugung einer seiner anderen Frauen, dann gab er ihr einige Raffia-Tücher und der Streit war beigelegt.

Mußte ein junger Mann größere Leistungen erbringen, etwa als Brautpreis oder Ausgleich für Ehebruch, dann setzte er sich

nicht an den Webstuhl, bis er sie zusammen hatte. Nur einen Teil stellte er selber her. Den größeren erbat er sich von älteren Verwandten, die regelmäßig Vorräte hatten. Und zwar bat er sowohl die Verwandten seiner Mutter als auch seines Vaters, und seine Eltern. Die Solidarität der Verwandtschaft gehört dazu. Es wäre undenkbar gewesen, alles allein aufzubringen. Das würde bedeutet haben, daß man keine Verwandtschaft hatte. Man wäre wie ein Sklave gewesen. Deshalb ließen sich die Raffia-Tücher auch nicht durch den belgischen Franc ersetzen, als die Kolonialverwaltung 1924 die Geldwirtschaft einführte. Es wurde zwar ein Äquivalent festgesetzt, von einem Franc für zwei Tücher. Aber man konnte sie dafür nicht kaufen. Auch nicht dreißig Jahre später, als der Preis auf zehn Franc für ein Tuch erhöht war. Und der Brautpreis ließ sich nicht in Franc begleichen. Es mußten die Tücher selber sein. Sie waren eben kein Medium für Tausch wie das Geld, kein Zirkulationsmittel für materielle Güter, sondern Ausdruck von Statusbezeichnungen. Derartiges findet sich öfter: Vorräte mit einer Bedeutung, die über den empirischen Tausch- und Gebrauchswert weit hinausgeht (Steiner 1954).
Die Zirkulation der Tücher benachteiligte die jungen Männer. Bis zu seinem vierzigsten Lebensjahr war ein Mann ständig in Schwierigkeiten. Dann hatte er das Schlimmste hinter sich. Die Verpflichtungen wurden geringer. Langsam nahm er mehr ein als er ausgeben mußte. Vorher hatte er immer zu zahlen, für die Aufnahme in die Jahrgangsgruppe, den Brautpreis, für die Aufnahme in Kultgemeinschaften, Bußen wegen Ehebruchs, informelle Gaben an seine Eltern und seine Frau. Alles in allem machte das regelmäßig fünf- bis sechshundert Tücher, häufig mehr. Nun erhielt er selbst Leistungen, Brautpreise für seine Töchter, Anteile an Aufnahmegebühren der Kulte, Bußen für den Ehebruch seiner Frauen. Die Zirkulation der Raffia-Tücher institutionalisierte die Privilegien alter Männer. Und Zirkulation der Tücher war gleichbedeutend mit der Verteilung von Frauen. Es kam noch etwas anderes hinzu. Ein Leistungsprinzip besonderer Art.
Die Lele hatten nämlich die Vorstellung, die Zeugung eines Kindes sei die Leistung des Mannes. Eine Leistung an den Klan

seiner Frau. Kinder gehörten zu ihrer Verwandtschaft, auch wenn sie in seinem Dorf aufwuchsen. Als besonders verdienstvoll wurde die Leistung empfunden, wenn es sich um eine Tochter handelte. Denn nur Töchter sicherten den Fortbestand des matrilinearen Klans. Dafür stand dieser tief in der Schuld des Vaters. Wie konnte er sich davon lösen? Nun, wie man Leistungen erwidert in frühen Gesellschaften. Nach dem Grundsatz der Reziprozität. Der Vater hatte dem Klan eine Tochter gegeben. Also mußte auch der Klan ihm eine geben, nämlich die Tochter seiner Tochter. Damit hatte ein Großvater Anspruch auf seine Enkelin. Er konnte sie selbst heiraten, als Freude für sein Alter, wie man so sagt. Er konnte sie einem der Männer seines Klans geben, womit sein Prestige erhöht wurde, oder einem anderen jungen Mann, damit er im Dorf blieb. Dem entsprach ein weiteres Prinzip der Lele. Wie in vielen frühen Gesellschaften gab es für eine junge Frau eine bevorzugte Heiratsgruppe. Es war der Klan des Vaters ihrer Mutter. Dort winkte, wie bemerkt, die Großmutter mit dem Fischteich. Das Prinzip hatte natürlich auch noch andere Gründe. Unter anderem sorgte es für eine gewisse Stabilität in den Heiratsbeziehungen der Dörfer.

Solche Ansprüche von Großvätern, verbunden mit den institutionalisierten Vorteilen bei der Zirkulation der Raffia-Tücher, waren die Grundlage der Polygynie der alten Männer. Sie ging auf Kosten der jungen. Nicht nur bei der Verteilung von Frauen, sondern auch bei der Leistung von Arbeit. Ein Schwiegersohn hatte nicht nur den Brautpreis zu zahlen. Er mußte dem Schwiegervater alle möglichen anderen Dienste erbringen, ihm beim Bau der Hütte helfen, beim Roden des Waldes und sogar beim Weben von Raffia. Aber die größere gesellschaftliche Gefahr lag natürlich in der ungleichen Verteilung von Frauen. Damit die jüngeren möglichst nicht in den Ehebruch auswichen, hatten die Lele ein Ersatzmittel geschaffen, die Institution von sogenannten Dorffrauen.

Die Dorffrau, hohombe, lebte gemeinsam mit einer Gruppe junger Männer, in kleinen Dörfern mit einer ganzen Jahrgangsgruppe, in größeren mit einem Teil. Der Polygynie der alten Männer entsprach die Polyandrie der Dorffrauen. Minde-

stens fünf bis zehn von ihnen lebten in jedem Dorf, bis das ganze 1947 von der Kolonialverwaltung verboten wurde, wohl auf Druck der Missionare. Sie waren verheiratet mit dem Dorf. Ihre Kinder galten als seine Kinder. Alle Männer des Dorfes fühlten sich als ihre Väter. Brautpreisleistungen für ihre Töchter gingen an sie selbst und an den Dorfschatz, aus dem entsprechende Zahlungen für ihre Söhne geleistet wurden.
Dorffrau wurde man freiwillig oder unfreiwillig. Ihre Stellung war mit manchen Erleichterungen verbunden gegenüber dem normalen Leben der Frauen im Dorf. Sie galt als besonders ehrenvoll. Deshalb gab es durchaus Frauen, denen das gefiel. Häufig waren es Enkelinnen von Dorffrauen, die nach dem Prinzip der bevorzugten Ehe heirateten, denn Vater ihrer Mutter war das Dorf. Manche wurden allerdings auch aus verfeindeten Dörfern geraubt.
In den ersten Monaten lebte sie mit ihren Männern, ohne zu arbeiten. Am Tage war sie mit ihnen im Wald oder am Rande des Dorfes beim Weben. Nachts war sie mit ihnen in ihrer Hütte, mit jedem jeweils zwei Nächte, in der Reihenfolge des Alters. Jeder ließ ein Raffia-Tuch bei ihr. Wenn der Brautpreis zusammen war, wurde Hochzeit gefeiert. Mit fünf oder sechs von ihnen führte sie dann einen normalen Haushalt, kochte, holte Wasser, arbeitete auf dem Feld und versorgte die Kinder. Auch die anderen Männer des Dorfes hatten jetzt Zugang zu ihr, aber nicht in ihrer Hütte. Wenn sie mit ihnen schlafen wollte, ging sie mit ihnen in den Wald, ohne daß es den Vorwurf des Ehebruchs gab. Mit der Zeit verkleinerte sich der polygame Haushalt. Der eine oder andere zog weg, weil es Rivalitäten gab. Oder heiratete in eine private Ehe. Manchmal blieb sie mit einem oder zwei von ihnen für immer zusammen. Ab und zu blieb auch keiner mehr übrig, und es fand sich ein älterer Witwer, der mit ihr lebte. Bei ihrem Tod wurde sie wie ein adliger Tundu begraben, vom ganzen Dorf mit feierlichen Tänzen und Musik, nicht nur in stiller Trauer wie bei den anderen Dorfbewohnern.

Die Familie

Nach dem Prinzip der bevorzugten Ehe hatten Männer des einen Klan gewisse Ansprüche auf Frauen des anderen. Frauen sollten in den Klan des Vaters ihrer Mutter heiraten. Sie wurden sehr früh verlobt, häufig kurz nach ihrer Geburt, an junge Männer zwischen zwölf und zwanzig, die dann in der Zwischenzeit ihrem künftigen Schwiegervater schon die üblichen Dienste erbringen mußten. Die Heirat wurde perfekt mit der Zahlung des Brautpreises von sechzig Raffia-Tüchern an den Vater und vierzig an die Mitglieder des Klans der Frau in ihrem Dorf.

Die frühe Ehe der Frauen, die in der Regel mit fünfzehn Jahren heirateten, und die späte der Männer, mit etwa fünfunddreißig, bedeutete einen schnelleren Wechsel der Generationen bei den Frauen. Die Schwiegermutter eines Mannes war selten älter als er selbst. Ein Mann von zwanzig konnte von seiner jüngeren Schwester sagen »Sie ist schon ganz erwachsen, und ich bin immer noch ein Kind.« Man führte das auf physiologische Gründe zurück und sagte, Mädchen würden schneller wachsen. Die dahinter stehenden sozialen blieben verdeckt. Ein junger Mann von zwanzig hatte ja auch nicht viel zu tun. Deshalb sah er meistens viel jünger aus als eine gleichaltrige Frau, die seit Jahren verheiratet war, ihre Kinder und den Haushalt versorgte, Wasser schleppte, Mais stampfen mußte und ihre Felder bearbeitete. Das war die Arbeitsteilung. Die Männer rodeten den Wald, kümmerten sich um ihre Palmen, webten die Tücher und gingen auf die Jagd. Männer und Frauen lebten in getrennten Welten. Frauen verbrachten die meiste Zeit mit anderen Frauen, möglichst mit denen ihrer eigenen Familie, Männer mit anderen Männern.

Die Arbeitsteilung galt als Grundlage des Zusammenhalts in der Familie. Denn so waren Mann und Frau aufeinander angewiesen. Ideal der Lele war eine harmonische Ehe. Manche religiösen Sanktionen zielten darauf. So war es eine wichtige Pflicht der Frau, für ihren Mann zu kochen. Und er durfte das Essen nicht zurückweisen. Er sollte sie nicht schlagen, sie nicht weglaufen. Jede Störung dieser Ordnung in der Familie hatte,

meinten sie, unmittelbare Auswirkungen auf die Jagd, war also eine Störung der Ordnung des ganzen Dorfes. Blieb die Jagd ohne Ergebnis, ging die Diskussion los. War eine Frau nur ganz normal zu ihren Eltern ins Nachbardorf gegangen oder im Zorn weggelaufen? Hatte ein Mann aus Ärger das Essen verweigert oder weil ihm unwohl war? Die Bußen, die dann vom Dorfmagier deswegen beschlossen wurden, hatten natürlich Einfluß auf das künftige Verhalten der anderen. Bei offenem Streit in einer Familie wurden sie sofort verhängt. Es wäre sinnlos gewesen, vorher auf die Jagd zu gehen.
Mit zunehmendem Alter des Mannes wuchs die Zahl seiner Frauen. Jede bewohnte eine eigene Hütte. Er hatte sie alle gleich zu behandeln. Bei jeder mußte er soviel Nächte verbringen wie bei den anderen. Verwahrte er Pfeil und Bogen in der Hütte der einen, mußten Duplikate in die der anderen. Trotzdem waren die Rivalitäten unter ihnen groß. Oft sprachen sie gar nicht miteinander. Zwar war die Regel, daß sie sich gegenseitig helfen sollten. Wenn aber eine wirklich Hilfe brauchte, für ihre Kinder zum Beispiel, wenn sie krank war, dann wandte sie sich zuerst an ihre eigene Familie, an ihre Mutter oder an ihre Schwestern oder Töchter.
Das Verhältnis von Männern und Frauen allgemein? Nun, die Dominanz der Männer war eindeutig, besonders der älteren. Ihre Stellung ist institutionell verbunden gewesen mit der Kontrolle der Frauen. Von frühester Jugend an lernten die Kinder: »Dein Vater ist wie Gott. Wo würdest du sein, wenn er dich nicht gezeugt hätte. Deshalb mußt du ihn verehren.« Aber tatsächlich waren die Frauen der Lele etwas freier, als ihre sozialen Institutionen es vermuten lassen. Es war für sie durchaus möglich, eine Ehe zu verlassen. Die Angst der Männer davor bestimmte ihr Verhalten. Insgesamt kann man es wohl als vorsichtig bezeichnen. An ihren ständigen Klagen läßt sich ablesen, daß ihr Kontrollsystem nicht perfekt gewesen ist. Frauen seien launenhaft und unzuverlässig, hieß es. Jeder Ärger oder Streit zwischen Männern würde sich letztlich nur um Frauen drehen.

Eigentum

Nicht nur in der allgemeinen sozialen Ordnung der Lele sind die Verwandtschaftsgruppen durch Institutionen des Dorfes zurückgedrängt. Auch das Land gehörte dem Dorf, nicht den einzelnen Klans. Jeder Dorfbewohner hatte das Recht, im ganzen Dorfgebiet zu roden, zu jagen und zu fischen. Die Flächen für die Felder im Wald wurden nicht in einem formellen Verfahren verteilt. Man einigte sich darüber ohne Schwierigkeit zu Beginn der Rodungszeit. Streitigkeiten über Rechte am Land gab es nicht. Es war genug vorhanden. Solange die gerodeten Lichtungen von einzelnen bebaut wurden, hatten sie ein individuelles Nutzungsrecht. Von Eigentum zu sprechen, wäre dafür sicherlich zu hoch gegriffen, denn nach wenigen Jahren, wenn der Wein von den Palmen geerntet war, überließ man das ganze wieder dem Wald. Als individuelles Eigentum könnte man dagegen eher die Rechte von Frauen an ihren Fischteichen bezeichnen, denn sie hatten eine sehr viel längere Lebensdauer und wurden individuell – in der Matrilinie – vererbt.

Neben dem Dorfeigentum am Land gab es Individualeigentum an den Produkten, an Kleidung und Schmuck, Geräten und Waffen, und an den wenigen Tieren, die sie hatten, also an Jagdhunden und Hühnern. Die Ernte – Mais, Maniok, Erdnüsse – kam in den Getreidespeicher der Hütte. Nur die Frau durfte darüber verfügen, nicht der Mann, und zwar auch nicht in ihrer Abwesenheit. Sie hatte es schließlich geerntet und ihr oblag die Führung des Haushalts. Ein Sklave gehörte dem Mann, der ihn gefangen oder, was seltener war, gegen Zahlung von Raffia erworben hatte. Die Beute der gemeinschaftlichen Dorfjagd wurde nach festen Regeln unter Jägern und Treibern verteilt, vom itembangu, dem Sprecher. Einige Stücke gingen an die Dorfältesten und an die Mitglieder der Kultgemeinschaft der Väter. War jemand allein auf der Jagd, gab es ebenfalls feste Regeln für die Verteilung in seiner Verwandtschaft.

Klaneigentum spielte bei ihnen fast gar keine Rolle. Nur die feierlichen Tanzkleider gehörten allen Klanmitgliedern in einem Dorf gemeinsam. Diese Gemeinschaft war es auch, an die die Erbschaft fiel, wenn jemand von ihnen starb. Sie wurde

dann auf die anderen verteilt. Viel war es regelmäßig ohnehin nicht, das wichtigste dabei der Vorrat an Raffia-Tüchern.
Auch an diesen Tüchern bestand Individualeigentum, zunächst desjenigen, der sie auf seinem Webstuhl hergestellt hatte. Man konnte es auch übertragen, durch einfache Übergabe. Soweit sie sich im Dorfschatz befanden, gab es an ihnen Dorfeigentum. Ihre ausgedehnte Zirkulation führte dazu, daß sich nicht nur eine Art urtümliches Sachenrecht entwickelte, sondern auch noch ein entsprechendes Schuldrecht, mit Forderungen, die über eine gewisse zeitliche Distanz bestanden, und zusätzlichen Rechten an Frauen, die man sogar weiter an andere übertragen konnte. Dieses System, das in segmentären Gesellschaften wohl ohne Beispiel ist, beruhte auf einer Kombination der Zirkulation von Heiratsgut und von Frauen mit der Berechnung von Forderungen wegen Blutschulden. In seiner extremen Breite hat es sich entwickelt, weil diese Forderungen mit einbezogen wurden, die man zum Ausgleich für Tötungen verlangte. Dabei spielten in hohem Maße auch Zauberei und Magie eine Rolle.

Religion, Magie und Zauberei

Es gibt einen Gott, meinten sie, Njambi. Er habe die Menschen und die Tiere geschaffen, den Wald und die Flüsse. Sein Verhältnis zu den Menschen wäre wie das eines Herrn zu seinem Sklaven. Er würde sie schützen, ihre Angelegenheiten in Ordnung bringen, ihnen Befehle geben und Unrecht bestrafen. Nicht nur über Menschen und Tiere gebiete er, sondern auch noch über die Geister, mingehe, die im Wald leben, an den Quellen der Flüsse, am Tage schliefen und nachts umherstreiften. Durch sie würde Gott in das Leben der Menschen eingreifen. Sie beeinflußten die Fruchtbarkeit der Frauen und die Jagd der Männer. Außerdem brachten sie Krankheiten, konnten sogar ein ganzes Dorf mit Krankheit strafen. Sie handelten dabei nicht willkürlich, sondern nach bestimmten Regeln. Das herauszufinden und zu beeinflussen war Aufgabe der Männer, die sich mit dem Kult beschäftigten. Ein solcher Mann hieß ngang.

Das Wort ist schwer zu übersetzen. Es bedeutet allgemein zunächst: ein Erfahrener, Kundiger. Sachkundig nämlich im Ritual, nengu, im rituellen Umgang mit den Geistern.

Mit nengu sollte zum einen das Wohlergehen des ganzen Dorfes erhalten oder wiederhergestellt werden. Es sollte sanft und ruhig sein, friedlich, nicht schlecht und verdorben. Dann war die Jagd erfolgreich und waren die Frauen fruchtbar. Zum anderen ging es um das Wohlergehen des einzelnen. War er krank, mußte man die Geister beeinflussen, daß er wieder gesund würde. Beides sahen sie in gleicher Weise, obwohl sie terminologisch unterscheiden konnten zwischen der Wiederherstellung des Wohlergehens im ganzen Dorf, ponga, und der Heilung eines Kranken, belú. Beides wurde von den gleichen Männern in gleicher Weise betrieben, durch rituelle Handlungen und Anwendung von Medizin, eben durch nengu, was Medizin und Ritual zugleich bedeutet. Ngang ist also der Medizinmann, Magier, Priester, allerdings ohne erhebliche Spezialisierung, denn nahezu alle Männer des Dorfes waren Mitglied in dem einen oder anderen Kult und damit – in verschiedener Intensität – ngang. Aufgabe der Kulte war es, durch nengu dafür zu sorgen, daß die Jagd erfolgreich war, die Frauen fruchtbar wurden und Zauberei im Dorf nicht stattfand. Sie waren von unterschiedlicher Bedeutung und Wichtigkeit und hatten verschiedene Aufnahmebedingungen. Frauen konnten nicht aufgenommen werden, bis auf eine Ausnahme, nämlich wenn sie Zwillinge geboren hatten, in einem dafür vorgesehenen besonderen Kult.

Daneben gab es noch ein offizielles rituelles Amt, den Dorfmagier, ilumbi. Er wurde im Konsens aller Männer des Dorfes bestellt. Seine Hauptaufgabe war die Bekämpfung von Zauberei. Aber er betrieb auch Jagdmagie und Heilung von Krankheiten. Regelmäßig ernannte man zwei, einen älteren und einen jüngeren, wahrscheinlich um dadurch ihre Macht zu beschränken. Der ideale Kandidat für den Posten mußte nicht nur Erfahrung als Magier haben, sondern sanftmütig, leise und vertrauenswürdig sein, um im gefährlichen Durcheinander von Zaubereivorwürfen unangreifbar zu bleiben. Denn Zauberei spielte eine große Rolle bei ihnen.

Hexerei und Zauberei, Orakel und Magie gibt es in vielen frühen Gesellschaften. Seit den Forschungen Evans-Pritchards bei den Azande weiß man, daß sie durchaus sinnvolle soziale Funktion haben können. Von ihm stammt auch die heute weitgehend akzeptierte begriffliche Unterscheidung (Evans-Pritchard 1937.387-422, 1978.246-280, kritisch z.B. Turner 1967. 112-127). Danach hat der Hexer, anders als der Zauberer, bestimmte körperliche Eigenschaften, von denen er gar nichts wissen muß. Die Azande sprechen von mangu, einer organischen schwarzen Hexereisubstanz, die sich im Dünndarm befinden soll. Sie vererbt sich vom Vater auf den Sohn, von der Mutter auf die Tochter. Hat der Hexer böse Gedanken gegen einen anderen – Haß, Neid, Eifersucht – dann wirkt sie automatisch auf diesen ein, macht ihn krank und kann ihn schließlich töten. Wird jemand krank, muß man also herausfinden, von wem das kommt. Zum Kreis der Verdächtigen gehören alle, denen der Betreffende solche Gedanken gegen sich zutraut. Sie werden alle einem Orakel vorgetragen, das dann einen von ihnen benennt. Als sicherstes gilt bei den Azande dasjenige, bei dem Küken mit einem unsicher wirkenden Gift gefüttert werden. Das Orakel antwortet auf Fragen mit ja oder nein, indem es die Küken sterben oder sich nur erbrechen läßt. Ist der Hexer ausfindig gemacht, läßt man ihn das wissen. Er entschuldigt sich höflich, denn das kann jedem passieren, nimmt etwas Wasser in den Mund, versprüht es, um sein mangu zu kühlen, und wünscht dem Kranken gute Besserung. Wenn er es ehrlich meint, ist die Sache damit oft erledigt. Der Kranke wird gesund.

Orakel und Magie dienen der Abwehr von Hexerei. Das Orakel deckt sie auf. Mit der Magie werden ihre Wirkungen beseitigt, und zwar durch den Gebrauch von Medizinen, meist in ritueller Form. Medizinen sind geheime magische Substanzen. Der Medizinmann gibt sie den Kranken ein und sagt ihnen, was sie tun sollen. Das ist die sogenannte weiße Magie. Aus der Anwendung ihrer Techniken zu bösen Zwecken entsteht die schwarze Magie des Zauberers. Er will anderen schaden, sie krank machen oder töten, aus Haß, Neid oder Habgier. Insofern hat er Gemeinsamkeiten mit dem Hexer. Beide haben unmoralische Gedanken. Bei diesem aber wirkt die angeborene körperliche Eigenart, und manchmal sogar unbewußt. Der Zauberer dagegen muß äußere Techniken einsetzen, Medizin und rituelle Formeln. Das wiederum hat er gemeinsam mit dem Medizinmann. Beide sind Magier, aber der eine ist ein guter, der andere ein böser. Der eine handelt moralisch, im Einklang mit der Gesellschaft, der andere unmoralisch und begeht ein Verbrechen.

Dahinter steht das Problem, daß in segmentären Gesellschaften für das Zusammenleben in der kleinen Gesellschaft schon die bloße Existenz von Gefühlen wie Haß, Habgier oder Eifersucht bedrohlich ist. Sie allein, und noch mehr ihr erkennbares Hervortreten, gefährdet die notwendige Solidarität von Verwandtschaft und Nachbarschaft. Sehr viel stärker als in staatlichen Gesellschaften geht in segmentären das unmoralische Verhalten zu Lasten der unmittelbaren Umgebung. Vorstellungen von Hexerei und Zauberei sind ein wirksames Mittel dagegen. Denn wenn Unglücksfälle so erklärt werden, fällt der Verdacht immer auf diejenigen, von denen man weiß, daß sie solche Gefühle haben. Dadurch werden sie tatsächlich zurückgedrängt. Man scheut sich, so zu denken oder zu reden, weil man dann jederzeit damit rechnen muß, als Hexer oder Zauberer verdächtigt zu werden (Whiting 1950, Gluckman 1972).

Mit diesem Makel werden also unmoralische Gefühle bestraft, ohne daß man tatsächlich etwas getan hat. Es ist eine Art Gesinnungsstrafrecht ohne entsprechende Handlungen. Umgekehrt ist es bei uns möglich, jemanden zu entlasten, der wirklich etwas Böses getan hat. Wir erklären dann seine unmoralischen Motive als das Ergebnis objektiver gesellschaftlicher Zwänge, die er nicht zu verantworten braucht. In individualisierten Gesellschaften ist das möglich, weil hier eine enge Solidarität von Verwandtschaft und Nachbarschaft nicht erforderlich ist. Mit anderen Worten: In segmentären Gesellschaften gibt es eine subjektive Haftung ohne Tat, in individualisierten staatlichen Gesellschaften eine objektive Entlastung trotz Tat.

Schließlich sind Vorstellungen von Hexerei und Zauberei sehr wirksame Barrieren gegen sozialen Wandel. Denn der geht regelmäßig von Individuen aus, deren Vorstellungen mit der

konventionellen Moral nicht mehr übereinstimmen. Man kann sie auf diese Weise zur Strecke bringen, in einer Art von Gesinnungsstrafrecht. Außerdem dienen sie in den verschiedenen Gesellschaften auch noch zur Lösung von anderen, jeweils typischen Problemen (Douglas 1967). So auch bei den Lele.
Sie waren fest davon überzeugt, daß es Zauberer unter ihnen gäbe, die sich unsichtbar machen oder in Tiergestalt verwandeln würden, um Krankheit und Tod zu bringen. Dabei bräuchten sie sich dem Opfer gar nicht direkt zu nähern. Schon der Kontakt mit Staub von den Fußabdrücken würde genügen, oder mit der Bank, auf der man gewöhnlich saß. Auch die Lele wußten, daß man eines natürlichen Todes sterben kann. Trotzdem liefen nach jedem Todesfall die Gerüchte. Meistens richtete sich der Verdacht auf ältere Männer. Frauen und junge Männer konnten nicht zaubern, denn sie hatten keine Kenntnis von nengu, den magischen Ritualen und Techniken. Also suchte man unter den älteren Männern, den kranken und vernachlässigten. Man meinte, sie würden sich ärgern über die Fröhlichkeit der Jüngeren, seien neidisch und hätten kein Interesse mehr am Wohlergehen des Dorfes und am Erfolg der Jagd, besonders wenn ihre jüngeren Verwandten ihnen nicht mehr genug Palmwein und Fleisch brachten. Die soziale Wirkung dieses Glaubens war, daß auch die Unglücklichen im Dorf versuchten, ihr Schicksal mit freundlicher Fassung zu tragen, ohne Jammern und Klagen. Tatsächlich wurden meistens andere verdächtigt, nämlich eher starke Charaktere, hartnäckige Ehebrecher, jähzornige Temperamente, Ränkeschmiede, also solche, die dem sozialen Ideal der Lele widersprachen. Soziales Ideal war bescheidene Freundlichkeit, Selbstbeherrschung, Zurückhaltung, Feingefühl. Der Zaubereivorwurf war damit die Waffe der jüngeren Männer gegen die alten, wenn diese mit ihren Ambitionen auf Kosten jener zu weit gingen. Hier lag ja das typische Problem ihrer Gesellschaft. Daß ältere Männer bei ihnen allgemein eher dazu neigten, zurückhaltend und bescheiden aufzutreten, wird wohl nicht nur damit zusammenhängen, daß dies ihrem sozialen Ideal entsprach, sondern auch in der Furcht vor Zaubereivorwürfen begründet sein. Mögli-

cherweise ist der Mangel an Autorität bei ihnen dadurch nicht unerheblich verstärkt worden.

Die Medizinmänner, zu denen man ging, um einfache Orakel nach den Ursachen von Todesfällen zu befragen, versuchten regelmäßig den Verdacht aus dem Dorf auf Fremde oder Geister abzulenken. Auch schwere Tabubrüche konnten der Grund für Krankheit oder Tod gewesen sein. Trotzdem liefen die Gerüchte regelmäßig weiter. Man versuchte, sich durch auswärtige Orakel in Nachbardörfern abzusichern. Dort erhoffte man sich mehr Objektivität. Und im Dorf wurde weiter dafür und dagegen gesprochen. Zaubereivorwürfe haben die Eigenschaft, im Laufe der Zeit zuzunehmen. Wenn einmal ein Name gefallen ist, dann ist es leicht möglich, daß er auch bei den nächsten Todesfällen wieder genannt wird. Das hing bei den Lele damit zusammen, daß man glaubte, wer einmal als Zauberer angefangen habe, der müsse weitermachen. Denn er würde bedrängt von den Getöteten, die sich in menschenfressende Ungeheuer seines Gefolges verwandelt hätten und immer neue Opfer verlangen würden. Mit der Zeit konnte die Situation für einen Verdächtigen unerträglich werden. Es war ihm nicht möglich, das Dorf zu verlassen. Dafür war er regelmäßig zu alt. Das konnten nur die Jüngeren, im Vollbesitz ihrer Arbeitskraft. So ist es zu erklären, daß mancher sich entschloß, die Situation ein für allemal zu klären und sich demjenigen Orakel unterzog, das von allen Lele als eindeutig und sicher anerkannt wurde, dem Giftordal, ipome. Ipome konnte nicht lügen.

Es bestand darin, daß der Verdächtige Gift trinken mußte. Wenn er daran starb, war er der Zauberei überführt und bestraft. Blieb er am Leben, indem er sich nur erbrach, war seine Unschuld erwiesen. Es war ein Pflanzengift, das wahrscheinlich aus Baumrinde gewonnen wurde. Man konnte es nicht leicht beschaffen. Deshalb, und vielleicht auch, um Manipulationen zugunsten oder zum Schaden der Verdächtigen zu verhindern, schlossen sich oft mehrere Dörfer zusammen, um es gemeinsam für mehrere durchzuführen. Am Rande eines Dorfes wurde eine Umzäunung gebaut, in der sie sich drei Tage lang aufhielten, begleitet von ihren Verwandten. Sie ernährten sich nur von Bananen. Man hatte die Erfahrung gemacht, daß

dies die Diät mit der größten Überlebenschance war. Dann bereiteten die Medizinmänner den Trank. Sie probierten ihn zuerst selbst, um ihre rituelle Kraft zu beweisen. Schließlich erhielt jeder der Verdächtigen einen Schluck. Danach mußten sie sich bewegen, in der Umzäunung tanzen, laufen, rennen. Dadurch wollte man erreichen, daß der Magen das Gift zurückweist. Einige erbrachen sich und tanzten weiter. Andere hatten nur Schmerzen, wurden von den Medizinmännern immer wieder angetrieben, fielen irgendwann zusammen und starben. Die Überlebenden kamen im Triumphzug mit ihren Verwandten ins Dorf zurück.
1924 ist das Orakel von der Kolonialverwaltung verboten worden. Es wurde noch lange Zeit heimlich weiterbetrieben, bis es durch eine Reihe von verschiedenen Anti-Zauber-Kulten ersetzt war. Wie stark das Bedürfnis nach sicherer Klärung war, zeigte sich 1959, als die Kolonialverwaltung nicht mehr richtig funktionierte und die neue Zentralregierung die Macht im Kongo noch nicht übernommen hatte. Ipome lebte sofort wieder auf. Hunderte von Menschen sollen damals gestorben sein.

Verletzung und Ausgleich

Einen friedlichen Eindruck machte die Gesellschaft der Lele nicht. Ihre Dörfer waren mit Palisaden umgeben. Es gab Kämpfe zwischen ihnen, viel Frauenraub, und allein durch das Land zu reisen, war gefährlich. Insofern können sie sich durchaus neben den Nuer sehen lassen. Aber vieles war doch anders. Die Nuer hatten das soziale Ideal des Kampfes und des Mutes. Für die Lele waren es Zurückhaltung und Friedlichkeit. Innerhalb des umfriedeten Raums ihres Dorfes gab es weniger Gewalttätigkeiten als bei den Nuer. Das wird damit zusammenhängen, daß die Jagd für sie eine große Rolle spielte. Streit macht Lärm, und Lärm vertreibt das Vieh, stört den Wald. Also sind Ruhe und Frieden ein hoher sozialer Wert. Blieb die Jagd erfolglos, suchte man nach den Ursachen. Wo hat es Streit gegeben? Wo ist eine Frau im Zorn weggelaufen? Hat ein Mann seiner Frau das Essen zurückgegeben? Wenn man das herausbekam, wußte man, wie man die Geister im Wald wieder beruhigen könnte. Sie hatten dafür ein System entwickelt, das nicht nur die Geister, sondern oft auch von vornherein die Streithähne besänftigte. Für Streit waren nämlich Bußen an den Dorfschatz zu leisten. Der Dorfmagier verhängte sie, der das Ritual für die Jagd betrieb. Bei offenem Streit wurden sie gleich ausgesprochen, denn die Jagd mußte erfolglos bleiben, solange der Sühnebetrag nicht im Dorfschatz gelandet war. Je größer der Streit, desto höher die Buße. Bei einfachen Raufereien oder Streit zwischen Eheleuten genügten schon zwei Raffia-Tücher und ein Hühnchen. Selbst bei Zank unter Kindern war es möglich, daß ihre Eltern mit einer Buße belegt wurden, besonders wenn man schon längere Zeit nichts mehr gefangen hatte und die Stimmung im Dorf kritisch war. Streit ist bei ihnen also eine Verletzung des gemeinschaftlichen Friedens gewesen. Sie mußte ausgeglichen werden durch eine Gabe an die Gemeinschaft. Damit war der Friede zwischen den Streitenden wiederhergestellt – denn leisten mußte der schuldige Teil – und der Friede zwischen ihnen und dem Dorf. Das Dorf war wieder ruhig. Damit waren es auch die Geister im Wald.

Jede Mißhelligkeit war gefährlich für die Jagd. Deshalb fand oft eine gemeinsame Aussprache statt, frühmorgens, bevor man aufbrach. Jeder sollte vorbringen, was ihm auf der Seele lag. Erst wenn man sich ausgesprochen hatte, konnte es losgehen. Ärger, meinten sie, wird beseitigt, wenn man darüber spricht. Sehr viel intensiver als die Nuer versuchen sie, Streit durch Regulierungen im Vorfeld zu vermeiden. Ihr Ordnungsdenken ist vorsichtiger, nicht kämpferisch, sondern friedlich. Nicht nur die Blutrache soll verhindert werden – die Aufgabe des kuaar muon bei den Nuer – sondern jeder Streit und jede Gewalt, durch Institutionen im Vorfeld, durch die obligatorische Aussprache vor der Jagd und den indirekten Druck der Bußleistungen an den Dorfschatz. Das gleiche zeigt sich im System ihrer Blutschulden. Sie spielten bei den Lele eine noch viel größere Rolle als thung und die Tätigkeit des kuaar muon bei den Nuer. Anders als dort handelt es sich bei ihnen fast immer nur um fiktive Tötungen. Meistens waren es natürliche Todesfälle, für die ein anderer verantwortlich gemacht wurde, weil er den Tod durch Zauberei oder Tabubruch verursacht haben sollte. Auch hier sind die Auseinandersetzungen, sind Verletzung und Ausgleich in sehr viel höherem Maße zurückgenommen, mittelbar, indirekt. Die Verletzung war regelmäßig weniger offensichtlich, weniger gewalttätig, und selbst der Ausgleich weniger sichtbar, nicht so manifest wie die Übergabe von einem oder zwei Dutzend Rindern bei den Nuer.

Blutschulden entstanden durch die Tötung von Menschen (Douglas 1963.141-167). War jemand vom Giftordal überführt, mußten seine Angehörigen denen des Toten Ersatz leisten, für Tötung durch Zauberei. Überlebte ein Beschuldigter das Ordal, mußte ihm derjenige eine Blutschuld leisten, der ihm den Vorwurf gemacht hatte. Das war das Risiko, das man mit der Anwendung dieses gefährlichen Instruments lief. Bei offener Gewalt wurde Ersatz geleistet, wenn der Klan des Täters und des Getöteten in einem Dorf oder in Dörfern lebten, die miteinander in freundschaftlichem Kontakt standen. Innerhalb ein und desselben Klans gab es keinen Ausgleich. Auch zwischen verfeindeten Dörfern wurde bei offener Gewalt über Blutschulden kaum verhandelt. Dann blieb meistens nur die Blutrache. Sie fand nicht zwischen den Verwandtschaftsgruppen statt. Selbst hier hatte das Dorf als Korporation den matrilinearen Klan überlagert.

Viele andere Fälle gab es, in denen Blutschulden entstanden. Einer der häufigsten war der Ehebruch mit einer schwangeren Frau, die danach bei der Geburt ihres Kindes gestorben war. Die Lele hatten viele sexuelle Tabus, deren Bruch – hanga – Krankheit und Tod bedeutete (Douglas 1963.122-124). Besonders der Ehebruch war dadurch unter Sanktion gestellt. Das war eine der vielen Normen zur Sicherung der Stellung der älteren Polygamisten gegen den Andrang der jungen Männer. Beging eine Frau Ehebruch, konnte ihr kranker Mann daran sterben. Tat sie es während ihrer Schwangerschaft, war ihr eigenes Leben in Gefahr. Nur durch ein Geständnis konnte sie es retten. Das kam regelmäßig, wenn es bei der Geburt Komplikationen gab. Starb sie, mußte der Ehebrecher dem Ehemann Ausgleich leisten. Aber auch, wenn ein bedrohtes Leben gerettet worden war, wurden Blutschulden fällig. Beim Freikauf eines Kriegsgefangenen zum Beispiel, für die Gewährung von Asyl durch ein Dorf oder bei gelungener Heilung nach schwerer Krankheit. »Ein Leben für ein Leben« war ihr Prinzip.

Der Ausgleich erfolgte durch bukolomo: durch die Übertragung von Rechten an einer Frau, vom Klan des Täters an den des Getöteten. Die Rechte waren zwar begrenzt, bestanden aber auf Ewigkeit. Der Erwerber – kumu – und seine Erben erhielten die Befugnis, sie und ihre weiblichen Nachkommen zu verheiraten, entweder an sich selbst oder an andere. Es waren letztlich Heiratsrechte, begrenzt durch die Mitsprache des Klans der Frau. Diesen Rechten standen Pflichten gegenüber. Der kumu schuldete Schutz und Hilfe, und zwar auch ihren männlichen Nachkommen. Sie waren in das bukolomo mit einbezogen, waren kolomo wie ihre Mutter und ihre Schwestern. Der kumu mußte ihnen helfen, die Aufnahmegebühren für die Altersgruppe aufzubringen, und für ihre Blutschulden eintreten. Er hatte ihnen später eine Frau zu besorgen, was er häufig dadurch tat, daß er sie mit einer anderen seiner weiblichen kolomo zusammenbrachte. Der männliche kolomo mußte ihm dafür Dienste leisten und schuldete ihm Anteile am Wild, das er erlegte.

Bukolomo war ein gegenseitiges Verhältnis, ein Bündel von Rechten und Pflichten auf beiden Seiten, mit einem gewissen Übergewicht der Berechtigung auf Seiten des kumu. Denn nichts war für die Männer der Lele wichtiger als die Berechtigung, über die Heirat einer Frau zu bestimmen. Es war ein empfindliches Verhältnis, abhängig vom guten Willen auf beiden Seiten, von kumu und kolomo. Wurde der Druck des kumu zu stark oder erfüllte er seine Pflichten nicht, konnte sich ein kolomo ziemlich leicht lossagen. Mary Douglas hat es zunächst als Klientelverhältnis bezeichnet (Douglas 1960.1 f.). Und in der Tat gibt es Gemeinsamkeiten mit der Klientel im antiken römischen Recht, die meistens durch die Freilassung eines Sklaven entstand. Auch hier gab es Rechte und Pflichten auf beiden Seiten, beim Patron und Freigelassenen, mit überwiegenden Vorteilen des Patrons (Kaser 1971.298-301). Aber die Unterschiede sind größer als die Gemeinsamkeiten. Die

Klientel der Römer erlosch mit dem Tod des Freigelassenen und setzte sich nicht an seinen Kindern fort. Die Vormundschaft des Patrons über den Freigelassenen war eher eine vermögensrechtliche. Auf die Heirat von freigelassenen Frauen hatte er grundsätzlich keinen Einfluß (Kaser 1971.321 Anm. 32). Das aber stand gerade beim bukolomo im Vordergrund. Und – schließlich – die römische Klientel bedeutete krasse soziale Ungleichheit. Zwar war sie für die Erhaltung der Klassengesellschaft der Römer von ähnlicher Bedeutung wie bukolomo in der Balance der segmentären Struktur der Lele. Aber deren Egalität wurde dadurch nicht beeinträchtigt. Wenn man von der Benachteiligung der Frauen einmal absieht, die aber ohnehin schon bestand und durch bukolomo nicht erheblich verstärkt wurde. Die soziale Stellung eines kolomo war die gleiche wie die der anderen Lele auch. Der kumu konnte ja sogar selbst kolomo eines anderen kumu sein. Das wäre bei der römischen Klientel undenkbar gewesen. Insofern ist es zweifellos richtig, wenn Mary Douglas von dieser Parallele wieder abgegangen ist (1963.142 Anm. 1).

Allerdings ist ihre neue Lösung ebenso problematisch. Sie bezeichnet bukolomo als Pfand, nach dem Vorbild von Pfandrechten an Personen im Königreich der Aschanti in Ghana (Rattray 1929.47-55; Douglas 1963.142 Anm. 1). Aber dort diente es tatsächlich zur Sicherung irgendwelcher anderer Forderungen, etwa eines Darlehens, wie es die Funktion von europäischen Pfandrechten an Sachen ist. Auch dort sollte es erlöschen, sobald die Schuld bezahlt war. Das Pfand ist eben ein Nebenrecht, zur Sicherung einer Hauptforderung. Ganz anders das bukolomo der Lele. Es diente nicht der Sicherung einer Blutschuld. Es war selbst die Erfüllung einer solchen Schuld, wurde auf Ewigkeit begründet und sollte nicht erlöschen. So etwas kann man nicht als Pfand bezeichnen. Es ist eben ein Rechtsinstitut eigener Art. Man sollte vermeiden, dafür europäische Terminologien zu verwenden.

Zur Verdeutlichung der Entstehung und Funktion von bukolomo noch zwei Fälle als Beispiele:

Fall Nr. 1, Ende und Neubegründung einer Blutschuld (Douglas 1960.8 f., 1963.151 f.): Ein Mann des Lubelo-Klans im Dorf Süd-Homba war durch das

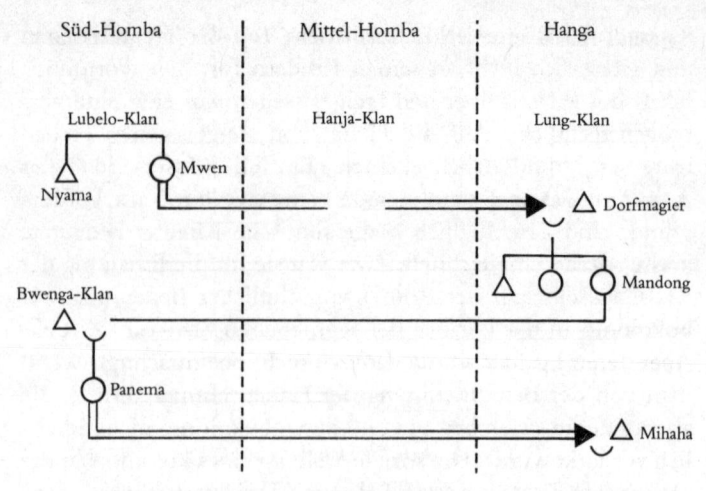

```
Süd-Homba          │   Mittel-Homba      │      Hanga
                   │                     │
Lubelo-Klan        │   Hanja-Klan        │      Lung-Klan
```

Fall Nr. 1, nach M. Douglas 1963.151
⇒ *bukolomo-Verbindung*

Giftordal überführt worden, einen Mann des Hanja-Klans im Dorf Mittel-Homba durch Zauberei getötet zu haben. Der Lubelo-Klan übertrug deshalb dem Hanja-Klan bukolomo an einer ihrer Frauen, Mwen. Die Hanja hatten ihrerseits eine Blutschuld gegenüber dem Lung-Klan im Dorf Hanga. Deshalb heirateten sie Mwen nicht selbst, sondern übertrugen ihr bukolomo auf den Lung-Klan. Dort wurde sie mit dem Dorfmagier aus diesem Klan verheiratet. Sie hatte drei Kinder, die kulomo des Klans waren, zwei Töchter und einen Sohn. Als ihr Mann starb, wurde sie von einem anderen Mann des Klans geheiratet. Aber man unterließ es, vorher das Reinigungsritual durchzuführen, das dringend notwendig war, um hangar zu vermeiden. Die Frauen eines Dorfmagiers sind nämlich von Tabus noch stärker umgeben als andere. Er soll dadurch aus den Streitigkeiten des Dorfes möglichst ganz herausgehalten werden. Auch der normale Ehebruch konnte sie töten. Deshalb mußte Mwen vor ihrer Heirat mit einem anderen erst noch rituell von ihrem gestorbenen Mann geschieden werden. Und tatsächlich ist sie bald danach gestorben. Der Klan, der das versäumt hatte, war damit für ihren Tod verantwortlich. Deshalb verlangte ihr Bruder Nyama im Namen des Lubelo-Klans Blutgeld von den Lung in Hanga. Das wurde verweigert. Darauf erklärte der Lubelo-Klan das bukolomo für beendet. Ihre Kinder wurden nach Süd-Homba geholt. Eine ihrer Töchter, Mandong, heiratete dort einen Mann des Bwenga-Klans. Sie hatte eine Tochter, Panema. Später wurde Nyama sterbenskrank. Viele Medizinmänner versuchten, ihm zu helfen. Ohne Erfolg. Ein Mann schließlich hat ihn geheilt, nach zahllosen Versuchen, eine »mächtige Medizin« zu finden. Es war Mihaha, vom Lung-Klan in Hanga. Er sollte an sich Mandongs Tochter heiraten. Aber das war daran gescheitert, daß die Lubelo das bukolomo für beendet

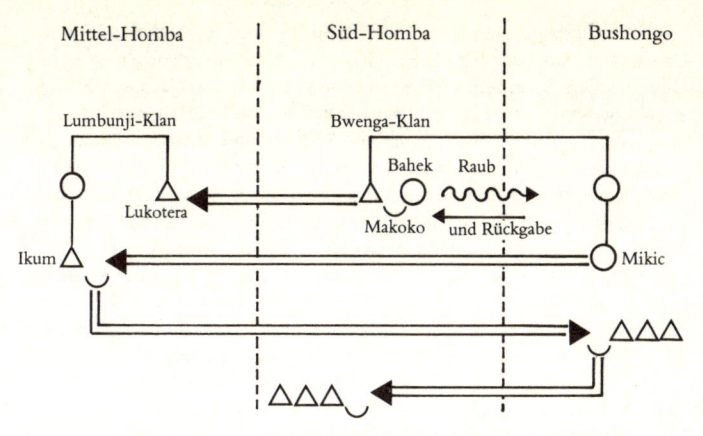

Fall Nr. 2, nach M. Douglas 1963.147
⇒ *bukolomo-Verbindung*, △ △ △ *Stellung als Dorffrau*

erklärt hatten. Als Nyama wieder gesund war, ließ er ihn rufen. Er verdanke ihm sein Leben, sagte er. Deswegen würde er ihm das Mädchen Panema geben. So erhielt der Klan der Lung ein bukolomo, das er schon verloren hatte, wieder zurück durch die außerordentliche Hilfsbereitschaft des Mihaha, der nun Panema heiraten konnte. Vorher war allerdings noch eine kleine Hürde zu nehmen. Panema war nämlich inzwischen mit einem anderen Mann verheiratet und hatte einen Sohn von ihm. Der Mann weigerte sich, sie freizugeben. Früher hätten die Lubelo zur Gewalt gegriffen. Aber das ganze geschah, als die belgische Kolonialverwaltung die Kämpfe zwischen den Dörfern erfolgreich gestoppt hatte. So griff man zu einem Trick. Nyama und Mihaha gingen zum Kolonialgericht und erklärten wahrheitswidrig, Panema sei zuerst mit Mihaha verlobt gewesen und später von ihrem jetzigen Mann geraubt worden. Daraufhin wurde sie Mihaha zugesprochen.

Fall Nr. 2, Drei Stationen im Leben eines Mädchens (Douglas 1960.5 f., 1963.147 f.): Makoko war Klanältester der Bwenga in Süd-Homba, gleichzeitig kolomo des Lubunji-Klans in Mittel-Homba. Er wurde beschuldigt, einen Mann getötet zu haben, der kolomo des Dorfes Bushongo war. Für die Tötung eines kolomo konnte der kumu eine volle Blutschuld geltend machen. Kumu war in diesem Fall ein Dorf, Bushongo. Auch für ein Dorf bestand nämlich die Möglichkeit, kumu zu werden, denn es hatte – über seine Dorffrauen – Töchter und Söhne, für deren Tötung es bukolomo verlangen konnte. Makoko weigerte sich nun, die Blutschuld an Bushongo zu erfüllen. Er sagte, er hätte keine »freien Schwestern«. Das hieß, er hatte in seinem Klan keine Frauen, über die er verfügen konnte. Das war insofern richtig, als seine Schwester und ihre Tochter Mikic, die beide in Bushongo lebten, ebenfalls kolomo des Lumbunji-Klans in Mittel-Homba waren. Dadurch war er in seiner Verfügungsfreiheit beschränkt. Sie lag in erster Linie bei den Lumbunji und ihrem Klanältesten, Lukotera. Der hatte Mikic, die noch ein Mädchen war, auch schon mit dem Sohn seiner Schwester – Ikum – verlobt. Nachdem Makoko sich also geweigert hatte, griff Bushongo zur Selbsthilfe. Man entführte seine Frau, Bahek, und hielt sie gefangen, um Makoko unter Druck zu setzen. Das hatte Erfolg. Denn nun bequemte er sich, seinen kumu – Lukotera – dazu zu bewegen, die Blutschuld für ihn an Bushongo zu begleichen, indem er ihnen Mikic übertrug und die Verlobung mit Ikum auflöste. Der kumu war ja verpflichtet, für die Blutschulden eines kolomo aufzukommen. Der Lumbunji-Klan hatte damit alle Rechte an Mikic aufgegeben. Sie war nicht mehr mit Ikum verlobt. Ihr kumu war jetzt Bushongo und dort war sie – ihre zweite Station – als Dorffrau vorgesehen. Makokos Frau, Bahek, durfte dafür wieder nach Hause. Später machte das Dorf Süd-Homba gegen Bushongo aus einem anderen Grund eine Blutschuld geltend. Bushongo weigerte sich zunächst, sie anzuerkennen. Da griff nun Süd-Homba zur Selbsthilfe und nahm Mikic gefangen, als sie ihren Onkel Makoko besuchte. Sie wurde kolomo von Süd-Homba, wo man sie zur Dorffrau machte. Die beiden Dörfer lagen nahe beieinander und lebten seit langem in freundschaftlichem Einvernehmen. Das wollte Bushongo nicht gefährden. Deshalb erklärte man sich stillschweigend mit dem Verlust des bukolomo an Mikic einverstanden. Nach Mittel-Homba und Bushongo war Süd-Homba nun die dritte Station in ihrem Leben geworden.

Frauen waren die Objekte dieser männlichen Transaktionen. Sie wurden hin- und hergeschoben im Netzwerk gegenseitiger Verpflichtungen und im wesentlichen bewegt von den Interessen und Verfügungen der alten Männer. Allerdings funktionierte das System sehr viel subtiler, als es auf den ersten Blick erscheint. Die männlichen Akteure waren nicht völlig frei in ihren Entscheidungen – eingeengt zum Beispiel durch das Prinzip der bevorzugten Heirat und bedrängt von immer neuen Verpflichtungen – und die Frauen nicht nur passive Opfer. Die Empfindlichkeit und Kompliziertheit des Systems gab ihnen manchen Spielraum, in dem sie ihre eigenen Wünsche durchsetzen konnten. Sie sind nicht ständig manipuliert worden, sondern haben ab und zu auch selbst manipuliert. Wollten sie eine Ehe verlassen, konnten sie in ein anderes Dorf gehen. Wenn sie dort um Asyl baten, wurden sie dessen kolomo, mit der Folge, daß die Auseinandersetzungen mit ihrem Mann auf die Ebene der Dörfer verlagert wurde. Oder sie konnten den Tod eines Kindes zum Anlaß nehmen, das bukolomo zu beenden. Aber ohne Zweifel waren die Nachteile dieses Systems für

sie sehr viel größer als die Vorteile, die sie ab und zu dadurch hatten, daß sie es unterlaufen konnten.
Eindrucksvoll ist das Netzwerk in dem Diagramm dargestellt, das Mary Douglas von den gegenseitigen Beziehungen der Klans in Süd-Homba gibt, von ihren bukolomo-Beziehungen zum Dorf selbst und mit den Klans und anderen Dörfern außerhalb (S. 310). Die Anordnung der Klans im Diagramm dient nur der Verdeutlichung dieser Beziehungen. Sie hat nichts zu tun mit der Verteilung ihrer Hütten in der Residenz des Dorfes. Sie zeigt, daß eine soziale Deklassierung durch bukolomo schon deshalb nicht entstehen konnte, weil jeder Klan mit einer ausreichenden Zahl von Männern in beiden Funktionen auftritt, nämlich als kumu und als kolomo. Kumu konnte nur ein Mann sein. Regelmäßig war es der Klanälteste. Aber auch andere konnten es werden, wenn der Grund für die Entstehung des bukolomo durch sie selbst getroffen war, wie etwa von Mihaha durch seinen Heilerfolg im Fall Nr. 1. Und eben auch das Dorf, angezeigt durch die Pfeile zum Rand seines Ovals. Was sich aus dem Diagramm nicht ergibt, das ist die außerordentliche Bedeutung seiner Rolle in diesem System.
Hier erst, in seiner Funktion als kumu, tritt die volle Personalität des Dorfes in Erscheinung, im Umgang mit dem einzelnen kolomo und in Verhandlungen mit Klans und anderen Dörfern. Das ganze wurde diskutiert auf offenen Versammlungen, von allen Männern des Dorfes, morgens früh, damit alle teilnehmen konnten, bevor sie in den Wald gingen. Abgesandte von auswärts kamen schon am Abend vorher, um rechtzeitig anwesend zu sein. Das Dorf wurde als Person verstanden, die sich von natürlichen Personen nur dadurch unterschied, daß sie nicht kolomo werden konnte. Blutschulden standen ihm zu wie jedem anderen auch, bei Tötung eines seiner kolomo, bei Ehebruch eines Fremden mit einer Dorffrau, für die Tötung oder Verwundung des Dorfältesten oder des itembangu und für die Gewährung von Asyl, um die wichtigsten Fälle zu nennen. Außerdem mußte es – wie jeder kumu – einstehen für die Blutschulden eines eigenen kolomo.
Entscheidend war, daß es nicht nur in eigenen Angelegenheiten handelte, sondern daß ihm auch noch fremde übertragen

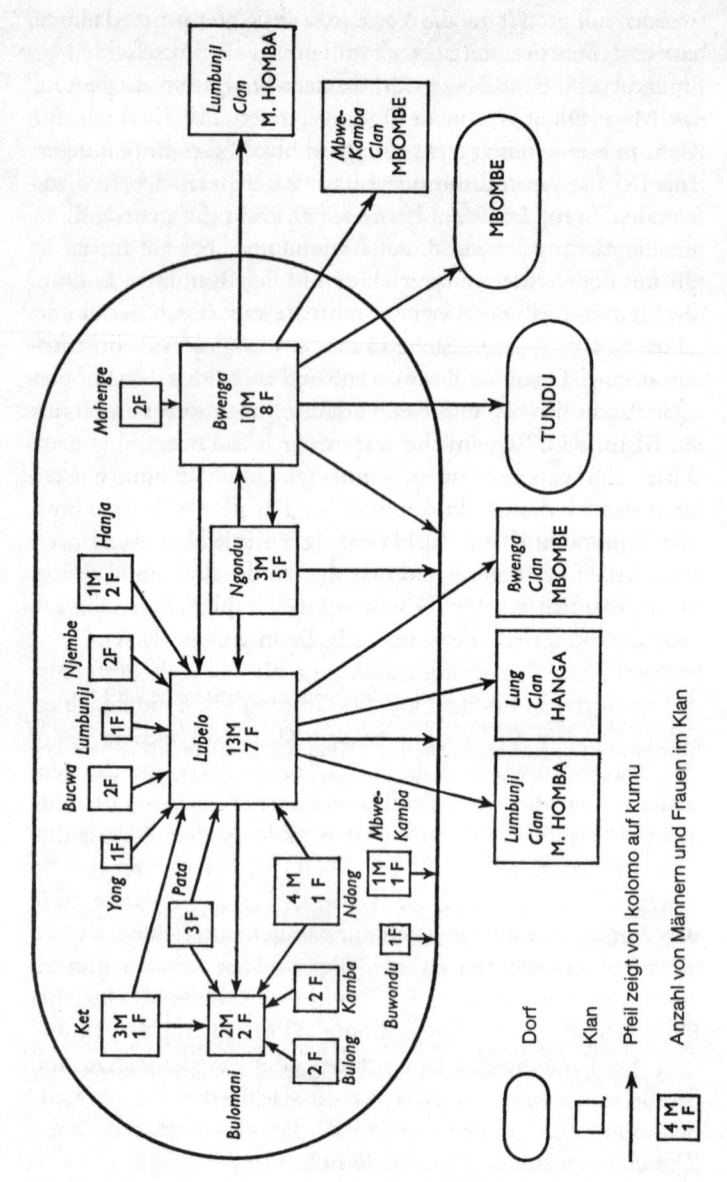

Die bukolomo-Beziehungen im Dorf Süd-Homba, nach M. Douglas 1963.165

werden konnten (Douglas 1963.168-185). Wenn ein Klan oder ein einzelner sich mit seiner Forderung von Blutschulden aus irgendeinem Grund nicht durchsetzen konnte, dann hatte er die Möglichkeit, sie an das Dorf abzutreten. Das Dorf nämlich war stärker in der Durchsetzung, weil die Gesamtheit seiner Männer dahinter stand und notfalls bereit war, Gewalt anzuwenden. Es machte dabei ein Geschäft. Zwar gab man dem, der eine Forderung abtrat, die volle Vergütung, aber nur in Raffia-Tüchern oder einer entsprechenden Menge Kamholz. Einhundert Raffia-Tücher, das war der normale Preis. Das Geschäft des Dorfes bestand darin, daß es in der Austauschsphäre eine Stufe höher stieg. Denn die Zirkulation von Frauen hatte eine höhere Qualität als die von materiellen Gütern, auch wenn es sich um Raffia handelte, das eine besondere personale Bedeutung hatte. Man schickte dann zwei Männer zu dem Schuldner. »Wir kommen aus dem Dorf soundso«, sagten sie. »Wir haben dem XY einhundert Raffia-Tücher gegeben und wollen nun unsere Frau haben.« Meistens ging das Ganze friedlich ab. Oft versuchte man einfach, eine Frau des anderen abzufangen. Manchmal gab es Kampf und Frauenraub. Ein typisches Beispiel:

Fall Nr. 3, Die Rache eines Ehemannes (Douglas 1963.173 f.): Ein Mann aus dem Dorf Kenge besuchte seinen Vater, der woanders lebte. Während seiner Abwesenheit machte man seine Frau, Njilu, zur Dorffrau. Als er das hörte, ging er nach Süd-Homba, das seit langem mit Kenge verfeindet war. Er erzählte, was geschehen war und übertrug ihnen seine Forderung gegen Kenge. Sie sollten kämpfen, meinte er. Wenn es Tote gäbe, würde er sie ihnen – mit bukolomo – ersetzen. Süd-Homba übernahm den Fall. Man gab ihm fünf Barren Kamholz, den Gegenwert von einhundert Raffia-Tüchern. Die Männer hatten allerdings nicht vor zu kämpfen. Sie warteten auf eine Gelegenheit, Njilu zu fangen, wenn sie in der Nähe einen Besuch machte. Das hörte man in Kenge und verbot ihr, das Dorf zu verlassen. Die Sache zog sich hin. Schließlich wurde man in Süd-Homba des Wartens müde und beendete den Fall dadurch, daß man ihre Schwester Inangu und deren Tochter Himbu gefangennahm. Inangu machte man zur Dorffrau. Himbu wurde dem Lubelo-Klan als kolomo gegeben. Von ihm nämlich hatte sich das Dorf die fünf Barren Kamholz geliehen, weshalb man ihnen eine Frau schuldete.

Das gab es nämlich auch, daß das Dorf in der Austauschsphäre herabstieg und bukolomo gegen Zahlung von Raffia übertrug. Man tat es normalerweise so wenig wie ein anderer. Aber es hatte ja größere Möglichkeiten und handelte dabei oft in der Absicht, einzelne stärker an sich zu binden.

Das ganze hieß ku utera, Abtretung von Blutschuldforderungen an das Dorf. Sie kam sehr häufig vor. Regelmäßig wandte man sich an dasjenige Dorf, das mit dem anderen verfeindet war. Dann nämlich wirkte die Drohung mit Gewalt. War die Beziehung freundlich, nahm man die Sache in der Regel nicht an. Letztlich standen so die Dörfer hinter dem ganzen System von bukolomo, das möglicherweise zusammengebrochen wäre, wenn es sich nur unter Klans und Individuen abgespielt hätte.

Das war, was die Lele am meisten beschäftigte im Umfeld von Verletzung und Ausgleich: bukolomo für Tötungen, notfalls der Weg über ku utera. Daneben stand, an zweiter Stelle der Wichtigkeit, der Ehebruch. Mit ihm gab es ja manche Überschneidungen, weil er über hanga zum Tode führen konnte, wofür man dann bukolomo verlangte. Die Häufigkeit des Ehebruchs war wohl die gleiche wie bei den Nuer. Während es dort aber selten Streit darüber gab, ist es bei den Lele ganz anders gewesen. Wahrscheinlich führte die Ungleichheit der Verteilung von Frauen zu größerer Unsicherheit der Polygamisten. Ehebruch war eine Verletzung von Rechten des Mannes an seiner Frau. Ließ er sich seinerseits mit einer unverheirateten Frau ein, war es keiner. Der einfache Ehebruch – ohne den Vorwurf von Todesfolge – wurde durch Zahlung von Raffia wieder in Ordnung gebracht. Die Höhe des Ausgleichs schwankte im Laufe der Zeiten. Ende der vierziger Jahre waren es fünfzig oder sechzig Tücher, manchmal auch hundert, nämlich dann, wenn der Ehemann gleichzeitig kumu seiner Frau gewesen ist. Besonders hoch bewertet wurde der Ehebruch mit der Frau eines Dorfmagiers, der dadurch vor dem üblichen Ärger des Dorfes stärker geschützt werden sollte. Wohnten die Beteiligten in verschiedenen Dörfern, dann war der Ausgleich in Raffia schwerer zu erhalten. Der Verletzte konnte in solchen Fällen den Weg über ku utera gehen:

Fall Nr. 4 (Douglas 1963.174): Njoku aus dem Dorf Süd-Homba hatte Ehebruch begangen mit der Frau des Ikum aus Mittel-Homba. Ku utera über das eigene Dorf war nicht möglich, weil zwischen Mittel- und Süd-Homba freundschaftliche Beziehungen bestanden. Also ging Ikum in das Dorf Kabamba, das mit Süd-Homba, dem Dorf des Ehebrechers, verfeindet war. Das war auch deswegen geschickt, weil dort dessen Schwester wohnte. Ikum trug ihnen den Fall vor. Sie übernahmen ihn, gaben ihm Kamholz und nahmen die Schwester des Njoku als bukolomo.

Dagegen trat anderes in den Hintergrund. Diebstähle kamen selten vor. Wenn Streit deswegen entstand, der Friede des Dorfes damit gestört und die Jagd gefährdet war, dann verhängte man eine Buße in Raffia, die an den Dorfschatz geleistet werden mußte. Privaten Ausgleich – außer der Rückgabe – gab es nicht. So war es auch bei leichten Körperverletzungen. In schweren Fällen konnte man bukolomo verlangen.

Recht und Ordnung

Wie bei den Nuer war das Recht der Lele struktural relativ, und zwar in fast noch stärkerem Maße, weil bei ihnen als zusätzliches Kriterium für seine Durchsetzung die Frage entscheidend gewesen ist, ob einzelne Dörfer miteinander befreundet waren oder nicht. Innerhalb des Dorfes stand die friedliche Einigung im Vordergrund. Sie war die Regel, aber selbst hier gab es noch strukturale Unterschiede. Streit innerhalb größerer Klangruppen war häufiger, aber weniger folgenreich. Oft zog man einfach nur in eine andere Ecke des Dorfes. Streit innerhalb kleinerer Klans führte häufig zum Weggang aus dem Dorf. Streit unter Angehörigen verschiedener Klans wurde durch Verhandlungen gelöst, ohne feste formale Struktur. Es gab keinen institutionellen Vermittler, außer der Gesamtheit der Männer frühmorgens vor der Jagd. Der Ausgleich erfolgte durch Raffia oder bukolomo. Ähnlich war es zwischen den Beteiligten, die in befreundeten Dörfern lebten. Hier stand neben dem Konsens schon ab und zu die Selbsthilfe, des einzelnen und seines Klans. Je größer der Klan, desto wirksamer wurde sie. Umso größer war aber auch die Wahrscheinlichkeit einer Einigung, weil stärkere Gewalt drohte. Unter Beteiligten in verfeindeten Dörfern war sie – neben ku utera – meistens die einzige Möglichkeit. Selbsthilfe von einzelnen war zwar nicht selten bei den Lele, aber nicht so häufig wie bei den Nuer. Denn oft wurde sie ersetzt durch den dritten Weg, durch ku utera. Meistens war es der Umweg über ein an sich unbeteiligtes Dorf, das mit dem des Anspruchsgegners nicht befreundet sein durfte. Dieser Weg veränderte häufig den Inhalt des Rechts. Bei einfachem Ehebruch erhielt der Verletzte zum Beispiel ungefähr das, was er auch bei friedlicher Einigung erhalten hätte, nämlich Raffia oder Kamholz. Aber der Verletzer mußte bukolomo leisten. Das war mehr und von höherer Qualität.

Das System von Blutschulden und bukolomo stand bei ihnen im Zentrum von Recht und Ordnung. Es war sehr viel abstrakter als die Beilegung von Blutfehden durch den kuaar muon bei den Nuer, imaginär in den meisten Fällen bei der Verletzung, weniger anschaulich auch im Ausgleich. Und es kommt noch etwas anderes hinzu, das bei den Nuer undenkbar gewesen wäre. Die Ergänzung durch ku utera.

Auf den ersten Blick, meint Mary Douglas, sähe es aus wie eine quasi-richterliche Institution, die den einzelnen in die Lage versetzte, die bewaffnete Macht des Dorfes für die Verfolgung seiner Ansprüche einzusetzen. Und sie ergänzt, es habe auch manchmal in dieser Weise funktioniert. Aber, so beendet sie ihre Überlegungen, es sei mehr ein Instrument willkommener Rache als der Rechtsanwendung gewesen. Denn das Dorf habe bei der Übernahme eines Falles nicht darauf gesehen, ob der Betreffende im Recht oder im Unrecht war, sondern im wesentlichen nur darauf, in welchem Verhältnis man zu dem Dorf seines Schuldners lebte. War es feindlich, habe man solche Fälle gern übernommen, weil man auf diese Weise mit den anderen mal wieder abrechnen konnte. Es sei eben nur eine Art Streitinkasso gewesen (dispute-brokerage, Douglas 1963.170f.). Ohne Zweifel war es nicht Sinn dieser Einrichtung, dem Recht zum Sieg zu verhelfen. Nachdem das Dorf sich bei ihnen erst einmal zur Rechtsperson entwickelt und Rechte und Pflichten eines kumu übernommen hatte, lag es einfach nahe, den Geschäftsbereich auf diese Weise zu erweitern. Das Dorf war stärker als der einzelne. Führten Verhandlungen nicht zum Erfolg, konnte es seine Rechte im Wege der Selbsthilfe besser durchsetzen. Andererseits verhielt es sich wie mit jeder anderen Selbsthilfe in einer segmentären Gesellschaft. Regelmäßig kann sie auf längere Sicht nur Erfolg haben, wenn man im Recht ist. Sonst weckt man Gegenkräfte der anderen Seite oder im eigenen Lager. Das mußten sich die Männer des Dorfes schon überlegen, wenn sie den Fall übernahmen.

Tatsächlich war ku utera kein Instrument der Rechtsanwendung. Es hatte nicht quasi-richterliche-Funktion. Aber es war in erster Linie auch nicht willkommener Vorwand für längst fällige Rache, sondern ganz einfach das auf die Ebene des Dorfes gehobene System der Selbsthilfe. Und dadurch veränderten sich Recht und Ordnung in nicht unerheblicher Weise. Die Durchsetzung von Recht wurde leichter. In seiner Ordnung trat die Allgemeinheit der Person des Dorfes stärker in Erscheinung. Das war eine der entscheidenden Bedingungen für die Existenz und Ausweitung dieses sehr allgemeinen, sehr vermittelten Systems von Blutschulden. Nur so ist es den Lele wohl gelungen, in dieser erstaunlichen Weise ein sehr abstraktes System von Forderungen und Forderungsabtretungen zu entwickeln, das in seiner Abstraktion dem Anspruchssystem unseres bürgerlichen Rechts ziemlich nahe kommt. Aber man darf nicht vergessen, es waren Forderungen aus Delikt, nicht aus Vertrag. Das ist der entscheidende Unterschied. Bei den Lele war es eine segmentäre Allgemeinheit, hinter der zwar die bewaffnete Mannschaft des Dorfes stand, die aber egalitär und herrschaftsfrei geblieben war, ohne Einwirkung von Autorität. Hinter unserem Anspruchssystem steht eine ganz andere Generalität. Nicht unbedingt eine friedliche, denn auch sie wird getragen von einer bewaffneten Mannschaft. Nur ist sie eben als Staatsgewalt emporgehoben über die mit ihr nicht identische – und auch nicht egalitäre – Gesellschaft.

Das System von bukolomo und ku utera war nicht nur außerordentlich komplex, sondern auch im Bewußtsein der Lele immer gegenwärtig. Sie waren ununterbrochen mit dem Druck ihrer Blutschulden beschäftigt. Jeder war sich bewußt, daß er jederzeit wieder neu verantwortlich werden könnte. Allgemeine Vorstellungen von Verantwortlichkeit waren hoch entwickelt. Die zugrundeliegenden Zuordnungen – wie Tötung durch Tabubruch oder Zauberei – sind zwar für unser Verständnis irrational. Trotzdem war das System als Ganzes in sich widerspruchsfrei und angesichts seiner hohen Komplexität damit von hoher Rationalität. Es war fest verankert in ihren Überzeugungen. Im Zentrum des Rechts der Lele stand die veritas, nicht die auctoritas. Die Selbsthilfe war mit ku utera zwar auf die Ebene des Dorfes gehoben und dadurch die Allgemeinheit dieser Vorstellungen verstärkt. Das allgemeine Rechtsbewußtsein war jedoch in seiner Bedeutung nicht durch den Einfluß von Autorität oder Zwang zurückgedrängt worden. Denn grundsätzlich konnte das Netzwerk von bukolomo als Drehscheibe für Recht und Ordnung auch ohne ku utera bestehen. Außerdem war das Dorf als Person keine Autorität, sondern eben nur die Gesamtheit aller Männer, ohne autoritäre Repräsentanz. Dahinter stand nicht nur ihre physische Kraft, sondern auch die Gemeinsamkeit ihrer Überzeugungen. Ku utera war Zwang ohne Autorität. Deshalb hätten die Lele ohne Einschränkung sagen können, veritas, non auctoritas facit legem.

Wie bei den Nuer war das Ganze eng verbunden mit religiösen Vorstellungen. Recht und Religion sind auch bei den Lele kreuz und quer ineinander verflochten. Sehr deutlich sieht man das beim Ehebruch. Seine Sanktionen stellen sich bei hanga zunächst als Reaktion der Geister dar, mingehe, durch die Gott in das Leben der Menschen eingreift, in diesem Fall mit Krankheit und Tod. Erst über diesen Umweg kommt es zur Folge von bukolomo. Auch die Zauberei gehört hierher. Denn sie ist nichts anderes als der verbotene Gebrauch des Instrumentariums der Magie, die dem gesellschaftlich nützlichen Umgang mit den Geistern dient, für die Fruchtbarkeit der Frauen und den Erfolg der Jagd. Die Sanktionen für kleinere Streitigkeiten wie Rauferei und Zank und Ehestreit – die Raffia-Bußen an den Dorfschatz – gehören letztlich zur Jagdmagie. Das Recht und die Ordnung der Lele ruhten fest auf der Grundlage solcher religiös-magischen Überzeugungen.

12. KAPITEL

Ordnung und Konflikt und Recht

Betrachtet man die Ordnung in segmentären Gesellschaften und vergleicht sie mit der von Sammlern und Jägern, dann ist ganz deutlich, wie in allen Bereichen des Lebens die Dichte der Organisation zunimmt. Regelmäßig treten fester gegliederte agnatische Verwandtschaftsgruppen an die Stelle der eher lokker gefügten Horde. Durch die Seßhaftigkeit erhöht sich die Bedeutung des Eigentums am Boden, jedenfalls dort, wo Dauerfeldbau betrieben, also zum Beispiel Getreide angebaut wird. Dann entsteht auch regelmäßig ein intensiver Ahnenkult. Anders bei extensiver Landwirtschaft mit Brandrodung, in der man sich im Wechsel weniger Jahre neue Felder sucht. In Hirtengesellschaften ist es das Eigentum am Vieh, das neben der Verwandtschaft ins Zentrum der sozialen Organisation rückt. Daneben gibt es in allen segmentären Gesellschaften eine Vielzahl von Sachen, die man bei Sammlern und Jägern nicht findet: Häuser und Hausrat, Werkzeuge und Ackergeräte. Auch deren Zuordnung muß geregelt werden. Und es gibt mehr Menschen. Die soziale Dichte nimmt zu. Neue Ordnungs- und Konfliktlösungsmechanismen werden notwendig, zumal die alten teilweise nicht mehr funktionieren, wie zum Beispiel die

---

Literatur: S. Roberts, Order and Dispute, 1979, deutsch: Ordnung und Konflikt, 1981 (eine sehr gute allgemeine Darstellung, im 9. Kapitel ausführlich zur Frage, warum Konflikte in einigen Gesellschaften eher unfriedlich gelöst werden, in anderen eher friedlich). Zu Blutrache und Fehde am besten: E. A. Hoebel, Feud – Concept, Reality and Method in the Study of Primitive Man, in: A. R. Desai (Hg.), Essays on Modernization of Underdeveloped Societies, Bd. 1 (1971) S. 500–513. Das Programm zur Erforschung von Verhandlungen und über die Rolle von Normen: P. H. Gulliver, Case Studies of Law in Non-Western Societies, in: L. Nader (Hg.), Law in Culture and Society, 1969, S. 11–23. Über Veränderung von Recht grundlegend: L. Pospisil, Kapauku Papuans and their Law, 1958, S. 165 f., 275, 282–284. Zum Unterschied von vorstaatlichem und staatlichem Recht wertvolle Beobachtungen bei E. Colson, Tradition and Contract, 1974.

Fluktuation. Man kann nicht mehr so leicht auseinandergehen, wenn es Streit gibt. Seßhaftigkeit bedeutet ganz allgemein einen Verlust an Mobilität. Die Konflikte müssen an Ort und Stelle gelöst werden. Deshalb gibt es in fast allen seßhaften Gesellschaften Mechanismen für Vermittlung. Nur in solchen mit extensiver Landwirtschaft, in der der Wert der Arbeitskraft höher ist als der des Bodens, kann man sich noch leichter trennen. Wenn das, wie bei den Lele, verbunden ist mit regelmäßiger Jagd, dann funktioniert auch die moralische Kontrolle noch so, wie sie in Jägergesellschaften stattfindet, nämlich über den Erfolg oder Mißerfolg der Beutezüge. Hat man Pech, wird nach dem Schuldigen gesucht. Also verhält sich jeder ruhig und friedlich. Im übrigen entstehen mit der Seßhaftigkeit neue Mechanismen, die die gleiche Funktion haben. Hexerei und Zauberei zum Beispiel. Alles in allem eine Zunahme von Normen und Institutionen. Auch im Recht.

In der modernen Schule der angelsächsischen Rechtsanthropologie wird seit einigen Jahren zwischen zwei Regelungsbereichen unterschieden, in denen Recht wirksam wird, allerdings ohne daß man den Gebrauch des Begriffs Recht hier für angemessen hält. Man spricht von Ordnung und Konflikt, genauer: von order and dispute (Roberts 1981.17-29, 3. und 4. Kapitel). Ähnlich ist in der deutschen Rechtsethnologie zwischen Ordnungs- und Kontrollfunktion des Rechts unterschieden worden (Schott 1970.120). Es geht einfach darum, daß es in jeder Gesellschaft allgemeine Regeln für das Zusammenleben geben muß. Das ist die Ordnung. Und es muß Regeln dafür geben, wie Konflikte gelöst werden, wenn diese Ordnung gestört wird. Gleichgültig, ob man es nun Recht nennt oder nicht. In sehr unvollkommener Weise entspricht das der Unterscheidung von materiellem Recht und Verfahrens- oder Prozeßrecht in westlichen Gesellschaften. Unvollkommen deswegen, weil im frühen Recht das Ergebnis eines Streits sehr viel stärker vom Verfahren beeinflußt wird als bei uns. Das materielle Recht, die »Ordnung«, ist weniger fest ausgebildet.

Die Unterscheidung von Ordnung und Konflikt soll auch dem nun folgenden Versuch zugrundegelegt werden, Recht in segmentären Gesellschaften allgemein zu beschreiben. Für Jäger und Sammler erscheint sie unangemessen. Ihr Ordnungsgefüge ist noch zu locker. Mit dieser Unterscheidung wird es überfordert, wenn man von den höher entwickelten und untypischen nordamerikanischen Präriestämmen absieht, bei denen es mit ihren Häuptlingen schon Ansätze von Herrschaft gibt. Erst in segmentären Gesellschaften findet sich dafür allgemein eine ausreichende Zahl und Dichte von Normen und Institutionen. In diesen Gesellschaften – und nicht bei Jägern und Sammlern – sind auch diejenigen Untersuchungen zu Konfliktlösungsmechanismen gemacht worden, die sich dieser modernen Richtung der Rechtsanthropologie zurechnen (Gulliver 1963, 1971; Young 1971; Koch 1974).

Die Ordnung und ihr Funktionieren

Die Ordnung, das sind die allgemeinen Normen des Zusammenlebens, also Regeln für die Zugehörigkeit zur Verwandtschaftsgruppe, über Exogamie und Inzest, Brautpreisleistungen und Residenz, Zuordnung von Land, Vieh und anderen Sachen und ihre mögliche Vererbung, über Reziprozität und Verbote von Verletzungen anderer, also Tötung, Körperverletzung, Ehebruch, Aneignung fremder Sachen, Beleidigung, und was sonst noch in den verschiedenen Gesellschaften an wichtigen Regeln des sozialen Lebens existiert, wie der Zugang zu einzelnen Kulten und ihrer Ausübung.

Seit langem wird die Frage diskutiert, wie es möglich ist, daß solche Ordnungen ohne Staat funktionieren, ohne Zentralinstanzen, Polizei, Gerichte, Gerichtsvollzieher und Gefängnisse. Man begann mit Vorstellungen von der automatischen Unterwerfung unter den Gruppenkonsens. Ihre bekannteste Formulierung stammt von Sidney Hartland, der davon sprach, die »Wilden« seien, »eingebunden in die Ketten einer uralten Überlieferung«, die sie als selbstverständlich hinnähmen und niemals überträten (Hartland 1924.138, oben S. 19 f.). Ihre bekannteste Widerlegung stammt von Malinowski, der zwei Jahre später in seinem kleinen Buch über die Trobriander gezeigt hat, daß es durchaus Übertretungen gäbe, sich aber letztlich doch alles wieder auf ganz einfache Art von selber regeln würde, nämlich im wesentlichen durch eine Art »Privatrecht«, wie er es nannte, Privatrecht ohne Staat, dessen wichtigster Bestandteil die Gegenseitigkeit wäre (Malinowski 1926, oben S. 20 ff.). Diese Gegenseitigkeit war auf Trobriand besonders auffällig, weil es nämlich feste, verwandtschaftlich begründete Tauschbeziehungen gab, zwischen Küstenbewohnern, die auf Fischfang gingen, und denen, die im Inneren der Insel Yams anbauten. Das war der Tausch zwischen Fisch und Yams, ein wichtiger Faktor im Leben der Trobriander, der in der Tat ganz einfach deshalb ohne Staat und Gerichte funktionierte, weil jeder an der Gegenleistung des anderen interessiert war und es sich um langjährige Tauschbeziehungen handelte, die man nicht wechseln konnte. Erfüllte der eine seine Verpflichtungen nicht, dann traf ihn die Sanktion des anderen, der nun auch nicht leistete. Trotz mancher Übertreibungen hatte Malinowski etwas sehr wichtiges entdeckt. Er hatte entdeckt, wie ohne automatische Unterwerfung unter den Gruppenkonsens gesellschaftliche Ordnung dadurch funktionierte, daß es soziale Sanktionen gibt. Das wurde die Grundlage des Funktionalismus der englischen Social Anthropology, wie er von ihm und später in einem berühmten Artikel über social sanctions von Radcliffe-Brown formuliert worden ist (Radcliffe-Brown 1933a). Er unterscheidet positive und negative Sanktionen, positive, mit denen auf die Einhaltung von Regeln geantwortet wird, und negative bei Verstößen gegen die Ordnung.

Sanktionen sind nicht allein die Ursache dafür, daß Menschen Normen befolgen. Man hält sie auch deshalb ein, weil es sie seit langem gibt, weil man es so gelernt hat und weil sie von den anderen eingehalten werden. Insofern hat auch Hartlands Meinung von der Automatik eine gewisse Berechtigung, für frühe Gesellschaften wie für unsere. Aber es gibt Regelverletzungen, dort wie hier. In kleinen Gemeinschaften weniger als in großen, weil man sich besser kennt und sich besser unter Kontrolle hat. Wahrscheinlich sogar sehr viel weniger, als Malinowski meinte. Aber es gibt sie. Und die Umgebung reagiert darauf mit einer Vielzahl von negativen Sanktionen.

Es wird geredet, mit dem Betreffenden und unter den anderen.

Es gibt Klatsch und Tratsch, was seinem Ansehen schaden kann (Gluckman 1963). Die Schande allein ist schon ein außerordentlich wirksames Instrument gegen die Übertretung von Regeln (Hogbin 1947). Ebenso die Lächerlichkeit (Colson 1974.55). Es gibt noch sehr viel feinere Mechanismen, auch schon im Vorfeld möglicher Normverstöße. In kleinen Gemeinschaften bildet sich sehr schnell ein Konsens, der sich gegen den Betreffenden wendet, und zwar nicht so sehr im Hinblick auf einzelne Übertretungen, sondern als Urteil über seine ganze Person. Denn wichtiger als die einzelne Tat ist die Frage, was von ihm in Zukunft wieder droht (Colson 1974.51-59). Das kann zum Entzug von sozialem Kontakt führen, ganz oder teilweise, oder zu einer anderen Art von Ausgliederung, nämlich zum Vorwurf von Hexerei und Zauberei. Die Angst vor solchen Mechanismen ist groß und ein wichtiger Faktor für die Aufrechterhaltung von Ordnung.

Dann kommt hinzu die Angst vor den Folgen von Tabuverletzungen, vor Krankheit und Tod, mit vielen Abstufungen. Bei leichten Verstößen ist sie geringer als bei schweren. Malinowski hat als erster gezeigt, daß es auch nach der Tat vorbeugende Maßnahmen gibt, mit denen man sich, unbemerkt von den anderen, gegen solche Folgen schützen kann. Das sind kleinere oder größere Opfer, die die Geister beruhigen (Malinowski 1926.80f.). Oft führt nur eine nachfolgende Krankheit zum Geständnis, das dann Schlimmeres verhüten soll, zum Beispiel nach Ehebruch oder Inzest bei den Lele und Nuer (oben S. 265, 303).

Ebenso wie für Jäger bedeutet auch in segmentären Gesellschaften ein Normverstoß in erster Linie die Verletzung einer Person oder ihrer Verwandtschaftsgruppe. Normverstöße gelten nicht so sehr als Mißachtung der Ordnung, der Allgemeinheit. Sie sind eine Mißachtung des Verletzten. Dabei steht die Verletzung der Person im Vordergrund der Vorstellungen, nicht wie bei uns die Verletzung ihrer Rechte, selbst beim Diebstahl oder Ehebruch. Der Verletzte reagiert darauf mit Ärger, Feindseligkeit oder physischer Gewalt. Und auch in segmentären Gesellschaften ist die Angst vor Gewalttätigkeiten regelmäßig sehr groß. Deshalb bilden sich gegensteuernde Tugenden, wie Freundlichkeit oder Gleichmut. Man darf sich nicht provozieren lassen, heißt es dann (Colson 1974.40-42). Jedenfalls gehört die Angst zu den wichtigsten sozialen Sanktionen, wohl in allen akephalen Gesellschaften. Aber angesichts der großen Zahl anderer und ebenfalls wirksamer Sanktionen erscheint es als übertrieben, wenn Hoebel allgemein erklärt, ähnlich wie Evans-Pritchard für die Nuer, Angst vor Blutrache und Gewalt sei die Grundlage solcher Ordnungen (Hoebel 1971.5, Evans-Pritchard 1940.169, oben S. 269-272). Es ist ein vielfältiges Ineinander verschiedener Mechanismen, die sich gegenseitig ergänzen und dadurch die Selbstregulierung der Ordnung bewirken. Die Bedeutung einzelner Sanktionen kann dabei in verschiedenen Gesellschaften durchaus unterschiedlich sein, so wie auch Aggressivität und Verhandlungsbereitschaft sehr unterschiedlich ausgebildet sind.

Reziprozität

Sie gehört dazu, ist einer der wichtigen Faktoren in diesem Katalog von Mechanismen der Selbstregulierung, zumal sie auf doppelte Weise wirkt, nämlich sowohl als positive wie als negative Sanktion. Erfüllt man seine Verpflichtungen, erhält man die Gegenleistung, andernfalls nicht. Malinowski hatte noch gemeint, sie sei der entscheidende, ja wohl der einzige Mechanismus für das Funktionieren vorstaatlicher Ordnungen. Schon für Trobriand wird das eine Übertreibung gewesen sein. Wie überall gab es dort eine beträchtliche Zahl anderer Sanktionen. Aber ohne Zweifel spielt sie in segmentären Gesellschaften eine große Rolle. Man denke nur an die Bedeutung von Brautpreisleistungen.
Möglicherweise hat sie nicht mehr die fundamentale Bedeutung wie für Jäger, weil die Produktion nun regelmäßiger verläuft und neue Instrumente der Selbstregulierung entstehen. Jedenfalls verändert sie ihren Charakter. Bei den Jägern war es im wesentlichen die positive Reziprozität. In segmentären Gesellschaften wird die ausgeglichene wichtiger. Das zeigen die Brautpreisleistungen, die man fast überall findet, oder das weit

darüber hinausgehende System der Zirkulation von Raffia-Tüchern, bukolomo und ku utera bei den Lele, und nicht zuletzt jener Tausch von Fisch und Yams auf Trobriand. Häufiger als bei Jägern gibt es nun die negative Reziprozität. Die Lele etwa betreiben Handel mit ihren Nachbarn. Sie tauschten Raffia-Tücher gegen Kamholz und Eisenwaren, Fisch und Fleisch (Douglas 1963.13 f., 54 f.). Größere Bedeutung hat das zum Beispiel in manchen Teilen Neuguineas (Sahlins 1972.277-314). Die Nuer dagegen kannten es nicht. Sie trieben keinen Handel, hatten nur ihr Vieh, und das wollten sie nicht weggeben (Evans-Pritchard 1940.85-88).
Wie stark die Reziprozität mit anderen Mechanismen der Selbstregulierung verbunden ist, zeigt ein Fall, den Elizabeth Colson von den Plateau Tonga berichtet. Sie sind segmentäre – matrilineare – Ackerbauern in Nordrhodesien (Colson 1962). Es geht um die Großzügigkeit und Freundlichkeit einer Tonga-Frau. Elizabeth Colson saß mit ihr zusammen, als eine andere Frau aus ihrem Klan dazu kam und sie um Getreide bat. Und es machte zunächst einen großen Eindruck auf die Berichterstatterin, mit welch freundlicher Selbstverständlichkeit das nicht unbeträchtliche Getreidegeschenk gemacht wurde. Welch schöne Reziprozität! Positive Reziprozität unter Verwandten, die bei den Tonga üblich ist. Bis sich herausstellte, die Schenkerin habe nur Angst gehabt. Sie hätte nicht gewagt, nein zu sagen, meinte sie später, weil sie nicht wußte, ob die andere dann nicht mit Hexerei oder Zauberei reagieren würde. Das könne man nie wissen. Deshalb müsse man freigiebig sein. Und so habe sie ihr – leider – das schöne Getreide gegeben (Colson 1974.47-49).

Hexerei und Zauberei

Wo die soziale Dichte größer wird, wo man stärker zusammenrückt als in der diffusen Ordnung von Sammlern und Jägern, da ergibt sich aus dem engen Zusammenleben der Menschen die Notwendigkeit, Gefühle wie Haß, Neid oder Eifersucht zurückzudrängen, um die Solidarität enger Verwandtschaft oder enger Nachbarschaft auf Dauer zu erhalten. Deshalb werden sie in vielen segmentären Gesellschaften über die Mechanismen von Hexerei und Zauberei negativ sanktioniert. Eine Art Haftung für Unmoral (oben S. 298 f.). Die Lele sind dafür ein typisches Beispiel. Und es ist auch kein Zufall, daß sich so etwas bei den Nuer nicht findet. Denn in Hirtenvölkern ist die soziale Dichte nicht so groß wie bei Ackerbauern. Sie wandern mit ihrem Vieh. Auch wenn es nur ein jahreszeitlicher Wechsel ist wie bei den Nuer, zwischen den Dörfern in der Regenzeit und den Flüssen in der Trockenzeit, auch dann sieht man sich jedenfalls nicht tagaus, tagein, das ganze Jahr. Deshalb findet man bei Hirten regelmäßig keine Hexerei und Zauberei (Baxter 1972). Auch nicht bei Jägern, aus dem gleichen Grund, obwohl es hier Ausnahmen gibt, zum Beispiel die Paiute Schoschonen im Großen Becken von Nordamerika (Whiting 1950). Aus den statistischen Untersuchungen von Beatrice Whiting scheint sich zu ergeben, daß Hexerei und Zauberei in kephalen Gesellschaften seltener sind als in akephalen. Ihre Statistik enthält zwar gewisse Unsicherheiten (Hoebel 1954.272-274). Aber ihre Erklärung ist plausibel. Hexerei und Zauberei sind Mechanismen zur Durchsetzung sozialer Normen in Gesellschaften mit selbstregulierender Ordnung. Mit der Entstehung von Herrschaft entwickeln sich neue und verdrängen allmählich die alten.

Soviel zur Ordnung in segmentären Gesellschaften und zu ihren Mechanismen der Selbstregulierung. Wieviel davon nun dem Recht zuzuordnen ist und was nicht, also die Gretchenfrage des Logikers nach dem Charakter dieser Normen und dieser Sanktionen, das läßt sich jetzt noch nicht so recht entscheiden. Sie soll erst beantwortet werden, wenn die Konfliktlösungen und ihre Mechanismen beschrieben sind und die Rolle geklärt ist, die diese Normen dabei spielen.

Konflikte und ihre Lösungen

Als die Social Anthropology ihre großen Entdeckungen machte und beschrieb, wie Ordnungen in segmentären Gesellschaften funktionieren, da war es nur allzu verständlich, daß man den anderen Bereich, den Konflikt, zunächst vernachlässigte. Zumal man beides begrifflich ohnehin nur schwer trennen kann, denn auch Konfliktlösungsmechanismen gehören zu den Mechanismen der Selbstregulierung und Ordnung. Mit anderen Worten: Menschen halten auch deshalb Normen ein und die Ordnung wird bei Nichteinhaltung wiederhergestellt, weil es Mechanismen zur Lösung von Konflikten gibt. Jedenfalls ist in der zeitlichen Abfolge der Forschung zunächst die Ordnung und erst dann der Konflikt systematisch untersucht worden.

Es begann fünfzehn Jahre nach Malinowskis »Crime and Custom« mit dem Buch über die Cheyenne von Llewellyn und Hoebel (1941). Damals erklärte sich das noch ganz einfach aus der Tatsache, daß ein Anthropologe mit einem Juristen zusammengearbeitet hatte. Grund war das case-law-Denken des amerikanischen Juristen Llewellyn. Denn nach dem angelsächsischen Rechtsverständnis des »juristischen Realismus« besteht Recht nicht – wie etwa in deutscher Tradition – aus einem System abstrakter Normen, sondern aus der Summe der konkreten Entscheidungen von Gerichten. Das war auch der Grund dafür, daß man sich zunächst auf das Ergebnis der Lösung von Streitigkeiten konzentrierte. Erst seit einiger Zeit – und die Forschungen sind bei weitem noch nicht abgeschlossen – befaßt man sich mit den unterschiedlichen Instrumentarien, die dafür in verschiedenen Gesellschaften bereitstehen. Weil man nämlich begriff, daß die Art und Weise des Verfahrens einen wesentlichen Einfluß auf das Ergebnis der Lösung einer Streitigkeit haben kann. Seitdem versucht man systematisch, nicht nur den Hergang des Konflikts zu beschreiben und den seiner Beilegung, sondern auch die Vorgeschichte und die Auswirkungen seiner Lösung und seines Hergangs für spätere Fälle (Gulliver 1969).

Es gibt viele Möglichkeiten, einen Streit zu beenden (ausführlich: Roberts 1981.56-82). Sie sind so vielfältig wie die allgemeinen Mechanismen der Selbstregulierung in segmentären Gesellschaften. Man kann sie in zwei Gruppen einteilen. Konflikte werden entweder friedlich beendet oder unfriedlich. Zu den unfriedlichen Mitteln gehören die Selbsthilfe und die Rache, die Blutrache und die Fehde. Wichtigstes Mittel der friedlichen Beilegung sind Verhandlungen mit einer breiten Palette der Abläufe im einzelnen: mit oder ohne Einschaltung anderer bis zur Einigung auf Entscheidung durch einen Dritten. Eine Einigung liegt dem immer zugrunde. Auch wenn ein Schiedsrichter schließlich allein die Entscheidung trifft, hat man sich doch vorher auf ihn und auf dieses Verfahren verständigt. Der Vermittler dagegen hat selbst keine Entscheidungsbefugnis. Seine Aufgabe ist es, eine Einigung der Parteien herbeizuführen. Die Übergänge sind fließend.

Schiedsrichter sind selten in segmentären Gesellschaften. Regelmäßig fehlt es schon an der dafür notwendigen Neutralität. Die Gemeinschaften sind klein. Überall gibt es verwandtschaftliche und nachbarliche Bindungen oder Heiratsbeziehungen. Allenfalls dort findet man Schiedsrichter, wo einzelne stärker aus der allgemeinen Sozialstruktur ausgegliedert sind (Roberts 1981.173 f.). Bei den Pathan zum Beispiel, im Tal des Swat, im Norden Pakistans, gibt es – neben den Dorfhäuptlingen – Männer mit der Stellung von sogenannten Heiligen. Sie treten nicht nur als Vermittler auf, sondern werden öfter auch als Schiedsrichter angerufen. Probleme gibt es allerdings, wenn die unterlegene Partei einem solchen Spruch nicht folgen will. Letztlich geht er dann ins Leere (Barth 1959.96-99, 56-63).

Irgendwo in der Mitte zwischen friedlicher und unfriedlicher Beendigung liegen Streitlösungen durch Ritual oder Ordal. Beim Ordal riskiert man Leben oder Gesundheit. Es entscheidet über Schuld oder Unschuld als Spruch übernatürlicher Instanzen, die meistens die einzigen sind, die man dort als neutral ansieht. Das Ergebnis, wie etwa beim Giftordal der Lele, ist dann nicht nur eine Erkenntnis, wie durch ein normales Orakel, sondern gleichzeitig Entscheidung des Konflikts. In unserer Sprache: durch Freispruch oder Todesurteil. Ähnlich ist es beim Ritual. Es ist ein Mittel, den Interessengegensatz der Parteien auf einer höheren Ebene dadurch zu beseitigen, daß man ihn zum Gegenstand einer universalen und damit neutralen Thematik macht, über die man sich nicht mehr streiten kann (Colson 1974.52). Manchmal findet es sich nur bei Konflikten unter Verwandten (Koch u.a. 1977). Oft lenkt es auch einfach vom eigentlichen Thema ab. Dazu gehört zum Beispiel der

Singstreit. Es gibt ihn nicht nur bei den Eskimo, sondern auch in segmentären Gesellschaften, etwa bei den Tiv (Bohannan 1957.142-144). Tauschwettbewerbe können ebenfalls diese Funktion haben, besonders in Polynesien (Young 1971). Solch Streiten mit Nahrung, in deren Aufhäufen bei den anderen man sich gegenseitig zu überbieten versucht, kann den Konflikt allerdings auch verschlimmern, wie in manchen Formen des Potlatsch bei Indianern der amerikanischen Nordwestküste (Mauss 1968.81-103).

Bisher nicht ausreichend geklärt ist die Frage, warum Konflikte in einigen Gesellschaften eher mit friedlichen Mitteln gelöst werden und in anderen nicht (Roberts 1981.163-178). Die Forschung dazu ist lange Zeit durch das Vorurteil behindert worden, unfriedliche Mechanismen seien Ausdruck des Versagens von Institutionen der friedlichen Beilegung. Erst langsam gewöhnt man sich daran, hier nach verschiedenen Wertvorstellungen zu suchen. Die natürlich ihre Gründe haben. Aber welche? Man hat erst wenige Anhaltspunkte. Intensive soziale Verflechtung begünstigt friedliche Lösungen, während Abschottung nach außen durch Cliquenbildung, besonders bei Patrilokalität, eher aggressive Tugenden fördert. Das kämpferische Ideal der Nuer beruht wohl auch darauf, daß sie ein Hirtenvolk sind. Hirten sind meistens kriegerischer als Ackerbauern.

Eine entscheidende Neuerung begünstigt in fast allen segmentären Gesellschaften die friedliche Beilegung von Streitigkeiten. Ihre materielle Ausstattung ist reicher als die von Jägern. Güter werden wichtiger. Also kann man Verletzungen mit Sachleistungen ausgleichen (Trimborn 1950.139 f.). Bußen werden möglich. Sie ersetzen in gewissem Maße die Möglichkeit der Fluktuation, die mit der Seßhaftigkeit meistens verloren geht. Bei Tötungen haben sie oft die Höhe eines Brautpreises, der in der Verwandtschaftsgruppe des Getöteten eine Heirat ermöglicht, mit der Aussicht auf Kinder, die den Verlust wieder ausgleichen. Schon bei höher entwickelten Jägern findet sich ähnliches (Hoebel 1954.310,318).

Selbsthilfe und Rache, Blutrache und Fehde

Die Terminologie überschneidet sich. Selbsthilfe ist der Oberbegriff. Man hilft sich selbst, nimmt die Durchsetzung des Rechts in eigene Hände, eigenmächtig oder gewaltsam, jedenfalls ohne Konsens und regelmäßig unfriedlich. Die eigenmächtige Wegnahme von Sachen – das kwal der Nuer zum Beispiel – gehört ebenso dazu wie die Rache. In akephalen Gesellschaften ist sie aber grundsätzlich die einzige Möglichkeit, Regelverletzungen auszugleichen, wenn eine Einigung nicht zustandekommt. Selten handelt dabei nur ein einzelner und nur im eigenen Interesse. Häufig ist es eine Aktion mehrerer und meistens im Interesse des Kollektivs, etwa einer Verwandtschaftsgruppe (Moore 1972.67-79). Deshalb ist es an sich nicht ungewöhnlich, wenn sie im ku utera der Lele auf die Ebene des Dorfes gehoben werden kann. Unüblich ist nur die dort entwickelte hochtechnisierte Form der Verrechnung.

Rache ist Ausgleich für Verletzung durch Angriff auf den Verletzer, seine Verwandtschaft oder sein Hab und Gut. Sie muß nicht immer maßlos sein, wie man oft meint. In vielen Gesellschaften gibt es Regeln, die bestimmen, wie weit man gehen darf, besonders für ihre gefährlichste Form, die Blutrache bei Tötungen (Roberts 1981.59 f.). Wird Blutrache durch Gegenrache erwidert, spricht man von Fehde. Lange Zeit haben Ethnologen sich um eine möglichst genaue Definition bemüht. Die wohl beste stammt von Hoebel (1971.506, übers. v. Verf.):

»Die Fehde ist ein Konfliktzustand zwischen zwei Verwandtschaftsgruppen innerhalb einer Gesellschaft, der sich in einer Serie gegenseitiger Tötungen äußert, die nicht im Rahmen von Ritualen oder ähnlich geregelten Wettkämpfen stattfinden und regelmäßig begonnen haben als Reaktion auf einen ersten Totschlag oder eine andere schwere Verletzung.«

Unsere Kenntnisse der Einzelheiten sind spärlich. Die ethnologischen Berichte sagen regelmäßig nur, daß es dort die Blutrache gäbe und ihr häufig die Fehde folge. Auch Evans-Pritchard mit seiner vorzüglichen Schilderung der Nuer macht da keine Ausnahme. Er beschreibt die allgemeinen Regeln und die große Bedeutung von Blutrache und Fehde, aber er nennt keine konkreten Fälle und gibt keine Zahlen. So ist es meistens. Eine kritische Durchsicht der ethnologischen Literatur ergibt, daß die Ethnologen immer nur die ihnen zugetragene Meinung wiedergeben, in der von ihnen beschriebenen Gesellschaft sei die Blutrache üblich und die Fehde ihre fast zwangsläufige Folge. Aber man nennt keine Zahlen und Fakten und weiß nichts über die relative Häufigkeit von friedlicher und unfriedlicher Beilegung von Konflikten. So läßt sich heute noch nicht einmal sagen, ob die Fehde in akephalen Gesellschaften überhaupt häufiger ist als in manchen modernen Gesellschaften. Sicher scheint nur, daß sie dort bei weitem nicht so verbreitet ist, wie man noch in den fünfziger Jahren geglaubt hat (Hoebel 1971.508-510). Angesichts dieses Mangels an Material sind genauere Aussagen über das Verhältnis von Blutrache und Fehde zu den friedlichen Mitteln der Konfliktlösung kaum möglich. In den Worten des amerikanischen Anthropologen André Köbben: »One cannot pluck feathers from a frog« (Köbben 1967.6).

Verhandlung, Vermittlung und Einigung

Wohl die meisten Streitigkeiten in segmentären Gesellschaften werden friedlich beigelegt, durch Verhandlung und Vermittlung, mit dem Ergebnis einer Einigung. Diese Einigung, die am Ende der Verhandlungen steht, kann aus vielen Gründen zustandekommen. Häufig steht dahinter der Druck der sozialen Umgebung oder auch die Angst vor Gewalt. Trotzdem, es ist ein Konsens. Er allein trägt die friedliche Beilegung und ist damit eine der wichtigsten Grundlagen der gesellschaftlichen Ordnung. Eine Art immer wieder neu bekräftigter Gesellschaftsvertrag.
Besteht der Streit innerhalb einer Verwandtschaftsgruppe, wird er intern beigelegt, regelmäßig durch informelle Verhandlung, häufig durch Einschaltung von Älteren. Ist es ein Konflikt zwischen Angehörigen verschiedener Verwandtschaftsgruppen, dann gibt es viele Möglichkeiten. Die einfachste besteht darin, daß unmittelbar zwischen ihnen verhandelt wird, ohne Einschaltung Dritter. Die Vermittlung durch Dritte wird regelmä-

ßig notwendig, wenn der Streit sehr heftig ist. Das kann dann irgendjemand sein, wie bei den Lele, die keine festen Regeln dafür haben, wer als Vermittler tätig werden soll. Oder es kann, mindestens für bestimmte Fälle, von vornherein feststehen, wer eingeschaltet werden muß. Wie der Leopardenfellpriester der Nuer. Manchmal einigen sich die Parteien gemeinsam auf einen Vermittler. Manchmal wird er nur von einer Seite benannt. Je größer seine Macht, persönliche Autorität und sein Verhandlungsgeschick, desto stärker nimmt er Einfluß auf das Ergebnis der Verhandlungen. Um so größer ist auch seine Chance, die Parteien zu einer Einigung zu bringen. Ist seine Stellung sehr stark und sein Einfluß auf die Verhandlungen groß, dann erhält der erzielte Konsens oft schon fast den Charakter eines Schiedsspruches. Wie beim monkalun der Ifugao.
Die Ifugao sind Reisbauern – und Kopfjäger – im Norden der Insel Luzon, die zu den Philippinen gehört, eine segmentäre Gesellschaft von damals 120 000 Menschen, ohne Häuptlinge oder Dorfräte. Damals, das war 1919, als Barton ihr Recht in einer der ersten und heute noch wichtigen Darstellungen dieser Art beschrieben hat (Barton 1919). Sie haben keine lineages oder Klans, die meistens fehlen in Gesellschaften mit Anbau von Naßreis. Aber sie leben trotzdem in festgefügten Verwandtschaftsgruppen, mit Verwandten von Vater und Mutter bis zum dritten Grad. Deren enger Zusammenhalt ergibt sich aus dem Eigentum an den außerordentlich kunstvoll angelegten und wertvollen Reisterrassen. Es gibt große Unterschiede im Wohlstand, eine Unterklasse, eine Mittelklasse und eine Klasse von reichen Leuten, die kadangyang. Diese Reichen werden bei Streitigkeiten als Vermittler eingeschaltet. Das geschieht dadurch, daß der Verletzte einen von ihnen benennt. Der wird monkalun genannt, was soviel bedeutet wie derjenige, der einen Rat gibt. Der monkalun darf weder mit der einen noch mit der anderen Partei verwandt, soll also neutral sein. Barton meint, er sei allein auf sein Verhandlungsgeschick angewiesen. Hoebel sieht das anders, wohl zu Recht, indem er auf Bartons eigene Schilderung verweist und meint, hier sei ein juristischer Prozeß mit einem Richter im Zustand kurz vor seiner Entstehung, in statu nascendi. Deshalb sei diese Institution des

monkalun das eigentlich Bemerkenswerte am Recht der Ifugao, das im übrigen sehr genau ausgebildet war mit vielen detaillierten Einzelbestimmungen (Hoebel 1954.115-125). Hier ist der entscheidende Teil von Bartons Bericht über den monkalun (1919.94, übers. v. Verf.):

»Um zu einer friedlichen Einigung zu kommen, zieht er alle Register der Ifugao-Diplomatie. Er schmeichelt, beschwatzt und überredet, macht Komplimente, droht, macht Druck, schimpft und macht versteckte Andeutungen. Er handelt die Forderungen des Klägers herunter und polstert die Vorschläge des Beklagten auf, bis ein Punkt erreicht ist, an dem die beiden Parteien einen Kompromiß schließen können. Wenn der Schuldige nicht auf vernünftige Argumente hören will und wegläuft oder sich beim Nähern kämpferisch zeigt, dann wartet der monkalun, bis er in sein Haus geht, folgt ihm, setzt sich vor ihn hin, das Kriegsmesser in der Hand, und zwingt ihn zuzuhören.«

Das Kriegsmesser in der Hand eines reichen Mannes ist tatsächlich etwas mehr als bloße Vermittlung, ob man das nun als Vorstufe eines juristischen Prozesses ansehen will oder nicht. Normalerweise ist jedenfalls der Nachdruck bei Vermittlungen weniger stark, wahrscheinlich auch bei den Ifugao.

Die Rolle der Normen

Verhandlung, Vermittlung und Konsens führen meistens zu einem Kompromiß. Man trifft sich irgendwo in der Mitte. Das ist ein allgemeines Charakteristikum solcher Vereinbarungen, die wohl die häufigste Form von Konfliktlösungen in diesen Gesellschaften sind. Die Wiederherstellung von Ordnung besteht nicht in der strikten Anwendung von Normen, die ein solches Sowohl als Auch nur selten erlauben. Dementsprechend gibt es andere Vorstellungen von Gerechtigkeit als bei uns. Die Kapauku Papua in Neuguinea zum Beispiel sprechen von »uta-uta«, was Halbe-Halbe bedeutet (Pospisil 1958.287, 1982.298). Es stellt sich also die Frage nach der Rolle der Normen bei diesen Übereinkünften. Wie wichtig sind sie? Spielt anderes eine größere Rolle? Und was? Der beste Kenner dieser Mechanismen friedlicher Konfliktlösungen ist P.H. Gulliver. Er schreibt dazu (Gulliver 1969.18, übers. v. Verf.):

»Eine solche Vereinbarung ist nicht nur das Ergebnis von Überlegungen zu Normen, Regeln und Verhaltensmustern und ihrer Anwendung. In der Tat gibt es in dieser Situation niemanden, der bestimmen kann, welche Norm anzuwenden ist, und wie. Es kann auch sein, daß es darüber gar keine endgültige Einigkeit gibt. Jedoch gibt es den zusätzlichen und entscheidenden Faktor der relativen Stärke der beiden Parteien, im Hinblick auf ihre Zahl und Schlagkraft, ihre politische Macht und ihre übernatürlichen Fähigkeiten und im Hinblick auf verschiedene gesellschaftliche Vor- und Nachteile, die man dabei gewinnt oder verliert, die angeboten oder vorenthalten werden.«

Normen sind bei solchen Verhandlungen durchaus auch Einsätze in der Hand miteinander feilschender Parteien. Und es kommt noch anderes hinzu. Zunächst: Normen können immer nur Gebote oder Verbote für einzelne Handlungen enthalten, zum Beispiel das Verbot der Tötung oder des Ehebruchs. In kleinen Gemeinschaften interessiert man sich aber regelmäßig sehr viel mehr für die Person des Täters als für seine Tat, also mehr für die Frage, was in Zukunft wieder von ihm droht, als für das, was er getan hat. Man einigt sich nicht über seine Handlung, sondern über den ganzen Menschen (Colson 1974.53 f., 73 f.). Das bedeutet, daß sein ganzes bisheriges Leben besprochen und bedacht wird, was er hier getan und wie er sich da verhalten hat, in einem langen Disput. Ebenso das des Verletzten und was schon früher zwischen ihnen vorgefallen ist. Das alles übersteigt natürlich die Kapazität von Normen. Man lebt Auge in Auge und kennt sich. Das Zusammenleben muß für die Zukunft wieder möglich werden. Es geht, mit anderen Worten, mehr um die Wiederherstellung des persönlichen Einvernehmens, nicht so sehr um die Durchsetzung von Recht. Außerdem: Normverstöße bedeuten regelmäßig nur einen Eingriff in individuelle Rechte, nicht die Verletzung von Interessen der Allgemeinheit. Deshalb stehen Normen in akephalen Gesellschaften stärker zur Disposition der Parteien als bei uns.

Also wird mehr über Fakten gesprochen. Es wird gesprochen über die unendlich vielen Einzelheiten des bisherigen Lebens der Beteiligten, die für unser eigenes juristisches Selbstverständnis überhaupt nicht zur Sache gehören, weil wir zwischen Person und Handlung trennen. Justitia hat bei uns eine Binde vor den Augen. Sie will die Person nicht sehen, nur die Hand-

lung. In akephalen Gesellschaften wird über alles geredet. Das Palaver. Person und Handlung sind eine Einheit. Auch in Übergangsgesellschaften findet sich das noch, zum Beispiel in afrikanischen vorkolonialen Königreichen. Lloyd Fallers spricht in seiner Charakterisierung der juristischen Vorstellungen im Königreich von Basoga in Uganda von einer »Faktenbegeisterung« (fact-mindedness, Fallers 1969.326). Überall läßt sich das beobachten. Normen spielen nicht die entscheidende Rolle. Von 176 Fällen, über die Pospisil für die Kapauku Papua berichtet, sind nach seiner Einschätzung nur 87 »normgemäß« entschieden worden, also noch nicht einmal ganz die Hälfte (Pospisil 1958.250, 1982.307). Mustert man sie kritisch durch, wird man eher zu einem noch geringeren Anteil kommen. Aber im großen und ganzen dürfte das Ergebnis repräsentativ sein für viele segmentäre Gesellschaften. Wenn man zu einer Einigung kommen will, kann man verhältnismäßig leicht von Regeln abweichen.
In der Diskussion über die Gründe dieses Befunds findet sich die grundsätzliche Unterscheidung von Einigung durch Verhandlung und Vermittlung auf der einen Seite und von Entscheidung durch einen Richter oder Schiedsrichter auf der anderen. Konsenslösungen, so meint man, würden auf der Abwägung von Interessen oder auf »politischen« Erwägungen beruhen, anders als Entscheidungen eines Richters oder Schiedsrichters, die in der Anwendung von Normen ergehen (Gulliver 1963.297f., 1969.18). Diese Unterscheidung beruht wohl auch auf einem Mißverständnis der Tätigkeit von Richtern in westlichen Gesellschaften. Auch Normen in hochtechnisierten Rechtssystemen sind selten ausreichend präzise, um im Konfliktfall allein die Entscheidung zu ermöglichen. Meistens beruht ihre Anwendung auf einer Interpretation, die ganz wesentlich von Interessenabwägungen getragen ist, die auch der Richter anstellen muß (Rüthers 1968, 1970; Esser 1964, 1970). Umgekehrt spielen bei Verhandlungen über Konfliktlösungen in akephalen Gesellschaften nicht nur Interessen eine Rolle. Die Argumentation mit den Normen ist regelmäßig mehr als ein taktisches Manöver (Gulliver 1973.683). Beides ist wichtig, hier wie dort, die normative Stärke einer Partei und

ihre faktische Stärke. Quantifizieren läßt sich das außerordentlich schwer, in beiden Bereichen. Allerdings liegt das Schwergewicht der Argumentation in akephalen Gesellschaften mehr auf den Fakten. Das ist die von Fallers hervorgehobene Faktenbegeisterung. Bei uns liegt sie auf den Normen, und produziert damit eine Rechtsgläubigkeit, die zu einem großen Teil auf irrigen Vorstellungen beruht.

Noch einmal: Was ist Recht?

Die alte Frage. Niemand kann sie endgültig beantworten. Es ist wie mit anderen Allgemeinbegriffen. Wer kann schon sagen, was Wissenschaft ist oder Kunst oder Religion? Trotzdem. Der Versuch einer Begriffsbestimmung am Anfang (S. 52-68) soll nun ergänzt werden, auf der Grundlage des ausgebreiteten Materials.

Recht besteht aus Regeln, die in einer Gesellschaft allgemein als verbindlich angesehen werden. Sei es mit oder ohne Einfluß von Autoritäten, die – angeblich immer – als mächtige einzelne am Anfang der Entwicklung stehen oder als gesetzgebende Parlamente und streitentscheidende Gerichte an ihrem bisherigen Ende. Nicht nur Sanktionen sind die Ursache dafür, daß Menschen Regeln befolgen. Das haben wir gesehen. Aber Sanktionen sind es auch. Sie reichen vom Klatsch und Tratsch über Ausgleichsleistungen und Tabuängste bis zur Blutrache und Fehde. Wie es auch vielerlei Regeln gibt, für den Ackerbau oder ein Brettspiel, über Verbeugungen oder zum Inzest. Und die Frage lautet nun: Welche Normen und welche Sanktionen gehören in akephalen Gesellschaften zum Bereich des Rechts? Und welche nicht?

Zunächst zu unserer eigenen Terminologie. Die Unsicherheiten und Schwierigkeiten sind hier schon groß genug. Wir unterscheiden zwischen Recht und Sitte und Moral. Statt von Sitte spricht man auch von Gebräuchen. Moral wird auch als Sittlichkeit bezeichnet. Bei allen Schwierigkeiten der Abgrenzung im einzelnen, gibt es gewisse Grundvorstellungen, die allgemein anerkannt sind. Danach ist Moral die Gesamtheit der

Überzeugungen von Gut und Böse. Sie werden bei uns eher als innere Einstellungen eines jeden einzelnen verstanden, die zwar im Zusammenhang mit dem stehen, was man manchmal als Allgemeinmoral bezeichnet, über die aber nach unserer Auffassung letztlich doch jeder einzelne für sich allein entscheiden muß. Unsere Moral ist individualistisch, Ausdruck der individuellen Freiheit – und des Privateigentums. Dahinter steht ein langer Entwicklungsprozeß, der in der Frühantike beginnt und abgeschlossen wird mit der Entstehung der bürgerlichen Gesellschaft.

Diese Moral ist seit Christian Thomasius und Immanuel Kant vom Recht grundsätzlich geschieden (Welzel 1962.164-167). Auch das als Ende einer langen Entwicklung, an deren Beginn in der griechisch-römischen Antike eine noch ziemlich enge Einheit steht. Wobei die Einheit von Recht und Moral immer bedeutet, daß es einen stark konformistisch wirkenden Druck der Allgemeinheit auf den einzelnen gibt. Die Unterscheidung besteht für uns darin, daß Recht nur das äußere Verhalten eines Menschen regeln kann, nicht seine inneren Einstellungen.

Die Äußerlichkeit hat das Recht gemeinsam mit der Sitte. Sitten oder Gebräuche regeln ebenfalls nur äußeres Verhalten, also Tischsitten, Umgangsformen, Grußformeln, Festtagsgebräuche. Den Unterschied zum Recht sieht man meistens in den Sanktionen. Verstöße gegen Rechtsnormen können zu Prozessen vor staatlichen Gerichten führen, mit der möglichen Folge von physischen Sanktionen des staatlichen Zwangsapparates, zu dem der Gerichtsvollzieher gehört, notfalls verstärkt durch die Polizei oder die Haftanstalt. Das alles gibt es nicht bei Verstößen gegen Normen, die nur zur Sitte gehören. Selbstverständlich kann es hier ebenfalls Sanktionen geben, als Reaktion der gesellschaftlichen Umgebung. Bisweilen können sie sogar für manchen sehr viel nachteiliger sein als ein Gerichtsprozeß. Aber sie haben doch nicht diese Qualität. Worauf gründet sie sich? Warum gibt es diesen qualitativen Unterschied zwischen Recht und Sitte? Nun, es ist letztlich eine Frage der Wichtigkeit. Es kommt darauf an, wie wichtig eine Norm für das Funktionieren der Gesamtgesellschaft ist. Ist sie sehr wichtig, dann gehört sie zum Recht. Andernfalls nicht.

Der Unterschied zu akephalen Gesellschaften besteht zunächst darin, daß Recht, Moral und Sitte dort sehr viel stärker ineinander übergehen als bei uns. Ihre Moral ist kollektivistisch, allgemeiner. Also ist auch das Recht stärker moralisch aufgeladen. Der Druck auf den einzelnen zu konformistischem Verhalten ist größer. Aber auch bei ihnen gibt es Unterschiede in der Stärke und Wichtigkeit von Normen. Bisweilen gibt es bei Verstößen erhebliche Konflikte der beschriebenen Art, die dann friedlich gelöst werden durch Verhandlung, Vermittlung und Einigung oder unfriedlich durch Selbsthilfe oder Rache, Blutrache oder Fehde. Bisweilen nicht. Und hier liegt auch für sie der richtige Ansatz zur Eingrenzung von Recht gegenüber Normen aus anderen Bereichen. Dazu ein Beispiel aus Neuguinea (Pospisil 1958.287f.).

Bei der Beschreibung der Kapauku Papua berichtet Pospisil, sie selbst würden, ähnlich wie wir, unterscheiden zwischen dem, was er »juristisch gerecht« nennt (legally just), und dem, was sie selbst nur allgemein als gut bezeichnen. Für das eine haben sie einen eigenen Ausdruck, nämlich die einem Verbum angehängte Nachsilbe -ja. Das andere ist eben nur gut. Wenn sie es nicht einhalten, sagt Pospisil, würden sie sich schämen. Totschlag, Diebstahl und Ehebruch zum Beispiel gehören demnach in den Bereich des Rechts. Weniger Wichtiges nicht. Pospisil nennt zwei Fälle. Der Vater eines neugeborenen Kindes darf an sich nichts essen und soll alles an die Gäste verteilen, die bei der Geburtszeremonie anwesend sind. Es gibt allerdings keine erheblichen Konflikte, wenn er trotzdem etwas ißt. Oder: Darf man eine Frau heiraten, die mit einem Verwandten verheiratet war und ihn verlassen hat? Man tut das nicht, sagen sie. Aber es gibt keine entsprechende Exogamievorschrift. Rechtlich ist es in Ordnung. Es ist nur ein Verstoß gegen sittliche Normen. Konflikte der beschriebenen Art folgen nicht. Solche Unterscheidungen finden sich auch bei Jägern, zum Beispiel bei den Walbiri (Meggitt 1962.252).

Was ist also Recht in akephalen Gesellschaften? Neben seiner Bestimmung durch die veritas? Bei allen Vorbehalten gegen Definitionen, jedenfalls kann man sagen, es sind solche Normen, die in einer Gesellschaft als so wichtig angesehen wer-

den, daß ihre Verletzung zu Konflikten führen kann, in deren Hintergrund dann regelmäßig Sanktionen stehen wie Selbsthilfe und Rache, Blutrache und Fehde. Letztlich, das sei noch einmal betont, ist das ganze ein definitorisches Problem. Es ist ein Problem der Formulierung von Begriffen, das man so oder so lösen kann. Aber. Versucht man unsere eigene Begrifflichkeit mit den Institutionen und Vorstellungen jener Gesellschaften möglichst nah aneinander zu bringen, und das heißt mit anderen Worten: versucht man, sie möglichst genau zu verstehen, dann wird die vorgeschlagene Lösung die beste sein. Der Bereich des Rechts wird also dadurch eingegrenzt, daß man es auf die Erheblichkeit der Konflikte abstellt, die auf Normverstöße regelmäßig folgen. Soviel zu den Normen.
Nicht nur sie gehören zum Recht, sondern auch Sanktionen. Aber welche? Die gleiche Antwort. Es ist eine Frage der Wichtigkeit und Stärke. Also gehören diejenigen Sanktionen zum Recht, die nach der allgemeinen Überzeugung in einer Gesellschaft so wichtig sind, daß sie als Lösung derartiger Konflikte in Frage kommen. Nicht nur Verhandlung, Vermittlung und Selbsthilfe, sondern auch Blutrache und Fehde (a. M. Pospisil 1982.21-31, vgl. Hoebel 1971). Blutrache und Fehde werden als Verpflichtung empfunden gegenüber dem Geist des Getöteten, der eigenen Verwandtschaftsgruppe und den Ahnen und als Recht gegen den Täter und seine Verwandtschaft.

Veränderung von Recht

Auch das gibt es in segmentären Gesellschaften. Wie sie vor sich geht, das ist sehr eindrucksvoll ebenfalls von Pospisil an einem Beispiel der Kapauku Papua beschrieben worden. Es ist das wichtigste dieser Art, das in der Literatur bekannt wurde. Er ist oft darauf zu sprechen gekommen, und in gewissem Sinn bildet es Kern und Grundlage seiner Rechtstheorie (Pospisil 1958.165 f., 275, 282-284; 1969.208-229; 1982.248-296). Es ist die Schilderung eines Vorgangs, den er als Internalisierung bezeichnet. Darunter versteht er die Entstehung neuen Rechts durch Akzeptanz der Entscheidung von Autoritäten. Ein

Häuptling weicht mit seiner Entscheidung eines Streitfalls vom bisherigen Recht ab und das wird allmählich von der ganzen Gesellschaft akzeptiert, oder wie Pospisil es nennt: internalisiert.
Der Fall ist schnell geschildert. Awi vom Dorf Botu verliebte sich in seine schöne Kusine Ena aus dem Nachbardorf Kojo. Sie war eine Kusine dritten Grades und gehörte zur selben – patrilinearen – lineage. Awi entführte das Mädchen, versteckte sich mit ihr wochenlang im Busch und zermürbte die Ausdauer seiner Verfolger. Die wurden angeführt von ihrem Vater und wollten ihn töten, wie es dort üblich war (Pospisil 1958.164 f., Fall Nr. 31 u. 32). Seine Taktik beruhte auf der Hoffnung, daß der Vater nach einiger Zeit fürchten würde, überhaupt noch einen Brautpreis für seine Tochter zu erhalten, wenn er die beiden nicht finden könnte. So kam es auch. Die Öffentlichkeit in Kojo wurde langsam des ständigen Suchens müde, drängte nicht mehr auf Verfolgung, sondern wollte ihre Ruhe. Man wirkte auf den Vater ein, er solle sich damit abfinden und einen Brautpreis nehmen. Er weigerte sich erst einmal, wie es sich gehörte, und konnte dann nach einiger Zeit sagen, er sei bereit, einen Brautpreis zu akzeptieren. Damit war die inzestuöse Eheschließung »auf der rechtlichen Ebene« stillschweigend anerkannt. Später, als Dorfhäuptling und Sprecher einer großen sublineage, »verkündete er ein neues Gesetz« (Pospisil 1982.279, vgl. 1974.218: promulgated a new law), nach dem Heiraten innerhalb einer lineage zwischen Vettern und Kusinen bis zum zweiten Grad erlaubt wären. Er nahm sich noch andere Kusinen zur Frau, und viele im Dorf folgten seinem Beispiel. Exogamiegebot und Inzestverbot waren geändert. Es ging sogar so weit, daß selbst Heiraten innerhalb desselben Dorfes stattfanden. Deshalb zog Awi schließlich eine Linie durch das Dorf, eine Inzestgrenze sozusagen, und teilte es in zwei exogame Hälften.
Diese Maßnahme war der Anlaß zur Kritik an Pospisil. Leach meinte, die geschilderten Vorgänge seien gar nichts besonderes. Sie bedeuteten nicht die Veränderung von Recht, sondern nur den normalen Prozeß der Spaltung innerhalb einer zu groß gewordenen lineage (Leach 1959). Darauf hat Pospisil zu Recht

erwidert, daß bei solchen Spaltungen – mindestens bei den Kapauku – die Exogamievorschriften erhalten blieben. Deshalb muß man annehmen, daß Awi das Recht tatsächlich verändert hat. Allerdings deutet Pospisil manches in diesen Vorgang hinein, das den Vorstellungen der Kapauku nicht gerecht werden dürfte. Zunächst muß man betonen, daß Awi das Recht nicht durch die Entscheidung eines Konfliktfalls oder durch ein »Gesetz« geändert hat. Als er Enas Vater 1935 zur Annahme des Brautpreises veranlaßte, war er auch noch keine »Autorität«, sondern erst fünfzehn Jahre alt. Und später, als er Dorfhäuptling geworden war und sich auf den neuen Grundsatz berief, war das natürlich nicht die Verkündung eines Gesetzes, sondern – unter Berufung auf seine Autorität – die Behauptung eines neuen Rechtszustandes, der in Nachbartälern schon vorher sich ausgebreitet hatte und dann durch die stillschweigende Zustimmung der Mehrheit auch in diesem Dorf tatsächlich eingetreten war. 1954, als Pospisil die Einwohner fragte, waren es 57%, die das für richtig hielten. Acht Jahre später hatten sich die Verhältnisse wieder geändert. Die holländische Zentralverwaltung hatte die Gegend in den Griff genommen. Awi war älter geworden und hatte nicht mehr so viel Interesse für Kusinen. Als Pospisil 1962 wieder eine Umfrage machte, waren 66% dagegen. Es ist also eine Änderung gewesen, die nicht von langer Dauer war. Möglicherweise aber auch durch den Eingriff von außen, durch die Kolonialverwaltung.
Trotzdem hat Pospisil eine wichtige Entdeckung gemacht. Es gibt Veränderungen von Recht in akephalen Gesellschaften. Sie werden meistens in dieser Weise vor sich gehen, nämlich durch die Initiative einzelner, die sich regelmäßig durch besondere Eigenschaften auszeichnen, durch Mut und Ausdauer, Klugheit oder Autorität. Auch wenn es sehr eigensüchtige Motive sind, setzen sie sich durch, sofern die Veränderung den tatsächlichen Bedürfnissen in dieser Gesellschaft entspricht (Gibbs 1969.170).

Strukturale Relativität

Es gibt keine Einheitlichkeit der Rechtsordnung von segmentären Gesellschaften in dem Sinne, daß Verstöße gegen Normen immer die gleichen Folgen haben. Es kommt darauf an, in welchem Verhältnis Täter und Verletzter zueinander stehen, wie groß die verwandtschaftliche und örtliche Nähe oder Entfernung zwischen ihnen ist. Davon hängt ab, wie der Konflikt gelöst wird, ob eher friedliche oder eher unfriedliche Lösungen wahrscheinlich sind und ob und in welcher Höhe man Ausgleichsleistungen erhalten kann. Das ist die von Evans-Pritchard entdeckte strukturale Relativität. Sie findet sich nicht nur bei den Nuer und Lele, sondern in allen segmentären Gesellschaften, weil Verwandtschaft und Nachbarschaft bei solchen Konflikten überall ähnlich reagieren (oben S. 267 ff., 303, 313). Schon 1919 hat Barton für die Ifugao solche Beobachtungen gemacht, allerdings ohne sie so klar zu artikulieren wie Evans-Pritchard. Auch dort war die Art und Weise der Lösung von Konflikten davon abhängig, wie groß die verwandtschaftliche oder nachbarschaftliche Nähe der Beteiligten war (Barton 1919.14,92 f.; vgl. Barton 1930.106; Lowie 1927.58 f.; Hoebel 1954.121 f.).

Außerdem meint Pospisil, gäbe es örtliche Unterschiede auch im Inhalt von Normen. Recht sei nicht nur in der Stärke seiner Durchsetzung strukturell bedingt, sondern auch sein Regelungsgehalt örtlich verschieden. Er nennt das die Vielfältigkeit solcher Rechtssysteme (1982.137-171). Letztlich steht dahinter wieder jene cause célèbre von Awi und Ena bei den Kapauku. In der Tat wurde die Möglichkeit der Heirat zwischen Vettern und Kusinen in anderen Dörfern, lineages und sublineages jener Gegend strikt abgelehnt. Was in Botu und anderswo gang und gäbe war, konnte zwei oder drei Dörfer weiter tödliche Folgen haben (Pospisil 1982.152). Insofern gab es tatsächlich erhebliche Unterschiede. Aber kann man sagen, dies sei ein allgemeines Strukturprinzip frühen Rechts? Zumal die Unterschiede sich dort bald wieder angeglichen haben? Man wird die Frage wohl verneinen müssen. Sicherlich, immer wieder gibt es hier und da örtliche Verschiedenheiten. Auch das hat

Barton schon für die Ifugao beschrieben. Aber im großen und ganzen, meint er, sei das unwesentlich (Barton 1919.14, übers. v. Verf.):

> »Von Ort zu Ort gibt es gewisse Unterschiede in den Gebräuchen und Tabus der Ifugao ... Aber im allgemeinen kann man sagen, daß ihr Recht in ihrem ganzen Gebiet fast einheitlich ist.«

The Reasonable Man

Gibt es in segmentären Gesellschaften Vorstellungen von Recht und Gerechtigkeit, die über das eher unbestimmte Gefühl hinaus gehen, eine Konfliktlösung sei richtig und werde beiden Seiten gerecht? Bei den Kapauku Papua findet sich das Wort uta-uta, »Halbe-Halbe« (oben S. 331). Anderswo mag man ähnlich denken. Aber sonst? Etwa abstrakte Vorstellungen von Gerechtigkeit als Gleichheit, wie sie zuerst von Platon und Aristoteles formuliert wurden? Das ist wohl sehr unwahrscheinlich.

Bei seinen Untersuchungen des Rechts der Lozi in Nordrhodesien ist Gluckman auf einen Begriff gestoßen, von dem er vermutet, er müsse sich in allen Rechtssystemen finden, weil er in sehr ähnlicher Form im angelsächsischen Recht gebräuchlich ist. Es ist der Begriff des reasonable man. Von den Gerichten in ihrem Königreich wird er sehr oft verwendet. Man müsse sich verhalten wie ein vernünftiger Mensch, sagen sie (Gluckman 1955). Die Vermutung, das sei ein universales Rechtsprinzip, ist oft kritisiert worden (z.B. von Hoebel 1961). Ein so hochspezialisierter Begriff, meint man, mag zwar vor Gerichten kephaler Gesellschaften Verwendung finden, aber nicht in segmentären Gesellschaften. Gluckman versuchte, das Gegenteil zu beweisen (Gluckman 1965a). Aber es gelang nicht. Auch andere Autoren hatten in segmentären Gesellschaften nichts derartiges gefunden (Bohannan für die Tiv bei Gluckman 1965.142f., Nadel 1956 für die Nuba, Gulliver 1963.300 für die Aruscha). In der Tat ist das Ganze eine sehr abstrakte Vorstellung, ähnlich wie der diligens pater familias der Römer oder unsere »im Verkehr erforderliche Sorgfalt« in § 276 des Bürgerlichen Gesetzbuches. Ein abstrakter Begriff, der für richterliche Entscheidungen taugt. Aber es ist nicht anzunehmen, daß er in den sehr persönlichen und auf Vermittlung abgestellten Konfliktlösungen segmentärer Gesellschaften eine Rolle spielt.

Recht, Religion und Magie

Die Verflechtung von Recht und Religion ist in segmentären Gesellschaften noch stärker als bei Sammlern und Jägern. Nicht nur bei den Nuer und Lele. Es läßt sich überall beobachten. Opfer spielen eine sehr viel größere Rolle als bei Jägern. Auch Sanktionen durch das Übernatürliche weiten sich aus. So finden sich Tabus nun auch bei Tötungen, selbst beim Ehebruch.
Das Ganze hängt zusammen mit der Intensivierung religiöser Vorstellungen und ihrer Organisation. Die wiederum ist bedingt durch den höheren Grad der sozialen Dichte in segmentären Gesellschaften. Je größer sie wird, desto mehr konzentrieren sich die Zuständigkeiten für Übernatürliches (Godelier 1978 a). Bei den Mbuti zum Beispiel sind alle in gleicher Weise mit dem Wald verbunden – den sie religiös verstehen. Alle sind Priester und Laien zugleich. Die Eskimo haben schon Schamanen. Denn die soziale Dichte ist bei ihnen sehr viel stärker als bei den Mbuti, mindestens im Winter. Aber die Stellung des Schamanen ist noch nicht erblich, sondern allein abhängig von den persönlichen Eigenschaften des einzelnen. Das Leopardenfell des kuaar muon der Nuer dagegen vererbt sich regelmäßig vom Vater auf den Sohn. In der segmentären Gesellschaft der Nuer ist die soziale Dichte nämlich wieder größer als bei den Eskimo, die noch keine feste Verwandtschaftsorganisation haben. Und das alles verstärkt sich um ein Vielfaches mit der Entstehung von Herrschaft, die am Anfang sich immer religiös legitimiert und gleichzeitig die Verwaltung von Recht in eigene Hände nimmt. So läßt sich ganz allgemein sagen, daß in frühen Gesellschaften mit der Zunahme der Dichte sozialer Organisation die Einheit von Recht und Religion immer stärker wird. In den Worten von Hoebel (1954.266): Je mehr die

Allgemeinheit der Gesellschaft eine eigene organisatorische Form erhält – er spricht von »oneness« – desto größer ist der Einfluß der Religion auf das Recht. Bei Jägern ist er groß, in segmentären Gesellschaften größer, am größten in Protostaaten und frühen Königreichen.

Und die Magie kommt hinzu. Bei Sammlern und Jägern spielt sie kaum eine Rolle. Mit dem verstärkten Auftreten von Hexerei und Zauberei wird das anders. Wie die Religion ist Magie getragen vom Glauben an das Übernatürliche. Im Gegensatz zu ihr hat sie aber die Funktion einer eher mechanisch verstandenen Beeinflussung. Wenn man die richtige Formel richtig anwendet, dann kommt die entsprechende Reaktion. Die gewünschte Folge tritt ein, ohne daß das Übernatürliche eine Wahl hat. Auch das Orakel und das Ordal gehören hierher. Hexerei und Zauberei, Orakel und Magie erklären sich daraus, daß mit der Seßhaftigkeit in der engen Gemeinschaft die Schwelle für abweichendes Verhalten noch höher liegen muß als bei Jägern. Soziale Kontrolle wird verstärkt. Das bleibt nicht ohne Einfluß auf das Recht. Bei den Lele ist seine Verflechtung mit Magie überdeutlich, im Orakel für die Aufklärung von Verletzungshandlungen, als Beweismittel, im bukolomo und im Ordal als Sanktion. Nicht nur Recht und Religion, auch Recht und Magie sind in weiten Bereichen untrennbar miteinander verbunden.

Vorstaatliches und staatliches Recht im Vergleich

»Wenn ich eine Schuhbürste unter die Einheit Säugetier zusammenfasse,« hat Friedrich Engels einmal geschrieben, »so bekomme sie damit noch lange keine Milchdrüsen« (1878, MEW 20.39). Daran besteht kein Zweifel. Aber ohne größere Schwierigkeiten lassen sich beide unter einen gemeinsamen Oberbegriff bringen, wenn es denn nützlich ist. Man muß dann nur, um Mißverständnissen vorzubeugen, die Unterschiede zwischen den Unterbegriffen klar beschreiben. Ähnlich, wenn auch nicht so extrem, ist es mit dem Recht.

Wenn man nämlich Normen, Sanktionen und Konfliktlösungen in vorstaatlichen Gesellschaften dem Bereich des Rechts zuordnet, wie es hier geschehen ist, wird damit zunächst nur ein begriffliches Problem gelöst. Das man so oder so entscheiden kann. Dadurch wird dann aber auch die Gefahr des Mißverständnisses heraufbeschworen, dort gäbe es Recht wie bei uns. Die Weite des Rechtsbegriffs muß also ergänzt werden durch die Beschreibung der Unterschiede im einzelnen. Zumal es ein evolutionistischer Rechtsbegriff ist. Worin bestehen die Unterschiede? Wo liegt die Evolution? Erst wenn man diese Frage beantwortet hat, kann man beides richtig verstehen, das vorstaatliche Recht und unser eigenes. Das Material für die vorstaatlichen Gesellschaften ist nun ausgebreitet. Der Vergleich kann gewagt werden.

Zunächst: Normverstöße sind dort regelmäßig Verletzungen von persönlichen Rechten anderer, genauer gesagt: Verletzungen der Person des anderen. Jedenfalls sind sie nicht Verstöße gegen die Interessen der Allgemeinheit, etwa des Staates. Es gibt bisweilen Aktionen der Gemeinschaft gegen einzelne, die gegen die Interessen der Gesamtgesellschaft handeln (Radcliffe-Brown 1940.XIV-XV). Aber das ist nicht die Regel. Es sind Ausnahmen, wie etwa die Tötung von Padlu in Padli bei den Eskimo oder die Aktion der Mbuti gegen Cephu (oben S. 56, 132, 165-167). Es gibt kein Strafrecht, um es in unserer eigenen Terminologie zu sagen, sondern nur Privatrecht. Aber auch dieses Privatrecht unterscheidet sich ganz erheblich von unserem. Es ist nämlich stark durchsetzt mit einem Element des Strafrechts, das auch für uns heute – in unseren Theorien über die Strafe – noch nicht ganz unwichtig geworden ist. Das ist der Gedanke der Rache oder Vergeltung. Deshalb sind Wiedergutmachungsleistungen oft höher als der rein materielle Schaden. Es wird also nicht Schadensersatz geleistet, wie in unserem Privatrecht, sondern Buße. Sie ist regelmäßig höher und hat Strafcharakter. Man kann das Privatstrafrecht nennen. Reste davon finden sich noch im antiken römischen Recht (Levy 1915). Oder man kann auch sagen, Privatrecht und Strafrecht seien noch nicht getrennt.

Normverstöße sind also Delikte, nicht Straftaten. Unter Delikt versteht man seit dem antiken römischen Recht einen wichtigen Teil unseres Privatrechts. Wenn man einmal von familien- und erbrechtlichen Ansprüchen absieht, dann können sich Verpflichtungen des einen gegenüber dem anderen im wesentlichen aus zwei Gründen ergeben, nämlich entweder aus Vertrag oder Delikt. Omnis enim obligatio vel ex contractu nascitur vel ex delicto, schrieb schon im 2. Jahrhundert nach Christus der römische Jurist Gaius in seinem Lehrbuch der Institutionen des römischen Rechts (Gai.3.88): Jede Verpflichtung entsteht entweder aus Vertrag oder Delikt. So sehen wir das auch heute noch. Delikte sind Verletzungen von Rechten anderer. Das deutsche Bürgerliche Gesetzbuch nennt sie unerlaubte Handlungen. Dazu gehören Tötungen, Körperverletzungen und Sachbeschädigungen. Sie verpflichten zum Schadensersatz (§ 823 BGB), unabhängig davon, daß sie auch strafrechtliche Folgen haben können und die staatliche Strafe den privaten Schadensersatz oft völlig überdeckt oder faktisch unmöglich macht. In vorstaatlichen Gesellschaften führen Delikte dagegen zu Bußleistungen, über die man sich einigt, oder zur Selbsthilfe oder Rache.

Wichtigste Delikte sind dort Tötungen, Körperverletzungen und Ehebruch. Wobei der Ehebruch – wie der seltenere Diebstahl – nicht so sehr als Verletzung von Rechten angesehen wird, sondern als Angriff auf die Person des Betroffenen. Selbst beim Inzest ist es so. Er ist nicht so sehr ein Verstoß gegen Interessen der Allgemeinheit, sondern in erster Linie Verletzung von Personen, nämlich eine Verletzung, die vom Mann begangen wird an der Frau und ihrer Verwandtschaft (oben S. 164 f., vgl. noch die Fälle Nr. 31 und 32 bei Pospisil 1958.164 f.). Hier gibt es allerdings keine Ausgleichsleistungen. Häufige Reaktion ist der Versuch von männlichen Verwandten der Frau, den Täter zu töten. Ähnlich ist es beim Ehebruch. Auch hier wird als Täter regelmäßig nur der Mann angesehen. Er verletzt den Mann, mit dem die Frau verheiratet ist. Er ist es, der Bußleistungen erbringen muß.

Sogar beim Vertrag hat man Verstöße gegen Vereinbarungen in dieser Weise zu verstehen, nämlich deliktisch. Ganz anders als bei uns. In unserem Recht gibt es eigene Vorschriften für Ansprüche aus Verträgen, die von denen für Delikte grundsätzlich unterschieden werden. Auch Vertrag und Delikt sind in vorstaatlichen Gesellschaften ungetrennt. Verträge spielen dort zwar bei weitem nicht die entscheidende Rolle wie bei uns. Und sie haben auch einen qualitativ anderen Charakter, nämlich einen weniger abstrakt-unpersönlichen und mehr konkret-persönlichen, besonders im Vergleich von Reziprozität und Gegenseitigkeit (oben S. 88 f.). Aber es gibt Verträge, zum Beispiel über Brautpreise. Verstöße gegen solche Vereinbarungen werden dann ebenfalls als Verletzung der Person des Berechtigten verstanden, sehr ähnlich wie der Diebstahl, nämlich als Vorenthaltung von Sachen, die einem zustehen. Sie haben die gleichen Folgen wie andere Delikte, also Verhandlung und Vermittlung oder Selbsthilfe und Rache.

Schließlich unterscheidet sich auch die deliktische Haftung als solche nicht unwesentlich von unserer. Delikte führen bei uns grundsätzlich nur dann zum Schadensersatz, wenn der Täter schuldhaft gehandelt hat. Man muß ihm einen subjektiven Vorwurf machen können. Unsere Haftung ist grundsätzlich subjektiv. Sie umfaßt den Vorwurf des Vorsatzes und der Fahrlässigkeit (§ 276 BGB). Haftung in vorstaatlichen Gesellschaften ist grundsätzlich objektiv. Es wird zwar schon unterschieden, ob jemand einen anderen vorsätzlich, also wissentlich getötet hat oder nicht. Das macht sich dann bemerkbar in der Höhe der Ausgleichsleistungen. Aber Wiedergutmachung kann auch verlangt werden, wenn dem Täter ein subjektiver Vorwurf nicht gemacht werden kann. Nur bei Notwehr macht man eine Ausnahme. Deliktische Haftung ist in weiten Bereichen objektiv.

Man hat die Ursache für diesen Unterschied zu unserem Recht lange Zeit darin gesehen, daß in frühen Gesellschaften die Individualität der Menschen noch nicht genügend ausgebildet sei, um Unterscheidungen in der Zurechenbarkeit zu ermöglichen. Entsprechende – moralische – Vorstellungen würden also auch in ihrem Recht fehlen. Das ist sicherlich unrichtig. Man weiß um Gut und Böse und kann auch unterscheiden. Und die Einheit von Moral und Recht ist sehr viel größer als bei uns. Die richtige Erklärung ist im sozialen Umfeld der Haftung zu suchen (Moore 1972.60-67). Immer wenn wir in unserem

Recht mehr auf die Sicherheit des Gefährdeten sehen als auf das persönliche Verschulden des Schädigers, dann gibt es auch bei uns objektive Haftung. Wir nennen sie Gefährdungshaftung. Zum Beispiel beim Betrieb einer Eisenbahn, eines Kraftfahrzeugs oder eines Atomkraftwerks. Tritt ein Schaden ein, muß Schadensersatz geleistet werden, ohne daß es auf subjektives Verschulden ankommt. Ähnlich wird in der engen Gemeinschaft früher Gesellschaften die äußere Sicherheit sehr hoch bewertet. Allein unmoralische Gedanken können ja schon zur Haftung wegen Hexerei führen. Also auch äußere Handlungen, selbst wenn sie nicht verschuldet sind. Deshalb ist ihre Haftung weitgehend objektiv.
Der private Charakter ihres Rechts erklärt sich aus der Abwesenheit von Zentralinstanzen. Es gibt eben keine organisierte Allgemeinheit, die das Recht in ihre Hand nimmt und erst dadurch Strafrecht in unserem Sinn begründet. Damit hängt noch etwas anderes zusammen, nämlich der völkerrechtliche Charakter dieses Privatstrafrechts. Besonders in segmentären Gesellschaften ist das sehr deutlich. Die Verwandtschaftsgruppen eines Stammes sind abgeschlossene Einheiten. Auch wenn sie durch vielfältige Heiratsbeziehungen miteinander verbunden sind, stehen sie letztlich doch als autonome Segmente nebeneinander, ohne übergeordnete Zentralinstanz, ähnlich wie souveräne Staaten in der Völkergemeinschaft. Auch für das Völkerrecht gibt es keine Gerichte mit Sanktionsgewalt. Auch das Völkerrecht ist zu seiner Durchsetzung angewiesen auf Konfliktlösungsmechanismen, die denen in vorstaatlichen Gesellschaften durchaus ähnlich sind, also auf die allgemeine Meinung, den Druck von Nachbarstaaten, auf Verhandlung, Vermittlung und Konsens und auf die politische, ökonomische und militärische Stärke jeder Partei. Das hat schon Henry Maine gesehen, als er frühe Gesellschaften als eine aggregation of families bezeichnete und über deren Umgang miteinander sagte, er würde viel eher den internationalen Beziehungen zwischen Staaten ähneln als dem schnellen Verkehr unter Einzelpersonen (Maine 1861, 5.Kap., 1977.74). Später ist das oft wiederholt worden (Hoebel 1954.331-333; Bohannan 1965. 38, 40f.; Barkun 1968). Dies gleichzeitig als Nachtrag zur Dis-

kussion um die Frage, ob die Ordnung früher Gesellschaften rechtlichen Charakter habe. Jedenfalls diejenigen, die dem Völkerrecht die – umstrittene – Qualität von Recht zusprechen, müßten auch beim vorstaatlichen Recht dieser Meinung sein. Vergleicht man nun vorstaatliches Recht mit unserem staatlichen im einzelnen, dann ergibt sich folgende Tabelle:

Vorstaatliches Recht	*Staatliches Recht*
Einheit von Privatrecht und Strafrecht (Privatstrafrecht)	Trennung von Privatrecht und Strafrecht
Einheit von Vertrag und Delikt	Trennung von Vertrag und Delikt
Einheit von Person und Handlung	Trennung von Person und Handlung
objektive Haftung	subjektive Haftung
Lösung von Konflikten durch Einigung nach Verhandlung der Streitenden, oft unter Vermittlung durch Dritte	Lösung von Konflikten durch Entscheidung eines Gerichts nach Anhörung der Streitenden
kompromißhaft	entweder zugunsten der einen oder der anderen Partei
mit dem Ziel der Ermöglichung des weiteren Zusammenlebens der Streitenden	mit dem Ziel der Durchsetzung von Recht
deshalb geringeres Gewicht der Normen bei der Diskussion über die Konfliktlösung	deshalb Legitimation der Entscheidung des Richters mit der Geltung von Normen
kompensatorisch	strafend
bei Scheitern einer friedlichen Lösung notfalls Selbsthilfe und Rache, Blutrache und Fehde	notfalls Durchsetzung der Entscheidung mit staatlicher Gewalt
struktural relativ	gebietseinheitlich

Vorstaatliches Recht	*Staatliches Recht*
geringe Ausdifferenzierung der vermittelnden Personen als besondere aus der Sozialstruktur herausgehobene Institution	starke Ausdifferenzierung der den Streit entscheidenden Institutionen aus der Sozialstruktur
selbstregulierend	steuernd
statisch mit wenig Veränderung, konservativ	verändernd, progressiv
kollektivistisch, gegründet auf den Status, also die Zugehörigkeit zur Verwandtschaftsgruppe	individualistisch, gegründet auf Rechtssubjektivität des einzelnen, sein Privateigentum und den Vertrag
Einheit von Moral und Recht	Trennung von Recht und Moral
Einheit von Religion und Recht	Trennung von Religion und Recht

In letzter Zeit ist öfter die Frage diskutiert worden, ob Normen im vorstaatlichen Recht weniger präzise sind als im staatlichen (Bohannan 1965.39; Gulliver 1969.18f.; Roberts 1981.186f.). Man neigt zu der Annahme, dies sei der Fall. Und zwar deshalb, weil dort regelmäßig Kompromißlösungen gefunden werden müssen. Das wäre eher möglich auf der Grundlage von weniger präzisen Regeln. Aber solche Vermutungen dürften irrig sein. Zunächst gibt es schon innerhalb akephaler Gesellschaften große Unterschiede in der Genauigkeit und Zahl von Regeln (Roberts 1981.187). Zum anderen beruht diese Unterscheidung wohl auch auf einer Überschätzung der Präzision von Normen in unserem eigenen staatlichen Recht. Die Vorstellung ist einfach unrichtig, sie seien regelmäßig ausreichend genau formuliert, um dem Richter ohne weiteres ihre Anwendung auf einen Streitfall zu ermöglichen. Meistens muß er interpretieren. Das heißt, mit den Worten des besten Kenners dieser Materie, er muß sein Vorverständnis einbringen (Esser 1970, vgl. oben S. 333). So sind auch bei uns im Einzelfall völlig

entgegengesetzte Entscheidungen möglich, auf der Grundlage derselben Norm. Also ist diese Unterscheidung von staatlichem und vorstaatlichem Recht außerordentlich fraglich.
Bei einer Durchsicht der Tabelle fällt auf, daß es eine Häufung gibt von Trennung hier und Einheit dort. Dort eine Einheit von Privatrecht und Strafrecht, Vertrag und Delikt, Person und Handlung, Moral und Recht, Recht und Religion. Hier ihre Trennung. Dahinter steht die Egalität vorstaatlicher Ordnungen. Erst mit ihrer Auflösung beginnen Ausdifferenzierungen, die das Kennzeichen von Herrschaft sind. Das führt zum letzten Problem, zur Frage von Evolution im Recht.

Entwicklungstendenzen

An Entwicklung sind nicht nur Ethnologen wenig interessiert gewesen. Auch auf dem weiten Feld der rechtshistorischen Forschung muß man lange suchen. Henry Maine mit seiner genialen Gegenüberstellung von Status und Vertrag ist eine der wenigen Ausnahmen (oben S. 12f.). Im übrigen hat es eben mal eine Geschichte gegeben, aber es gibt keine mehr. Wenn jemand tatsächlich Entwicklungstendenzen aufzeigt, bis zum Recht der Gegenwart, dann im Grunde doch nur um zu zeigen, daß das antike römische Recht sich bei uns zu voller Blüte entfaltet hat. Das Recht als unwandelbare, antikisch idealisierte Lichtgestalt. Dabei würde es doch wirklich sehr merkwürdig gewesen sein, wenn es sich im Laufe der Zeit überhaupt nicht verändert hätte. Wo sich so viel verändert hat. Sehen wir also etwas genauer hin und versuchen auf der Grundlage der bisherigen Erfahrungen einige erste Schritte in die Richtung einer Rekonstruktion der Entwicklung. Die Entfernung ist ja groß genug.
Manches läßt sich schon in den frühesten Anfängen beobachten. Zum Beispiel, daß Recht im Umfang zunimmt, daß es im Laufe der Geschichte immer mehr Normen gibt, die immer weitere Bereiche des Lebens der Menschen regeln. Was wir heute Verrechtlichung nennen oder als Gesetzesflut beklagen (Seifert 1971; Voigt 1980, 1983). Es hat schon damals begonnen, im Übergang von der Existenz als Sammler und Jäger zur

Seßhaftigkeit. Damals war es die Folge dessen, daß die Organisation von – agnatischer – Verwandtschaft allgemein komplizierter und mit der Seßhaftigkeit die Bedeutung von Eigentum am Land und an Wirtschaftsgütern aller Art sehr viel größer wurde. Es ist das, was schon Hoebel als die Entstehung von »Sachenrecht« beschrieben hat, das nun das »Personenrecht« ergänzt habe (Hoebel 1954.316). Dazu gehören auch Regeln über Brautpreise und Wiedergutmachungsleistungen, die sich im Einzelfall bis zum komplizierten System von bukolomo bei den Lele steigern können.

Henry Maines Entwicklungsgesetz dagegen hat seine Wirkungen noch nicht entfaltet. Der einzelne bleibt in segmentären Gesellschaften im Status der Verwandtschaft (Hoebel 1954.327f.). Erst mit der Entstehung von Herrschaft beginnt ein Prozeß der Entsegmentarisierung, der ihn allmählich aus der Solidarität agnatischer Gruppen freisetzt, ihn unmittelbar der Zentralinstanz unterwirft und dadurch langsam auch die Herrschaft des Vertrages entstehen läßt. Auf dem Weg in die Freiheit, wie es der liberale Maine verstanden hat. Es gibt zwar schon einzelne Verträge in segmentären Gesellschaften. Aber sie spielen bei weitem nicht die entscheidende Rolle wie bei uns. Allerdings wird die von Henry Maine beschriebene Entwicklung schon in segmentären Gesellschaften vorbereitet. Auch wenn der einzelne noch im Status verharrt, ändert sich schon etwas im Vorfeld. Es ändert sich die Reziprozität (oben S. 322f.). Bei Jägern überwiegt die positive. In segmentären Gesellschaften wird die ausgeglichene Reziprozität wichtiger als die positive, und die negative findet sich sehr viel häufiger als bei Jägern.

Im übrigen muß man Maines Satz über die Evolution ein wenig ergänzen. Es ist ja nicht nur der Vertrag. Gleichzeitig entsteht der einzelne als Rechtssubjekt, in einer langen Entwicklung von der Antike bis zur Gegenwart, und mit ihm die überragende Rolle des Privateigentums, das bisher als Individualeigentum mehr oder weniger unterentwickelt im Schoße der Verwandtschaft geruht hatte. Mit anderen Worten, es entsteht allmählich die heute noch im Privatrecht heilige Trias von Rechtssubjektivität, Eigentum und Vertrag. Aber, wie bemerkt,

diese Entwicklung setzt erst ein nach der Entstehung von Kephalität.
Wie übrigens noch eine andere, über die sich Maine geäußert und damit bis heute Vorstellungen über frühes Recht beeinflußt hat. Er meinte, kennzeichnend für die Frühzeit des Rechts sei seine Starrheit, die sich aus seinem Formalismus ergäbe und der Bindung an das Ritual. Fortentwicklungen seien allenfalls mit Hilfe von juristischen Fiktionen möglich gewesen. Erst später sei Recht flexibel geworden, besonders in der Billigkeitsrechtsprechung der römischen Prätoren (Maine 1861, 2. und 3. Kapitel). Von Starrheit ist nun aber im Recht akephaler Gesellschaften überhaupt nichts zu spüren. Im Gegenteil. Das dürfte sich aus dem Zwang zum Kompromiß ergeben, der hier sehr viel größer ist. Formalismus und Ritualisierung von Recht ergeben sich daraus, daß Spezialisten seine Verwaltung in ihre Hände nehmen. Und davon ist in vorstaatlichen Gesellschaften gerade sehr wenig zu spüren (Hoebel 1954.257). Fiktionen sind hier fast unbekannt. Mit Ausnahme der Adoption. Aber auch sie ist regelmäßig nicht formalisiert. Man denke nur an die Adoption von Dinka bei den Nuer (oben S. 247).
Stattdessen, meint Hoebel, gäbe es ein anderes Gesetz der Entwicklung von Recht, das schon in akephalen Gesellschaften einsetze. Nicht im materiellen Recht, sondern im Verfahren. Die Verantwortung für die Einhaltung von Rechtsnormen würde vom einzelnen und seiner Verwandtschaftsgruppe zunehmend auf Agenten der Gesamtgesellschaft übertragen werden. Rechtshistoriker hätten frühe Gesellschaften immer mit Blutrache und Fehde identifiziert. Das sei ein Irrtum. Schon früh würden Versuche einsetzen, beide zurückzudrängen. Letztlich jede Gesellschaft habe Mechanismen, sie zu verhindern oder zu beenden. Bei Stämmen auf einer höheren Stufe der Organisation geschehe das dann oft durch das Handeln einer zentralen Autorität, die das gesellschaftliche Gesamtinteresse repräsentiere (Hoebel 1954.329f.). Das läßt sich jedoch in dieser Form nicht aufrechterhalten. Es ist zwar richtig, daß mit der Entstehung von Herrschaft die Einrichtung von Gerichten verbunden ist. Das dürfte aber auch die einzig zutreffende Beobachtung dieser Theorie bleiben. Schon Hoebel selbst hat sie

später erheblich eingeschränkt, als er feststellte, daß unsere Kenntnisse über Verbreitung und andere Einzelheiten von Blutrache und Fehde außerordentlich unzulänglich seien (oben S. 328 f. und Hoebel 1971). Jedenfalls haben sie noch lange Zeit nach der Entstehung von Zentralinstanzen weiter existiert. Und die Vielfalt von friedlichen Konfliktlösungsmechanismen vorher läßt sich kaum in eine historische Folge bringen.

Was sich dagegen tatsächlich schon vor der Entstehung des Staates beobachten läßt, das ist die Zunahme der Verflechtung von Recht und Religion. Sie wird stärker im Übergang zur Seßhaftigkeit und ergreift dann oft fast alle Bereiche des Rechts, zum Beispiel auch Tötungen oder Ehebruch. Mit der Entstehung von Herrschaft nimmt das noch weiter zu, denn Zentralinstanzen untermauern ihre Herrschaft am Anfang regelmäßig mit religiöser Legitimation, also auch ihre Rechtsprechung.

Alles andere sind Entwicklungstendenzen, die erst nach der Entstehung des Staates einsetzen. Allerdings kann man sie jetzt deutlicher sehen, auf der Grundlage unserer Kenntnisse von vorstaatlichem Recht. Dazu gehört die Auflösung der alten Einheiten, also der Einheit von Privatrecht und Strafrecht, von Vertrag und Delikt, von Buße und Schadensersatz, von objektiver und subjektiver Haftung und der Einheit von Person und Handlung. Dahinter stehen verschiedene Ursachen. Zum Teil ist es einfach die Entstehung von Herrschaft, die nun die Allgemeinheit vertritt und ihren Strafanspruch entwickelt. Zum Teil ist es die damit verbundene Individualisierung, auch im Eigentum, also die Freisetzung aus der Solidarität der Verwandtschaft. Sie hat die Entstehung formaler Rechtsgleichheit zur Folge und auch, daß individuelles Verschulden schließlich höher bewertet wird als die Gefahr von Schädigungen. Aber nicht nur alte Einheiten werden aufgelöst. Es entstehen auch neue. Aus der alten strukturalen Relativität entwickelt sich die neue Einheit eines Rechtsgebietes, in dem alle Normen ohne Unterschied gleiche Geltung haben. Zum Teil ist das auch ein reziproker Prozeß. Eine alte Einheit löst sich langsam auf, gleichzeitig entsteht eine neue. So ist es im Verhältnis von Recht, Moral und Politik.

Moral, als die Gesamtheit der Überzeugungen von Gut und Böse, entwickelt sich in frühen Gesellschaften in konformistischer Einheit mit dem Recht. Mit der Entstehung von Herrschaft treten sie allmählich auseinander, bis zu ihrer grundsätzlichen Trennung in der bürgerlichen Gesellschaft (oben S. 335). In ihr ist die Moral damit auch individualistisch geworden. Mit anderen Worten: Man muß nur noch das Recht einhalten, über moralische Fragen aber selbst entscheiden. Die Wahrnehmung eines Rechts kann unmoralisch sein, ohne deshalb rechtswidrig zu werden. Zum Beispiel das Eigentum. Der Eigentümer einer Sache kann mit ihr grundsätzlich nach Belieben umgehen. Auch wenn es unmoralisch ist. Die Auflösung der Einheit von Recht und Moral ist Ausdruck unserer individuellen Freiheit. Über das Recht werden uns grundsätzlich nicht mehr moralische Vorschriften gemacht. An die Stelle dieser alten Einheit tritt eine zunehmende Verflechtung von Recht und Politik. Weil Recht immer mehr von Zentralinstanzen beeinflußt wird, die damit auch politisch steuernd in den gesellschaftlichen Prozeß eingreifen, nicht nur über die Rechtsetzung, sondern auch in der Rechtsprechung. Beides ist rechtstheoretisch ohnehin schwer zu trennen, weil jede neue Entscheidung eines Gerichts neues Recht setzen kann. Auflösung der Einheit von Moral und Recht und zunehmende Vereinheitlichung von Recht und Politik haben die gleiche Ursache. Recht wird nicht mehr von unten in der Gesellschaft formuliert, wo sich auch die moralischen Vorstellungen entwickeln, sondern von oben her, vom Staat. Der Staat handelt politisch in einer Weise, wie es in akephalen Gesellschaften nicht möglich ist. Weil zum Begriff des Politischen auch die Institutionalisierung des Allgemeinen gehört. Weil Politik etwas ist, das grundsätzlich von oben nach unten wirken will. Weil es, mit anderen Worten, in vorstaatlichen Gesellschaften keine Polis gibt, und auch keine Politik.

Mit dieser reziproken Entwicklung verbindet sich der Prozeß zunehmender Verrechtlichung. Er beginnt schon vor der Entstehung des Staates und setzt sich danach fort, als ständige Ausbreitung staatlichen Rechts in gesellschaftliche Bereiche, die bisher rechtlich noch nicht geregelt waren. Schon in der Antike war das verbunden mit der Ausbreitung staatlicher Macht. Aber

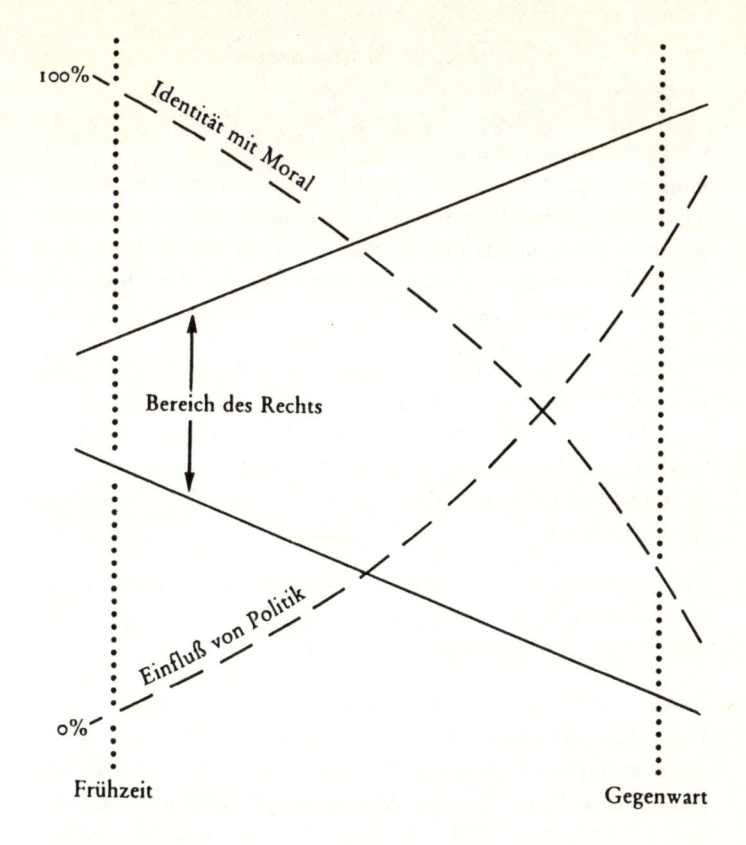

```
100% ·...  Identität mit Moral
         ↕
    Bereich des Rechts
         ↕
    Einfluß von Politik
  0% ·...
    Frühzeit                    Gegenwart
```

auch die Bemühungen, sie auf dem Rechtswege wieder einzuschränken, verstärken diesen Prozeß. Der Rechtsstaat. Denn für die rechtsstaatliche Kontrolle staatlicher Macht brauchte man eben auch neue Normen, neue Gerichte und eine unübersehbare Zahl von gerichtlichen Entscheidungen, so daß man seit dem 19. Jahrhundert nicht mehr so recht weiß, ob die Verrechtlichung überwiegend durch die Ausbreitung staatlicher Herrschaft bedingt ist oder von ihrem Gegenteil, ihrer Einschränkung und Kontrolle. Wie auch immer. Das jedenfalls ist der Gesamtprozeß in der Entwicklung von Recht, nämlich seine ständige Ausbreitung, die verbunden ist mit der Auflösung der alten Einheit von Moral und Recht und der zunehmenden Verflechtung von Recht und Politik.

Literaturhinweise

Paul Bohannan hat einmal gesagt, es gäbe zwar nur wenige Veröffentlichungen zur Rechtsanthropologie, aber sie seien fast alle gut. Ähnliches könnten andere Zweige der Wissenschaft von sich nicht sagen (Bohannan 1964.199). So ist es bis heute geblieben. Eine Auswahl:

H. Maine, Ancient Law, 1861. Die Begründung der Rechtsanthropologie, als Teil der Rechtsgeschichte. Noch wenig ethnologische Daten. Das Hauptgewicht liegt auf der Geschichte seit der Antike. Aber wichtiges schon im 5. Kapitel: »Primitive Society and Ancient Law.« Am Ende der berühmte Satz: from Status to Contract.

M. Mauss, Essai sur le don, 1923/24; deutsch: Die Gabe, 1968. Beschreibt auf der Grundlage eines großen ethnographischen Materials das Prinzip der Reziprozität.

B. Malinowski, Crime and Custom in Savage Society, 1926. Hat mit dieser kleinen brillianten Schrift die Rechtsanthropologie endgültig von der Rechtsgeschichte getrennt und den Funktionalismus der Social Anthropology begründet, also die Frage beantwortet, wie Ordnung ohne Staat funktionieren kann. Seine Antwort: durch Reziprozität, die auf Trobriand im Tausch von Fisch und Yams stattfand.

E. E. Evans-Pritchard, Witchcraft, Oracles and Magic among the Azande, 1937; deutsch (gekürzt): Hexerei, Orakel und Magie bei den Zande, 1978. Die klassische Beschreibung und Analyse von Hexerei und Zauberei, Orakel und Magie. Die Azande sind kephale Ackerbauern, eine Gruppe von Königreichen um die Grenze von Sudan und Zaire.

K. N. Llewellyn, E. A. Hoebel, The Cheyenne Way – Conflict and Case Law in Primitive Jurisprudence, 1941. Malinowski und Evans-Pritchard hatten das Funktionieren von Ordnung beschrieben. Hier nun zum erstenmal die Erforschung des

Konflikts und seiner Lösung, des einzelnen Falls. Weil nämlich für Llewellyn als angelsächsischem Juristen Recht im wesentlichen aus der Summe von Entscheidungen über einzelne Fälle besteht, case law, und nicht wie für uns eine Summe und ein System von Normen ist. Die Cheyenne waren höher entwickelte Jäger in der nordamerikanischen Prärie.

E. A. Hoebel, The Law of Primitive Man, 1954; deutsch: Das Recht der Naturvölker, 1968. Neben Roberts 1979 immer noch die beste allgemeine Darstellung. Mit ausführlicher Beschreibung einzelner Gesellschaften, von Jägern (Eskimo) bis zur Kephalität (Ashanti). Hoebel gehört zum gemäßigten Flügel der juristischen Schule der Legal Anthropology.

M. Gluckman, The judicial process among the Barotse of Northern Rhodesia (Zambia), 1955. Auch er gehört zur juristischen Schule. Dies ist sein wichtigstes Buch, die Beschreibung des Rechts im Königreich der Lozi. Case Law, sehr dogmatisch. Starke Betonung der Übereinstimmung mit unseren Rechtsprinzipien.

P. Bohannan, Justice and Judgement among the Tiv, 1957. Der erste Vertreter der nichtjuristischen Schule, der am Beispiel einer segmentären Gesellschaft das Recht als Instrument sozialer Kontrolle beschreibt, das sich in seinem Charakter grundsätzlich von dem westlicher Gesellschaften unterscheidet. Es ist wohl kein Zufall, daß Gluckman mit seiner Methode eine kephale Gesellschaft beschreibt, Bohannan dagegen eine akephale. Die Tiv sind Ackerbauern in Nigeria.

L. Pospisil, Kapauku Papuans and their Law, 1958. Eine wegen ihres Reichtums an wichtigem Material – zum Beispiel zur Veränderung von Recht – sehr verdienstvolle Arbeit. Methodisch aber bleibt sie problematisch, weil sie über die segmentäre Gesellschaft auf Neuguinea – in der schon Häuptlinge mit gewisser Macht existieren – das Netz unserer juristischen Begriffe wirft. Recht als Entscheidung von Autoritäten. Also Thomas Hobbes' auctoritas non veritas facit legem. Die Kapauku leben vom Garten- und Hackbau, im Bergland von Neuguinea.

P. H. Gulliver, Social Control in an African Society – A Study of the Arusha: Agricultural Masai of Northern Tanganyika, 1963. Setzt die von Llewellyn und Hoebel begonnene case-law-Tradition fort, und erweitert sie, indem er nicht nur das Ergebnis der Konfliktlösung zum Gegenstand seiner Untersuchung macht, sondern den ganzen Ablauf des Konflikts beschreibt, also nicht nur die Vorgeschichte, sondern besonders auch den Ablauf der Verhandlungen. Typischer Vertreter der nichtjuristischen Schule. Die Aruscha sind segmentäre Ackerbauern, patrilinear, mit Altersklassen, im nördlichen Tansania.

P. H. Gulliver, Neighbours and Networks – The Idiom of Kinship in Social Action among the Ndendeuli of Tanzania, 1971. Setzt die Art und Weise fort, die mit den Aruscha begonnen wurde. Die Ndendeuli sind dafür fast noch besser geeignet, weil ihr Normengefüge flexibler ist als das der Aruscha. Hier wie dort steht der – friedliche – Kompromiß nach Verhandlungen im Vordergrund. Die Ndendeuli sind segmentäre Ackerbauern im Süden Tansanias, ohne klar gegliederte Verwandtschaftsgruppen.

M. W. Young, Fighting with food – Leadership, values and social control in a Massim society, 1971. Auch ihm geht es – wie Gulliver – um Konfliktforschung. Bei den Massim – einem Papuastamm im südöstlichen Neuguinea – sind es aber eher unfriedliche Mechanismen. Sie sagen selbst, sie würden mit Lebensmitteln »kämpfen«. Man häuft sie gegenseitig beim Gegner auf, um ihn zu beschämen. Wie in manchen Extremfällen des Potlatsch. Aus Anlaß von Ehebruch, Beleidigungen, Verletzung von Eigentum oder aus traditioneller Feindschaft.

K. F. Koch, War and Peace in Jalémó – The Management of Conflict in Highland Guinea, 1974. Die Jalé sind Ackerbauern im Hochland von Neuguinea, patrilinear, sehr aggressiv. Konflikte werden bei ihnen seltener durch Verhandlungen gelöst, häufiger durch Kämpfe zwischen den Gruppen. Auch dafür gibt es Regeln.

L. Pospisil, Anthropology of Law – A Comparative Theory, 1974; deutsch: Anthropologie des Rechts – Recht und Gesellschaft in archaischen und modernen Kulturen, 1982. Innerhalb der juristischen Schule geht Pospisil wohl am weitesten in die juristisch-dogmatische Richtung. Insofern ist dies das allgemeinste Werk dieser Schule. Eine Gesamtschau von Recht für akephale, kephale und westliche Gesellschaften, mit dem Anspruch auf Allgemeingültigkeit.

S. Roberts, Order and Dispute – An Introduction to Legal Anthropology, 1979; deutsch: Ordnung und Konflikt – Eine Einführung in die Rechtsethnologie, 1981. Die erste Zusammenfassung der Lehren der nichtjuristischen Schule, mit einem hervorragenden Überblick über die Probleme, die dort seit Bohannan diskutiert werden.

Es gibt noch einige ältere Werke über das Recht in einzelnen Gesellschaften. Sie wurden geschrieben, bevor die Methodendiskussion zwischen beiden Schulen begann. Insofern sind sie ein wenig veraltet, zumal sie zum Teil auch mehr aus der Erfahrung von Beamten der Kolonialverwaltung geschrieben wurden, zum Beispiel *R. S. Rattray,* Ashanti Law and Constitution, 1929 (über das Königreich der Aschanti in Ghana), oder *P. P. Howell,* A Manual of Nuer Law, 1954. Es gibt aber auch noch andere, aus der Sicht des Anthropologen, etwa *R. F. Barton,* Ifugao Law, 1919 (segmentäre Reisbauern auf der philippinischen Insel Luzon), *B. Gutmann,* Das Recht der Dschagga, 1926 (segmentäre Ackerbauern am Kilimandscharo, mit Häuptlingen) oder *J. H. Hogbin,* Law and Order in Polynesia – A Study of Primitive Legal Institutions, 1934. In allen außerordentlich wichtiges Material.

Nicht mehr auf dem Stand der Forschung und methodisch problematisch – weil zu viele Fakten unter unsere juristischen Allgemeinbegriffe aneinandergereiht werden, ohne daß der unterschiedliche Kontext der verschiedenen Gesellschaften ausreichend deutlich wird – sind die beiden älteren Werke: *R. Thurnwald,* Werden, Wandel und Gestaltung des Rechts im Lichte der Völkerforschung, 1934, und *A. S. Diamond,* Primitive Law – Past and Present, 1935, 2. Auf. 1971. Beide haben das Ziel einer historischen Darstellung, aber die Beschreibung des historischen Prozesses blieb letztlich unerfülltes Programm.

Fast nur noch wissenschaftsgeschichtlichen Wert haben die Darstellungen aus der Zeit der deutschen sog. ethnologischen Jurisprudenz, also von A. H. Post, J. Kohler, L. Dargun, P. Wilutzky.

Bibliographien: Ein guter Überblick über die Literatur bei *L. Nader,* The Anthropological Study of Law, in: American Anthropologist, Special Publication: The Ethnography of Law, Bd. 67 (1965) S. 3-32. Noch ausführlicher, mit jeweils kurzen Charakteristiken: *L. Nader, K. F. Koch, B. Cox,* The Ethnography of Law: A Bibliographical Survey, in: Current Anthropology, Bd. 7 (1966) S. 267-294. Mit etwas stärkerer Berücksichtigung der deutschen Literatur: *D. Ertle,* Ethnologische Rechtsforschung, in: H. Trimborn (Hg.), Lehrbuch der Völkerkunde, 4. Aufl. 1971, S. 296-322, bes. 319-322.

Literaturnachweise

Aberle, D. F. (1961), Matrilineal Descent in Cross-cultural Perspective, in: D. M. Schneider, K. Gough (Hg.), Matrilineal Kinship. Berkeley: University of California Press. S. 655–727

Adams, R. McC. (1966), The Evolution of Urban Society – Early Mesopotamia and Prehispanic Mexico. Chicago: Aldine.

Bachofen, J. J. (1861), Das Mutterrecht – Eine Untersuchung über die Gynaikokratie der alten Welt nach ihrer religiösen und rechtlichen Natur, hg. v. K. Meuli, 2 Bde, 1948. Basel: Benno Schwabe.

Balikci, A. (1968), The Netsilik Eskimos: Adapitve Processes, in: R. B. Lee, I. DeVore (Hg.), Man the Hunter. New York: Aldine. S. 78–82.

Bamberger, J. (1974), The Myth of Matriarchy: Why Men Rule in Primitive Societies, in: M. Z. Rosaldo, L. Lamphere (Hg.), Woman, Culture and Society. Stanford: Stanford University Press. S. 263–280

Barkun, M. (1968), Law without sanctions – Order in primitive Societies and the world community. New York und London: Yale University Press.

Barth, F. (1959), Political Leadership among Swat Pathans. London: Athlone Press.

– (1961), Nomads of South Persia – The Basseri Tribe of the Khamseh Confederacy, Ndr. 1980. Oslo: Universitätsforlaget.

Barton, R. F. (1919), Ifugao Law. Berkeley: University of California Press.

– (1930), The Half Way Sun – Life among the Headhunters of the Philippines. New York: Brewer and Warren.

Baur, F. (1983), Lehrbuch des Sachenrechts, 12. Aufl. München: Beck.

Baxter, P. T. W. (1972), Absence makes the heart grow fonder – Some suggestions why witchcraft accusations are rare among East African pastoralists, in: M. Gluckman (Hg.), The allocation of responsibility. Manchester: Manchester University Press. S. 163–191.

– (1975), Some consequences of sedentarization for social relationship, in: T. Monod (Hg.), Pastoralism in Tropical Africa. London: Oxford University Press. S. 206–228.

Beidelmann, T. O. (1971), Nuer Priests and Prophets – Charisma, Authority and Power among the Nuer, in: ders. (Hg.), The Translation of Culture – Essays to E. E. Evans-Pritchard. London: Tavistock. S. 375–415.

Benda-Beckmann, F. von (1979), Property in social continuity – Continuity and change in the maintenance of property relationship through time in Minangkabau, West Sumatra. Den Haag: Martinus Nijhoff.

Binford, L. R. (1968), Methodological Considerations of the Archeological Use of Ethnographic Data, in: R. B. Lee, I. DeVore (Hg.), Man the Hunter. New York: Aldine. S. 268–273.

Birdsell, J. B. (1968), Some Predictions for the Pleistocene Based on Equilibrium Systems among Recent Hunter-Gatherers, in: R.B. Lee, I.DeVore (Hg.), Man the Hunter. New York: Aldine. S. 229–240.

Birket-Smith, K. (1929), The Caribou Eskimos – Material and social life and their cultural position – Report of the Fifth Thule Expedition 1921–1924, Bd. 5. Kopenhagen: Nordisk Forlag.
– (1948), Die Eskimos. Zürich: Füssli.

Bitterli, U. (1970), Die Entdeckung des schwarzen Afrikaners – Versuch einer Geistesgeschichte der europäisch-afrikanischen Beziehungen an der Guineaküste im 17. und 18. Jahrhundert. Zürich: Atlantis.

Bloch, E. (1961), Naturrecht und menschliche Würde. Frankfurt am Main: Suhrkamp.

Boas, F. (1888), The Central Eskimo, Ndr. 1964. Lincoln: University of Nebraska Press.
– (1901), The Eskimo of Baffin Land and Hudson Bay. New York: Knickerbocker Press.

Bodemann, Y.M. (1978), Natural Development (Naturwüchsigkeit) in Early Society: A note to Friedrich Engels' Anthropology, in: Papers presented to the Conference »New Directions in Structural Analysis« of the Department of Sociology. University Toronto.

Bohannan, P. (1957), Justice and Judgement among the Tiv. London: Oxford University Press.
– (1963), Land, Tenure and Land-Tenure, in: D.Biebuyck (Hg.), African Agrarian Systems. Oxford: University Press. S. 101–115.
– (1964), Anthropology and the Law, in: S.Tax (Hg.), Horizons of Anthropology. Chicago: Aldine. S. 191–199.
– (1965), The Differing Realms of the Law, in: American Anthropologist, Special Publication, The Ethnography of Law, Bd. 67, S. 33–42.
– (1968), Law and Legal Institutions, in: International Encyclopedia of the Social Sciences, Bd. 9, S. 73–78.

Bohannan, P. and L. (1968a), Tiv Economy. Evanston: Northwestern University Press.

Cardozo, B.N. (1924), The Growth of the Law. New Haven: Yale University Press.

du Chaillu, P. (1863), Voyages et aventures dans l'Afrique Equatoriales. Paris: Levy.

Childe, V.G. (1925), The Dawn of European Civilization. London: Kegan Paul, Trench, Trubner.
– (1942), What Happened in History. New York: Penguin Books.
– (1950), The Urban Revolution, in: Town Planning Review, Bd. 21, S. 3–17.
– (1975), Social Evolution, 1951, zitiert nach der deutschen Ausgabe: Soziale Evolution, 1975. Frankfurt: Suhrkamp.

Clark, J.D. (1968), Studies of Hunter-Gatherers as an Aid to the Interpretation of Prehistoric Societies, in: R.B. Lee, I. DeVore (Hg.), Man the Hunter. New York: Aldine. S. 276–280.

Clastres, P. (1976), La société contre l'état, 1974, deutsch: Staatsfeinde, 1976, Frankfurt: Suhrkamp.
- (1977), Archéologie de la violence: la guerre dans les sociétés primitives, in: Libre, S. 137–173.

Coing, H. (1976), Grundzüge der Rechtsphilosophie, 3. Aufl. Berlin: de Gruyter.

Colson, E. (1962), The Plateau Tonga of Northern Rhodesia – Social and Religious Studies. Manchester: Manchester University Press.
- (1974), Tradition and Contract – The Problem of Order, London: Heinemann.

Conrad, H. (1962), Deutsche Rechtsgeschichte, Bd. 1, Frühzeit und Mittelalter, 2. Aufl. Karlsruhe: C. F. Müller.

Crazzolara, P. (1953), Zur Gesellschaft und Religion der Nuer. Wien-Mödling: St. Gabriel.

Dahrendorf, R. (1964), Amba und Amerikaner: Bemerkungen zur These der Universalität von Herrschaft, in: Europäisches Archiv für Soziologie, Bd. 5, S. 83–98.

Diamond, A. S. (1971), Primitive Law – Past and Present, 2. Aufl. London: Methuen.

Diamond, S. (1976), The Rule of Law Versus the Order of Custom, in: ders., In Search of the Primitive, 1974, 8. Kap., S. 255–280; deutsch: Kritik der Zivilisation – Anthropologie und Wiederentdeckung des Primitiven, 1976, 6. Kapitel. Frankfurt: Campus.

Douglas, M. (1954), The Lele of Kasai, in: D. Forde (Hg.), African Worlds. London: Oxford University Press. S. 1–26.
- (1960), Blood-Debts and Client-ship among the Lele, in: The Journal of the Royal Anthropological Institute, Bd. 90, S. 1–28.
- (1962), Lele Economy as Compared with the Bushong, in: G. Dalton, P. Bohannan (Hg.), Markets in Africa. Evanston: Northwestern University Press. S. 211–233.
- (1963), The Lele of the Kasai. London International African Institute.
- (1963 a), Techniques of Sorcery Control, in: J. F. M. Middleton, E. H. Winter (Hg.), Witchcraft and Sorcery in Africa. London: Routledge and Kegan Paul. S. 123–141.
- (1967), Witch Beliefs in Central Africa, in: Africa, Bd. 37, S. 72–80.
- (1969), Is Matriliny Doomed in Africa?, in: M. Douglas, P. M. Kaberry (Hg.), Man in Africa. London: Tavistock. S. 121–135.

Draper, P. (1975), !Kung Women: Contracts in Sexual Egalitarianism in Foraging and Sedentary Contexts, in: R. Reiter (Hg.), Toward an Anthropology of Women. New York: Monthly Review Press. S. 77–109.

Durkheim, E. (1893), De la division do travail social, zitiert nach der deutschen Ausgabe: Über die Teilung der sozialen Arbeit, 1977. Frankfurt: Suhrkamp.

Dyson-Hudson, R., Smith, E. A. (1978), Human Territoriality: An Ecological Reassassment, in: American Anthropologist, Bd. 80, S. 21–41.

Eckhoff, T. (1966), The Mediator, the Judge and the Administrator in Conflict-resolution, in: Acta Sociologica, Bd. 10, S. 148–172.

Eggan, F. (1950), Social Organization of the Western Pueblos. Chicago: University of Chicago Press.

Ehrlich, E. (1913), Grundlegung der Soziologie des Rechts. München, Leipzig: Duncker u. Humblot.

Eibl-Eibesfeld, I. (1978), Territorialität und Aggressivität der Jäger- und Sammlervölker, in: R.A. Stamm, H. Zeier (Hg.), Psychologie des 20. Jahrhunderts, Bd. VI: Lorenz und die Folgen. Zürich: Kindler. S. 477–494.

Eibl-Eibesfeld, I., Lorenz, K. (1974), Die stammesgeschichtlichen Grundlagen menschlichen Verhaltens, in: G. Heberer (Hg.), Die Evolution der Organismen, Bd. 3, 3. Aufl. Stuttgart: G. Fischer. S. 572–620.

Eisenstadt, S.N. (1956), From Generation to Generation. London: Routledge and Kegan Paul.

Elkin, A.P. (1954), The Australian Aborigines – How to Understand Them, 3. Aufl. Sydney: Angus and Robertson.

Engels, F. (1878), Herrn Eugen Dühring's Umwälzung der Wissenschaft, MEW 20. 5–303.

– (1884), Der Ursprung der Familie, des Privateigentums und des Staats, MEW 21.25–173.

Erler, A. (1971), Ethnologie, in: Handwörterbuch zur deutschen Rechtsgeschichte, Bd. 1. Berlin: Erich Schmidt. S. 1022–1025.

Ertle, D. (1971), Ethnologische Rechtsforschung, in: H. Trimborn (Hg.), Lehrbuch der Völkerkunde, 4. Aufl. Stuttgart: Enke. S. 296–322.

Esser, J. (1964), Grundsatz und Norm in der richterlichen Fortbildung des Privatrechts, 2. Aufl. Tübingen: Mohr (Siebeck).

– (1970), Vorverständnis und Methodenwahl in der Rechtsfindung. Frankfurt: Athenäum.

Evans-Pritchard, E.E. (1937), Witchcraft, Oracles and Magic among the Azande. Oxford: Clarendon Press, deutsche (gekürzte) Ausgabe: Hexerei, Orakel und Magie bei den Zande, 1978. Frankfurt: Suhrkamp.

– (1940), The Nuer. Oxford: Clarendon Press.

– (1940a), The Nuer of Southern Sudan, in: M. Fortes, E.E. Evans-Pritchard (Hg.), African Political Systems. London: Oxford University Press. S. 272–296.

– (1951), Kinship and Marriage among the Nuer, Ndr. 1973. Oxford: Clarendon Press.

– (1956), Nuer Religion. Oxford: Oxford University Press.

Fallers, L.A. (1969), Law without Precedent – Legal Ideas in Action in the Courts of Colonial Busoga. Chicago: University of Chicago Press.

Finley, M. (1954/55), Marriage, Sale and Gift in the Homeric World, wieder abgedruckt in: ders., Economy and Society in Ancient Greece, 1981, S. 232–245 und (Anm.) S. 290–297. London: Chatto and Windus.

Firth, R. (1957), We, the Tikopia. A Sociological Study of Kinship in Primitive Polynesia, 2. Aufl. London: Allen and Unwin.

- (1972), The Sceptical Anthropologist? Social Anthropology and Marxist Views on Society, zitiert nach dem Wiederabdruck, in: M.Bloch (Hg.), Marxist Analyses and Social Anthropology. London: Malaby Press. 1975, S. 29–60.
Forde, C. D. (1931), Hopi Agriculture and Land Ownership. in: Journal of the Royal Anthropological Institute, Bd. 61, S. 357–405.
- (1964), Yakö Studies. London: Oxford University Press.
Fortes, M. and S. L. (1936), Food in the domestic economy of the Tallensi, in: Africa, Bd. 9, S. 237–276.
Fortes, M. (1940), The Political System of the Tallensi of the Northern Territories of the Gold Coast, in: M.Fortes and E.E. Evans-Pritchard (Hg.), African Political Systems. London: Oxford University Press. S. 239–271.
- (1945), The dynamics of clanship among the Tallensi. London: Oxford University Press.
- (1957), The web of kinship among the Tallensi, 2. Aufl. London: Oxford University Press.
- (1969), Kinship and the social order – The Legacy of Lewis Henry Morgan. London: Routledge and Kegan Paul.
Fortes, M., Evans-Pritchard, E. E. (Hg.), (1940), African Political Systems. London: Oxford University Press.
Freeman, D. (1970), Report on the Iban. London: Athlone Press.
Freeman jr., L. G. (1968), A Theoretical Framework for Interpreting Archeological Materials, in: R.B. Lee, I.DeVore (Hg.), Man the Hunter. New York: Aldine. S. 262–267.
Friedman, J., Rowlands, M.J., (Hg.), (1978), The Evolution of Social Systems. Pittsburgh: University of Pittsburgh Press.
Fromm, E. (1976), Haben oder Sein – Die seelischen Grundlagen einer neuen Gesellschaft. Stuttgart: Deutsche Verlagsanstalt.

Gale, F. (1970), Woman's Role in Aboriginal Society. Canberra: Australian Institute of Aboriginal Studies.
Gehlen, A. (1977), Urmensch und Spätkultur, 4.Aufl., Frankfurt: Athenaion.
Geiger, T. (1964), Vorstudien zu einer Soziologie des Rechts, 1947, zitiert nach der Ausgabe 1964, Neuwied: Luchterhand.
Gibbs jr., J.L. (1969), Law and Innovation in Non-Western Societies, in: L.Nader (Hg.), Law and Culture in Society. Chicago: Aldine. S. 169 –175.
Gluckman, M. (1955), The Iudicial Process among the Barotse of Northern Rhodesia (Zambia). Manchester: Manchester University Press.
- (1963), Gossip and Scandal, in: Current Anthropology, Bd. 4, 307–316.
- (1965), The ideas in Barotse jurisprudence. Manchester: Manchester University Press.
- (1965 a), Reasonableness and Responsibility in the Law of Segmentary Societies, in: H.Kuper, L.Kuper (Hg.), African Law: Adaption and Development. Berkeley: University Press. S. 120–146.
- (1969), Property Rights and Status in African Traditional Law, in: ders.

(Hg.), Ideas and Procedures in African Customary Law. London: Oxford University Press. S. 252–265.
- (1972), Moral crises: magical and secular solutions, in: ders. (Hg.), The allocation of responsibility. Manchester: University Press. S. 1–50.

Godelier, M. (1973), Horizon, trajets marxistes en anthropologie, zitiert nach der deutschen Ausgabe: Ökonomische Anthropologie – Untersuchungen zum Begriff der sozialen Struktur primitiver Gesellschaften, 1973. Reinbek: Rowohlt.
- (1975), Modes of Production, Kinship and Demographic Structures, in: M. Bloch (Hg.), Marxist Analyses and Social Anthropology. London: Malaby Press. S. 3–27.
- (1976), Essai de bilan critique (ein Aufsatz aus dem Jahr 1968), in: ders., Horizon, trajets marxistes en anthropologie, 1973, S. 135–173 (nicht in der deutschen Ausgabe von 1973: Ökonomische Anthropologie), zitiert nach der Übersetzung: Versuch einer kritischen Bilanz, in: U. Jaeggi (Hg.), Sozialstruktur und politische Systeme. Köln: Kiepenheuer und Witsch. S. 70–102.
- (1978), Territory and property in primitive society, in: Social Science Information, S. 399–426.
- (1978a), Economy and religion: an evolutionary optical illusion, in: I. Friedman, M. I. Rowlands (Hg.), The Evolution of Social Systems. Pittsburgh: University of Pittsburgh Press. S. 3–11.

Goody, J. (1973), Bridewealth and Dowry in Africa and Eurasia, in: J. Goody, S. J. Tambia, Bridewealth and Dowry. Cambridge: Cambridge University Press. S. 1–58.
- (1976), Production and Reproduction – A Comparative Study of the Domestic Domaine. Cambridge: Cambridge University Press.

Gough, K. (1961), Variation in Matrilineal Systems, in: D. M. Schneider, K. Gough (Hg.), Matrilineal Kinship. Berkeley: University of California Press. S. 445–652.
- (1971), Nuer Kinship – A Re-examination, in: T. O. Beidelmann (Hg.), The Translation of Culture – Essays to E. E. Evans-Pritchard. London: Tavistock. S. 79–121.
- (1975), The Origin of the Family, in: R. R. Reiter (Hg.), Toward and Anthropology of Women. New York: Monthly Review Press. S. 51–76.

Greuel, P. J. (1971), The Leopard-Skin Chief: An Examination of Political Power Among the Nuer, in: American Anthropologist, Bd. 73, S. 1115–1120.

Gulliver, P. H. (1963), Social Control in an African Society – A Study of the Arusha, Agricultural Masai of Northern Tanganyika. London: Routledge and Kegan Paul.
- (1969), Case Studies of Law in Non-Western Societies, in: L. Nader (Hg.), Law in Culture and Society. Chicago: Aldine. S. 11–23.
- (1971), Neighbours and Networks – The Idiom of Kinship in Social Action among the Ndendeuli of Tanzania. Berkeley: University of California Press.

- (1973), Negotiations as a Mode of Dispute Settlement: Towards a General Model, in: Law and Society Review, Bd. 7, S. 667–691.
Gusinde, M. (1931–1939), Die Feuerland-Indianer, 1. Bd. 1931, 2. Bd. 1937, 3. Bd. 1939. Wien-Mödling: Anthropos.
Gutmann, B. (1926), Das Recht der Dschagga. München: Beck.

Harako, R. (1976), The Mbuti as Hunters, in: Kyoto University African Studies, Bd. 10, S. 37–99.
Harding, T. (1967), Voyagers of the Vitiaz Strait. Seattle, London: University of Washington Press.
Harris, D. R. (1978), Settling down: an evolutionary model for the transformation of mobile bands into sedentary communities, in: J. Friedman, M. J. Rowlands (Hg.), The Evolution of Social Systems. Pittsburgh: University of Pittsburgh Press. S. 401-417.
Harris, M. (1969), The Rise of Anthropological Theory. London: Routledge and Kegan Paul.
Hartland, E. S. (1924), Primitive Law. London: Methuen.
Heinz, H. J. (1972), Territoriality among the bushmen in general and the Ko in particular, in: Anthropos, Bd. 67, S. 405–416.
Helm, J. (1965), Bilaterality in the socio-territorial organization of the Arctic drainage Dené, in: Ethnology, Bd. 4, S. 361–385.
Henkel, H. (1977), Einführung in die Rechtsphilosophie, 2. Aufl. München: Beck.
de Heusch, L. (1958), Essais sur le symbolisme de l'inceste royale. Brüssel: Université Libre.
Hiatt, L. R. (1962), Local organization among the Australian Aborigines, in: Oceania, Bd. 32, S. 267–286.
Hobbes, T. (1981), Leviathan or the Matter, Form and Power of a Commonwealth Ecclesiasticall and Civil, 1651; 1. Teil, 13. Kapitel, übersetzt, mit Kommentar, in: Freibeuter, Bd. 6, S. 97–101.
Hobsbawm, E. (1964), Introduction, in: K. Marx, Pre-Capitalist Economic Formations, übers. v. J. Cohen. London: Lawrence and Wishart. S. 9–65.
Hoebel, E. A. (1954), The Law of Primitive Man – A Study in Comparative Legal Dynamics. Cambridge: Harward University Press. deutsch: Das Recht der Naturvölker – Eine vergleichende Untersuchung rechtlicher Abläufe, 1968. Olten: Walter Verlag.
- (1961), Three Studies in African Law, in: Stanford Law Review, S. 418–442.
- (1971), Feud: Concept, Reality and Method in the Study of Primitve Law, in: A. R. Desai (Hg.), Essays on Modernization of Underdeveloped Societies, Bd. 1, S. 500–513. Bombay: Thacker.
Hogbin, H. I. (1934), Law and Order in Polynesia – A Study of Primitive Legal Institutions. New York: Harcourt, Brace.
- (1947), Shame – A Study of Social Conformity in a New Guinea Village, in: Oceania, Bd. 17, S. 273–288.

- (1951), Transformation Scene: The Changing of a New Guinea Village. London: Routledge and Kegan Paul.
Holmberg, A. R. (1969), Nomads of the Longbow – The Siriono of Eastern Bolivia. Washington: Smithsonian Institute.
Howell, P. P. (1954), A Manual of Nuer Law – Being an account of Customary Law, its Evolution and Development in the Courts established by the Sudan Government. London: Oxford University Press.
Hyades, P. D. (1887), Ethnographie des Fuégiens, in: Bulletin de la Société d'Anthropologie de Paris, Bd. 10, S. 327–340.

Ingold, T. (1980), Hunters, pastoralists and ranchers – Reindeer economies and their transformations. Cambridge: Cambridge University Press.
Isaac, G. L. (1968), Traces of Pleistocene Hunters: An East African Example, in: R.B. Lee, I. DeVore (Hg.), Man the Hunter. New York: Aldine. S. 253–261.

Jacoby, F. (1961), Die Fragmente der griechischen Historiker, zweiter Teil, Bd. A, 1926, Ndr. 1961. Leiden: Brill.
Jenness, D. (1922), The Life of the Copper Eskimos, Ndr. 1970. New York: Johnson Reprint Company.
Jörs, P., Kunkel, W. (1949), Römisches Privatrecht, 3. Aufl. Berlin: Springer.

Kantorowicz, H. (1957), The Definition of Law, deutsch: Der Begriff des Rechts, 1963. Göttingen: Vandenhoeck und Ruprecht.
Kaser, M. (1949), Das altrömische Jus. Göttingen: Vandenhoeck und Ruprecht.
- (1971), Das römische Privatrecht, 1. Abschnitt, Das altrömische, das vorklassische und klassische Recht, 2. Aufl. München: Beck.
Koch, K. F. (1974), War and Peace in Jalémó – The Management of Conflict in Highland Guinea. Cambridge: Harvard University Press.
Koch, F. K. u. a. (1977), Ritual Reconciliation and the Obviation of Grievances: A Comparative Study in the Ethnography of Law, in: Ethnology, Bd. 16, S. 269–283.
Köbben, A. J. F. (1967), Why Exceptions? The Logic of Cross-Cultural Analysis, in: Current Anthropology, Bd. 8, S. 3–34.
König, H. (1923–1925), Der Rechtsbruch und sein Ausgleich bei den Eskimo, in: Anthropos, Bd. 18/19, 1923/24, S. 484–515 und S. 771–792, Bd. 20, 1925, S. 276–315.
- (1927), Das Recht der Polarvölker, in: Anthropos, Bd. 22, S. 689–746.
Kohler, J. (1881), Rez. Post, Ursprung des Rechts, 1876; Post, Die Anfänge des Staats- und Rechtslebens, 1878; Post, Bausteine, 1. Band, 1880, in: Kritische Vierteljahresschrift für Gesetzgebung und Rechtswissenschaft, Bd. 4, S. 174–187.
Kramer, F. (1977), Verkehrte Welten – Zur imaginären Ethnographie des 19. Jahrhunderts. Frankfurt: Syndikat.

Kroeschell, K. (1968), Haus und Herrschaft im frühen deutschen Recht. Göttingen: Schwartz.
Kropotkin, P. (1902), Mutual Aid – A Factor of Evolution, deutsch: Gegenseitige Entwicklung in der Tier- und Menschenwelt, 1908, Ndr. 1975. Frankfurt, Berlin: Ullstein.

Lafitau, J. F. (1724), Moeurs des Sauvages Amériquains, comparées aux Moeurs des premiers Temps, 4 Bände. Paris: Saugrain l'aîné.
Latte, K. (1931), Beiträge zum griechischen Strafrecht, in: Hermes, Bd. 66, S. 30–48.
Leach, E. R. (1954), Political Systems of Highland Burma – A Study of Kachin Social Structure. London: Athlone Press.
– (1959), Social Change and Primitive Law, in: American Anthropologist, Bd. 61, S. 1096 f.
Lee, R. B. (1968), What Hunters Do for a Living or: How to Make Out on Scarce Resources, in: R. B. Lee, I. DeVore (Hg.), Man the Hunter. New York: Aldine. S. 30–48.
Lee, R. B. (1972), Work effort, group structure and land-use in contemporary hunter-gatherers, in: P. J. Ucko, R. Tringham, G. W. Dimbleby (Hg.), Man, settlement and urbanism. London: Duckworth. S. 177–185.
– (1972a), Population Growth and the Beginnings of Sedentary Life among the !Kung Bushmen, in: B. Spoonen (Hg.), Population Growth: Anthropological Implications, Cambridge: MIT Press. S. 329–342.
Lee, R. B., I. DeVore (Hg.), (1968), Man the Hunter. New York: Aldine.
– (1976), Kalahari Hunter-Gatherers. Cambridge: Harvard University Press.
Lenel, O. (1907), Das Edictum Perpetuum, 2. Aufl. Leipzig: Tauchnitz.
Leroi-Gourhan, A. (1980), Le geste et la parole, 2 Bde, 1964, 1965, zitiert nach der deutschen Ausgabe: Hand und Wort. Frankfurt: Suhrkamp.
Lévi-Strauss, C. (1981), Les structures élémentaires de la parenté, 1947, 2. Aufl. 1967, zitiert nach der deutschen Ausgabe: Die elementaren Strukturen der Verwandtschaft. Frankfurt: Suhrkamp.
Levy, E. (1915), Privatstrafe und Schadensersatz im klassischen römischen Recht. Berlin: Vahlen.
Lévy-Bruhl, L. (1959), La mentalité primitive, 1921, zitiert nach der deutschen Ausgabe: Die geistige Welt der Primitiven, Ndr. 1959. Darmstadt: Wissenschaftliche Buchgesellschaft.
Lewis, B. A. (1951), Nuer Spokesman: a Note on the Institution of the Ruic, in: Sudan Notes and Records, Bd. 32, S. 77–84.
Llewellyn, K. N., Hoebel, E. A. (1941), The Cheyenne Way – Conflict and Case Law in Primitive Jurisprudence. Norman: University of Oklahoma Press.
Locke, J. (1966), Two Treatises of Government, 1690, zitiert nach der deutschen Ausgabe (des zweiten Treatise): Über die Regierung. Reinbek: Rowohlt.
Lowie, R. (1920), Primitive Society. New York: Boni and Liveright.
– (1927), The Origin of the State. New York: Harcourt, Brace.

- (1928), Imcorporeal Property in Primitive Society, in: Yale Law Journal, Bd. 27, S. 551–563.
- (1937), History of Ethnological Theory. New York: Farrar and Rinehart.

McLennan, J. F. (1865), Primitive Marriage. Edinburgh: Adam and Charles Black.
Maine, H. (1977), Ancient Law, 1861, zitiert nach der Ausgabe von Everyman's Library, Reprint. London: Dent.
Mair, L. P. (1969), Witchcraft. London: Weidenfeld and Nicholson.
- (1971), Marriage. London: Scolar Press.
- (1972), An Introduction to Social Anthropology, 2. Aufl. Oxford: Clarendon Press.
- (1974), African Societies. Cambridge: Cambridge University Press.

Malinowski, B. (1926), Crime and Custom in Savage Society, 9. Auf. 1970. London: Routledge and Kegan Paul.
- (1951), Freedom and Civilization, 1944, zitiert nach der deutschen Ausgabe: Kultur und Freiheit. Wien, Stuttgart: Hamboldt Verlag.

Man, E. H. (1883), On the Aboriginal Inhabitants of the Andaman Islands. Ndr. 1932. London: Royal Anthropological Institute of Great Britain and Ireland.
Marshall, L. (1962), !Kung Bushman Religious Beliefs, in: Africa, Bd. 32, S. 221–252.
- (1976), The !Kung of Nyae Nyae. Cambridge: Harvard University Press.

Marwick, M. G. (1974), Witchcraft, in: The New Encyclopaedia Britannica, Macropaedia, 19. Bd. (15. Aufl.), S. 895–900.
Marx, K. (1844), Ökonomisch-philosophische Manuskripte aus dem Jahre 1844, in: MEW, Ergänzungsband, 1. Teil (1968), S. 465–588.
- (1857/58), Grundrisse der Kritik der politischen Ökonomie (Rohentwurf), 1857–1858, zitiert nach dem o. J. (1960), erschienen Ndr. d. Ausg. 1939, 1941. Frankfurt: Europäische Verlagsanstalt.
- (1859), Zur Kritik der politischen Ökonomie, in: MEW 13.1–160.

Mauss, M., Beuchat, H. (1904/1905), Essai sur les variations saisonnières des sociétés Eskimo, in: L'Année sociologique, Bd. 9, S. 39–132, deutsch: Über den jahreszeitlichen Wandel der Eskimogesellschaften, in: M. Mauss, Soziologie und Anthropologie, Bd. I, 1974. München: Hanser. S. 183–276.
Mauss, M. (1968), Essai sur le don, 1923/24, zitiert nach der deutschen Ausgabe: Die Gabe, mit einem Vorwort von E. E. Evans-Pritchard. Frankfurt: Suhrkamp.
Medick, H. (1973), Naturzustand und Naturgeschichte der bürgerlichen Gesellschaft. Göttingen: Vandenhoeck und Ruprecht.
Meek, C. K. (1949), Land Law and Custom in the Colonies. London: Oxford University Press. 2. Aufl.
Meggitt, M. J. (1962), Desert People – A Study of the Walbiri Aborigines of Central Australia. Sydney: Angus and Robertson.
Meillassoux, C. (1976), Femmes, greniers et capitaux, 1975, deutsch: Die wilden Früchte der Frau. Frankfurt: Syndikat.

Middleton, J., Tait, D. (Hg.) (1958), Tribes without Rulers. London: Routledge and Kegan Paul.

Moore, S. F. (1972), Legal liability and evolutionary interpretation: some aspects of strict liability, self-help and collective responsibility, in: M. Gluckman (Hg.), The allocation of responsibility. Manchester: Manchester University Press. S. 51–107, wieder abgedruckt in: dies., Law as Process – An Anthropological Approach, 1978. London: Routledge and Kegan Paul. S. 82–134.

Morgan, L. H. (1901), League of the Ho-De-No Sau-Nee or Iroquois, 1851, zitiert nach der Ausgabe von 1901, Ndr. 1954. New Haven: Human Relations Area Files.

– (1870), Systems of Consanguinity and Affinity of the Human Family. Washington: Smithsonian Institute.

– (1877), Ancient Society, deutsch: Die Urgesellschaft, 1908, Ndr. 1976. Lollar: Achenbach.

Mühlmann, W. (1964), Rassen, Ethnien, Kulturen – Moderne Ethnologie. Neuwied: Luchterhand.

Müller, K. (1848), Fragmenta Historicorum Graecorum, Bd. 2. Paris: Firmin Didot.

Müller, K. E. (1984), Die bessere und die schlechtere Hälfte – Ethnologie des Geschlechterkampfes. Frankfurt: Campus.

Murdock, G. P. (1937), Correlations of matrilineal and patrilineal institutions, in: G. P. Murdock (Hg.), Studies in the Science of Society, presented to A. G. Keller. New Haven: Yale University Press. S. 445–470.

– (1949), Social Structure. New York: Macmillan.

– (1959), Africa – Its People and their Culture History. New York: McGraw-Hill.

Nadel, S. F. (1956), Reason and Unreason in African Law, in: Africa, Bd. 26, S. 160–173.

Nader, L. (1965), The Anthropological Study of Law, in: American Anthropologist, Special Publication: The Ethnography of Law, Bd. 67, S. 3–32.

– (1969), Introduction, in: dies. (Hg.), Law in Culture and Society. Chicago: Aldine. S. 1–10.

Nader, L., Koch, K. F., Cox, B. (1966), The Ethnography of Law: A Bibliographical Survey, in: Current Anthropology, Bd. 7, S. 267–294.

Nippold, W. (1954), Die Anfänge des Eigentums bei den Naturvölkern und die Entstehung des Privateigentums. 'S-Gravenhage: Mouton.

Oates, J. (1978), Mesopotamien social organisation: archeological and philological evidence, in: J. Friedman, M. J. Rowlands (Hg.), The Evolution of Social Systems. Pittsburgh: Pittsburgh University Press. S. 457–485.

Palandt, O. (1984), Bürgerliches Gesetzbuch (Kommentar, bearb. v. Bassenge, Diederichsen u. a.), 43. Aufl. München: Beck.

Pembroke, S. (1965), Last of the Matriarchs: A Study in the Inscriptions of Lycia, in: Journal of the Economy and Social History of the Orient, Bd. 3, S. 217–247.
Pospisil, L. (1958), Kapauku Papuans and their Law. New Haven: Yale University Publications in Anthropology.
– (1969), Structural Change and Primitive Law: Consequences of a Papua Legal Case, in: L. Nader (Hg.), Law in Culture and Society. Chicago: Aldine. S. 208–229.
– (1982), Anthropology of Law – A Comparative Theory, 1974, zitiert nach der deutschen Ausgabe: Anthropologie des Rechts, Recht und Gesellschaft in archaischen und modernen Kulturen. München: Beck.
Post, A. H. (1894/95), Grundriß der ethnologischen Jurisprudenz. Oldenburg, Leipzig: Schulz
Pound, R. (1921), The Spirit of the Common Law. Ndr. 1947. Francestown: Marshall Jones.
Powell, H. A. (1960), Competitive leadership in Trobriand political organization, in: The Journal of the Royal Anthropological Institute of Great Britain and Ireland, Bd. 90, S. 118–145.
Pufendorf, S. (1672), De iure naturae et gentium, zitiert nach der Ausgabe Frankfurt/Leipzig, 1759: Knoch.

Quain, B. H. (1937), The Iroquois, in: M. Mead (Hg.), Cooperation and Competition among Primitive Peoples. New York: McGraw-Hill. S. 240–281.

Radcliffe-Brown, A. R. (1922), The Andaman Islanders, Ndr. 1964. New York: The Free Press.
– (1931), Social Organization of Australian Tribes. in: Oceania, Bd. 1, S. 426–456.
– (1933), Primitive Law, in: Encyclopaedia of the Social Sciences, Bd. 9, S. 202–206, neu abgedruckt in: ders., Structure and Function in Primitive Society, 1952. London: Oxford University Press. S. 212–219.
– (1933 a), Social Sanctions, in: Encyclopaedia of the Social Sciences, Bd. 13, S. 531–534.
– (1940), Preface, in: M. Fortes, E. E. Evans-Pritchard (Hg.), African Political Systems. London: Oxford University Press. S. XI–XXIII.
– (1950), Introduction, in: A. R. Radcliffe-Brown, D. Forde (Hg.), African Systems of Kinship and Marriage. London: Oxford University Press. S. 1–85.
Randle, M. C. (1951), Iroquois Women, Then and Now, in: W. N. Fenton (Hg.), Symposium on Local Diversity in Iroquois Culture. Washington: Smithsonian Institute. S. 169–180.
Rasmussen, K. (1927), Across Arctic America – Narrative of the Fifth Thule Expedition. New York, London: Putnam.
– (1931), The Netsilik Eskimos – Social Life and Spiritual Culture (Report of the Fifth Thule Expedition 1921–24). Kopenhagen: Gyldendal. Bd. VIII No. 1–2.

Rattray, R. S. (1923), Ashanti. Oxford: Clarendon Press.
- (1929), Ashanti Law and Constitution. Ndr. 1969, New York: Negro University Press.
Redfield, R. (1950), Maine's Ancient Law in the Light of Primitive Societies, in: Western Political Quarterly, Bd. 3, S. 574–589.
Richards, A. J. (1950), Some Types of Family Structure amongst the Central Bantu, in: A. R. Radcliffe-Brown, D. Forde (Hg.), African Systems of Kinship and Marriage. London: Oxford University Press. S. 207–251.
Ritter, H. (1974), Gegenseitigkeit, in: J. Ritter (Hg.), Historisches Wörterbuch der Philosophie, Bd. 3. Basel, Stuttgart: Schwabe. Sp. 119–129.
Roberts, S. (1981), Order and Dispute – An Introduction to Legal Anthropology, 1979, zitiert nach der deutschen Ausgabe: Ordnung und Konflikt – Eine Einführung in die Rechtsethnologie. Stuttgart: Klett-Cotta.
Rohrlich-Leavitt, R., Sykes, B., Weatherford, E. (1975), Aboriginal Woman: Male and Female Anthropological Perspectives, in: R. Reiter (Hg.), Toward an Anthropology of Women. New York: Monthly Review Press. S. 110–126.
Rose, F. (1976), Australien und seine Ureinwohner. Berlin (Ost): Akademie Verlag.
Rousseau, J. J. (1978), Discours sur l'origine et les fondements de l'inégalité parmi les hommes, 1755, zitiert nach der zweisprachigen Ausgabe: Schriften zur Kulturkritik, Die zwei Diskurse von 1750 und 1755, 3. Aufl. Hamburg: Felix Meiner.
Rüthers, B. (1968), Die unbegrenzte Auslegung. Tübingen: Mohr (Siebeck).
- (1970), Institutionelles Rechtsdenken im Wandel der Verfassungsepochen. Bad Homburg, Berlin, Zürich: Gehlen.

Sacks, K. (1975), Engels Revisited: Women, the Organization of Production and Private Property, in: R. Reiter (Hg.), Toward an Anthropology of Women. New York: Monthly Review Press. S. 211–234.
Sahlins, M. (1968), Notes on the Original Affluent Society, in: R. B. Lee, I. DeVore (Hg.), Man the Hunter. New York: Aldine. S. 85–89.
- (1972), Stone Age Economics. Ndr. 1974. London: Tavistock.
Salisbury, R. F. (1962), Form Stone to Steel – Economic Consequences of a Technological Change in New Guinea. Melbourne: University Press.
Sanday, P. R. (1974), Female Status in the Public Domain, in: M. Z. Rosaldo, L. Lamphere (Hg.), Woman, Culture and Society. Stanford: Stanford University Press. S. 189–206.
- (1981), Female power and male dominance – On the Origins of sexual inequality. Cambridge: Cambridge University Press.
Schapera, I. (1930), The Khoisan peoples of South Africa: Bushmen and Hottentots. London: Routledge and Kegan Paul.
- (1956), Government and Politics in Tribal Societies. London: Watts.
- (1957), Malinowski's Theories of Law, in: R. Firth (Hg.), Man and Culture – An Evaluation of the Work of Bronislaw Malinowski. London: Routledge and Kegan Paul. S. 139–155.

Schebesta, P. (1938–1950), Die Bambuti Pygmäen vom Ituri, 1.Band, Geschichte, Geographie, Umwelt, Demographie und Anthropologie, 1938; 2.Band, Ethnographie der Ituri-Bambuti, 1.Teil, Die Wirtschaft, 1941; 2.Teil, Das soziale Leben, 1948; 3.Teil, Die Religion, 1950. Brüssel: Falk.
– (1952–1957), Die Negrito Asiens, 1.Band, Geschichte, Geographie, Demographie und Anthropologie der Negrito, 1952; 2.Band, Ethnographie der Negrito, 1.Halbband, Wirtschaft und Soziologie, 1954; 2.Halbband, Religion und Mythologie, 1957. Wien-Mödling: St. Gabriel.
Schlegel, A. (1972), Male Dominance and Female Autonomy – Domestic Authority in Matrilineal Societies. New Haven: Human Relation Area Files.
Schlesier, K.H. (1961), Die Eigentumsrechte der Irokesen, in: Anthropos, Bd. 56, S. 158–178.
Schmidt, W. (1937), Das Eigentum auf den ältesten Stufen der Menschheit, Bd.I: Das Eigentum in den Urkulturen. Münster: Aschendorff.
Schneider, D.M. (1961), Introduction, in: D.M. Schneider, K.Gough (Hg.), Matrinlineal Kinship. Berkeley: University of California Press. S. 1–29.
– (1976), The Meaning of Incest, in: The Journal of the Polynesian Society, S. 149–169.
Schneider, D.M., Gough, K. (Hg.), (1961), Matrilineal Kinship. Berkeley: University of California Press.
Schott, R. (1960), Religöse und soziale Bindungen des Eigentums bei Naturvölkern, in: Paideuma, Bd. 7, S. 115–132.
– (1962), Die Arten des Übergangs vom Gemeineigentum zum Privatbesitz, in: Deutsche Landesreferate zum VI. Internationalen Kongreß für Rechtsvergleichung in Hamburg. Berlin, Tübingen: de Gruyter, Mohr (Siebeck). S. 68–86.
– (1970), Die Funktionen des Rechts in primitiven Gesellschaften, in: Jahrbuch für Rechtssoziologie und Rechtstheorie, Bd. 1, S. 107–174.
– (1979), Anarchie und Tradition – Über Frühformen des Rechts in schriftlosen Gesellschaften, in: U.Nembach (Hg.), Begründungen des Rechts. Göttingen: Vandenhoeck und Ruprecht. S. 22–48.
Seagle, W. (1937), Primitive Law and Professor Malinowski, in: American Anthropologist, Bd. 39, S. 275–290.
– (1967), The Quest for Law, 1941; zitiert nach der deutschen Ausgabe: Weltgeschichte des Rechts – Eine Einführung in die Probleme und Erscheinungsformen des Rechts. München: Beck.
Seifert, J. (1971), Verrechtlichte Politik und die Dialektik der marxistischen Rechtstheorie, in: Kritische Justiz, S. 185–200.
Service, E.R. (1977), Origins of the State and Civilisation – The Process of Cultural Evolution, 1975, zitiert nach der deutschen Ausgabe: Ursprünge des Staates und der Zivilisation – Der Prozeß der kulturellen Evolution. Frankfurt: Suhrkamp.
– (1979), The Hunters, 2. Aufl. Englewood Cliffs New Jersey: Prentice Hall.
Sigrist, C. (1964), Die Amba und die These der Universalität von Herrschaft –

Eine Erwiderung auf einen Aufsatz von Ralf Dahrendorf, in: Europäisches Archiv für Soziologie, Bd. 5, S. 272–276.
- (1967), Regulierte Anarchie, Ndr. 1979, Frankfurt: Syndikat.
Slocum, S. (1975), Woman the Gatherer: Male Bias in Anthropology, in: R. Reiter (Hg.), Toward an Anthropology of Women. New York: Monthly Review Press. S. 36–50.
Snyderman, G. S. (1951), Concepts of Land Ownership among the Iroquois and their Neighbours, in: W. N. Fenton (Hg.), Symposium on Local Diversity in Iroquois Culture. Washington: Smithsonian Institute. S. 15–34.
Spittler, G. (1980), Streitregelung im Schatten des Leviathan – Eine Darstellung und Kritik rechtsethnologischer Untersuchungen, in: Zeitschrift für Rechtssoziologie, Bd. 1, S. 4–32.
Stanjek, K. (1980), Die Entwicklung des menschlichen Besitzverhaltens. Berlin: Max-Plank-Institut für Bildungsforschung.
Stein, P. (1980), Legal Evolution – The Story of an idea. Cambridge: Cambridge University Press.
Steiner, F. (1954), Notes on Comparative Economics, in: British Journal of Sociology, Bd. 5, S. 118–129, deutsch: Notiz zur vergleichenden Ökonomie, in: F. Kramer, C. Sigrist (Hg.), Gesellschaften ohne Staat, Bd. 1, 1978. Frankfurt: Syndikat. S. 85–100.
Steward, J. H. (1936), The economic and social basis of primitive bands, in: R. Lowie (Hg.), Essays in Anthropology presented to A. L. Kroeber. Berkeley: University of California Press. S. 331–345.
- (1938), Basin-plateau aboriginal socio-political groups. Washington: Bureau of American Ethnology Bulletin Nr. 120.
- (1949), Cultural Causality and Law: A Trial Formulation of the Development of Early Civilization, in: American Anthropologist, Bd. 51, S. 1–27.

Tanno, T. (1976), The Mbuti Net-hunters in the Ituri Forest, Eastern Zaire – their hunting activities and band composition, in: Kyoto University African Studies, Bd. 10, S. 101–135.
Thurnwald, R. (1922), Psychologie des primitiven Menschen, in: G. Kafka (Hg.), Handbuch der vergleichenden Psychologie, Bd. 1: Die Entwicklungsstufen des Seelenlebens. München: Reinhardt. S. 145–320.
- (1934), Werden, Wandel und Gestaltung des Rechts im Lichte der Völkerforschung. Berlin: de Gruyter.
- (1957), Grundfragen menschlicher Gesellung – Ausgewählte Schriften. Berlin: Duncker und Humblot.
Titiev, M. (1944), Old Oraibi – A Study of the Hopi Indians of Third Mesa. Cambridge: Papers of the Peabody Museum of American Archeology and Ethnology, Harvard University, Bd. 22.
Torday, E. (1925), On the Trail of the Bushongo. London: Seeley, Service.
Trimborn, H. (1950), Die Privatrache und der Eingriff des Staates, in: Deutsche Landesreferate zum III. Internationalen Kongreß für Rechtsverglei-

chung in London. Beiträge zur Rechtsforschung. Berlin, Tübingen: de Gruyter, Mohr (Siebeck). S. 133–148.
Tschajanow, A. (1923), Die Lehre von der bäuerlichen Wirtschaft – Versuch einer Theorie der Familienwirtschaft im Landbau. Berlin: Parey.
Turnbull, C. M. (1965), Wayward Servants – The Two Worlds of the African Pygmies. Ndr. 1976, Westport Connecticut: Greenwood Press.
– (1968), The Importance of Flux in Two Hunting Societies, in: R.B.Lee, I.DeVore (Hg.), Man the Hunter. New York: Aldine. S. 132–137.
– (1976), The Forest People, 1961, zitiert nach dem Ndr. 1976, London: Picador Pan Books.
Turner, V. (1967), The Forest of Symbols – Aspects of Ndembu Ritual. Ithaca: Cornell University Press.

Vansina, J. (1965), A Traditional Legal System: The Kuba, in: H.Kuper, L.Kuper (Hg.), African Law: Adaptation and Development. Berkeley: University Press. S. 97–119.
– (1966), Kingdoms of the Savanna. Madison: University of Wisconsin Press.
Vinogradoff, P. (1904), The Teaching of Sir Henry Maine, in: The Law Quarterly Review, Bd. 20, S. 119–133.
– (1920), Outlines of Historical Jurisprudence, 1.Band. London: Oxford University Press.
Voigt, R. (Hg.), (1980), Verrechtlichung. Königstein/Ts: Äthenäum
– (1983), Gegentendenzen zur Verrechtlichung. Opladen: Westdeutscher Verlag.

Washburn, S. L., Lancaster, C. S. (1968), The Evolution of Hunting, in: R.B. Lee, I.DeVore (Hg.), Man the Hunter. New York: Aldine. S. 293–303.
Weber, M. (1967), Wirtschaft und Gesellschaft, 2.Aufl. 1925, zitiert nach: Rechtssoziologie, aus dem Manuskript herausgegeben und eingeleitet von J.Winckelmann, 2.Aufl. Neuwied: Luchterhand.
Webster, P. (1975), Matriarchy: A Vision of Power, in: R.Reiter (Hg.), Toward an Anthropology of Women. New York: Monthly Review Press. S. 141–156.
Welzel, H. (1962), Naturrecht und materiale Gerechtigkeit, 4.Aufl. Göttingen: Vandenhoeck und Ruprecht.
Wesel, U. (1979), Zur Entstehung von Recht in frühen Gesellschaften, in: Kritische Justiz, S. 233–252.
– (1980), Der Mythos vom Matriarchat – Über Bachofens Mutterrecht und die Stellung von Frauen in frühen Gesellschaften vor der Entstehung staatlicher Herrschaft. Frankfurt: Suhrkamp.
– (1982), Die Entwicklung des Eigentums in frühen Gesellschaften, in: Zeitschrift für vergleichende Rechtswissenschaft, Bd. 81, S. 17–38.
– (1984), Bemerkungen zu einer evolutionistischen Theorie des Rechts, in: Gedächtnisschrift für Wolfgang Kunkel. Frankfurt: Klostermann. S. 523–562.

Westermarck, E. (1891), The History of Human Marriage. New York: Macmillan.
– (1908), Eigentumsempfindung und Diebstahlsrecht, insbesondere bei den Naturvölkern, in: Zeitschrift für Sozialwissenschaft, Bd. 11. S. 395–413.
Weyer, E. (1932), The Eskimos. New Haven: Yale University Press.
Whiting, B. B. (1950), Paiute Sorcery. New York: Viking Fund Publications in anthropology.
Wieacker, F. (1963), Notizen zur rechtshistorischen Hermeneutik. Göttingen: Vandenhoeck und Ruprecht.
Wilmsen, E. N. (1973), Interaction, Spacing Behavior, and the Organization of Hunting Bands, in: Journal of Anthropological Research, Bd. 29, S. 1–31.
Wilson, E. O. (1975), Sociobiology – The New Synthesis, 2. Aufl. Cambridge: Belknap Press of Harvard University Press.
Winter, E. (1958), The Aboriginal Political Structure of Bwamba, in: J. Middleton, D. Tait (Hg.), Tribes without Rulers. London: Routledge and Kegan Paul. S. 136–166.
Wittfogel, K. A. (1957), Oriental Despotism. New Haven: Yale University Press; deutsche Ausgabe: Die orientalische Despotie. Köln u. Berlin: Kiepenheuer u. Witsch.
Wolff, H. J. (1952), Die Grundlagen des griechischen Eherechts, in: Tijdschrift voor Rechtsgeschiedenis, Bd. 20, S. 1–29 und S. 157–163.
Wolff, M., Raiser, L. (1957), Sachenrecht, 10. Aufl. Tübingen: Mohr (Siebeck).
Woodburn, J. (1968), An Introduction to Hadza Ecology, in: R. B. Lee, I. DeVore (Hg.), Man the Hunter. New York: Aldine. S. 49–55.
– (1968a), Stability and Flexibility in Hadza Residential Groupings, in: R. B. Lee, I. DeVore (Hg.), Man the Hunter. New York: Aldine, S. 103–110.
– (1972), Ecology, nomadic movement and the local group among hunters and gatherers: an East African example and its implications, in: P. J. Ucko, R. Tringham, G. W. Dimbleby (Hg.), Man, settlement and urbanism. London: Duckworth. S. 193–210.
– (1979), Minimal Politics: The Political Organization of the Hadza of North Tanzania, in: W. A. Shack, P. S. Cohen (Hg.), Politics in Leadership. Oxford: Clarendon Press. S. 244–266.
Wundt, W. (1917), Völkerpsychologie – Eine Untersuchung der Entwicklungsgesetze von Sprache, Mythos und Sitte, 8. Band: Die Gesellschaft, 2. Teil. Leipzig: Engelmann und Kröner.

Young, M. (1971), Fighting with Food – Leadership, Values and Social Control in a Massim Society. London: Cambridge University Press.

Zinser, H. (1981), Der Mythos des Mutterrechts. Frankfurt, Berlin: Ullstein.

Personen- und Sachregister

Absolutheit des Eigentums 223
Adams, R. McC. 39 ff.
Adoption 115, 247, 352
agnati 193
agnatische Verwandtschaft 28, 192 ff.
akephal 22
Algonkin 72
Amba 26 f.
analytical system 58
Andamaner 72, 74, 83, 92, 94, 101, 105, 107, 176 f.
Angst 322
Arbeitsteilung in Jägergesellschaften 80, 85
Arbeitszeit der Jäger 74 f.
Aschanti 24, 99, 230
asiatische Produktionsweise 49, 51 f.
Athapasken 72
auctoritas 60 ff.
Ausgleichsleistungen, Mittel der Konfliktlösung 327
Austin, J. 54
Austinians 54 f., 63
australische Ureinwohner 73, 76, 84, 92, 101, 108
automatische Unterwerfung unter den Gruppenkonsens 19 f., 319
Autorität 60 ff.
Avunkulokalität 201 f.
Azande 297

Bachofen, J. J. 42, 194 ff., 205 f., 207 ff.
Barbarei 34 f.
Barton, R. F. 330 f., 341, 359
Basoga 333
Basseri 226
bilaterale Abstammung 211
Bloch, E. 18
Blutgeld 129, 257 ff., 303 ff., 327

Blutrache 129 ff., 161 f., 257, 325, 328 f.
Boas, F. 37 f., 56
Bodeneigentum 98 ff., 100, 154, 215 ff., 252, 294
Bohannan, L. 97
Bohannan, P. 16, 58, 97, 217, 356 f.
Bonfante, P. 41
Brautpreise 42 ff., 117, 233 ff., 239 f., 245 f., 263, 288 ff.
Brautpreissysteme und Dotalsysteme 43 f., 234
Bußen 327, 344

capita 83
Cardozo, B. N. 60
Cephus Jagdvergehen 165 ff., 344
charismatische Herrschaft 82, 119
Childe, V. G. 34 f., 189
Clastres, P. 29
coemptio 42
cognati 193
collatio dotis 234
Colson, E. 323
command theory 54
conflict 59
covenant und contract 89
cuong 254, 269 f.

Dahrendorf, R. 25 ff.
Dargun, L. 360
Delikt 344 f.
Delikt und Vertrag 345 f.
demographischer Druck 52
Diamond, A. S. 359
Diamond, S. 66
Diebstahl
– Eskimo 123, 128, 174
– Häufigkeit 106, 123, 128, 156, 159, 167, 178, 227, 262, 313
– Lele 313
– Mbuti 156, 159, 165 ff., 167 f.

- Nuer 262
- ohne religiöse Bedeutung 174, 178, 180, 182 f.
- Semang 178
- Verletzung der Person 106, 321

Diffusionismus 37 f.
diligens pater familias 341
djugaruru 178 f.
Douglas, M. 273 ff.
Durkheim, E. 28, 149, 212
Dyson-Hudson, R. 102 f.

Egalität
- Eskimo 82 f., 118 ff.
- Jägergesellschaften 81 f.
- Lele 282 ff.
- Mbuti 149 ff.
- Nuer 248, 249 ff.
- segmentäre Gesellschaften 213 f.

Ehebruch 174, 180, 182 f., 303, 312 f., 321, 345
Ehrlich, E. 63
Eigentum
- absolutes 223
- Begriff 95 ff.
- Eskimo 103 f., 121 ff.
- geistiges 105
- Grund und Boden 98, 99 ff., 215 ff.
- Herdenvieh 223 ff., 252 f.
- individuelles 103 ff., 122 f., 156, 227 ff., 232 ff., 294 f.
- Jägergesellschaften 95 ff.
- Land 98, 99 ff., 215 ff.
- Lele 303, 312 f.
- Mobilien 103 ff., 122 f., 156, 227 ff., 294 f.
- Mbuti 154 ff.
- Nebeneinander von individuellem und gemeinschaftlichem 229 ff.
- Nuer 218 f., 224 f.
- relatives 222 f.
- segmentäre Gesellschaften 215 ff.
- Territorium 99 ff., 121 f., 154
- unorganische Natur 234 ff.
- Vererbung 107 f., 156, 253, 280 f.
- verwandschaftliches 215 ff., 223 ff., 252 f., 294

Einheit von Person und Handlung 332 ff.
Einigung 326, 329 ff., 331 ff.
elima-Fest 86, 154
Endogamie 28
Engels, F. 13, 81, 191, 205, 230, 343
Entsegmentarisierung 52, 196
Entstehung von Recht aus Religion 183 f.
Entwicklungsstufen 34 ff.
Entwicklung von Recht 350 ff.
erste Überflußgesellschaft 74 f.
Eskimo
- Adoption 115 f.
- Blutgeld 129
- Blutrache 129 ff.
- Brautpreis 117
- Diebstahl 123, 128
- Egalität 82 f., 118 ff.
- Ehebruch 56 f., 118
- Eigentum 103 f., 121 ff.
- Exogamie 116
- Familie 115
- Fernhandel 106
- Frauensituation 86, 118, 120 f.
- Hochzeitsriten 127
- Infantizid 116, 118
- Inzest 117
- isumataq 119
- Jagd 112 f.
- jahreszeitlicher Wechsel 112 ff.
- Konflikte 128 ff.
- Konfliktlösung 133 ff., 137
- Magie 126 f.
- Name 112
- nith 133 ff., 327
- Padlu in Padli 56, 132, 344
- pimain 119
- Polygynie 117
- Recht 56 f., 136 ff.
- Religion 124 ff.
- Recht und Religion 137 f.
- Reziprozität 91 f.
- Schamanen 127

Eskimo, Selbsthilfe 57
- Senelizid 118
- sexuelle Freiheit 117f.
- Siedlung 116, 137
- Singstreit 133ff., 327
- Sprecher 118f.
- Stellung der Frau 86, 118, 120f.
- Tabu 125ff.
- Territorialität 100, 121f.
- Tötungen 56f., 128ff.
- Vererbung 107f., 123
- Verlobung 116
- Verteilung der Jagdbeute 122
- Verwandtschaft 115
- Zauberei 132
ethnologische Jurisprudenz 14f.
Ethnozentrismus 19
Evans-Pritchard, E.E. 31f., 53, 199, 239ff., 297f., 340, 356
Evolution 350ff.
Evolutionismus 12ff., 37ff.
Exogamie 28, 78, 197

Faktenbegeisterung 333f.
faktische Stärke 332ff.
Fallers, L. 333
familia 230
Familie 78ff., 197f.
Familienhorde 77
Fehde 325, 328f.
Fernhandel 106
Feuerlandindianer 72, 77, 83, 86, 91f., 100, 107, 171, 175
Fiktionen 352
Filiationsnormen 200f.
Finley, M. 42
Firth, R. 235
Fluktuation 29, 77
folk system 58
Fortes, M. 57f.
Frauen
- Eskimo 86, 118, 120f.
- Jägergesellschaften 79f., 84ff.
- Lele 290f., 293, 308f.
- Mbuti 153f.
- Nuer 250

- segmentäre Gesellschaften 207ff.
Frauentausch 147, 199, 201
Freuchen, P. 92
Fromm, E. 238
from Status to Contract 12f., 351f.
Funktionalismus 16, 320

Gabe, siehe Reziprozität
Gaius 345
Galizien 63ff.
Garaudy, R. 13
Gebräuche 54ff., 171, 334ff.
Gefährdungshaftung 347
Gegenseitigkeit 88f.
Gehlen, A. 87f., 97
Geiger, T. 20
geistiges Eigentum 105
Gemeinschaftseigentum 99, 215ff., 223ff., 252f., 294
gemischte Horde 77
Genauigkeit der Normen 349f.
gens 193, 198
Gerede 320f.
Gesamtterritorialität 100ff.
Gewalt und Recht 269ff., 322, 337
Gewohnheiten 54ff., 171, 334ff.
Gewohnheitsrecht 62ff.
v. Gierke, O. 13
Gleichheit
- Eskimo 82ff., 118ff.
- Jägergesellschaften 81f.
- Lele 282ff.
- Mbuti 149ff.
- Nuer 248, 249f.
- segmentäre Gesellschaften 213f.
Gluckman, M. 341f., 357
Godelier, M. 204f.
Gough, K. 79, 86
Grundeigentum 98, 99ff., 215ff.
Gulliver, P.H. 16, 331ff., 358
Gutmann, B. 16, 359

Habe 97
Habensordnung 238
Hadza 72, 74, 75, 83, 92, 99, 101, 107

381

Haftung, subjektive und objektive 346 f.
Halakwulut 72
Halbe-Halbe 331, 341
Handel 89, 106
Hartland, S. 20, 319
Haushalt 50
Hauswirtschaft, segmentäre 49 f., 191 f.
hedna 42
Hegel, G. W. F. 19
Heiratsnormen 200 f.
Herdenvieh, Eigentum 223 ff., 252 f.
Herodot 17, 41 f., 194
Herrschaft
– Begriff 22 f.
– charismatische 82, 119
– Jägergesellschaften 81 f.
– segmentäre Gesellschaften 213 f.
– Universalität 25 ff.
Hexerei
– Azande 297
– Begriff 297 f.
– Lele 297 ff.
– Nuer 324
– soziale Funktion 298, 321, 323 f.
historische Rechtsschule 14
Hobbes, T. 18, 29 f., 60 f.
Hoebel, E. A. 16, 47, 55 ff., 325, 330 f., 352 f., 356
Hogbin, I. H. 359
Homer 42
Hopi 219 f.
Horde
– Eigentum 99 ff.
– Exogamie 78
– Familienhorde 77
– gemischte 77
– patrilineare 76 ff.
– patrilokale 78
– Produktionsweise 49, 191
– Promiskuität 79, 81
– Territorialität 99 ff.
– Zusammensetzung 75 ff.
Howell, P. P. 359

Iban 214
Ifugao 230, 330 f., 341
Individualeigentum 103 ff., 122 f., 156, 227 ff., 232 ff., 294 f.
Individualeigentum und Verwandtschaftseigentum 229 ff.
Infantizid 116, 149
Ingold, T. 226 f.
Intensität des Teilens 93
Internalisierung 337
Inzest
– Ergänzung der Exogamie 78, 198
– Eskimo 117
– Funktion 81
– Gründe 78, 81
– Kapauku Papua 338 f., 340, 345
– Lele 285 f.
– Mbuti 162 ff.
– Nuer 265 ff., 270
– ritueller 285 ff.
– Trobriand 164 f.
– Umfang des Verbotes 81, 198 f.
– Universalität 198 f.
– Verletzung der Frau 164 f., 345
– Verletzung der Ordnung 181, 345
Irokesen 221 f.
isumataq 119

Jagdbeute, Verteilung 122, 155 f., 294
Jägergesellschaften
– Arbeitsteilung 80, 85
– Arbeitszeit 74 f.
– Begriff 76
– Egalität 81 ff.
– Eigentum 95 ff.
– Familie 78 ff.
– Frauen 79 f., 84 ff.
– Produktionsweise 49, 191
– Recht 171 ff.
– Religion 172 ff.
– Reziprozität 86 ff., 233, 351
– Territorialität 99 ff.
– Vererbung 107 f.
– Verwandtschaft 77 f., 195

jahreszeitlicher Wechsel 112 ff., 142 ff., 242 ff.
juristische Schule 48, 55
jural 57 f.

Kant, I. 335
Kantorowicz, A. 59 f.
Kapauku Papua 331, 336, 337 ff., 340, 341
Kaufehe 42 f.
kephal 22
Klan 200
Klatsch und Tratsch 321
Koch, K.F. 16, 358
kognatische Verwandtschaft 28, 192 ff.
Kohler, J. 14 f., 360
komparative Methode 36 ff.
Kompromiß 331 ff.
Konfliktlösungen, Ursachen für friedlichen und unfriedlichen Charakter 327
Konfliktlösungen und Normen 331 ff.
Konfliktlösungsmechanismen 324 ff.
Konsens 326, 329 ff., 331 ff.
Krieg 27 ff.
Kropotkin, P. 87
! Kung 72, 75, 77, 83, 85, 90 f., 99, 100 f., 107, 172, 175 f.

Lächerlichkeit 321
Landeigentum 98 ff., 100, 154, 215 ff., 252, 294
Leach, E.R. 338
legis actio sacramento in rem 223
Lele
– Altersgruppen 281 f.
– Arbeitsteilung 292
– Autorität 282 ff., 299 f.
– Blutgeld 303 ff.
– Blutrache 303
– Brautpreise 288 ff., 292
– bukolomo 304 ff.
– Diebstahl 313

– Dominanz alter Männer 287 ff., 299 f.
– Dorf 280
– Dorfältester 283
– Dorffrau 290 f.
– Dorfmagier 296
– Dorfsprecher 283 f.
– Dorfversammlung 283
– Egalität 282 ff.
– Ehebruch 303, 312 f.
– Eigentum 219, 294 f.
– Familie 292
– Frauensituation 293, 308 f.
– Hexerei 299 ff.
– Konflikte 301 ff.
– Konfliktlösungen 302 ff.
– Körperverletzungen 313
– ku utera 309 ff.
– Magie 295 ff.
– nyimi 284 ff.
– Orakel 300
– Ordal (ipome) 300 f., 303
– Polyandrie 290 f.
– Polygynie 278, 290, 293
– raffia-Tücher 228, 275, 287 ff., 295
– Recht 313 ff.
– Recht und Religion 316
– Religion 295 ff.
– Reziprozität 276
– ritueller Inzest 285 f.
– Selbsthilfe 313 ff.
– Sklaven 283, 294
– Stellung der Frauen 293, 308
– strukturale Relativität des Rechts 313 f.
– Tötungen 302 ff.
– Tundu 284 ff.
– Vererbung 280, 281
– Verteilung der Jagdbeute 294
– Verwandtschaft 280 ff.
– Zauberei 296 ff.
Levirat 231
Lévi-Strauss, C. 87, 147, 199, 201
Lichtenberg, G.C. 31
Lineage 28, 197

Llewellyn, K.N. 16, 325, 356
Locke, J. 18
Lowie, R. 38, 105, 206, 229
Lozi 225, 232, 340
Lucretius 74
Lykier 42, 194, 207

Macht 23, 25
Mc Lennan, I. 28
Magie 126f., 297ff.
Magie und Religion 343
Maine, H. 12ff., 47f., 63, 183f., 191, 238, 347, 351f., 356
Malinowski, B. 15, 20ff., 47, 53f., 87, 319f., 356
mancipatio 230
Marshall, L. 90ff.
Marx, K. 13, 98, 191, 230, 234ff.
Matriarchat 194f., 207ff.
Matriarchatsmythen 86, 208
Matrifokalität 207ff.
matrilinearer Gürtel 203
Matrilinearität 28, 41f., 192ff., 202ff., 207ff.
Matrilokalität 201ff.
Mauss, M. 21, 29, 87ff., 114, 356
Mbuti
– Arbeitszeit 141
– Arbeitsteilung 141, 148f.
– Autorität 65, 150f.
– Blutrache 161f.
– capita 83
– Cephus Jagdvergehen 165ff., 344
– Diebstahl 156, 159, 165ff., 167f.
– Egalität 65, 149ff.
– Eigentum 154ff.
– elima-Fest 86, 154
– Exogamie 148
– Familie 147
– Frauensituation 153f.
– Frauentausch 147
– Häuptling 65, 83, 153
– Horde 143f., 146f.
– Infantizid 149
– Inzest 162ff.
– Jagd 141f.
– jahreszeitlicher Wechsel 142ff.
– Konflikte 158ff.
– Konfliktlösung 160ff.
– Magie 157
– molino-Fest 158
– Patrilokalität 147
– Polygynie 148
– Recht 168ff.
– Recht und Moral 174
– Recht und Religion 169f.
– Religion 156ff.
– Residenzregeln 147
– Rolle der Älteren 160, 164, 167, 168
– Schwesternheirat 147
– Selbstmord 149
– Senelizid 149
– sexuelle Freiheit 148
– Stellung der Frauen 153f.
– Symbiose mit dem Dorf 140
– Territorialität 100, 154
– Tötung 161f.
– Vererbung 156
– Verteilung der Jagdbeute 155f.
– Verwandtschaft 141, 145ff.
– Werbung der jungen Frauen 86, 154

Meillassoux, C. 50, 191, 201
Mesopotamien 39f.
Minangkabau 230
Mitgift 43f., 234
Mobiliareigentum 103ff., 122f., 156, 227ff., 294f.
moderne Schule 318
monkalun 330f.
Moral 334ff.
Morgan, L.H. 13, 28, 34, 36f., 81, 108, 205f.
mother's brother 202
Mühlmann, W. 17
Murdock, G.P. 229

Naturreligionen 172ff.
Naturzustand 18f., 30f.
Ndendeuli 214

Neoevolutionismus 38 f., 60
neolithische Revolution 35, 189 f.
Neolokalität 202
Neotenie 79
Nganasan 226
nichtjuristische Schule 48, 58 f., 318
Niebuhr, B.G. 37
Nippold, W. 105
nith 133 ff., 327
Nordwestküstenindianer 327
normative Stärke 333 f.
Normen
– und Fakten 332 f.
– Genauigkeit 349 f.
– Rolle bei Konfliktlösungen 331 ff.
Normenverstöße, persönlicher Charakter 321, 332, 344 f.
Nuer
– Adoption von Dinka 247
– agnatische Verwandtschaft 247
– Arbeitsteilung 240, 244
– Ausgleichsleistungen 260 f.
– Blutfehde 256 ff.
– Blutgeld 248, 257 ff.
– Blutrache 57, 257
– Brautpreis 239 f., 245 f., 263
– »der Bulle«, tut 248
– cuong 254, 269 f.
– Diebstahl 262 f.
– Egalität 248, 249 ff.
– Ehebruch 255, 264, 268
– Eigentum 218 f., 224 f.
– Eigentumsbindungen 232 f.
– Familie 244
– Frauensituation 250
– Gewalt als Grundlage des Rechts 269 ff.
– Hochzeit 245
– Inzest 265 ff., 270
– Körperverletzungen 260 f.
– kognatische Verwandtschaft 247
– Konflikte 255 ff.
– Krieg und pax Britannica 31 f.
– Leopardenfellpriester 250 ff., 256 ff.
– Magie 254 f.
– Opfer 255
– Ordal 259 f.
– pax Britannica 31 f.
– Polygynie 244
– Propheten 251 f.
– Recht 267 ff.
– Recht und Moral 272
– Recht und Religion 270 ff.
– Religion 253 ff.
– Rolle der Älteren 269
– segmentäre Opposition 248 f.
– Selbsthilfe 261 f.
– sexuelle Freiheit 244
– Stämme, Stamm 239, 248
– Stellung der Frauen 250
– strukturale Relativität des Rechts 267 f., 271
– Sündenbock 255
– Tötungen 57, 256 ff., 263 f.
– Vererbung 280
– Verlobung 245
– Verwandtschaft 246 ff.

Oates, I. 52
objektive Haftung 346 f.
Orakel 297 ff.
Ordal 326
order and dispute 58 f., 318
Ordnung 319 ff.
Ordnung und Konflikt 59, 318
Owens Valley Paiute 100, 102

Padlu in Padli 56, 132, 344
Pathan 326
Patriarchat 207
patrilineare Horde 76 f.
Patrilinearität 28, 41 f., 192 ff., 202 ff.
patrilokale Horde 78
Patrilokalität 76, 147, 201 ff.
Pax Britannica 27 ff.
peculium 230
pecunia 230
persönlicher Charakter von Normverstößen 321, 332, 344 f.
Person und Handlung, Einheit 332 f.

385

pimain 119
Plateau Tonga 323
Plutarch 43
Politik 354
Polyandrie 290 f.
Polygynie
– Eskimo 117
– Jäger 81 f.
– Lele 278, 290, 293
– Mbuti 148
– Nuer 244
Polynesien 327
Pospisil, L. 61 ff., 336 f., 337 ff., 340, 357, 358
Post, A. H. 14 f., 360
Potlatsch 327
Prärieindianer 71 f., 76
Präzision von Normen 349 f.
Privatstrafrecht 344
Produktionseinheit 50
Produktionsverhältnisse 49 ff.
Produktionsweisen 49 ff., 191 f.
Pufendorf, S. 18
Pygmäen 139

Rache 325, 328 f.
Radcliffe-Brown, A. R. 55, 58, 76, 320
Rasmussen, K. 110
Rattray, R. S. 359
reasonable man 341 f.
Recht
– Begriff 52 ff., 334 ff.
– Entwicklungstendenzen 350 ff.
– und Gewalt 269 ff., 322, 337
– und Gewohnheit 54 ff., 171, 334 ff.
– und Moral 173 ff., 182 f., 272, 334 ff., 353 ff.
– und Politik 353 ff.
– und Religion 137 f., 169 f., 171 ff., 270 ff., 316, 342 f., 353
– und Sitte 54 ff., 171, 334 ff.
– strukturale Relativität 267 f., 271, 313 f., 340 f.
– Veränderungen 337 ff., 340

– vorstaatliches und staatliches 343 ff.
– Zunahme 350 f., 354 f.
– Zwangstheorie 54, 60, 269 ff.
Rechtsanthropologie, historische 17, 46 ff.
Rechtsanthropologie, juristische Schule 48, 55
Rechtsanthropologie, nichtjuristische Schule 48, 58 f., 318
Rechtsgeschichte 15 ff., 47 f.
rei vindicatio 223
Relativität des Eigentums 222 f.
Religion
– Eskimo 124 ff.
– Jägergesellschaften 172 ff.
– Lele 295 ff.
– und Magie 343
– Mbuti 156 ff.
– Nuer 253 ff.
– und Recht 137 f., 169 f., 171 ff., 270 ff., 316, 342 f., 353
Reproduktionseinheit 50
Residenzregeln 201 ff.
res mancipi 230
Reziprozität
– Arten 89 f.
– Bindung des Eigentums 106
– und Dankbarkeit 92
– Entwicklung 351
– Funktion 90 ff.
– und Gegenseitigkeit 88 f.
– und Geschenk 92
– Intensität 93
– Jägergesellschaften 86 ff.
– segmentäre Gesellschaften 233
– Selbstregulierungsmechanismus 322 f.
– Verpflichtung 92
Ritual 326
Roberts, S. 59
Rodbertus, K. 191
Rousseau, J. J. 18, 98

Sachleistungen, Mittel für Konfliktlösungen 327

Sahlins, M. 74f., 89f., 205
Sanktionen 320ff., 334ff.
v. Savigny, F.C. 62f.
Schande 321
Schiedsrichter 326, 330f., 333
Schoschonen 72, 77, 83, 91, 100, 102f., 105, 107
Schott, R. 29, 32, 97
Schweinfurth, G. 139
Segmentäre Gesellschaften
— Begriff 28, 211f.
— Egalität 213f.
— Eigentum 215ff.
— Familie 197f.
— Frauen 207ff.
— Produktionsweise 49f., 191f.
— Recht 317ff.
— Reziprozität 233, 351
— Selbstregulierung 319ff.
— Verwandtschaft 50f., 192ff.
— und Völkerrecht 212, 347f.
segmentäre Opposition 199, 248f.
Seinsordnung 238
Selbsthilfe 325, 328f.
Selbstmord 149
Selbstregulierung 319ff.
Selk'nam 72, 86, 100
Semang 72, 74, 84, 92, 100, 104, 105, 108, 177f.
Senelizid 149
Service, E. 173f., 179f.
Seßhaftigkeit 189f.
Sexualtabus 81, 85
Siane 230
Sigrist, C. 25ff., 212
Singstreit 133ff., 327
Siriono 173
Sitte 334ff.
Sklaverei 229, 283
Smith, A. 14
Smith, E.A. 102f.
Social Anthropology 16, 212, 320
Solon 43
soziale Sanktionen 320ff.
Soziobiologie 99f., 102
Spittler, G. 29, 32

Staat 24f.
Status to Contract 12f., 351f.
Steward, J.H. 38f., 77
subjektive Haftung 346f.
Sündenbock 255

Tabu 125ff., 174ff.
Tacitus 17, 43
Tallensi 216f., 230
Tausch 86ff., 106
Tauschwettbewerbe 327
Teilen, Intensität 93
Territorialität
— Eskimo 100, 121f.
— Jägergesellschaften 99ff.
— Mbuti 100, 154
Territorium 99
Thomasius, C. 335
Thurnwald, R. 16, 88, 359
Tikopia 230
Tiv 217f., 327
Tonga 24
Totem 172, 200
Trobriander 20f., 87, 164f., 319f.
Tschajanows Regel 51
Tungusen 226
Turnbull, C. 29, 65, 105f., 140ff.
tutela 230

Übereinkommen und Vertrag 89
Überflußgesellschaft, erste 74f.
urbane Revolution 34
Ursprung der Familie 78ff.
uta-uta 331, 341

Veränderung von Recht 337ff., 340
Vererbung 107f., 156, 231f., 253, 280f.
Verhandlungen 326, 329ff.
veritas 61ff.
Verletzung der Person 321, 332, 344f.
Verlobung 116
Vermittler 326, 329f., 333
Verrechtlichung 350f., 354f.
Verschulden 346

Vertrag 345 f.
Vertrag und Delikt 345 f.
Vertrag und Übereinkommen 89
Vertragsfreiheit 13
Verwandtschaft
– agnatische 28, 192 ff.
– und gesellschaftliche Ordnung 211 ff.
– Jägergesellschaften 77 f., 195
– kognatische 28, 192 ff.
– segmentäre Gesellschaften 50 f., 191 ff.
Verwandtschaftseigentum 215 ff., 223 ff., 252, 294
Verwandtschaftseigentum und Individualeigentum 229 ff.
Verwandtschaftsverhältnisse als Produktionsverhältnisse 191 ff., 204 f.
Vinogradoff, P. 14
völkerrechtlicher Charakter vorstaatlichen Rechts 212, 347 f.

Walbiri 73, 84, 104, 108, 172 f., 178 f., 336

Weber, M. 20, 23 ff., 54
Westermarck, E. 207
Wildheit 34 f.
Wilutzky, P. 360
Winter, E. 26
Wolff, H. J. 42
Wundt, W. 97

Yakö 211
Yamana 72, 77, 83, 86, 91 f., 100, 104, 107, 171, 175
Young, M. W. 16, 358

Zauberei
– Azande 297
– Begriff 297 f.
– Eskimo 132
– Lele 296 ff.
– soziale Funktion 299 f., 321, 323 f.
Zentralmexiko 39 f.
Zivilisation 34 f.
Zwangstheorie 54, 60, 269 ff.